2016年度浙江省社科联省级社会科学学术著作出版资金资助出版（编号：2016CBZ07）

浙江省社科规划一般课题（课题编号：14NDJC230YB）

当代浙江学术文库
DANGDAI ZHEJIANG XUESHU WENKU

童年精神与文化救赎

——当代童年文化消费现象的审美研究

赵霞 著

中国社会科学出版社

图书在版编目（CIP）数据

童年精神与文化救赎：当代童年文化消费现象的审美研究／赵霞著 . —北京：
中国社会科学出版社，2017.4
（当代浙江学术文库）
ISBN 978 - 7 - 5161 - 9648 - 9

Ⅰ.①童…　Ⅱ.①赵…　Ⅲ.①消费文化—审美—研究—中国　Ⅳ.①D669.3

中国版本图书馆 CIP 数据核字（2017）第 003118 号

出 版 人　赵剑英
责任编辑　田　文
特约编辑　丁　云
责任校对　张爱华
责任印制　王　超

出　　版　中国社会科学出版社
社　　址　北京鼓楼西大街甲 158 号
邮　　编　100720
网　　址　http://www.csspw.cn
发 行 部　010 - 84083685
门 市 部　010 - 84029450
经　　销　新华书店及其他书店

印刷装订　北京君升印刷有限公司
版　　次　2017 年 4 月第 1 版
印　　次　2017 年 4 月第 1 次印刷

开　　本　710 × 1000　1/16
印　　张　20.75
插　　页　2
字　　数　339 千字
定　　价　88.00 元

目　　录

绪　言
童年及其文化:消费时代的审美镜像

童年啊，我曾几何时见过你
宛如倾泻的河水，逝去，
只有你那奔泻而下和过眼云烟
的路程，
还留在我记忆的镜子里。

——阿莱桑德雷《童年》

一　消费社会的童年盛宴

只需对身边的事物稍加留意，我们便会发现，童年的各类形象、符号从来没有像今天这样充斥着人们的日常生活。这种"充斥"的效应一方面显然与近一个世纪以来儿童家庭和社会地位总体提升的事实有关；另一方面也在很大程度上依托于当代消费文化的传播力量，并借消费文化的平台实现着进一步的扩张。在各类大型超市和购物商场，儿童用品往往单独占据了一个重要的展示与购买空间，而在各类商品的广告营销中，儿童的形象也被频繁地征用作为消费活动的某种有效的催化元素。有心者不妨试试以下实验：打开电视，任意选择若干频道的广告时间间隙，粗略地点算一下儿童形象在其中出现的频率。这个频率从一个侧面显示了儿童在当代生活中的地位，也显示了与此相关的儿童群体在当代消费文化中的地位，后者进一步得到了来自各类调查数据的印证：据有关统计，至 20 世纪末，仅英国的儿童消费品市场额就达到了每年约 100 亿英镑①。21 世纪初的相关统计则显示，全球城市儿童（4—14 岁之间）的直接消费及其对于成人

---

① Hugh Cunningham. *The Invention of Childhood*. London：BBC Books，2006，p. 230.

消费的直接影响所带来的市场潜力可达 19000 亿美元①。而一份发布于 2013 年的《城市儿童生活形态研究报告（2012—2013）》显示，目前中国儿童产业总规模已超 1 万亿人民币，在大量独生子女家庭，用于儿童的直接与间接消费占到了家庭日常支出的 60% 以上。② 全球范围内持续激增的儿童消费数字引发了市场对于童年这块特殊的消费经济 "蛋糕" 的抢占热情，以至于在国内，有关儿童消费的营销报告动辄售价上万元。可以预见的是，当前和未来的市场将尽其所能，来迎合和开发当代儿童的各式需求。

这让我们想起一个多世纪前，瑞典教育家爱伦·凯在其初版于 1900 年新年前夜的《儿童的世纪》一书中提出的预言：即将到来的 20 世纪会是 "儿童的世纪"，"一切道德、律法和社会事务，都将围绕着它而组织起来"。③ 从许多方面来看，这一预言在今天已经被历史所证实。整个 20 世纪，儿童的社会福利和社会身份都得到了前所未有的提升，与此相应地，儿童对于家庭和社会生活的影响力也在不断加强，后者在最为可见的层面上即表现为儿童在家庭和社会消费结构中影响比例的持续上升。如果说 1924 年在日内瓦通过的全球第一份《儿童权利宣言》还在为儿童特殊的物质和精神需要的基本满足而发出恳切的需求，那么时隔近百年之后，我们看到的或许是，作为一个群体的儿童正身处某种富足的物质和精神消费的洪流之中。

这并不是说，今天的儿童已经完全摆脱了物质性的贫乏；相反地，童年的贫穷仍然存在于世界的各个角落。它也不是说，当代童年正在成为一个仅由消费来标记的文化符号；相反地，开放的当代社会赋予了童年以空前多样的文化维度和空前丰富的文化内容。然而，摊开这样一卷经纬错综、地势复杂的童年文化版图，我们可以清楚地觉察到涌动于其中的那样一股强大的消费文化激流。它与整个消费时代的总体氛围保持着一体的脉动关系，但又表现出童年文化自身的规律和特点；它不但参与建构着当代

---

① ［美］詹姆斯·U. 麦克尼尔、张红霞：《儿童市场营销》，华夏出版社 2003 年版，第 40—41 页。

② 《〈城市儿童生活形态研究报告（2012—2013）〉发布：儿童消费占家庭日常支出 60% 以上》，《中国妇女报》2013 年 7 月 30 日。

③ Ellen Key. *The Century of the Child*. New York & London：The Knickerbocker Press，1909，p. 3.

童年的生存方式，而且内在地影响和塑造着其文化和精神的面貌。当代消费文化对于不同民族、地区、阶层的儿童个体，影响力也各不相同，但其总体效应显然在迅速和持续地扩大。

对于长久以来备受忽视和压抑的儿童来说，这并不是一个坏消息，因为一个将儿童纳入主要消费者群体的消费社会，必定也是最大限度地考虑儿童自身需求的社会，而这正是 17 世纪以来的现代童年观革命所寻求的目标之一。如果我们记得 1989 年 11 月 20 日在联合国大会上决议通过的《儿童权利公约》对于儿童的生存权、发展权、受保护权和参与权的强调①，我们或许会承认，没有一个时代像今天的消费社会这样给予儿童的这些权利主张以如此普遍的器重。现代以降的儿童福利运动最为关注的是如何使童年得以告别各式各样的"匮乏"，如今看来，消费社会所专注的正是如何以各样的"丰盈"来填充这些"匮乏"。从这个意义上说，当代消费社会对于童年生活而言，似乎意味着某种乌托邦式的丰足岁月。

遗憾的是，这一切只是幻象。物质丰足的消费时代的到来的确在很大程度上改善了童年的生存境况，但它同时也带来了这一境况的另一种恶化趋势。尽管消费社会空前地凸显了儿童的主体身份，它却并不打算把关注的目光停留在儿童身上，而是致力于将作为消费者的儿童尽可能吸纳到庞大的消费机器中，以维持和促进消费社会内部的持续运转。因此，它加诸童年的身份意义的增值，首先是与童年作为一种资本的价值生产力暗中对应并且互为因果的。这决定了消费社会对于童年符号的运用不可能止于儿童利益的考量，而必定会想方设法寻求童年资本发掘和利用的最大化。

从消费经济意识到儿童作为消费者的巨大潜力开始，一场针对儿童消费者资源的掠夺式竞争就开始了它在童年生活各个层次的全面布局。对于盈利者而言，占有一个儿童消费者既意味着占有了其童年阶段的消费商机，通常也意味着隐在地控制了他成年之后的某些消费选择。营销界指出，从婴儿时期开始，"每个终生消费者对一个零售商来说可能价值 10 万美元"②。这一儿童商机的现实使当代儿童甫一出生便已深陷消费文化的包围；后者正不断地渗透入童年生活的纹理深处，重塑着当代童年的身

---

① 《儿童权利公约》，1989 年 11 月 20 日。

② ［美］马丁·林斯特龙、帕特里夏·西博尔德:《人小钱大吞世代》，于婷译，机械工业出版社 2004 年版，第 144—145 页。

体与精神感觉。如果说儿童的消费本身是一个中性意义上的行为，从积极的视角来看，儿童消费地位的提升也有助于儿童福利现状的推进，那么在今天，当儿童开始过早和过多地与交换价值和符号价值打交道时，童年自身也在日益走向一种商品化的异化境地。在儿童对于消费不断增强的影响力的表象之下，是消费对于童年的不断深入的控制。在这个过程中，儿童被隐在地价值化了，它成了消费文化售卖给市场的一件特殊的"商品"。

更严重的问题还在于，借助于上述儿童消费潮的持续铺展，消费文化将作为一个审美文化符号的童年也变成了消费的对象。自欧洲启蒙运动以来被艰难地建构起来、并在整个 20 世纪得到重要的培育和生长的童年文化，由此被转化为了当代社会又一个新的消费增长点。与一般的儿童消费行为相比，对于童年文化的消费所涉及的消费品不仅仅是相应的物质或文化商品，更是隐藏在这商品背后的童年文化精神。当代消费文化十分懂得如何充分地利用现代童年丰富的文化价值以及 20 世纪普遍存在的人们对于这一文化的欣赏之情，来推动童年文化商品的生产和消费循环。它的这一策略无疑是成功的。自 20 世纪晚期以来，通过发掘童年文化的符号资本，并借助于各类新旧媒介的资本转换力量，消费社会在自我内部打开了一个无比开阔的新的消费空间，它不仅包括儿童对童年文化的自娱性消费，也在很多时候指向着成人对于这一文化的猎奇性消费。在这个过程中，消费文化对于童年资本的开发和运用，也显得越来越得心应手和创意十足。世纪之交，这一针对童年文化的消费趣味开始迅速影响国内市场，并在 10 年左右的时间里，演变成为一场童年文化的普遍消费热潮。童年文化资本的到来使得长期以来主要为成人所占据的消费文化花园里恍惚掠过一阵清新的"纯美"之风。面对今天遍布商业文化各个角落的"童年元素"，消费者似乎感到了一种审美调剂的欢愉，市场则显然沉浸在莫可言说的窃喜之中。

然而，正是这一消费潮流，在轻而易举地扼杀几个世纪以来人们小心呵护并倍加珍爱的现代童年的身体和精神文化。在将童年文化商品化的同时，消费文化也在以一种对待童年的消费主义态度逐渐取消这一文化所具有的深厚内涵。这一切造成了童年文化在当代社会所面临的某种"丰盛"的危机，以至于有研究者认为，在 20 世纪后期兴起的这场以市场为中心的自由主义消费潮中，童年的"一个世纪的进程在这个世纪即将结束的时候，突然停顿了"①。

二　童年文化的审美之维

童年文化作为一个独立的学科范畴开始得到学界的普遍认可和关注，几乎就是近一二十年间的事情，它在一定程度上得益于与此密切相关的另一个"儿童文化"的范畴在当代日常生活和学术研究领域的迅速崛起。②儿童文化首先是一种社会学意义上的亚文化现象，长久以来，它在社会文化体系中所处的层级显然较为低微。尽管作为一种事实的儿童文化早已存在于历史中，但它以"文化"的身份引起人们的注意，却是十分晚近的事情。这一方面与特定社会所持有的儿童观密切相关；另一方面也取决于我们对文化一词的理解。匈牙利学者阿格尼丝·赫勒曾区分出文化的三种基本概念：一是作为高级文化的概念，亦即传统的经典文化；二是作为文化话语的概念，它主要指人们"以一种文化的方式谈论一切事物"的能力；三是最为宽泛的人类学的文化概念，指与人类活动相关的一切现象、事务。③ 就此而言，只有在第三种文化观得到普及的基础之上，我们才有可能谈论儿童文化作为一个独立文化范畴的内涵与价值。20 世纪后期以来，随着人类学意义上的文化概念在社会学和文化研究等领域的扩展，儿童文化的范畴及其研究也逐渐进入了人们的视野。

在通常的语境下，童年文化首先是指一种儿童文化，后者在最广泛的意义上指向着儿童世界的一切现象。马塞尔·克拉斯等研究者在《儿童文化，或一种路径的尝试》一文中通过相关研究文献的概括分析指出，学术界对于儿童文化概念的理解包含以下两个向度，一是儿童的文化（die Kultur der Kinder）；二是为儿童的文化（die Kultur für Kinder），前者指儿童自己创造的文化，如儿童的游戏、仪式等文化，后者指以儿童为目

---

① Joel Bakan. *Childhood Under Siege：How Big Business Ruthlessly Targets Children*. London：The Bodley Head，2011，p. 9.

② 在儿童发展理论中，广义的童年阶段一般被区分为婴儿、儿童、青少年三个阶段。本书所使用的"儿童"和"童年"的概念主要是狭义层面的，即一般不包括特指的"婴儿"和"青少年"阶段。在科学研究中，人们倾向于以确定的年龄上下限来画出童年的边界，但在具体的文化、生活中以及对于具体的个体来说，童年显然是一个难以用确切的年龄划分来界定的阶段，而更多地有赖于一种宽泛的文化理解。这也是本书不以年龄的标准来解释儿童和童年概念的原因。

③ ［匈牙利］阿格尼丝·赫勒：《现代性理论》，李瑞华译，商务印书馆 2005 年版，第163—197 页。

标接受群体的文化，如儿童的玩具、服装等文化。① 这两类儿童文化的生产者虽有不同，但其文化实践的主体都是儿童。"儿童文化是这样一个领域，在这里，娱乐、宣传和快感交会在一起，共同建构着作为一个儿童的概念，而这个儿童是社会中的性别、种族、阶层地位共同造就的一个综合物，正是通过它，个体才在与无数他者的关系中寻找到了自我身份的定义。"②

然而，尽管在西方童年研究界，童年文化有时会被当作儿童文化的一个对等概念使用，但这两者之间在内涵和外延上其实并不完全等同。人们在使用这对概念时，有时会对其区别作出某种直觉的反应。例如，在诗学领域，如果谈论"儿童的诗学"，所涉及的对象往往局限在儿童文学和艺术的范围，而如果谈论"童年的诗学"，则往往会同时涉及成人文学和艺术作品。但目前为止，还没有研究者就这对概念之间的异同展开过细致的学理比较和分析。事实上，童年文化与儿童文化之间的差异可以追溯至童年与儿童概念之间的微妙区别。有研究者认为，童年与儿童之间最显在的概念差异在于"童年可被界定为一个过程或人生阶段"，儿童则"由一个年轻的群体构成"，前者是指一种"观念"，后者则是指"人"。③ 但实际上，作为一个人生阶段的童年所对应的群体即是儿童，后者一旦进入具体的论说语境，也不可避免地成为了一个观念性的概念。因此，这一在很大程度上带有语言游戏性质的甄别方式，尚未触及童年与儿童概念之间最重要的差别。

在英语中，"childhood"一词的词根"hood"既有阶段、时期之义，同时也指向一种状态或气质。在前一种意义上，童年的词义与儿童其实相差无多，如著名的《不列颠百科全书》对于"childhood"一词的解释即为"介于婴儿与青少年之间的人生阶段"④，这意味着童年一词可被视为

---

① M. Klaas, A. Flügel, R. Hoffmann, B. Bernasconi. "Kinderkultur oder der Versuch einer Annäherung", See M. Klaas, et al. (eds.). *Kinderkultur (en)*. Wiesbaden: VS Verlag für Sozialwissenschaften, 2011, pp. 11 – 16.

② Henry A. Giroux. "Animating Youth: the Disnification of Children's Culture", *Socialist Review* 24 (3), 1995, pp. 23 – 55.

③ Roger Smith. *A Universal Child?*. Hampshire & New York: Palgrave Macmillan, 2010, p. 12.

④ "childhood." *Encyclopaedia Britannica. Encyclopaedia Britannica Online Academic Edition*. Encyclopaedia Britannica Inc., http://www.britannica.com/EBchecked/topic/111148/childhood.

生理上的儿童期的代名词。而在后一种意义上，童年概念与生理年龄的关联变得不那么紧密了，而是更多地与一种儿童式的生命状态相连。这两个意义之间存在着显而易见的重合度，但也显示了某种微妙的差异。如果说作为儿童期指称的童年只是一个阶段性的概念，一旦个体度过了儿童期，相应的童年也就结束了，那么指向一种儿童生命状态的童年概念则不只是属于儿童期的，它还将深植于个体成年后的生命过程中，并在那里继续生长。"我们如何定义童年，以及如何在我们的'生命叙事'之内梳理和组织童年的经验，影响着我们关于自己的看法。也就是说，童年构成了成人生命故事的一部分。"①

或许可以这么说：对儿童而言，"儿童"与"童年"的感觉是以一体的方式在他们身上得到实现的，而对成人来说，"儿童"代表的已经是一种外在于己的经验，童年则仍是一种内在的生命感受。休·卡宁翰在其《1500年以来西方社会的儿童与童年》一书中谈到了西方社会在使用童年一词时的某种纠结——一方面是将它视为人生时间的已逝部分；另一方面则是将它看作一种当前的生活现实②。前者包含了成人对于往昔童年的某种文化经验和想象，后者则完全是指切实的儿童生活。虽然卡宁翰是从儿童现实生活的视角出发，在批判的意义上言及前一种童年理解的，但其批判的出发点恰恰印证了儿童与童年概念之间的微妙差异。如果说个体作为"儿童"的状态在儿童期结束后就已经定型了，那么即便在进入成人状态后，个体对于自我"童年"的体验也仍然发生着变化，每一种新经验的加入都有可能影响个体在这一时期所意识到的有关童年的记忆和想象。它有时被称为我们身体里的"儿童"，以此区别于现实的儿童。"童年是我们曾有过的、仍然拥有且将永远保有的一种心灵状态。"③ 法国哲学家加

---

① Sharon Cornelissen. "The Representations of Childhood and the Self-Image of Adults in Modernity: The Image of the Child as 'Other' or as Part of the Narrative of Life", *Social Cosmos*. Vol. 1, 2010, p. 13.

② H. Cunningham. *Children and Childhood in Western Society since 1500*. London and New York: Longman, 1995, p. 190.

③ Gaston Bachelard. "Reveries toward Childhood", Jeremiah Abrams (ed.). *Reclaiming the Inner Child*, New York: G. P. Putnam's Sons, 1990, p. 48. See Roni Natov. *The Poetics of Childhood*. New York: Routledge, Taylor & Francis Group, 2003, p. 1.

斯东·巴什拉称之为我们身心中"永久性的童年核心"①，他这样强调童年在个体身上的这种"持续"性："童年深藏在我们心中，仍在我们心中，永远在我们心中"②，"这持续的童年犹如一种向生活展开的美好感情，使我们能理解并热爱孩子，仿佛我们处于最初的生活中，与他们不分长幼"③。意大利导演费德里科·费里尼说过同样的意思："我们身内的儿童与成年、老年以及青少年的我们并存。"④

正是童年概念与儿童概念之间的上述差异，带来了童年文化与儿童文化之间的一个显著区别。童年文化的内涵中包括儿童文化，但并不局限于儿童文化，相反地；另一部分以成人为文化主体的童年文化，也构成了现代童年文化的一个重要内容。例如，形成于19世纪欧洲浪漫主义思潮中的童年美学，显然并不能被归属于现实的儿童文化，却是人类童年文化不可或缺的一部分。在这里，"文人墨客们所推崇的这个'童年世界'，并不是一个生理概念而是一个文化范畴"⑤，它与现实的童年有关，但其本相却是存在于成人的文化世界之中。童年文化的这一半引人注目的线索贯穿了整个现代社会的人类文学和艺术史，作为其核心的童年意象，也在这一过程中进一步成为一个普遍意义上的人文文化范畴。

童年文化的概念中包含了来自儿童文化与成人文化两个层面的内容。不过，在谈论童年文化的现实时，这两个层面的内容从一开始就相互交缠在一起。在儿童文化的范围内谈论童年文化，无数词汇往往都指向着来自成人文化领域的那个童年文化传统，而在成人文化的层面上谈论童年文化，其话语基础同样建立在儿童文化的现实之中。这使得我们在谈论童年文化的话题时，必定会同时触及它的这两个层面的意涵，而无法将它们完全割裂开来。

由于这里所取用的是"文化"一词最为宽泛的意义，它所对应的子概念"童年文化"也因此指向着一个十分庞大的范畴，仅仅是其中所包

---

① ［法］加斯东·巴什拉：《梦想的诗学》，刘自强译，生活·读书·新知三联书店1996年版，第134页。

② 同上书，第166页。

③ 同上书，第126页。

④ 参见 Gilles Deleuze. *Cinema 2：The Time-Image.* Trans. Hugh Tomlinson & Robert Caleta. Minneapolis：University of Minnesota Press，1997，p.92。

⑤ 徐岱：《基础诗学》，浙江大学出版社2005年版，第209页。

含的儿童文化,本身就是一个复数的概念①,童年研究界对于它的阐释也十分多样,以至于有学者将它称为一个"暧昧不定"的范畴②。本书的研究无意于从泛文化的角度来切入对于童年文化消费现象的探讨——在这一点上,社会学研究已经做了很多——而是意在从童年文化的审美维度出发,探讨这一文化在当代消费社会的现状与问题。

童年审美文化既是童年文化的"审美分支",也是审美文化的"童年分支"。从童年文化的角度来看,童年审美文化是这一文化中涉及人类审美活动和现象的那部分文化的总和;从审美文化的角度来看,它则是这一文化中围绕着童年的形象或符号建构起来的那部分文化的集合。综合以上两个方面的基本内涵,我们可以这样理解童年审美文化的概念:童年审美文化是指以童年为核心意象建立起来的一种具有审美特性的文化形态,是人类审美活动在童年领域的实践结果。

审美文化在当代是一个不断泛化的概念,童年审美文化也是如此。在当代语境下,它的表现形态渗透入童年文化与生活的方方面面,不仅包括传统文学艺术审美领域的童年文化踪迹,也包括一切语涉童年且具有审美特质的文化现象和文化产品,如影视作品、广告宣传、娱乐节目、电子游戏乃至相应的饮食、服装、建筑等文化中的童年审美内容。应该说,与一般的审美文化传统相比,童年审美文化天然地具有一种亲近大众和日常生活的气质,自其文化形态在现代社会得到基本确立开始,它一直在寻求进入普通儿童和成人大众的生活。从这个意义上说,现代消费社会对于童年审美文化而言意味着一个适宜的培育和传播环境。然而,也正是在童年审美文化的大众化过程中,这一文化本身日益成为了急遽演进中的当代文化消费潮的受害者之一。随着消费主义的逻辑逐渐主宰了童年文化面向大众的生产和接受过程,童年文化自身不得不面对严峻的问题,它主要表现为现代童年文化精神在其消费过程中的受损与失落,以及由此而来的童年文化发展危机。因此,本书的研究所主要针对的也是大量进入大众文化消费

---

① Stevens Mintz. "The Changing Face of Children's Culture", Paula S. Fass & Michael Grossberg (eds.). *Reinventing Childhood after World War II*. Philadelphia: University of Pennsylvania Press, 2012, p. 39.

② Michael-Sebastian Honig. *Entwurf einer Theorie der Kindheit*. Frankfurt/Main, 1999, p. 133. See M. Klaas, et al. (eds.). *Kinderkultur (en)*. Wiesbaden: VS Verlag für Sozialwissenschaften, 2011, p. 11.

领域并且被急遽开发成为大众文化消费资源的那部分童年文化对象，即以大众化的文学、影视、广告、电子产品等为主要代表的童年文化产品。

三 审美批判的文化镜像

本书之所以选择从审美批判的角度切入当前童年文化消费现象的研究，主要出于三方面的考虑。

第一，从当代童年文化消费的现实来看，童年审美文化已经成为消费经济最常援引的文化资源之一，却也是消费文化研究领域最少受到关注的文化对象之一。

当代童年的审美文化与消费文化之间存在着一层特殊的亲缘关系。一方面，消费文化的铺展为久已边缘化的童年审美文化的扩展提供了前所未有的机缘；另一方面，童年审美文化也为消费社会提供了后者所亟须的一种文化消费资源。这两方面关联的形成包含多方面的原因。例如，儿童社会地位的上升及其消费影响力的相应扩大使得消费社会看到了投儿童所好的童年审美文化在儿童和成人世界的巨大"融资潜力"，同时，工业文明进一步发展的重负所带来的成人生命感觉异化的加重，则使得清新的童年审美文化成为了人们借以咏物托怀的一个重要文化符号。然而，随着童年文化被全盘纳入当代消费经济的逻辑体系，并日益被消费主义的逻辑所同化，它所蕴含的那个珍贵的审美精神也开始演变为某种消极和媚俗的娱乐消费对象。今天，考察消费社会对于童年审美文化的上述挪用现象，揭示这一现象施加于童年文化之上的影响与问题，已经成为童年文化研究的当务之急。

第二，从童年文化的内部构成来看，其审美维度处于这一文化的最高层级，它与童年文化的其他维度并行存在，却决定着这一文化的根本精神。正是透过这一精神的镜子，我们才能看出当代童年文化消费现象的深层问题。

我们必须承认，童年文化本身是一个多层次的概念，审美文化只是其中一个内容和精神上的向度。诚如雷蒙·威廉斯所说，应对文化一词所面临的复杂语境，"是无法借降低实际用法的复杂性来解决的"①。因此，我

---

① ［英］雷蒙·威廉斯：《关键词：文化与社会的词汇》，刘建基译，生活·读书·新知三联书店 2005 年版，第 108 页。

们不能因为谈论童年审美文化的问题，就将童年文化的其他方面进行有意的压缩或窄化。例如，如果说童年的消费文化也是广义的童年文化的一部分，因而也有其一定的存在合理性，那么对于童年文化消费现象的批判性研究，就不仅仅是否定这一文化的消费行为本身那么简单，而是需要从一个更全面的整体文化观出发，来深入地理解它的问题。

但恰恰是在对童年文化的综合考量中，其审美维度的意义才更进一步地凸显出来。参考学界对于文化概念的一般分层①，本书在纵向结构上将童年文化区分出三个层级：第一，与最广泛的文化概念相对应，童年文化在最普遍的意义上是指与人类童年相关的一切现象，它是童年的一种社会性的存在方式；第二，与泰勒的狭义文化概念相对应，童年文化是指所有涉及童年的知识、艺术、道德、法律、习俗等，它是童年的一种观念性的存在方式；第三，与马修·阿诺德的文化概念相对应，童年文化是指寄寓在童年范畴之上的这样一种文化，它代表了人类"对完美的探究和追寻"，其最终的目的乃是通过这一文化的推行，"使我们能达到比现在更全面的完美境界"。② 如果说童年文化概念的前两个层级指出了童年文化的基本内容，那么第三个层级可视为对于这一文化的根本精神的规定，它意味着，童年文化是人类整个文化事业的构成部件之一，因此也以自身特有的方式承载着文化的内在精神——这是一种根本性的人文精神，它所指向的是文化的某种乌托邦本质，亦即朝向一种更完善的人性状态靠近的努力。它也是一种根本上的审美精神。"文化在一个更高的层次上恢复了人类最初的完整性，在这个层次上，人的能力能够充分发展，在他的自然欲

---

① 除了之前提及的赫勒的文化概念分层外，更早时期，雷蒙·威廉斯曾在《漫长的革命》一书中将文化定义为三个相互交织的层面："第一层次是存在于某一特定时间和地点的生活文化（lived culture），只有生活于那个时代和地点的人才能完全理解、领会这种文化。第二层次是各种被记录下来的文化（recorded culture），从艺术到最普通的日常生活，即某段时期的文化。另外还有第三层次的文化，即选择性传统文化（culture of the selective tradition），它是生活文化和书面记录文化的纽带。"参见［英］戴维·英格利斯：《文化与日常生活》，张秋月、周雷亚译，武桂杰、苑洁译校，中央编译出版社 2010 年版，第 21 页。威廉斯与赫勒关于文化的分层理解存在着标准和判断上的差异，但其分层的基本逻辑却是相近的，即试图为"文化"制定出一个从广义到狭义的概念"光谱"。这也是 20 世纪后期以来文化研究界常用的分层逻辑。

② ［英］马修·阿诺德：《文化与无政府状态》，韩敏中译，生活·读书·新知三联书店 2008 年版，第 36、132 页。

望和社会生活道德规范之间不存在冲突。"① 正因此，斯宾塞才把阿诺德所主张的文化称为"审美文化"。② 卢卡契在其《审美文化》一文中，以一种诗意的方式描述了文化的这一审美精神：

> 审美文化是灵魂的塑造。不是装饰它，而是塑造它；不是将它固定于合适的情状之中，而是从现实、事件和经验的混沌中清晰地阐明其真正的本质；不是灵魂的模型，而是塑造灵魂；不是最终的产物，而是无休止的过程，在这里，已然成型的生命片断指出了这一过程的方向。灵魂的塑造。灵魂在我们通常称之为人的精神生命——或者更漫不经心地称之为"灵魂"——的混沌中沉睡。它沉睡着，却充满生机，只有对于那些洞察者，它才是真实和生动的存在。③

就童年文化的第一、第二两层意义而言，这一概念是中性的，它并不直接关系到对于所涉童年文化对象的价值判断，而是更强调对于其特殊文化面貌的发现和关注；然而，贯穿童年文化的第三层意义却意味着，对于童年文化的援引或考察不如其表面上所显示的那样"中立"，而是天然地蕴含了一种文化精神的取向。也就是说，我们对于童年文化的理解尽可以是丰富而多面的，即便童年的消费文化也是其中一种正常的文化样态，但这种理解却不应该背弃童年文化的根本精神，如果不是这样，它作为一种人类文化的意义便遭到了切除，其文化身份也将因此而遭遇解构。从这个意义上说，当代消费社会的问题并不在于它触动了童年文化消费的机关，而在于这一消费日益忘却和背离了童年文化的审美精神，由此才导致了消费时代童年文化的当代危机。

第三，从当代童年文化消费研究的实践来看，世纪之交风行一时的社会学研究尚不足以揭示这一消费现象的根本问题，其原因在于文化消费的根本问题并不是关于社会的问题，而是关于人的问题，而对于后者的揭示和阐说，恰恰需要借助审美研究的力量。

---

① ［美］艾伦·布卢姆：《美国精神的封闭》，战旭英译，冯克利校，译林出版社 2011 年版，第141页。

② 滕守尧：《大众文化不等于审美文化》，《北京社会科学》1997 年第 2 期。

③ György Lukács. "Aesthetic Culture", trans. Rita Keresztesi-Treat, *The Yale Journal of Criticism*, 11 (2), 1998, p. 377.

与童年文化的概念一样，童年文化消费在其最普遍的意义上，首先也指向着一种中性的社会行为，它是指对于包含在各类文化产品之中的童年文化内容的消费。按照消费主体的不同，对于童年文化的消费可以区分出两个相对不同的维度，一是儿童对于童年文化的消费；二是成人对于童年文化的消费。这类中性意义上的童年文化消费行为是当代童年社会学研究的主要对象之一。

然而，面对今天愈演愈烈的童年文化消费现象，童年社会学研究却越来越显示出某种批判上的无能为力。20世纪末和21世纪初，随着以美国传媒学者尼尔·波兹曼的"童年消逝说"①为代表的当代童年文化批判观影响的持续扩大，在童年研究领域陆续出现了一批猛烈批判当代儿童消费现象与问题的研究成果。这些研究主要是从儿童消费（包括儿童文化消费）的现实出发，选取特定的理论资源和考察视角，来探讨儿童消费行为对于儿童身心发展、儿童社会性形成、童年身份建构等方面的影响。这类研究所借助的主要批判工具往往与兴起于20世纪后半叶的文化研究理论有着颇为密切的渊源。

对于理解当代消费文化在儿童个体和群体之上所产生的现实影响来说，社会学研究的展开显得非常必要，但它对于当代儿童文化的批判性研究，其自身也存在着两个方面的缺陷。首先，这类研究所借用的主要理论资源决定了它们在面对特定的儿童文化研究对象时，其关注点往往落在研究对象内容和结构的理论剖析上，至于这些对象本身所具有的文化吸引力的事实，则并未能得到充分的解释。换言之，它对于那些在文化精神上显然存在问题、但在文化形式上则引人入胜的文化产品的批判，显然是缺乏说服力的。其次，这类研究对于儿童文化消费现实的批判，其论证的焦点大多落在特定文化消费活动对于儿童主体及其文化的消极影响之上，但这一结果迄今仍然缺乏社会学研究所需要的实证凭据，因为上述影响本身是难以用实验数据的方式来衡量的。因此，《哈克的木筏——美国童年史》

---

①　1982年，尼尔·波兹曼出版了《童年的消逝》（*The Disappearance of Childhood*）一书，作为全书核心观点的"童年消逝说"，对20世纪后期世界范围内的童年研究事业产生了深远的影响。尼尔·波兹曼指出，当代消费社会的娱乐与媒介文化正在导致现代社会以降逐渐建构起来的童年观的消失，而这消失不仅带来了童年自身的问题，而且导致了当代文化的退化。《童年的消逝》并未直接谈论消费文化的话题，但它所针对的问题显然在很大程度上指向着当代消费主义文化的语境。

一书的作者斯蒂芬·明兹在其《儿童文化》一文中这样说道："依照衰退理论的观点，儿童的纯真和想象力正因消费文化以及成人的侵犯而遭到腐蚀、操纵和剥削，由此导致了儿童社会技能与创造力方面的严重后果。但我们应该看到，事实比这一衰退理论的模式要远为复杂。没有足够说服力的证据显示，儿童的创造力、想象力或者独立游戏的能力正在减弱，也没有任何实验证据表明，今天的儿童比过去更自闭，或者在社会交往能力方面显得更弱。"[①]

以上两点的确戳在了同类研究的痛处，以至于进入 21 世纪以来，一种关于当代儿童消费的积极论说开始在童年社会学研究领域逐渐扩大。持有这一立场的研究者们指出，对于消费时代儿童文化的否定性批判既不完全符合儿童文化的现实，也不利于儿童文化的自我革新与发展；相反地，通过肯定儿童消费的主体性和正当性，并加以合适的引导，我们有望在消费时代里培育和建立一种新的童年文化。

然而，如果说对于当代儿童文化消费现象的社会学批判尚未能切中这一现象的根本要害，那么对于它的社会学乐观同样未能深入这一现象的内部问题，甚至还暗含了一种纵容它的危险。究其原因，当代儿童文化的消费现象所凸显出的并不只是儿童文化领域的问题，而是包括成人文化在内的整个童年文化领域的问题，后者又与全部现代文化以及人类文明的当下症结互为表里。因此，单纯从儿童社会学的视角对此作出的否定或肯定，都不足以为我们应对这一问题提供充分的解释。

社会学批判未能完成的任务，需要美学批判来完成。归根结底，文化的问题是人的问题，因而最终是一个审美的问题。对于当代童年文化消费现象的考察和批判，如果不能以人自身的存在意义作为论证根基，其批判的力量始终是悬空的，它与充满快感的消费主义文化的抗衡也可能仅仅成为一种保守的文化姿态。为什么我们要批判从童年文化的消费中获得的快感？我们又何以抵抗这种快感？对于这些问题的理解超越了逻辑实证的诠释而直抵人的生命体验与存在意义，后者既是丰富的、多元的、不可化约

---

① Stevens Mintz "Children's Culture", http：//www.usu.edu/anthro/childhoodconference/Reading%20Material/Mintz_ Childrens_ culture_ 002. doc.

的，同时又指向着一种"真理的承担、自由及幸福的暗示"①。对于这种体验及其理解的揭示，是美学的任务。

四 写作目的与本书结构

本书对于童年文化消费现象的审美研究，是指从童年文化的审美精神出发，对于当代童年文化消费的现象进行综合考察和案例分析，同时揭示其内在的文化问题。本书所论"童年文化"的边界，主要是指目前世界范围内占据主导地位的西方童年文化以及受到这一文化全面影响的中国当代童年文化。由于21世纪以来经济和文化全球化趋势的愈演愈烈，西方与中国的童年文化消费也呈现出诸多相近的表征，因此，本书的研究主要针对当前西方和中国的童年文化消费现实展开，偶尔兼及全球化语境下对这两者均产生显在影响的其他童年文化消费现实。

全书共分八章。第一章绪言，主要说明写作的背景、源起、目的和意义，梳理相关论题的国内外既有研究成果。

第二、第三两章是对现代童年文化发展史的梳理，以消费社会的全面兴起作为可操作性的时间划界。第二章在追溯童年文化历史起源的基础上，主要探讨这一文化在现代社会的建构进程。本章论述的核心集中在这样一个基础命题上，即现代童年从一开始就不仅仅是作为一个普通的文化问题进入现代历史的视野，而是与现代文明的精神追寻及其文化梦想紧相衔接，并以其特殊的方式体现和实践着上述追寻的梦想。第三章在消费社会兴起的大背景下考察现代童年文化与消费经济之间的复杂关联。我们应该看到，消费经济在现代童年文化的大众传播和影响扩散方面的确发挥了不可替代的作用，这种作用今天仍在持续扩大。但与此同时，随着童年文化经济的拓展，消费逻辑与文化逻辑之间的内在矛盾和对抗也不断地凸显出来。消费主义逻辑试图以消费控制文化的欲求，必然会对童年文化的当代命运，尤其是童年文化的内在精神，产生严重的影响。从当前童年文化消费的现状来看，这一影响所导致的童年文化后果正在越来越鲜明地显现出来。

第四、第五、第六三章是从三个层面针对当下童年文化消费现象展开

---

① ［美］拉塞尔·雅各比：《乌托邦之死：冷漠时代的政治与文化》，姚建彬译，新星出版社2007年版，第207页。

的具体研究与批判。第四章围绕现代童年精神的两个基本范畴"纯真"和"自由",针对当前童年文化消费现实中所体现出的对于这两种童年精神的消费主义态度,提出相应的批评。第五章以当前童年文化消费所频繁征用的两种童年审美体验——"游戏"体验和"权力"体验——为中心,针对具体的童年文化产品展开批判性探讨。第六章则是以当代童年文化消费中的童年身体消费现象为考察对象,重点揭示和批判童年景观化的问题。这三章之间在论述上基本呈现为一种平行的逻辑关系,但又有着逐层递进的考虑。之所以选择从童年精神到童年体验再到童年身体的先后次序,是为了体现消费主义逻辑对于童年文化的逐步全面侵蚀。如果说我们对于童年精神的文化消费有时还因其与童年日常生活的某种距离而不妨被接受为大众文化消费的某种形式的话,那么当这一文化消费的语法全面侵入童年的生存体验深处,进而开始以开发消费资源的方式开发童年的身体时,它对童年所造成(以及可能造成)的文化伤害,就成为了一个亟须引起我们警惕的文化问题。

第七、第八章在前三章现象考察与批判的基础上,揭示和分析消费社会对待童年文化的消费主义态度所导致的"童年消逝"现象,以及这一现象所内含的当代文化问题,并在承认消费时代童年文化困境的某种"难解性"的前提下,试图从审美的视角探讨童年文化在消费时代的可能未来。第七章针对20世纪末以来在童年研究界发生的"童年之死"的讨论,指出童年文化消费与这一童年"消逝"现象之间的显在关联。该章论述旨在从针对这一话题的童年社会学探讨进一步深入下去,揭示"童年之死"现象所内含的童年文化的根本问题,以及与此相关的文化精神症结。第八章在重申童年文化审美意义的基础上,反观消费时代童年文化革新的某些契机,从童年生存的审美化以及它对于人的审美化生存的意义两个方面入手,探讨童年文化在消费时代何所作为的问题。

毫无疑问,当代社会的童年文化消费的确出了问题,但其根本症结不在于童年文化的内容或形式发生了改变,而在于这一文化本身的意义出现了失落。如前所述,完整意义上的童年文化概念所指向的不只是一种文化的现象,也是一种文化的精神,这一精神与人的存在的某种乌托邦向度有关,它指向着人类"与生俱来的'乌托邦情结'"①。诚如卡尔·波普尔

---

① 徐岱:《基础诗学》,浙江大学出版社2005年版,第247页。

所说，"寻求更美好的世界，……在所有生命本能中是最古老、最重要的"，① 这一根源性的乌托邦冲动构成了人类全部文明的起源。童年文化在现代社会的最初兴起也受到这一乌托邦精神的驱动，并在两个层面上体现了现代文化的乌托邦梦想：一是对于一切个体（包括儿童和成人）当下生存的完善性的追求；二是对于人类群体未来生存的完善性的追求。童年文化的现代建构一方面致力于将针对儿童个体的人文关怀也纳入到现代文化的目标之中，既密切关注童年生命的当下存在意义，也关心儿童未来的生命实现；另一方面则寻求以童年精神的理想来滋养现代人的身心，补救物质文化与技术文明所造成的人性异化，以求促成现代社会里人的生命更完满的审美实现。这一文化呼应了现代文明关于"人"的"实现"的乌托邦期望，并以自己的方式分担了这一期望的实践。因此，有研究者指出："在西方文化中，我们可以发现童年文化与乌托邦冲动之间存在着一种特殊的共振关联。例如，乡愁、共同体、游戏、浪漫主义的本真和珍贵的创造力这样的观念，同时存在于西方世界有关童年和乌托邦的看法之中。"②

　　然而，在当代消费市场对于童年文化的频繁而又急功近利的征用中，这一文化的浪漫精神正日渐消退和剥落。通过将童年文化加工成相应的消费产品，消费社会在不经意间卸去了这一文化身上所寄寓的庄重的人类精神，并代之以一种轻浅怡人的消费精神。乍看之下，消费时代的童年文化似乎展露出比以往任何时候都更可爱的乌托邦面目，但这乌托邦却只关乎当下片刻的感性欢愉，而并不在意生命最后的安身之所。事实上，即便是在这片刻之间，它也未能提供给我们一种可以用来充实生命的意义。由于失去了文化的根基，童年文化从一个承载着人类梦想的精神范畴坠落成为消费时代的一件文化摆设，它能够为现实的儿童和成人所提供的文化营养，也在这样的消费游戏中日趋耗散。

　　发生在童年文化领域的上述精神失陷现象，以一种镜像的方式映照出了整个当代文化的症结——在消费主义态度统治一切的时代里，我们再难

---

① ［英］卡尔·波普尔：《通过知识获得解放》，范景中、李本正译，中国美术学院出版社1996年版，第31页。

② Peter Kraftl. "Utopia, Childhood and Intention", *Journal for Cultural Research*, 13（1），2009, pp. 69 – 70.

见到马修·阿诺德笔下这种充满乌托邦情怀的文化精神："文化就是或应该是对完美的探究和追寻，而美与智，或曰美好与光明，就是文化所追寻的完美之主要品格。"① 相反，消费时代本能地要使文化服从于资本的逻辑，并致力于使文化的资源最大限度地为商业资本的生产所用。在消费之物的驱使下，文化对于人的核心意义被扼制了。这是导致当前童年文化消费问题的根源所在。而童年文化被日益消费主义化的事实，对于正备受消费文化噬咬之苦的文化精神而言，很可能是一次更致命的伤害。随着消费主义日益攻占了童年文化的领地，对于文化的信仰将越来越淡出我们的视线。这意味着，在消费时代重新唤回文化的乌托邦精神的希望，其自身将成为一种乌托邦式的幻想。

如果说消费时代的潮流本身是难以挽回的，那么，通过在童年文化中尝试恢复和坚持这一文化的精神，是不是有可能改变消费社会中当代文化的命运，进而改变我们自身的命运？面对以娱乐解放的名义大行其道的消费主义文化，这一改变的希望或许是极为渺小的，但却是值得一试的。对于当代童年文化消费现象的审美研究与批判，最终的目的正在于此。

五 国内外研究综述

对于童年及其文化的研究本身是一个十分年轻的学科，迄今为止，这一领域的代表性研究成果主要集中在西方童年研究学界，并且格外注重对于当下童年生活现实的考察。20 世纪末以来，随着无所不在的消费文化对于儿童生活影响的不断增强，童年研究界对这一现象的关注也在逐渐升温。目前看来，这一领域涉及童年消费现象的研究主要可分为三类。

第一，从经济学的角度，探讨儿童消费与童年经济之间的显在关联。这方面的研究数量较多，其中具有代表性的是美国得克萨斯农工大学营销学教授詹姆斯·U. 麦克尼尔的《儿童消费者》②、《儿童营销与广告研究

---

① ［英］马修·阿诺德：《文化与无政府状态》，韩敏中译，生活·读书·新知三联书店 2008 年版，第 36 页。

② James U. McNeal. *Children as Consumers*：*Insights and Implications*. Lexington，MA：Lexington Books，1987.

索引》①、《作为消费者的儿童》②、《儿童市场：神话与现实》③ 等一系列
集中以儿童消费市场为研究对象的著作。此外，如安妮·萨瑟兰与贝思·
汤普森合著的《儿童经济：为什么孩子意味着商机》④、马丁·林斯特龙
与帕特里夏·西博尔德合著的《品牌儿童》⑤，也属于这一领域的代表性
成果。这些研究的关注点在于当代儿童的消费经济，其中虽然也往往涉及
儿童消费的心理和行为分析，但其论述主要集中在儿童市场构成、儿童营
销策略等实用话题上。这类研究从经济增长的视角积极地看待儿童的消费
活动，并致力于为儿童市场的开辟指明可行的商业路径，它们事实上可以
被直接称为儿童营销学。由于这些研究将对于儿童消费活动经济意义的认
可作为理所当然的研究前提，因而常常缺乏对于儿童消费现象的批判意
识。但它们关于当前儿童市场情况的描述和分析，对于我们了解童年消费
经济的现状与动向，以及消费社会对于童年符号的价值运用，提供了基础
性的背景资料。此外，这部分文献中所包含的一些有关儿童消费的正面价
值和积极形式的探讨，也有助于我们更全面地思考童年与消费社会之间的
关系。

　　第二，从社会学、人类学的角度，探讨儿童消费对于儿童成长的影
响。这方面的研究如苏珊·林恩的《消费儿童：从营销与广告的屠刀下
拯救儿童》⑥、艾莉森·普夫的《尊严的经济：儿童、消费与不平等》⑦、

---

①　McNeal，James U. *A Bibliography of Research and Writings on Marketing and Advertising to Children.* Lexington，MA：Lexington Books，1991.

②　James U. McNeal. *Kids as Customers：A Handbook of Marketing to Children.* New York：Lexington Books，1992.

③　James U. McNeal. *The Kids Market：Myths and Realities.* Ithaca：Paramount Market Publishing，1999.

④　Anne Sutherland，Beth Thompson. *Kidfluence：Why Kids Today Mean Business.* Ithaca，NY：Paramount Market Publishing，2001. 该书中译本：［美］安妮·萨瑟兰、贝思·汤普森：《儿童经济》，中信出版社 2003 年版。

⑤　M. Lindstrom，P. B. Seybold. *BRANDchild：Remarkable Insights into the Minds of Today's Global Kids and Their Relationships with Brands.* London：Kogan Page Limited，2003. 该书中译本：马丁·林斯特龙、帕特里夏·西博尔德：《人小钱大吞世代》，机械工业出版社 2004 年版。

⑥　Susan Linn. *Consuming Kids：Protecting Our Children from the Onslaught of Marketing & Advertising.* New York：Anchor，2005.

⑦　Allison Janet Pugh. *The Economy of Dignity：Children，Consumption and Inequality.* Doctoral Dissertation. University of California，Berkeley，Spring 2006.

丽兹·弗罗斯特的《消费社会的童年》①、莉莎·雅各布森主编的《美国社会中的儿童与消费文化》②、莎娜·厄尔夫曼的《童年的性化》③、玛丽·罗奇的《儿童、消费主义与普遍的善》④、大卫·帕金翰与韦珀约格·汀斯塔德合编的《童年与消费文化》⑤、大卫·帕金翰的《物质儿童：在消费文化中成长》⑥、乔伊·巴卡的《被围困的童年》⑦ 等，分别探讨消费文化对于儿童身心成长、社会地位形成、性别塑造以及社会公义的影响。这类研究对于消费文化在儿童成长过程中所扮演的正面和负面角色都予以关注，其中一些成果格外注意到消费文化对于儿童成长的消极影响，因而显示出较强的社会批判意识。此外如克劳迪娅·米特切尔和杰奎琳·赖德-沃什合著的《童年流行文化研究》一书中对于包括多种儿童文化消费行为在内的童年流行文化的批判性思考，也从另一个侧面提供了理解童年消费现象的路径。⑧ 凯伦·布鲁克斯的《消费纯真：流行文化与我们的孩子》一书，同样关注对当前商业时代童年流行文化的思考，在批判商业文化对待儿童的消费态度的同时，作者也强调了成人应该如何理解今天的儿童流行文化。⑨ 对于本论题来说，这些研究所提供的不同视点的批判视角有助于我们更全面地看待和把握当代童年消费的现状与问题。当代西方世界针对消费社会童年文化的批判声音主要来自于这一领域，但与此同时，该领域也不乏对于儿童消费现象的乐观主义探讨，如伊藤瑞子的博

① Liz Frost. *Childhood in Consumer Societies*. Hampshire & New York：Palgrave Macmillan, 2007.

② Lisa Jacobson（ed.）. *Children and Consumer Culture in American Society：A Historical Handbook and Guide*. Westport：Greenwood Publishing Group, 2008.

③ Sharna Olfman（ed.）. *The Sexualization of Childhood*. Westport, Connecticut, London：Praeger, 2009.

④ Mary M. Doyle Roche. *Children, Consumerism and the Common Good*. Lanham：Lexington Books, 2009.

⑤ David Buckingham & Vebjørg Tingstad（eds.）. *Childhood and Consumer Culture*. Hampshire & New York：Palgrave Macmillan, 2010.

⑥ David Buckingham. *The Material Child：Growing Up in Consumer Culture*. Cambridge：Polity, 2011.

⑦ Joel Bakan. *Childhood Under Siege：How Big Business Ruthlessly Targets Children*. London：The Bodley Head, 2011.

⑧ Claudia Mitchell, Jacqueline Reid-Walsh. *Researching Children's Popular Culture：The Cultural Spaces of Childhood*. London and New York：Routledge, 2002.

⑨ Karen Brooks. *Consuming Innocence：Popular Culture and Our Children*. Queensland：University of Queensland Press, 2008.

士学位论文《掌控游戏：儿童软件与日常生活的生产》对于儿童软件消费的研究，其发现便强调了现实消费活动中儿童作为积极的社会消费者的身份建构以及他们在这类消费活动中所表现出的主体能动性的意义。①

　　第三，从心理学、行为学的角度，探讨儿童消费活动中的心理和行为特征。这方面的成果既包括针对一般儿童消费心理和行为的研究，如詹姆斯·U. 麦克尼尔的《论消费者的形成——童年消费行为模式的发展》②、保罗·科奈尔的博士学位论文《儿童消费记忆的考察》③、大卫·马歇尔主编的《理解作为消费者的儿童》④ 等，也包括以特定的消费活动为分析对象的研究，如伊丽莎白·S. 莫里–肖的博士学位论文《孩子的消费：儿童如何认识广告与产品之关系》⑤、安德烈亚·科扎克的博士学位论文《小学高年级儿童的媒介消费与体象障碍》⑥、苏珊·卡莱尔的博士学位论文《面向儿童的媒介消费作用于消费者智商的影响》⑦，等。这类研究大多秉承心理学的科学主义方法，倾向于从价值中立的立场来考察儿童在消费活动中的心理与行为特征，它们对于消费活动与儿童身心之间某些关联的揭示，为我们了解儿童的消费行为提供了一定的参考。

　　21 世纪以来，随着儿童市场购买力的凸显，国内研究者也注意到了儿童消费现象的兴起，但其关注点主要集中在上述第一类文献的话题层面上，亦即探讨儿童消费市场的潜力及营销策略，其研究也还处于初步的启蒙期。近十年间出版的《儿童市场营销》⑧、《儿童市场掘金引擎》⑨、《儿

---

① Mizuko Ito. *Engeneering Play：Children's Software and the Productions of Everyday Life*. Doctoral Dissertation. Stanford University，Dec. 2002.

② James U. McNeal. *On Becoming a Consumer：The Development of Consumer Behavior Patterns in Childhood*. Oxford & Burlington：Butterworth – Heinemann，2007.

③ Paul M. Connell. *Perspectives on Childhood Consumption Memories*. Doctoral Dissertation. The University of Arizona，2008.

④ David Marshall（ed.）. *Understanding Children as Consumers*. London：SAGE，2010.

⑤ Elizabeth S. Moore-Shay. *Kids' Consumption：How Children Perceive the Relationships Between Advertisements and Products*. Doctoral Dissertation. University of Florida，1994.

⑥ Andrea Kozak. *Media Consumption and Body Image Disturbance in Late Elementary School-Age Children*. Doctoral Dissertation. Texas Woman's University，May 2001.

⑦ Suzanne Kalar. *The Impact of Child-Directed Media Consumption on Consumer Intelligence*. Doctoral Dissertation. The University of Texas at Austin，Dec. 2004.

⑧ ［美］詹姆斯·U. 麦克尼尔、张红霞：《儿童市场营销》，华夏出版社 2003 年版。

⑨ 李野新：《儿童市场掘金引擎》，海天出版社 2008 年版。

童生意经》①等著作均属于一般的市场营销类研究；少量涉及第三类研究的文献，如探讨儿童广告接受行为的《中国儿童与广告》②，其研究的落脚点还在于如何更好地推进儿童市场的开拓和营销。尽管目前国内迅猛拓展中的儿童消费市场也带来了许多显而易见的童年文化问题，但对于这一现象的专业批判还十分稀少。

以上三种文献无一例外地将研究重心放在儿童消费的具体现实之上，除了第一类文献显然更关注儿童消费现象的经济意义之外；另两类文献都将消费活动中儿童个体的成长作为研究的重心。它们从最为当下和具体的童年生活现实出发，或关注消费活动中儿童的身体和心灵，或探讨消费社会儿童的生存境况，以此来揭示消费社会儿童生活与儿童文化发展所面临的问题，不少研究也试图就此给出相应的对策方案，其最终目的是为了更好地促进儿童当下和未来的身心发展与生活福利。对于当代儿童的社会成长、教育规划、政策制定等事业来说，这类探讨具有非常重要的现实意义。但与此同时，由于这些研究所谈论的童年仅仅是属于儿童个体的一个成长阶段的概念，其最终旨趣又都集中在对于现实儿童生存境况的关怀之上，因而童年作为一种人类文化现象所具有的超越儿童阶段乃至儿童生命的美学内涵，在这些研究中并未得到太多关注，关于这一美学意义上的童年范畴在消费社会所遭遇的文化威胁，也就相应地未能引发足够的研究探讨。而事实上，消费社会儿童生存所面临的最为根本的问题，并不是特定的消费文化施加于儿童生活的种种负面效应，而是普遍的消费文化对于童年文化的侵蚀和吞噬；后者意味着整个社会对于人类文化的责任感和期望感的日渐消失，以及一种根本上的人类诗性精神的逐渐消退。今天儿童所面临的许多生存问题，正是这一社会文化病症的表征之一。从这个意义说，对于童年文化及其精神的当代命运的关注和思考，应该成为当前童年研究的一项基础性的工作。

有关童年文化的历史演进、消费时代的童年命运以及童年文化消费现象的探讨，也部分地体现在国内外一般童年研究的各类成果中。这类文献又可分为三类。

---

① 岑丽莹：《儿童生意经：中外儿童市场全貌及成功案例》，企业管理出版社2010年版。
② 陈家华、麦箴时：《中国儿童与广告》，中国社会科学出版社2004年版。

一是童年史研究。除了体现在大量教育史研究成果中的童年史论述外,近三十年来,随着童年史作为一个专业研究领域的逐渐确立,西方世界出现了大量以不同历史阶段童年史为考察对象的专论。该领域代表性的研究成果包括菲利帕·艾里耶的《童年的世纪》①、柯林·黑伍德的《童年的历史:从中世纪到现代的儿童与童年》②、休·卡宁翰的《1500年以来西方社会的儿童与童年》③ 和《童年的发明》④、M. 霍莱斯的《变化的童年》⑤、彼得·N. 斯台恩斯的《世界史视野中的儿童》⑥ 等著作。童年研究界一般将法国历史学家菲利帕·艾里耶《童年的世纪》一书视为西方童年史研究的起点。在这部童年史著作中,艾里耶提出了著名的"童年的发现"(discovery of childhood)的观点。通过对中世纪肖像画以及相关文献中出现的儿童与家庭形象的分析,艾里耶认为,中世纪并不存在我们今天所说的"童年"的观念;相反地,这一观念是在十六七世纪(主要是17世纪)的上层社会首先出现,继而在18世纪的上层阶级得到发展巩固,其后在不同社会阶层得以普及。艾里耶的著作虽未直接谈到童年与现代社会的关系,但它未言明地指出了人们对于童年作为一个独立范畴的认识和关注乃是人类进入现代社会以后的事情。

艾里耶所提出的上述童年观对其后的童年研究者产生了普遍而又深远的影响,在此之后的童年史研究不论是对其持赞同还是批判的态度,都无法绕开这一观点。詹姆斯·舒尔茨在其出版于1995年的著作《德国中世纪时期对于童年的认识》一书中继承和呼应了艾里耶的观念,认为直至18世纪之前,儿童都被认为是"不完整的成人",也不被当作独立的个体看待。⑦ 同样,柯林·黑伍德在其《童年的历史:从中世纪到现代的儿童

① Philippe Ariés. *Centuries of Childhood: A Social History of Family Life*. Trans. Robert Baldick. New York: Alfred A. Knopf, 1962.

② Colin Heywood. *A History of Childhood: Children and Childhood in the West from Medieval to Modern Times*. Cambridge: Polity, 2001.

③ Hugh Cunningham. *Children and Childhood in Western Society since 1500*. London: Longman, 1995.

④ Hugh Cunningham. *The Invention of Childhood*. London: BBC Books, 2006.

⑤ M. Hoyles. *Changing Childhood*. London: Writers and Readers Pub. Coop., 1979.

⑥ Peter N. Stearns. *Childhood in World History*. New York & London: Routledge, 2006.

⑦ James A. Schultz. *The Knowledge of Childhood in the German Middle Ages, 1100—1350*. Philadelphia: University of Pennsylvania Press, 1995.

与童年》一书序言中也指出，从现有的资料来看，西方文学对于童年时代的特别关注"只是相对晚近的现象"，这一现象在中世纪时期并不存在。出版于 1982 年的尼尔·波兹曼的《童年的消逝》尽管不是一部专门的童年史研究著作，作者对于童年的理解却直接建基于艾里耶的童年史观之上，并在艾里耶"童年的发现"一说的基础上，进一步提出了现代社会中"童年的发明"（invention of childhood）一说。①

　　20 世纪末以来，艾里耶式童年观也遭到了来自童年研究界的诸多批评。批评者们所依赖的一个重要证据，是通过对于古代社会童年史的考察，指出童年现象在人类历史上早已存在，它是不同时代社会文化建构的产物，而并不只是现代社会的发明。针对艾里耶提出的中世纪没有童年的观点，北美历史学家纳塔莉·戴维斯分析认为，在中世纪的法国乡间，也存在着特殊的童年观念与童年文化，并进一步提出"每个文化都有其特定的童年观，以及关于从童年到完全成年的年龄段变化的观念"。② 在她之后，法国历史学家乔治·杜拜、美国历史学家乌本·赫默斯等也在具体史料分析的基础上提出了"童年"概念在中世纪法国和欧洲某些地区、阶层的特殊存在方式。③ 这意味着，童年并不是以单一的面貌存在于固定的文化之中的，而是有其自我演变的历史。因此，尽管艾里耶所提出的"童年"概念的确发生于中世纪之后，但他所发现的"发现童年"的方法却可以被推衍到更早的历史时期，从而揭示童年更为漫长的历史轨迹。让-皮埃尔·内罗杜的《古罗马的儿童》④、艾达·科恩与杰瑞米·B. 拉特共同主编的《古代希腊与意大利的童年建构》⑤ 等著作对于艾里耶认为不存在童年的历史时期中童年形态的考察，正是对于其童年观的另一种方式的驳斥。

　　不过，从上述观点的演绎逻辑来看，它与艾里耶式的童年观之间实际

---

　　① ［美］尼尔·波兹曼：《童年的消逝》，吴燕莛译，广西师范大学出版社 2004 年版。

　　② Richard T. Vann. "The Youth of Centuries of Childhood", *History and Theory*, Vol. 21, No. 2, 1982, p. 288.

　　③ Ibid. , pp. 288 – 289.

　　④ ［法］让-皮埃尔·内罗杜：《古罗马的儿童》，张鸿、向征译，广西师范大学出版社 2005 年版。

　　⑤ Ada Cohen, Jemery B. Rutter. *Constructions of Childhood in Ancient Greece and Italy*. The American School of Classical Studies at Athens, 2007.

上并未形成真正的对撞。事实上，艾里耶关于"童年的发现"的论断并不否认童年现象在古代文明中的存在，而是意在强调现代社会对于童年特性的独特发现。我们必须承认，尽管人类很早就意识到了儿童期的存在，然而童年作为一个独立的个体成长和文化概念在人类文明中的正式确立，的确是现代社会的产物，更确切地说，它是现代社会的理性、科学、技术等文明所造就的其中一个文化结果。波兹曼在《童年的消逝》中指出，在童年概念的产生过程中，16世纪以降现代印刷术的普及扮演了至为关键的角色。虽然波兹曼并未直接谈论童年观念与现代性的联系，但书中论及的与现代印刷术密切相关的精密技术、知识分层、教育普及、理性思维等，无不指向着现代性的维度。在波兹曼之后，安德兰·特梅尔在其著作《童年的历史社会学》中专门探讨了以度量理性为代表的现代技术和现代童年观建构之间的内在关联。[1] 琪莎·哈帕德在其博士学位论文《童年的文明化：成人—儿童关系的理性异化》中，也专章论及了现代技术在现代童年观形成过程中所扮演的重要角色。[2] 现代文明与现代童年文化之间的上述内在孕生关系，是本研究的一个基本的论说起点。

二是童年理论的研究。这里的童年理论并非指心理学等学科领域数量众多的关于个体儿童身心发展规律的学说，而是专指以童年观及童年现象为考察对象的基础理论。当代西方学界有关童年的基础理论大多是从童年历史的研究发现中梳理出来的，反过来，许多童年史研究中也自然包含了特定童年理论的阐说。近十余年间，西方世界出版了大量以童年为对象的专论著作，如克里斯·詹克斯的《童年》[3]、简·密尔斯和里查德·密尔斯主编的《童年研究》[4]、保拉·齐沃兹达克－梅亚主编的《儿童与青少年研究》[5]、保拉·法斯等主编的《设计现代童年：历史、空间与儿童物

① Andre Turmel. *A Historical Sociology of Childhood*. Cambridge：Cambridge University Press，2008.

② Kysa Koerner Hubbard. *Civilizing Childhood：The Rational Alienation of Adult-Child Relations*. Doctoral Dissertation. The University of Minnisoda，July 2006.

③ Chris Jenks. *Childhood*. London & New York：Routledge，1996.

④ Jean Mills & Richard Mills（eds.）. *Childhood Studies：A Reader in Perspectives of Childhood*. London & New York：Routledge，2000.

⑤ Paula Zwozdiak-Mayers（ed.）. *Childhood and Youth Studies*. Exeter：Learning Matters，2007.

质文化》①、艾伦·普劳特的《童年的未来》②、艾立森·詹姆斯与艾伦·普劳特合作主编的《建构和解构童年》③、艾立森·詹姆斯等主编的《理论化童年》④、延斯·克沃特鲁普的《现代童年研究：社会、主体与文化》⑤、吉姆·戈达德等主编的《童年的政治》⑥，等等。米切尔·梅德维特和戴安娜·梅德维特合著的《拯救童年：保护儿童的纯真》⑦ 虽然是一部实践指导性的著作，但其中对于当代社会教育导致的童年"纯真感"的失落问题的探讨，对本论题的研究也具有一定的借鉴意义。此外，罗杰·诺什塔特的《回到未来：作为乌托邦的童年》⑧ 与彼得·克拉夫托的《乌托邦、童年与意向》⑨ 两篇论文，是目前童年理论界少有的直接论及童年乌托邦精神的研究论文。

当代童年理论界一个具有代表性的研究转向，是从本质主义童年观向着建构主义童年观的转型。英国传媒学者大卫·帕金翰出版于 2000 年的《童年之死》一书，可以视作建构主义童年观在当代童年研究领域的主要代表。在这部著作中，帕金翰反驳了以尼尔·波兹曼为代表的"童年消逝说"，认为那是一种将童年"本质化"的错误理解，他转而以一种充满乐观主义的积极姿态提出了童年如何在当代电子媒介环境的协助下进行重

---

① Paula S. Fass, Marta Gutman & Ning de Coninck-Smith (eds.). *Designing Modern Childhoods: History, Space, and the Material Culture of Children*. New Brunswick, NJ and London: Rutgers University Press, 2008.

② [英] 艾伦·普劳特：《童年的未来》，华桦译，上海社会科学院出版社 2014 年版。

③ Allison James & Alan Prout. *Constructing and Reconstructing Childhood*. London & Washington, D. C.: Falmer Press, 1997.

④ Allison James, Chris Jenks, Alan Prout (eds.). *Theorizing Childhood*. Cambridge: Polity Press, 1998.

⑤ Jens Qvortrup. *Studies in Modern Childhood: Society, Agency, Culture*. Hampshire & New York: Palgrave Macmillan, 2005.

⑥ Jim Goddard et al. (eds.). *The Politics of Childhood: International Perspectives, Contemporary Developments*. Hampshire & New York: Palgrave Macmillan, 2009.

⑦ Michael Medved & Diane Medved. *Saving Childhood: Protecting Our Children from the National Assault on Innocence*. HarperCollins e-books, 1998.

⑧ Roger Neustadter. "Back to the Future: Childhood as Utopia", *Extrapolation*, 35 (2), 1994.

⑨ Peter Kraftl. "Utopia, Childhood and Intention", *Journal for Cultural Research*, 13 (1), 2009.

新的自我建构的话题。① 对于童年研究界来说，建构主义童年观的最大诱惑在于，它帮助人们轻而易举地克服了童年消逝的预言所带来的绝望和无为情绪，并试图以一种强大的乐观精神把现实童年引向积极的作为。但与此同时，它的问题也恰恰在于，它关于童年命运的一劳永逸的建构主义论断过于急切地制造了一种关于童年未来的乐观幻象，而遮蔽了童年及其文化在当代所面临的严峻问题。因此，这一自 21 世纪以来风靡中西童年研究界的对于童年的建构主义理解，正是本论题所要批判和反思的对象之一。绝对的建构主义也就是一种没有标准的解构主义。在承认童年具有被建构性的事实的同时，我们同样需要看到，童年所携带的某些文化基因是不能被轻易放弃、解构或被任意其他的内容所替代的。对于这一问题的认识将有助于我们从一个更具高度的文化视野来判断童年文化的未来路径。

三是童年文学和艺术的研究。广义的童年文学和艺术既包括专以儿童为接受对象的文学和艺术作品，如儿童文学，也包括一切涉及童年意象及童年精神的文学和艺术现象。这类研究通常与文学或艺术史的探讨结合在一起，它们对于童年美学精神的历史或当下内涵的研究，在很大程度上补充了一般童年研究在审美层面的遗漏，它们关于人类历史进程中童年概念被寄予的丰富精神内涵的阐说，也是本研究论及童年美学和童年精神的一个重要依托。以童年文学为例，这类研究包括罗妮·纳托夫的《童年的诗学》②、嘉丽·辛兹与伊莱恩·奥斯特利主编的《儿童与青少年文学中的乌托邦与反乌托邦》③、安德鲁·奥马利的《现代儿童的塑造：18 世纪后期的儿童文学与童年》④、吉莉安·阿维利的《童年的模式：1770—1950 年间儿童小说中的男女主角研究》⑤、赖恩哈特·库恩的《天堂之蚀：西方文学中的孩子》⑥、杰奎琳·罗斯的《〈彼得·潘〉案例，或论

---

① ［英］大卫·帕金翰：《童年之死》，张建中译，华夏出版社 2005 年版。

② Roni Natov. *The Poetics of Childhood.* New York：Routledge，Taylor & Francis Group，2003.

③ Carrie Hintz & Elaine Ostry. *Utopian and Dystopian Writing for Children and Young Adults.* New York & London：Routledge，2003.

④ Andrew O'Malley. *The Making of the Modern Child：Children's Literature and Childhood in the Late Eighteenth Century.* New York：Routledge，2003.

⑤ Gillian Avery. *Childhood's Pattern：A Study of the Heroes and Heroines of Children's Fiction 1770—1950*，London：Hodder & Stoughton，1975.

⑥ Reinhard Kuhn. *Corruption in Paradise：the Child in Western Literature.* Hanover & London：University Press of New England，1982.

儿童小说的不可能》①、伊丽莎白·古德诺夫等主编的《童言童语：文学中的儿童声音》②、盖尔·施蒙克·穆莱的《美国儿童文学与童年的建构》③、苏珊·霍妮曼的《难解的童年：现代小说中不可能的表征》④、阿德里娜·加文和安德鲁·哈姆弗利合著的《爱德华时代小说中的童年》⑤、约翰·斯蒂芬斯的《儿童小说中的语言与意识形态》⑥，等等。对本研究来说，这些著作对于文学史上童年形象及童年话语的分析，从一个侧面呈现了西方童年诗学的建构进程；而它们的缺憾则在于其分析对象往往过多地局限于儿童文学的文本范围，与此相应地，对于童年诗学精神的理解也往往停留在对童年世界的关注上，而缺乏对于"童年"范畴的更为开阔的美学和文化意义考察。

与西方学界相比，童年作为一个特殊的研究领域在中国学界受到关注是更为晚近的事情。台湾学者熊秉真的《童年忆往：中国孩子的历史》可以视作中文世界第一部以中国童年文化史为主题的史著。该书虽然是以相对松散、自由的方式谈论"中国孩子的历史"，却是从中西童年观和童年文化比较的可贵视野来进入中国古代童年史的梳理、考察，因而能够从童年理论的高度来思考和书写古代童年的命运。⑦ 张倩仪出版于稍早时期的《另一种童年的告别：消逝的人文世界最后回眸》在一定程度上与《童年忆往》的课题形成了衔接，该书是以一种散文式的文学自传研究，

---

① Jacqueline Rose. *The Case of Peter Pan*, *or the Impossibility of Children's Fiction*. London：Macmillan，1984.

② Elizabeth Goodenough, et al. (eds.). *Infant Tongues：The Voice of the Child in Literature.* Detroit：Wayne State University Press，1994.

③ Gail Schmunk Murray. *American Children's Literature and the Construction of Childhood.* New York：Twayne Publishers，1998.

④ Susan Honeyman. *Elusive Childhood：Impossible Representations in Modern Fiction.* Columbus，Ohio：Ohio State UP，2005.

⑤ Adrienne E. Gavin & Andrew F. Humphries (eds.). *Childhood in Edwardian Fiction：Worlds Enough and Time.* New York：Palgrave Macmillan，2009.

⑥ ［澳］约翰·斯蒂芬斯：《儿童小说中的语言与意识形态》，张公善、黄惠玲译，安徽少年儿童出版社 2010 年版。

⑦ 熊秉真：《童年忆往：中国孩子的历史》，广西师范大学出版社 2008 年版。该书于 2000 年在台湾出版。

对近代中国童年生活和文化的面貌进行的一种特殊的历史记录。①

迄今为止，中国大陆地区还未见童年观念史方面的专门研究著作，但这一领域显然已经开始受到相关研究者的注意。20 世纪后期以来，方卫平的《童年：儿童文学理论的逻辑起点》②、卜卫的《捍卫童年》③、俞金尧的《儿童史研究及其方法》④、李伟明的《道德视域中的近代西方童年观变迁》⑤、施义慧的《近代西方童年史的历史变迁》⑥、朱自强的《童年：一种思想的方法和资源》⑦、黄进的《童年研究：一场观念和方法上的革命》⑧ 等论文就西方童年观和童年史研究进行了介绍性的梳理和思考，从不同的视角呈现了当代西方童年学术界的研究动向，并试图借助西方资源来启动本土的童年研究事业。其中，《捍卫童年》一文除了评说波兹曼的"童年消逝说"之外，也针对中国当代语境下儿童"童真"的失落问题提出了问题性的思考。李有发的《童年的隐忧——来自童年社会学的观察》一书是对当代童年现实问题的观察与思考，也包含了对童年消逝话题的一种本土回应。⑨

进入 21 世纪以来，国内出现了一部分专论童年精神与文化的著作，如刘晓东的《儿童精神哲学》⑩、詹栋梁的《儿童哲学》⑪、丁海东的《儿童精神：一种人文的表达》⑫ 等。其中，《儿童精神哲学》是从人文主义的立场全面探讨童年文化精神各个层面内涵的著作，也是中国大陆以人类文化意义上的童年精神为中心话题的第一部专著。与此同时，有关童年的历史、理论、文化精神等的综合思考也体现在一部分儿童教育研究成果

---

① 张倩仪：《另一种童年的告别：消逝的人文世界最后回眸》，商务印书馆 2001 年版。该书于 1997 年在台湾出版。2012 年，书名易为《再见童年：消逝的人文世界最后回眸》，由世界图书出版公司再次出版。

② 方卫平：《童年：儿童文学理论的逻辑起点》，《浙江师范大学学报》1990 年第 2 期。

③ 卜卫：《捍卫童年》，《读书》2000 年第 3 期。

④ 俞金尧：《儿童史研究及其方法》，《国外社会科学》2001 年第 5 期。

⑤ 李伟明：《道德视域中的近代西方童年观变迁》，《江海学刊》2004 年第 6 期。

⑥ 施义慧：《近代西方童年史的历史变迁》，《广西社会科学》2004 年第 11 期。

⑦ 朱自强：《童年：一种思想的方法和资源》，《中国图书评论》2006 年第 6 期。

⑧ 黄进：《童年研究：一场观念和方法上的革命》，《教育研究与实验》2009 年第 5 期。

⑨ 李有发：《童年的隐忧——来自童年社会学的观察》，甘肃人民出版社 2011 年版。

⑩ 刘晓东：《儿童精神哲学》，南京师范大学出版社 2003 年版。

⑪ 詹栋梁：《儿童哲学》，广东教育出版社 2005 年版。

⑫ 丁海东：《儿童精神：一种人文的表达》，教育科学出版社 2009 年版。

中，如姚伟的《儿童观及其时代性转换》①一书对于儿童观的梳理便综合了儿童教育与人文精神的双重传统。

20 世纪后期以来，童年的诗学话题也开始引起国内研究者的关注。相关的诗学研究在 20 世纪 80 年代以来的儿童文学领域最为兴盛，如班马的《中国儿童文学理论批评与构想》②、刘绪源的《儿童文学的三大母题》③、朱自强的《中国儿童文学与现代化进程》④、陈恩黎的《儿童文学中的轻逸美学》⑤ 等著作，方卫平的《童年写作的厚度与重量——当代儿童文学的文化问题》⑥ 等论文，尽管并未论及 "童年诗学" 的总体概念，但在针对儿童文学的历史、艺术和理论发展的探讨中，却涉及了包括童年审美和艺术精神等在内的一些童年诗学重要范畴的阐说。此外，在延伸至成人文学范围的童年诗学考察中，较具代表性的系统梳理研究如吴其南的《20 世纪中国文学中的儿童形象》⑦、何卫青的《小说儿童——1980—2000：中国小说的儿童视野》⑧、王黎君的《儿童的发现与中国现代文学》⑨、谈凤霞的《边缘的诗性追寻——中国现代童年书写现象研究》⑩，等；分别在整个中国现当代文学史的大背景上展开关于童年形象的历史演变、童年元素介入文学叙事的方式以及童年精神的审美表征等的分析。徐兰君与安德鲁·琼斯主编的论文集《儿童的发现：现代中国文学及文化中的儿童问题》，系 2008 年 12 月新加坡国立大学举办的 "中国现代文学和文化中的'儿童的发现'" 国际学术研讨会相关成果，收入其中的论文除针对特定历史文本的诗学分析外，也涉及了童年命题在中国现代文化史

---

① 姚伟：《儿童观及其时代性转换》，东北师范大学出版社 2007 年版。

② 班马：《中国儿童文学理论批评与构想》，湖北少年儿童出版社 1990 年版。

③ 刘绪源：《儿童文学的三大母题》，少年儿童出版社 1995 年版。

④ 朱自强：《中国儿童文学与现代化进程》，浙江少年儿童出版社 2000 年版。

⑤ 陈恩黎：《儿童文学中的轻逸美学》，海燕出版社 2012 年版。

⑥ 方卫平：《童年写作的厚度与重量——当代儿童文学的文化问题》，《文艺争鸣》2012 年第 10 期，《新华文摘》2013 年第 4 期全文转载。

⑦ 吴其南：《20 世纪中国文学中的儿童形象》，《温州师范学院学报》2003 年第 3 期，《新华文摘》2003 年第 9 期全文转载。

⑧ 何卫青：《小说儿童——1980—2000：中国小说的儿童视野》，中国海洋大学出版社 2005 年版。

⑨ 王黎君：《儿童的发现与中国现代文学》，中国社会科学出版社 2009 年版。

⑩ 谈凤霞：《边缘的诗性追寻——中国现代童年书写现象研究》，人民出版社 2013 年版。

上的特殊意义。① 从这些研究中可以看出中国语境下现代童年美学建构的某些脉络,也能够启发我们关于当代童年美学及其文化价值的思考。

对于本论题的展开来说,分散在童年的历史、理论和诗学研究领域的相关成果,主要提供了一个基础性的研究背景和平台。从这些研究中汲取而来的童年文化的审美精神,为针对当前童年文化消费现象的审美批判展开,提供了隐在却重要的思想资源。

---

① 徐兰君、[美]安德鲁·琼斯主编:《儿童的发现:现代中国文学及文化中的儿童问题》,北京大学出版社 2011 年版。

第 一 章
作为文化符号的童年：
前消费社会的童年文化建构

欢乐和自由，是童年单纯的信仰，

不论在忙碌还是憩息中，

希望的羽翼总在他心里扇动。

——威廉·华兹华斯

童年既是一个自然的概念，也是一个文化的概念。从理论上说，它作为一种文化现象的源起与它作为一个生物学事实的存在是同时发生的，但事实上，单纯生物学意义上的童年并不存在，任何现实的童年都是特定的历史与社会文化建构的产物。"孩子是什么，或者说，当一个孩子意味着什么？"[①] 16 世纪不列颠教士托马斯·贝肯提出的这个问题，至今仍然难以给出确定的回答。20 世纪后期以来，几乎所有的童年研究都倾向于以类似的判断作为论说童年的起点："童年是一个文化和社会建构的概念，它处于持续的变动中。"[②] 有关童年的文化也是如此。与人类社会的许多其他文化范畴一样，童年文化的自发建构要先于它作为一个自觉概念的形成，然而，一直要到现代社会，随着现代童年观的逐步确立，童年作为一种独立的文化存在才开始得到日益广泛的关注，其文化内涵也在现代社会得到了空前丰富的发掘和建构。对于前消费社会童年文化的溯源和考察，并非是要展开对童年文化历史的系统梳理或者针对其具体内容的概括分析，而是意在通过追索和勾勒人类童年文化——主要是现代童年文化——

---

① Hugh Cunningham. *The Invention of Childhood.* London：BBC Books, 2006, p. 13.

② Sabine Andresen et al. (eds.). *Children and the Good Life：New Challenges for Research on Children.* Dordrecht, Heidelberg, London & New York：Springer, 2010, p. 13.

发展的基本线索，揭示蕴藏于这一文化建构的进程之中的审美精神。这是一种与人类基本的乌托邦冲动内在相关的文化精神。它意味着，童年之所以会在现代社会成为一个重要的人类文化符号，乃是因为自其诞生伊始，它就是一个寄托了我们关于人之可能性的审美理想的文化范畴。

　　这里所使用的"前消费社会"的概念参照了齐格蒙特·鲍曼关于生产社会与消费社会的区分①，它基本上接近鲍曼所说的生产社会的意思，在这一阶段，消费尚未成为社会生活的主要目的，消费的语法也尚未渗入社会生活的各个方面。不过，鲍曼在谈及生产社会的概念时，主要是指"为现代社会奠基的工业阶段"②，而本书所使用的"前消费社会"概念，则指消费社会全面降临之前的人类历史阶段。显然，"前消费社会"与"消费社会"的命名并不是一种社会性质的划分，二者之间也不存在断代式的严格界限，但它的确标示出了当代社会生活层面的一种基础性的转变，后者对童年文化的命运产生了十分重大的影响。

第一节　人类学视野中的童年文化

　　从人类学视角对早期童年文化的历史进程展开考察，一方面是针对现代社会之前自发状态的童年文化存在踪迹的追溯；另一方面，虽然"儿童在过去就存在了，但是我们所思考的对象化了的'儿童'在某个时期以前是不存在的"③，这意味着，上述考察将不可避免地带有从现代童年观反观历史的视角。事实上，正是透过这样的反观，我们才能更深入地理解和把握早期童年文化的历史面貌及其文化意义。

---

　　① 鲍曼在《全球化：人类的后果》一书中提出了关于"生产社会"与"消费社会"（又译"生产者社会"与"消费者社会"）的区分。生产社会对于人的主要角色要求指向的主要是生产者的身份，而在消费社会，这一角色要求为消费者的身份所替代。由于上述社会侧重点的变换，"对社会、文化和个人生活的方方面面几乎都带来了巨大的差异"。［英］齐格蒙特·鲍曼：《全球化：人类的后果》，郭国良、徐建华译，商务印书馆 2001 年版，第 76—82 页。

　　② ［英］齐格蒙特·鲍曼：《全球化：人类的后果》，郭国良、徐建华译，商务印书馆 2001 年版，第 77 页。

　　③ ［日］柄谷行人：《日本现代文学的起源》，赵京华译，生活·读书·新知三联书店 2003 年版，第 114 页。

一　早期童年文化的历史踪迹

现代社会之前，儿童的日常生活尚未引起成人世界的太多关注，人们更是很少谈论作为一个抽象概念的童年。因此，要在早期人类历史的时空中追寻童年文化的踪迹，我们可以依凭的线索显得少之又少。1960 年，法国历史学家菲利帕·艾里耶出版了题为《旧体制下的儿童与家庭生活》的史学研究著作；该书英文版于 1962 年出版，正标题被译作更广为人知的《童年的世纪》。此书被视为开创了西方童年史研究的源头。在这部著作中，艾里耶通过对于中世纪相关文献和艺术作品的考察，提出了一个富于创见且影响深远的观点：在中世纪，西方世界尚不存在童年的观念。需要特别指出的是，艾里耶所说的童年的观念，并不等同于对童年的日常意识，而是指有关童年这一现象的范畴认知。他格外强调道：

> 在中世纪，不存在童年的观念；这并不是说儿童在那时被漠视、遗弃或者看不起。我们不能将童年的观念与对儿童的感情混为一谈，前者是与一种对于儿童特性的意识相对应的，正是这种特性将儿童与成人区别了开来。而在中世纪，这种意识恰恰是缺失的。①

显然，艾里耶在这里所强调的"儿童特性"，其实是指现代社会以降开始逐渐占据主导地位的童年观的产物。也就是说，艾里耶是从现代童年观回溯过去，来展开关于中世纪童年的考察，由此才会得出"中世纪无童年"的结论。因而有研究者认为，"艾里耶的著作建立在一种'现代视野'的方法基础之上。这个现代视野所带来的深层影响导致了他方法上的局限，即他对于史实的解读是'以现代为中心'的"②。尽管在现代社会之前，对于儿童特性的系统认知尚未得到建立，但这并不意味着古代社会没有儿童的观念，只是当其时，人们对于童年时段的理解各不相同，在谈及儿童的教育、生活时，所指涉的年龄对象也各有不同。在艾里耶之

---

①　Philippe Ariés. *Centuries of Childhood: A Social History of Family Life*. Translated by Robert Baldick. New York: Alfred A. Knopf, 1962, p. 128.

②　Adrian Wilson. "The Infancy of the History of Childhood: An Appraisal of Philippe Ariés", *History and Theory*, Vol. 19, No. 2, 1980, p. 147.

后,童年史研究界对于其研究的批评主要即落实在这一点上。一些研究者认为,古代社会同样存在童年,只是其形态与今天不大一样或大不一样。① 不过,由艾里耶所开创的童年史研究的传统和方法却在童年研究界得到了很好的继承,并由此催生了一批建立在人类学或文献学考证基础上的童年史研究成果。在这一研究推进的过程中,早期童年文化的幽微图景也似乎开始向我们展露出它的一部分面貌。

正如儿童作为一个指向未成年状态的生理阶段早已被人们所意识到一样,人们对于这一生理阶段的文化认识也早已发生。法国人类家阿诺尔德·范热内普在其《过渡礼仪》一书中,列举了各民族早期社会所沿习的从孩子的受孕、出生到进入成年的各种包含"过渡礼仪"意义的仪式。② 这些陆续贯穿于孩童生长阶段的过渡礼仪,在一定程度上传达了人们对于这个阶段个体某些特征的理解。尽管其理解并不必然与儿童真实的身心特征直接相关,而大多是民族传统的一种承载方式,但它仍然生动地传达出了特定族群对于儿童的看法。法国学者让-皮埃尔·内罗杜的研究则指出,古罗马社会存在着用于描述儿童情状的各种词语,如 liberi(自由并合法出生的孩子)、filius(儿子的)、filia(女儿的)、nepos(后代)、pupllus(尚未命名就死亡的孩子)等,它们比抽象的儿童一词传达出了古罗马社会对待我们今天所说的童年阶段的更为丰富的态度。③ 内罗杜关于古罗马社会儿童的身体、精神、家庭、法律、宗教、游戏、教育、殡葬等文化的历史考察,展示了早期童年文化所具有的虽是零散却十分丰富的面貌。台湾学者熊秉真在其《童年忆往》一书中,也从各式的历史文献梳理出了中国古代童年生活的各方面内容,我们从中得以窥见湮没于历史之下的中国早期童年文化的多样面貌。④

然而,早期童年文化的丰富现实并不意味着这一文化本身在社会生活中占据了特殊的位置,尤其不意味着儿童的身份在社会网络中据有了重要

---

① 本书绪言中已谈及这一点。相关批评亦可参见 Roger Smith. *A Universal Child?* Hampshire & New York: Palgrave Macmillan, 2010, pp. 31 – 35.

② [法]阿诺尔德·范热内普:《过渡礼仪》,张举文译,商务印书馆 2010 年版,第 34—40 页。

③ [法]让-皮埃尔·内罗杜:《古罗马的儿童》,张鸿、向征译,广西师范大学出版社 2005 年版,第 25—28 页。

④ 熊秉真:《童年忆往:中国孩子的历史》,广西师范大学出版社 2008 年版。

的地位。相反，这一时期所谓的童年文化实际上只是成人文化的一部分，它并未从成人文化中相对地分离出来，很多时候往往还是成人文化的余绪。"作为孩子的孩子在某个时期之前是不存在的，为了孩子而特别制作的游戏以及文学也是不曾有过的。"① 也就是说，早期童年文化并不具备任何特殊的文化身份。人类学考察显示，很多时候，"童年被看作一种持续地向成人转变的状态，而不是一个'在世界中自在和自为'的合法阶段"②。我们也很容易注意到，在古代社会，涉及儿童的各类仪式、语言除了指涉儿童在特定生长阶段的年龄、变化（如出牙、学语）、家庭和社会关系等对于一个族群或社会的繁衍延续具有特殊意义的特征之外，并不格外关心儿童个体内在的身心需求。"儿童的存在是为了工作（或学习）以及为继承家庭事业做好准备，而非表达他们自身的愿望或个性。"③ 同样，这一时期人们对待儿童的情感主要与儿童作为家庭继承人的社会价值以及由一种自然的依附和亲近关系带来的依恋感有关；儿童作为一个独立个体的生命需要和生命价值，则甚少受到成人世界的注意。这时候的儿童是"日常生活的一个必要背景，但他们却是沉默的，也不能给予我们任何有关社会和文化的有意义的内容"④。

　　这一现实反映了古代社会儿童的基本地位。尽管任何时代的一些贵族家庭中都不乏受到珍爱的儿童个体的例子，但整个社会对于儿童的普遍看法，是视其为某种在完满性上低于成人的生命体。历史上，"童年几乎一直被视为一种不完全的人的状态，它只是得到完全实现的成人状态的前奏和准备阶段"⑤。对于英语中意指"儿童"的 child 一词的词源学考察，或许可以带给我们关于儿童群体及其早期文化地位的某些具有暗示性的讯息。"就 child 这一如此意义重大的词语而言，在其他日耳曼语种中却找不到任何已知且现存的对应词汇，其孤立性实在令人感到意外。该词最早

　　① ［日］柄谷行人：《日本现代文学的起源》，赵京华译，生活·读书·新知三联书店2003年版，第116页。

　　② Nancy Scheper-Hughes & Carolyn Sargent（eds.）. *Small Wars：The Cultural Politics of Childhood*. Berkeley, Los Angeles, London：University of California Press，1998，p. 13.

　　③ Peter N. Stearns. *Growing Up：The History of Childhood in a Global Context*. Texas：Baylor University Press，2005，p. 24.

　　④ Nancy Scheper-Hughes & Carolyn Sargent（eds.）. *Small Wars：The Cultural Politics of Childhood*. Berkeley, Los Angeles, London：University of California Press，1998，p. 13.

　　⑤ Roger Smith. *A Universal Child？*. Hampshire & New York：Palgrave Macmillan，2010，p. 42.

的日耳曼语源头被认为是'keltham',有人将它与哥特时期的'kilthei'（指子宫）甚至梵文的'jathara'（指肚子）联系在一起。"① 与另一个指代成人的单词"man"② 相比,"儿童"一词在词源意义上似乎更多地与物性而非人的特性相关。内罗杜指出古拉丁语中用来统称儿童的 puer 一词,并指出其词根"pu‐"表示"人或动物的幼小",后缀"‐er"则指区别。③ 从这一词源学意义来看,在古拉丁语系中,作为一个群体的儿童与动物的距离,似乎要近于儿童与一般意义上的人的距离。

　　与自由的成人相比,古代社会的儿童被更多地视为"不完全"之人,与此同时,儿童的身份也常与地位低下者相连。艾达·科恩与杰瑞米·拉特的研究指出,在古希腊社会,"pais"一词被同时来指称儿童和奴隶,这一用法延续至罗马社会。④ 内罗杜认为,古拉丁文中意指儿童的 puer 一词之所以会在含义上向"奴隶"转化,乃是因为"儿童与奴隶的相似并不在于年龄,而是在于他们都不能享有任何权利,都必须服从某一权威"⑤。艾里耶的研究也指出,在 17 世纪的法语中,儿童(enfant)一词在口语上还包含了社会身份和地位上的某种卑下感,可指某些显然依从他人而生活之人,包括仆人。⑥ 无独有偶,古汉语中用以指称未成年人的"童"字,从"辛"部,最初也有奴仆之义。东汉许慎《说文解字》引通人说释"童"字义:"男有罪曰奴。奴曰童。"⑦ 所有这些用词法都指向着儿童在早期社会生活中所处的低微地位。

　　这一切导致了早期社会对待童年生命的轻视态度。社会学研究显示,

---

　　① http://www.word-origins.com/definition/child.html.

　　② 英语中的 man 一词,其较为人接受的词源意义有二:一是来自原始印欧神话中的"man‐",意指"人类最早的祖先";二是与原始印欧语系的词根"men‐"相关,意指作为人的特性的"思考"。参见 http://www.etymonline.com/index.php? term = man; http://en.wikipedia.org/wiki/Man_ (word).

　　③ [法]让‐皮埃尔·内罗杜:《古罗马的儿童》,张鸿、向征译,广西师范大学出版社 2005 年版,第 28 页。

　　④ Ada Cohen & Jeremy B. Rutter (eds.). *Constructions of Childhood in Ancient Greece and Italy*. The American School of Classical Studies at Athens, 2007, p. 4.

　　⑤ [法]让‐皮埃尔·内罗杜:《古罗马的儿童》,张鸿、向征译,广西师范大学出版社 2005 年版,第 30 页。

　　⑥ Philippe Ariés. *Centuries of Childhood*:*A Social History of Family Life*. Translated by Robert Baldick. New York: Alfred A. Knopf, 1962, p. 26.

　　⑦ 许慎撰、段玉裁注:《说文解字注》,浙江古籍出版社 1998 年版,第 102 页。

"在 18 世纪以前的英格兰和欧洲，一个婴儿和一个年幼孩子的死亡都是一件小事，对此的态度通常混杂着不关心和对事实的接受"①。在古代西方或中国社会，早夭的幼儿往往被排除在丧葬礼仪的对象之外。这一现象既源于早期社会缺乏对于儿童生命价值的认可，也在一定程度上与家庭内儿童的高死亡率相关，或者说，对待儿童生命的某种漠然情感也是成人用以减轻失去孩子的悲伤的一种心理反应。但无论出于何种原因，对于儿童的漠视的确反映并加强了人性中某种普遍的情感冷漠，尤其是对于脆弱或微小的个体存在的不以为意。

早期童年文化的基本身份意味着，我们今天习以为常的对于童年生命的某种欣赏乃至膜拜的情愫，在古代社会并不是一种常态。相反，在西方社会，由于受到宗教文化的影响，有关儿童原罪的普遍意识弥漫于早期社会的日常生活，对于儿童身体和精神的否定性认识也为当时的人们所普遍接受。《圣经·箴言篇》道："孩童之心充满愚昧，棍棒管教可驱除之。"② 圣·奥古斯丁在其著名的《忏悔录》中追问："谁能告诉我幼时的罪恶？"他以悔罪之心这样回顾自己的童年时代：

> 我耽于嬉游，欢喜看戏，看了又急于依样葫芦去模仿，撒了无数的谎，欺骗伴读的家人，欺骗教师与父母，甚至连那些称道我的人也讨厌我。我还从父母的伙食间中，从餐桌上偷东西吃，以满足我口腹之欲，或以此收买其他儿童从事彼此都喜爱的游戏。在游戏中，我甚至挟持了求胜的虚荣心，往往占有了欺骗的胜利。但假如我发现别人用此伎俩，那我绝不容忍，便疾言厉色地重重责备，相反，我若被人发觉而向我交涉时，却宁愿饱以老拳，不肯退让。③

奥古斯丁回望自己童年时代的痛悔姿态与现代社会以降温情脉脉的童年书写形成了鲜明的对照。尽管童年的鞭笞带来了深深的痛楚，这位虔诚的教徒仍然赞同通过打罚来责律儿童，因为若不如此，儿童便将坠入

---

① ［美］维维安娜·泽利泽：《给无价的儿童定价》，王水雄等译，格致出版社、上海人民出版社 2008 年版，第 20 页。

② "Foolishness is bound in the heart of a child; but the rod of correction shall drive it far from him." See *Holy Bible* (King James Version). Prov. 22：15.

③ ［古罗马］圣·奥古斯丁：《忏悔录》，周士良译，商务印书馆 1996 年版，第 23 页。

"犯罪"的深渊。在这些孩子身上，"原罪证明了所有暴力行为的合法性"①。

与此相应的是，在现实生活中，尽管儿童的存在对于一个家庭和社会来说显得必不可少，但童年作为一个生命阶段的价值却并不被人们所肯定。对于儿童来说，没有一种关于"如何成为儿童"的见识，相反，只有成人才是他们应该效仿的榜样。"培养一个儿童应该使之与某位成年人相似"，因为"人们希望一个典范式的成年人的精神和生命得到延续与重生"②。同时，日常生活中"受到成人最大褒扬的总是那些展示出一种大人般的庄重感的儿童"，"中西历史上对儿童、童年乃至人的一生，一向持有非常强的'作用性'与'终极导向'的气质。对儿童的关怀，不但是以成人的立场和眼光作界定，不常考虑到儿童本身的感受，或从一个成长者为出发点来作规划；……儿童既只是每个个体作为成人的一个准备阶段，童年的本身遂无须具有任何特定的意义"③。反过来，不论在现实生活还是艺术领域，如果成人还表现出儿童的样子，则会遭到人们的责备或鄙视。因此，中世纪的"成人对儿童的期望是，希望他们尽快长大，摆脱幼稚的童年期"④。对于人们来说，童年既不被认为是一个值得留恋的生长阶段，也不是一段值得回忆的过去时光。不论儿童还是成人，都急于使自己或身边的孩童脱却这样一种卑微而又无力的不完整状态，尽早获得成年的权威。

这一对于人的发展的理解内含了一种对待童年的时间观。如果说"'发展'作为一个本质上的时间概念，是人们用来理解童年的一个基本隐喻"⑤，那么在上述理解中，童年的发展在时间上恰恰是受限的。从儿童向成人的变化，看似指向一个线性的时间进程，但这一时间有一个明确的终点，它止于儿童的成年。这意味着，儿童成长的结果在根本上不可能逾越既有的成人世界，或者说，儿童虽会发展变化，这变化却并不会给他所处的世界带来新的内容。与此同时，儿童自己所处的时间又是无足轻重

---

① ［法］让－皮埃尔·内罗杜：《古罗马的儿童》，张鸿、向征译，广西师范大学出版社2005年版，第83页。

② 同上书，第89页。

③ 熊秉真：《童年忆往：中国孩子的历史》，广西师范大学出版社2008年版，第39页。

④ 郭法奇：《中世纪西欧儿童的日常生活和教育》，《首都师范大学学报》2009年第2期。

⑤ Chris Jenks. *Childhood*：*Key Ideas*. London and New York：Routledge，1996，p. 36.

和可以捐弃的。于是，对于童年来说，它自身的时间以及它所包含的未来时间，其社会和文化价值显然都是有限的。这一时间观在根本上抑制了早期童年文化的展开。

二　早期童年文化的审美之维

早期童年文化主要属于人类学意义上的文化现象，它既无涉文化本身的价值判断，也尚未与任何文化的精神发生关联，而是以一种总体上被忽视乃至否定的方式，默默地生长在社会文化的夹缝中。

然而，正是在早期社会对待童年的普遍的否定态度之中，另一种异质的童年审美文化也在悄然生长，尽管在早期童年观的重负之下，这一文化的痕迹显得格外纤细而脆弱。

它首先发生在家庭之内，其源起在于父母（或其他长辈）与孩子之间的一种天然的情感关系。尽管古代社会儿童的生活与情感地位显然较为低微，人们对于童年的歧视也普遍存在，但仍有不少文献的细节表明，在家庭内的父母与孩子之间的确存在着一种单纯的爱的关系。① 在一些家庭中，儿童的死亡带来了深切的哀痛。我们很难说这种情感完全与功利的目的无关，事实上，古代社会的成人对于儿童的关爱往往与儿童自身是否符合社会价值期待的事实相连；但反过来，成人心甘情愿地付与弱小的孩子的种种照料与关切，他们从身边的孩子身上所体验到的由衷愉悦，以及由孩子的早夭而引发的深刻悲伤，显然不是仅仅以功利的原因就能解释的，它还与人性中的某种温情、细腻和超越私利的善联系在一起。例如，这是古罗马诗人斯塔提乌斯为一个孩子而写的一首悼亡诗（部分）：

> 悼念一个死去的孩子
> 我怎能不为你哀伤，亲爱的孩子？正是你
> 使我这孤身之人免受思念孩子之苦，

---

① 例如，卡宁翰摘引过中世纪时期的一段盎格鲁－撒克逊诗歌："那是仰仗上帝的神力/丈夫和妻子怀上孩子/并将他带到这个世界，给他欢笑，/快乐，把他来珍爱。"他也指出，尽管缺乏更早期的证据，但"一种对于婴幼儿的更富于情感的态度在以基督圣婴和圣母为题材的不断现实化的绘画艺术中得到强化，这一事实自 12 世纪以降是显而易见的。"参见 Hugh Cunningham. *The Invention of Childhood.* London：BBC Books，2006，p. 23，25.

　　是我最早抱起你，把你贴近我的胸口，

　　把你视如自己，教你说话写字，

　　读出你喃喃自语的谜底，

　　是我俯下身来，抱起在地上爬行的你，

　　扶着你习步；而我的怀抱，

　　时刻为你敞开，当你童稚的眼睛感到疲倦，

　　我就摇着你，唱一支催眠曲伴你入睡，

　　你说出的第一个词是我的名字，你的欢乐使我微笑，

　　而你的每一点喜悦，也无不是来自我这里。①

　　斯塔提乌斯的诗歌流露出一种对待儿童的纯粹的深情，它无关儿童的社会价值，而是成人在照顾儿童的过程中，由观看这柔弱的生命成长并与之相互依恋的现实中所获得的一种满足和幸福感。这是一种超越功利理性的人性情感。在整个社会对于儿童的普遍轻视氛围中，这一面向普通儿童的日常深情，如同一片微渺而明亮的烛光，温暖着早期童年的生活世界。

　　有关早期童年史的细节研究总是蕴含着这样一个事实，即一种因家庭内外的儿童而生的爱的情感，虽然并未从当时的社会文化中得到更多的鼓励或培育，却以一种不起眼的方式存在于真实生活的脉络之中。对于人类文明来说，这是一种重要而又珍贵的情感，也是人性借以扩充和提升自身的基础。"如果说在西方文明中人的移情和情感，即单纯的人性，有所成长的话，那么它始终是跟随童年的脚步一起成长起来的。"② 从这个意义上说，童年生命的弱小存在成为了容纳和培育这样一种人类审美情感的范畴之一。

　　其次，几乎所有针对古代社会童年文化的研究都不否认这样一个事实，即无论童年的生命与生活本身如何不受重视，成人的确从儿童身上发现了至少一种值得肯定的价值，那就是儿童本色的纯真。这纯真是成人眼

---

　　①　Horace E. Scudder. *Childhood in Literature and Art.* Boston，New York：Houghton-Mifflin Company，1894，pp. 33 – 34. 这类为早夭孩子而写的悼词诗（往往出自父亲之手）是早期社会一个特殊的童年文化现象。

　　②　[美]尼尔·波兹曼：《童年的消逝》，章艳译，广西师范大学出版社 2004 年版，第92—93 页。

中儿童的某种形象和精神之美的投射，虽然这种投射往往与一种暧昧的情色意味交织在一起（在古希腊、古罗马的视觉艺术中，最具代表性的儿童形象便是与性欲相关的爱神），但它的确反映了古代社会对于儿童价值的一种鲜见的肯定。

　　不论在东方还是西方，人们都从"儿童的纯真"之中"发现了些许有限的意义"①。这里的"有限"是一个意味深长的修饰词，它所揭示的是这一价值肯定在童年文化中所处的"有限"层级。同时，这一时期，人们对于儿童纯真的欣赏也很少是为了童年自身的缘故。在西方世界，这种欣赏的感情常常与信仰或宗教的目的相关。《圣经·马太福音》中耶稣道"让小孩子到我这里来，不要禁止他们，因为在天国的，正是这样的人"②，所强调的其实是与纯真的孩童相像之人的虔诚、谦逊的品质。因此，公元五世纪的教宗圣利奥这样说道："基督爱童年，它是谦卑的象征，纯洁的法则，甜美的模范。"③ 中世纪流传下来的一份布道词中也这样讲道："小孩子单纯而无机心，天真而无危害，他完全纯洁，不受污染。"④ 与此相应地，古代欧洲社会对于儿童纯洁本性的某些强调，也往往是为了突出这一纯洁所象征的宗教身份上的圣洁。例如，在古代希腊的祭神浮雕上，常常刻有不同年龄儿童的形象；同时，在一些祭神仪式中，身心纯洁的自由儿童也被委以特殊的奉祀任务。⑤ 中世纪基督教艺术中频繁出现的儿童基督、儿童天使以及被称为 putti 的裸体儿童形象，在很大程度上便源于人们对于儿童纯洁的宗教身份的认可。

　　对于儿童之纯真的宗教式肯定和膜拜，并未出现在缺乏宗教传统的中国古代社会，却以另一种方式进入了中国古代审美思想之中。在道家和儒

---

　　① Peter N. Stearns. *Growing Up*：*The History of Childhood in a Global Context*. Texas：Baylor University Press，2005，p. 24.

　　② 《圣经·马太福音》，第 19 章，第 14 节。

　　③ Colin Heywood. *A History of Childhood*：*Children and Childhood in the West from Medieval to Modern Times*. Cambridge Polity Press，2001，p. 15.

　　④ Hugh Cunningham. *The Invention of Childhood*. London：BBC Books，2006，p. 27.

　　⑤ Ada Cohen & Jeremy B. Rutter. Eds. *Constructions of Childhood in Ancient Greece and Italy*. The American School of Classical Studies at Athens，2007，pp. 41 – 43. 另可参见 ［古罗马］圣·奥古斯丁：《忏悔录》，周士良译，商务印书馆 1996 年版，第 195—196 页。

家传统中，均有以未沾染世尘的婴孩来譬喻一种生命完满状态的例子。在这里，孩童的纯真无关宗教的虔诚，却同样与一种世界的至善品格相关联。例如，老子谈"常德不离，复归于婴儿"①，谈"舍德之厚，比于赤子"②，通过这样的譬类取象，处于生命起始处的"婴孩"连同它所指向的那个混沌未分的存在时刻被赋予了某种深厚的美学意义，它指向着一种无欲、无求、无我的虚白状态，也是道家思想中生命的最高实现。当然，这一论说中以"婴儿"、"赤子"名之的孩童意象均是用于譬喻、解说道家哲学思想的符号，它虽然取象于生活，却与现实中的婴孩并无关联，反而是被天然地取消了任何时间延展可能和日常生活的内容。事实上，《道德经》在取用上述婴孩意象时，所强调的恰恰是"婴儿之未孩"③的状态。

相比之下，来自儒家传统的"赤子"一说更多地认可了孩童意象朝向现实生活的开放性。孟子最初是从性善论的立场提出"赤子之心"一说的，其中的"赤子"同样带有强烈的形而上的至善意味，但它虽然也不指向任何真实的儿童生命个体，却意味着一种与现实生活并不必然相悖的仿若初生孩童般的"赤心"。到了晚明时期，这一几经发挥的"赤子之心"思想更进一步显示出朝向真实的日常生活移近的倾向。晚明思想家罗近溪就儒家传统中的"赤子之心"提出"赤子之保、孩提之爱，倒反是仁义之实而修齐治平之本也"的观点，从而肯定了"村间匹夫匹妇的平常卑近的生活感情就是现成的赤子之心"。④ 这里的"赤子"概念之所以被用来借作一种日常生活的真情实感，恰是因为它所指向的是寻常生活中的婴孩。及至李贽提出"童心说"，肯定童心之"绝假纯真，最初一念之本心也"⑤，其思想所涉及的儿童形象已不再局限于初生的婴孩，而是与日常生活中的儿童形象直接呼应，它所强调的是一种如孩童般的率真

① 《道德经》第二十八章，《诸子集成》（第三册），中华书局 1954 年版，第 16 页。

② 《道德经》第五十五章，《诸子集成》（第三册），中华书局 1954 年版，第 33 页。

③ 《道德经》第二十章，《诸子集成》（第三册），中华书局 1954 年版，第 11 页。

④ ［日］沟口雄三:《中国前近代思想的演变》，索介然、龚颖译，中华书局 1997 年版，第 176 页。

⑤ 李贽:《焚书 续焚书》，中华书局 1975 年版，第 98 页。

性情。① 尽管李贽对于"童心"的借用同样是一种传统的托物寓意，是为了传达其思想中最为重要的"重人欲"、"重真情"的精神，但它的确指出了现实童年生命和生活所具有的某种审美特质。这一特质源自童年的纯真；不过，在早期西方文化中，这份纯真被更多地理解为一种与宗教有关的神圣的纯洁，而在中国古代文化中，对于这一特征的理解则更多地落实在一种世俗性的率真意义中。

最后，尽管在古代社会，人们对于儿童的自然性情普遍持有否定或至少并不肯定的态度，整个社会的文化氛围也致力于压制儿童的自然性情，并力图将其导向一种符合成人社会期待的成熟状态，但与此同时，人们也似乎从对于童年状态的观赏中，获得了一种生命美感的体认。中世纪的一些西方艺术家从儿童游戏的场景中见出了一种快乐、自由而又充沛的生命美感。② 自宋代以降，儿童的形象在中国世俗文化中也占据着一定的位置，尤其是在民间工艺、装饰文化中，常会通过表现儿童的形象及其生活的场景来增添艺品的情趣。当然，很长时间里，"这一文化对于儿童的关注几乎从不落在儿童自己身上，真正有价值的是儿童将来作为父母老之所依和作为家族血脉继承者的角色"③。但除此之外，从儿童的游戏、生活场景中所散发出来的形象和生活的美感，也的确在成人心中激发起一种审美的情感。有研究者认为，古代中国水墨画中出现的情味盎然的童年游戏

---

① 溝口雄三对于晚明时期乃至更早的文献典籍中"童心"一词用法的考察显示，与"赤子之心"、"真心"等不同，这一与俗语用以指称孩童的"童子"一词直接相关的"童心"，通常是一个含有不完满或贬损意义的用词。该词的本义是指未臻成熟、不事正务而喜好嬉游耍的童稚之心，如明代士人徐如珂自谓"余自幼有童心，日与里中儿游戏相征逐，视诗书如蓰也"，指的便是这个意思。这一颇指向儿童游戏本性的日常用语一经引申到成人身上，其责备意味异常鲜明。如《史记·鲁周公世家》有"昭公年十九，犹有童心"句，东汉经学家服虔对"童心"的注解为"言无成人之志，而有童子之心"，其用意贬褒十分明显；明代吕坤《呻吟语》中更是直言"童心最是作人一大病，只脱了童心，便是大人君子。"参见〔日〕溝口雄三：《中国前近代思想的演变》，索介然、龚颖译，中华书局 1997 年版，第 181 页。显然，李贽在取"童心"成一家之说时，不可能不熟知该词的惯常意义与用法。毋宁说，他之所以选取"童心"一词，是有意要以这个指向寻常儿童生命从而"含有生机活泼的生活的特殊微妙之意"的名词来截断此前"赤子之心"、"真心"等范畴所具有的断绝人间烟火的形而上意味。

② 相关的诗歌和绘画作品的例子可参见 Hugh Cunningham. *The Invention of Childhood*. London：BBC Books，2006，pp. 43 – 44.

③ Ann Barrott Wicks（ed.）. *Children in Chinese Art*. Honolulu：University of Hawaii Press，2002，p. 2.

景象，也是对颇显枯乏的现实童年生活的一种补偿。"情况似乎是这样：对于受教育阶层的男性而言，真实的童年牺牲给了经典的学习，他们期望自己的后代也能做出这一牺牲。但是，成人却可以自由地想象理想的童年。正如忙碌的求仕者们有时通过寄情山水画和园林来替代真山实水的行游，在水墨画的游戏中想象童稚的自由，或许也是对于真实儿童体验的一种补偿。"① 这一断续贯穿古代艺术史的现象或许意味着，尽管古代社会的童年在整个人生阶段所处的位置显然十分低微，但恰是从这现实中透出的童年生活的审美价值，证实了这一文化范畴与人的审美存在之间的内在契合。

上述对于童年生命的情感关切和精神肯定，以一种细小却真实的方式存在于早期社会童年文化的夹缝之中，其本身也为否定性的童年文化所渗透。让－皮埃尔·内罗杜这样描述古罗马时代童年文化的"双重面目"：

先用悲观的眼光来看看吧，从古罗马时期传来的叫声，是被抛弃的儿童的叫声，被扭曲的儿童的叫声，在学校里受惩罚的儿童的叫声，被扼杀在父母怀里的儿童的恐怖的叫声，是宁愿死都不愿再一次经历童年的圣·奥古斯丁的痛苦的叫声。但是，如果我们观察另一面，便会看到古罗马像爱丽丝仙境中的猫那样消失了，留给我们一丝微笑，是维吉尔笔下的儿童的微笑。②

这一丝微笑不只属于儿童，它也是人性虽在痛苦的炼狱中也仍然持有的幸福期望的象征。与艰难的现实相比，这幸福的微笑虽然纤微而缥缈，却充满了诱惑我们走向它的力量。

当然，在清理和界说古代社会的童年审美文化时，我们需要格外小心，以避免将一种过度的审美解读强加于这一时期的童年文化现实之上——毫无疑问，古代社会对于儿童所持有的一些正面情感，本身也是很需要反思的内容（比如对于儿童纯真、游戏的欣赏，在很多时候包含了

① Ann Barrott Wicks（ed.）. *Children in Chinese Art.* Honolulu：University of Hawaii Press，2002，p. 24.
② ［法］让－皮埃尔·内罗杜：《古罗马的儿童》，张鸿、向征译，广西师范大学出版社2005年版，第356页。

一种视儿童为玩物的态度）。但它并不妨碍我们得出以下结论：在古代社会，人们已经开始意识到了童年身上所蕴藏的一种富于审美价值的生命状态；且不论这一因童年而生的审美情感所指向的目的为何，它都为童年审美文化在现代社会的全面展开，提供了一个基础性的起点。

第二节　现代性视野中的童年文化

"启蒙运动与工业化的双重进程标志着童年与童年观的前现代和现代状态之间的分野。"① 这一分野不仅指向着童年文化内容的新变，更标示着这一文化的质的转变。现代社会中，童年的身影逐渐从历史的帷幕背后走到了文化的舞台中央，并且以其独特的方式参与了现代文明的建构进程——如果说这一文明的起点在于人的启蒙，那么童年则是启蒙之人的起点。正是在这个意义上，童年成为了现代文明的核心符号之一。在现代性的滋养和激发下，古代社会主要以自然状态存在于社会生活之中的童年审美文化内容，逐渐汇聚成一个蔚为壮观的现代童年审美文化传统。

一　启蒙现代性传统中的童年

中世纪的西方，来自宗教领域的原罪说仍然牢牢地控制着人们对于儿童的基本看法。尽管文艺复兴时期产生了关于儿童生命的一些重要的人文主义思考②，但其吉光片羽远未能使童年的意象穿透中世纪留下来的黑暗。与后世自传体作品所表现出的对于个体童年时代的浓厚兴趣不同，在中世纪，不论是贵族阶级还是普通阶层，很少有人对自己的早期童年生活表示出任何特别的兴趣，这一时期有关童年回忆的记录也十分罕见。上述现象一直持续至早期现代社会。③ 在现代时间蓄势待发的节点上，童年的文化依然笼罩在一种总体上沉暗阴郁的氛围之下，照亮它的或许唯有来自家庭生活的些微温情的光芒。

在将童年的观念推入其现代进程的过程中，约翰·洛克是一个标志性

---

① http：//science. jrank. org/pages/8601/Childhood-Child-Rearing-Advent-Modernity-School-Work. html.

② 参见施义慧《近代西方童年史的历史变迁》，《广西社会科学》2004 年第 11 期。

③ Colin Heywood. *A History of Childhood*：*Children and Childhood in the West from Medieval to Modern Times.* Cambridge Polity Press，2001，p. 2.

的名字。1690 年，洛克出版了其著名的《人类理解论》。在这部著作中，洛克对于自亚里士多德以降的西方经验主义哲学传统中的"白板说"（tabula rasa）所做的发挥，为现代童年观念的正名作了重要的哲学铺垫。尽管洛克关于"白板说"的演绎显然无意于擢升儿童这一群体在社会生活中的地位，他之所以论及儿童初入世时的"白板"状态，乃是为其经验论哲学的展开提出一种素朴的举证，但洛克所说的"人心如白纸"① 的生命初始状态无疑为当时的人们提供了重新理解童年的另一种方式，它一方面拂去了长久以来蒙在儿童身上的宗教原罪的尘埃；另一方面则为儿童个体发展打开了时间上的可能性。

　　1693 年，洛克出版了《教育漫话》一书。这部详论儿童个体教育的著作在一定程度上可以视为《人类理解论》的续作，它从儿童教育的层面阐释了"白板说"理论的实践意义。"平常的人之所以有好有坏，之所以或有用或无用，十有八九都是教育造成的。"② 与古代社会的教育观相比，洛克在《教育漫话》中提出的有关儿童教育意义的上述论说看起来并无特别的新意，其教育主张更是充满严苛的清教色彩，但其中却包含了对于现代童年观的确立具有奠基意义的两个内涵。

　　一是指出童年时期的生活对个体的一生起着奠基性的作用，其影响较之成年后的生活更重要、更基础。这一认识构成了现代童年观的起点，它提出并肯定了过去被成人社会所弃置和轻视的童年时间的重要而又持久的意义，由此提升了童年阶段在整个人生时间中的地位。当然，这是一种对于童年价值的理性认识，在洛克的笔下，它带有明显的生活实践的功利目的，因而在性质上有别于其后浪漫主义运动对于童年价值的热情颂赞。洛克关于儿童时期生活意义的论说带着一个朴素的经验哲学家的明晰与平实："我们幼小的时候得到的印象，哪怕极其微小、几乎觉察不到，都会对一生产生长久而深远的影响。"③ "凡是能够形成儿童心理的事情，都是不可忽视、不可大意的，凡是能使他们养成习惯、敦风化俗的事情，都值得儿童管理者去留心、去关注，因为这些所谓的小事，其可能产生的后果

---

① ［英］约翰·洛克:《人类理解论》，关文运译，商务印书馆 1983 年版，第 68 页。
② ［英］约翰·洛克:《教育漫话》，徐诚、杨汉麟译，河北人民出版社 1998 年版，第 3 页。
③ 同上。

却一点也不小。"①

正是从这里开始，童年在个体自我身份的建构中所扮演的重要角色越来越为现代人所关注。"关于自我的现代概念奠基于这样一种明确的观念之上，即将童年视为个体历史的深度所在。童年与成人的当下身份交缠在一起，因为那个内心的自我，也即对于内在自我的感觉，是作为内化了的过去记忆、作为一段个人历史的结果而被感知的。"② 或者如克劳迪娅·卡斯塔涅达所说，童年的发明乃是"为了个人具有'历史'和'深度'"③。这一对于童年阶段与个体生命之间内在关系的领会意味着，童年的生命不再是由其外在的经济或社会价值来衡量的，而是与我们自己的生命实现直接相关；或者说，童年的价值，就是我们每个人自身的价值。同样，对于童年的珍视，所反映的其实是对于人自身的珍视。我们看到的是，启蒙时期对于人的价值的高扬，同时落实在对于儿童生命价值的高扬上。现代童年文化的基本特征，即从这一基础性的认识生发而来。

二是在肯定儿童时代对于个体发展之重要意义的基础上，强调可以通过早期的教育，使儿童在其成长过程中逐渐获得作为人之根本的"理性能力"以及由此而生的"自决能力"。有研究者指出，就现代童年观的历史而言，"洛克的贡献并非他在儿童教养方法上有何新见，尽管他的确倾向于反对体罚；但比这重要得多的是，他肯定了儿童并非铁板一块——他们各不相同，因此，儿童也是个体"④。

在《人类理解论》中，洛克把理性界定为人类区别于动物的根本特征，它是个体在接受经验的同时对其加以观念化的能力。洛克的理性概念并非启蒙理性的对等物，但却代表了启蒙运动中最具标志性的一种对于理性的理解。他所说的"自己运用理性"的能力，与后来康德所说的"启蒙运动就是人类脱离自己所加之于自己的不成熟状态。不成熟状态就是不

---

① ［英］约翰·洛克：《教育漫话》，徐诚、杨汉麟译，河北人民出版社 1998 年版，第 117 页。

② Adriana S. Benzaquén. "Childhood, Identity and Human Science in the Enlightenment", *History Workshop Journal*，No. 57（Spring，2004），p. 36.

③ 参见徐兰君《序言：现代中国文学及文化中的"儿童的发现"》，见徐兰君、安德鲁·琼斯主编《儿童的发现：现代中国文学及文化中的儿童问题》，北京大学出版社 2011 年版，第 2 页。

④ Allison James and Alan Prout（eds.）. *Constructing and Reconstructing Childhood*. London & Washington，D. C.：Falmer Press，1997，p. 35.

经别人的引导，就对运用自己的理智无能为力"①，表达的是同一个意思。"启蒙精神中有对人类及其社会可完善性的肯定"②，洛克笔下朝着成熟理性发展的儿童，正是这一可完善性的典型体现。洛克认为儿童的教育是培育个体理性的途径，并在《教育漫话》中尝试给出通往理性教育的某种实践规划。这种对于人类理性及其普及可能的信任和信心，是早期启蒙运动的一个重要的精神标志。通过童年的启蒙，完成个体的启蒙，通过个体的启蒙，实现人类的启蒙，这一理想的想象体现了启蒙运动早期所怀有的单纯而又乐观的雄心，而现代童年则成为了寄放这份文化理想的一个最贴切的意象。

洛克的《教育漫话》是"18世纪最著名和最具影响力的儿童养育书籍之一"，至1777年，该书已再版15次，并在17世纪末之前被译成法文和荷兰文，在18世纪期间被译成德文、意大利文和瑞典文。③ 而那个从《人类理解论》的思想中显形出来，进而在《教育漫话》的思想中得到体现的由文化安放在童年个体身上的启蒙期望和理想，也随着包括洛克在内的启蒙者思想的传播，影响了整个西方世界童年文化的走向。

童年与启蒙现代性传统之间的上述内在联结，对于整个现代童年文化的建构具有根基性的意义。从这里开始，儿童的生活逐渐自上而下地成为社会生活的中心。而启蒙初期思想家想要了解"人"的兴趣，则集中体现在他们对儿童所表现出的兴趣上。这一时期，针对儿童生理、思维、行为等各方面特征的一些科学性（包括医学）研究开始兴起。在现代社会早期，这些研究中的很大一部分乃是为了通过儿童的特征来更深入地理解人类个体和群体的过去与现在，而至19世纪后期，它基本上已经发展成为以儿童本身为对象的一些科学研究分支（如儿童心理学）。与此相应地，在付与童年生命的自然情感之外，现代社会又发展起了一种以儿童为对象的深厚的社会情感。随着现代性进程的推进，这两种情感之间互相振荡和强化，最终促成了现代社会"儿童中心"传统的形成。"以儿童为中心的社会意识形态在政策、司法、福利、医药和教育等机构均给予'儿

---

① ［德］康德:《历史理性批判文集》，何兆武译，商务印书馆1990年版，第22页。
② ［法］茨维坦·托多罗夫:《启蒙的精神》，马利红译，华东师范大学出版社2012年版，第35页。
③ Hugh Cunningham. *The Invention of Childhood*. London：BBC Books，2006，p. 110.

童'和'儿童的利益'以突出的位置"①,它们共同指向一个理性的目的,亦即现代人对于个体与社会未来发展的一种集体性的文化期望。

二 审美现代性传统中的童年

如果说现代童年概念自其诞生伊始,便被寄予了启蒙理性的规划期望,那么现代童年审美文化的建构则一方面受益于启蒙规划的滋养;另一方面又产生于对这一启蒙规划的批判和反思中,后者与启蒙时代以降的审美现代性传统有着密切的血缘关联。毋宁说,现代童年审美文化正是作为整个审美现代性传统的一部分,才获得了其重要而又独特的文化位置。

如前所述,对于作为独立个体的儿童和作为一个重要人生阶段的童年的认识,是随着启蒙运动的展开而逐渐确立起来的。在这一过程中,面朝童年的理性启蒙代表了一个光鲜亮丽的现代性规划的起点。但与此同时,这一规划并不如其表面上所显示的那样完好无瑕。"一切德行与优越的原则就在于能够克制理性所不允许的欲望的满足。这种克制能力的获得和改进,要靠习惯,而它的驾轻就熟的运用,则要靠及早实践"②,因此,"儿童的精神在最柔软、最易于支配的时候",应当"使之遵从戒律、服从理性"。③ 在这样严厉的表述中,包含了一种与启蒙现代性自身缺陷有关的危险讯号,亦即在通过理性的培育来寻求人的福祉的路途中,使理性凌驾于人的生命之上,进而反过来扼制了人的发展,遮蔽了人自身的目的。可以说,现代童年文化的建构进程一方面充分体现了对于童年生命的持续增加的关切与重视;另一方面也始终伴随着以儿童来供奉理性的危险。

对此,最有力的批判来自法国启蒙思想家让－雅克·卢梭。如果说洛克的哲学和教育理论从积极的理性精神的方向推进了现代童年的文化建构,那么卢梭则选择在一般理性的偶像前背过身去,以另一种否定性的文化姿态来阐说童年生命的价值。这使他的理论乍看上去构成了与洛克的鲜

---

① Allison James and Alan Prout(eds.). *Constructing and Reconstructing Childhood*. London & Washington, D. C.: Falmer Press, 1997, p. 1.

② [英]约翰·洛克:《教育漫话》,徐诚、杨汉麟译,河北人民出版社 1998 年版,第 30 页。

③ 同上书,第 25 页。

明对立。"卢梭的著作①是对于洛克所代表的一切立场的毫不掩饰的抨击。"② 这位法国思想家以这样一句宣言式的判断来作为他著名的教育小说《爱弥儿》的开篇:"出自造物之手的东西,都是好的,而一到了人的手里,就全变坏了。"③ 卢梭在这里所说的"人",显然不包括未经世事濡染的儿童。在他看来,天真的儿童生来只带有一种自然的善,为了防止这种善不被污染,"最初几年的教育应当纯粹是消极的","它不在于教学生以道德和真理,而在于防止他的心沾染罪恶,防止他的思想产生谬见"。④ 这与洛克所说的"最应该花时间、下苦功夫和努力的,是使他们养成德行的原则、实践和良好的教养"⑤,形成了显在的对立和反差。在这里,卢梭不但肯定了童年生命自身的价值,而且提出了儿童相对于成人的一种文化优势。他关于童年的理解"抛开了一切与原罪有关的说法,并转而提出,儿童非但不是由我们引领着穿过苦行走向美德,相反,我们倒要为了他们带给这世界的内在价值而崇敬和膜拜他们"⑥。这在现代童年文化的建构进程中具有划时代的意义。如果说在洛克所提出的理性教育规划中,童年生命的价值主要在于它构成了个体理性发展的一个重要阶段,并且由此影响着人类历史的基本走向,那么在卢梭的理论中,童年的价值并不有待于另一个更宏大、更高远的乌托邦规划的证明,它本身就是一种乌托邦。

　　这个乌托邦是早期审美现代性传统的一个重要部分,也体现了一种包含在现代性自身之内的"自我批评的素质"⑦。卢梭笔下纯善的童年代表了想象中人类尚未被文明所污染时的"自然状态",也是一个未异化的、完满无缺的人性和生命的符号。在《论科学与艺术》、《论人类不平等的起源与基础》两篇长文中,卢梭就这一"自然状态"展开了具有某种人

---

① 这里是指《爱弥儿》。

② Hugh Cunningham. *The Invention of Childhood.* London:BBC Books, 2006, p. 113.

③ [法] 卢梭:《爱弥儿》,李平沤译,商务印书馆 1978 年版,第 5 页。

④ 同上书,第 96 页。

⑤ [英] 约翰·洛克:《教育漫话》,徐诚、杨汉麟译,河北人民出版社 1998 年版,第 52 页。

⑥ Allison James, Chris Jenks, Alan Prout (eds.). *Theorizing Childhood.* Cambridge:Polity Press & Oxford:Blackwell Publishers Ltd, 1998, p. 13.

⑦ 斯蒂芬·埃里克·布隆纳:《重申启蒙:论一种积极参与的政治》序言,殷杲译,江苏人民出版社 2006 年版,第 4 页。

类学研究色彩的推论和阐说，但其论说的真正目的并不在于对这一"自然状态"的缅怀，而是从这一状态回过头来，重新检视和反思人类文明的现状。在这一过程中，代表"自然状态"的童年为我们反观现代文明的问题和症结，提供了重要的驱动和参照。

这样，"童年"成为了早期启蒙批判中一个意味深长的文化意象，它所代表的逝去时间指向着人类生命体验和存在状态的一种理想境界，对于这一理想的念念不忘的坚持本身即代表了一种对待现实的批判姿态。通过揭示现代文明对生命的压制和异化，从卢梭处起始的童年文化成为了审美现代性传统的一个重要构成部分。"如果启蒙的梦想只是看到一个没有阴影、把一切东西都沐浴在理性的光芒之中的世界，那么这个梦想实际上就蕴含着一些不健康的东西：因为想看到一切东西就是想站在上帝的立场上，或者想站在圆形监狱的瞭望塔中卫兵的立场上。"① 审美现代性的批判所要做的就是指出启蒙的阴影，并带我们来到理性的背面。在卢梭这里，这一批判的意图被安放进一个与童年密切相关的文化隐喻之中。正是从这里开始，童年才真正成为了人类文化史上一个引人注目的审美意象。

在现代童年审美文化的建构史上，卢梭的童年美学思想具有一种承前启后的意义。他笔下的童年意象折射出几千年来长存于人类文明传统中的关于远古黄金时代的浪漫想象，但又不仅仅是一个玄想的审美批判符号。相反，在卢梭对于儿童自然天性的肯定颂扬和对于现代科学文化的凌厉批判中，暗含了一种从历史起始处重写人类文化的雄心——这是卢梭的童年审美思想有别于此前隐现于古代历史中的童年崇拜思想的最重要特征。他的《爱弥儿》和《社会契约论》，以一种几乎可以称之为"系统"的方式，明白无误地展示了这一"重写"的意图。

这意味着，卢梭有关童年的美学思想尽管是以一种鲜明的启蒙批判姿态出现在他的著作中的，但其根本的文化基因和精神旨归，仍然来自并落实于启蒙。或者说，在童年的问题上，卢梭与洛克的距离并不如其表面所显示的那样遥远。阅读下面这段来自洛克的《教育漫话》的引文，无疑会让我们产生某种阅读《爱弥儿》的强烈错觉："我真想知道，还有什么

① ［美］詹姆斯·施密特：《什么是启蒙？问题、情景及后果》，詹姆斯·施密特编《启蒙运动与现代性：18 世纪与 20 世纪的对话》，徐向东、卢华萍译，上海人民出版社 2005 年版，第 31 页。

邪恶，是父母以及儿童周围的人没有在儿童刚刚能够接受邪恶的时候就将它们污染给了儿童、没有在儿童身上播下它们的种子？……他们直接把邪恶教给了儿童，实际上使儿童离开了德行的道路。"① 尽管洛克强调通过文化对童年的塑造来改正人类的邪恶，但他在这里所使用的"污染"一词，恰恰透露了这种塑造的实践连同其母本文化很可能是需要反思的。同样，当卢梭在《论人类不平等的起源与基础》和《爱弥儿》中极力颂扬人类群体与个体的童年状态相对于现代文明的完满性时，他固然是在审美批判的意义上使用童年这一文化符号的；但当他在《爱弥儿》和《社会契约论》中为人类个体与群体的童年"成长"作出严密的规划和设计时，他显然又是在实践一种启蒙意义上的童年理解。说洛克和卢梭"提供了关于儿童养育的两种截然对立的观点，两者之间的争论从未得到过解决"②，未免失之粗略。实际上，卢梭是以一种激进的方式，接过了洛克关于人的启蒙的现代性课题；而他对于童年所指向的"自然状态"的倾心赞美，则是以一种看似消极的浪漫主义姿态，实践着一种积极的浪漫主义精神。

当然，卢梭同时作为启蒙者和启蒙批判者的深刻矛盾并未能在其童年的意象上得到谐和的统一，但这一矛盾的存在却使得肇始于卢梭的这一童年美学思想演进下去，并未仅仅停留在对于儿童的某种空灵的审美膜拜的情愫之中，而是同时致力于从童年文化的审美欣赏和启迪中，探寻一种现实人性完善的可能。这两个方向开启了后世童年审美文化的两个重要传统：一是从批判性的视角切入，以童年的符号所象征的文化和人性的审美理想，来反诘和批判现代文化与现代人的生存现状；二是从建构性的视角切入，通过对于童年审美世界的体验和切近，来进一步丰富现代人的生命感觉，提升现代人的生命实现。在前一种传统中，对于童年的颂赞和缅怀往往伴随着一种拂之不尽的忧愁，它源自于人们深深意识到，这是一段一去不返和无从寻回的甜美时光；而在后一种传统中，人们则更多地从童年的审美文化中获得了一种生命之美的点醒和激励。当然，在具体的童年审美文化现象中，这两个传统往往相互缠绕、彼此交织，共同塑造和影响着

---

① ［英］约翰·洛克：《教育漫话》，徐诚、杨汉麟译，河北人民出版社1998年版，第27页。

② Hugh Cunningham. *The Invention of Childhood*. London：BBC Books，2006，p.114.

现代人对于童年的审美理解。

　　如果说卢梭在其《爱弥儿》等著作中流露的童年美学思想为一种具有乌托邦性质的现代童年审美文化的确立作了最初的奠基，那么席勒则是在诗学上为童年作为一个审美乌托邦符号的意义提供了重要的诠释。1795年，距离《爱弥儿》出版三十三年①，也是《审美教育书简》出版后的第二年，席勒开始了其著名的诗学论文《论天真的诗和感伤的诗》的写作。1795—1796 年间，该文分三个部分在他本人主编的刊物《季节女神》（*Die Horen*）上先后发表。在这篇长文中，当席勒从一种完美的"自然"范畴出发，谈到"文明人在他的本质上永远无法达到完美的境地，而自然人在其本质上却是能做到这一点的"② 时，我们无疑从中看到了卢梭的身影。"诗人要么现在就是自然，要么他将去寻觅它。前者成为天真的诗人，后者成为感伤的诗人。"③ 在席勒看来，在自然状态已然离我们远去的现代社会，唯一保持着自然之精神的，就是童年。他在这篇长文前面约 1/5 部分所展开的关于两种基本的诗学精神和风格的探讨，在很大程度上便与一种始于卢梭的童年审美意象关联在一起。"我们眷念自然的感情如此近似我们悲叹逝去的童年和天真岁月的感情。我们的童年是我们在文明的人类社会里还能见到的惟一保持完美的自然，所以，要是身外的自然的每一足迹都带领我们回归童年的话，那是不足为奇的。"④ 他这样描述人们从童年身上所见到的审美理想：

　　　　如果以为使得我们在某些时刻那么感动地在孩子身边徘徊流连的，只是对于无助状态的想像，那就错了。……我们受到感动，不是因为我们高踞于我们的力量和至善至美的高度之上蔑视孩子们，而是因为我们从我们现状的局限性出发——这种局限性与我们既已

---

　　① 据相关研究，《爱弥儿》的法文版早在该书于巴黎初版的第一个月（1762 年），便开始在德国发行；该书德文版也于同年出版。见 Jo-Ann E. McEachern. "The Diffusion of Émile in the Eighteenth Century", *ROUSSEAU ET L'ÉDUCATION：ÉTUDES SUR L'ÉMILE*. Québec：SHER-BROOKE，1983，pp. 116 – 125.

　　② 席勒：《论天真的诗和感伤的诗》，张玉书选编《席勒文集·理论卷》，张佳珏等译，人民文学出版社 2005 年版，第 103 页。

　　③ 同上书，第 101 页。

　　④ 同上书，第 94 页。

达到的目标是分不开的——抬起头来仰视孩子们的无限的发展前景和他们的纯洁和天真无邪，我们这一瞬间的感情里混杂着某种忧伤，这是显而易见的，其根源是明白无误的。在孩子们的身上体现为天赋和使命，在我们的身上则体现为实现，这种实现总是远远落后于天赋和使命。因此，孩子们对我们而言是理想的一种体现，尽管不是业已实现的理想，却是已经抛弃的理想，这就是说，让我们深受感动的，决不是对于他们的缺陷和局限的想像，正好相反，是对于他们的纯净而自由的力量、对于他们的完美、对于他们的前途无量的想像。①

我们看到，"在席勒的论述中，儿童从一个生理的事实转化为了一个哲学的概念，后者同时包含了追忆过去和展望未来的视角，进而指向两个方面：一方面，它代表了一种为人们所向往却已永远失去了的自然状态；另一方面，它又代表了一种以诗学理想为特征的未来目标。"② 这一论述事实上揭示了童年作为审美符号的本质——如果说现代人对于那代表了理想的"自然"真理之体认或追寻促成了人性在审美活动中的自我丰富与实现，那么，那象征着自然之理想美的童年，是否也在精神上为人们在现代社会中抵抗文明与理性的异化压迫，实现一种"自然"圆满的人性的理想，提供了独一无二的审美参照？1797 年，紧继席勒之后，诗人荷尔德林在他的小说《许泊里翁》中借主角之口表达了相近的意思："完美的自然必然生活在还没有入学的孩童心里，以便童年的图像给他指出从学校到完美的自然的归途。"③ 因此，奥尔罕·帕慕克认为，席勒的这篇论文"不只是关于诗的，或者仅仅是关于普遍的艺术和文学的，在某些地方其实是关于人性类型的哲学文本"④。从这个意义上说，童年意象在席勒的

---

① 席勒：《论天真的诗和感伤的诗》，张玉书选编《席勒文集·理论卷》，张佳珏等译，人民文学出版社 2005 年版，第 81 页。

② Ada Cohen & Jeremy B. Rutter（eds.）. *Constructions of Childhood in Ancient Greece and Italy*. The American School of Classical Studies at Athens，2007，p. 376.

③ ［德］荷尔德林：《论美与神性》，见刘小枫主编《人类困境中的审美精神——哲人、诗人论美文选》，魏育青等译，东方出版中心 1994 年版，第 88 页。

④ ［土耳其］奥尔罕·帕慕克：《天真的和感伤的小说家》，彭发胜译，上海人民出版社2012 年版，第 16 页。

论说中被赋予的审美意义，也并不局限于一般的诗学意义，而是指向着一种更为普遍的审美与人性的意义。

席勒关于童年审美内涵的阐说与卢梭的童年美学思想一道深刻地影响了 19 世纪浪漫主义作家的写作。① 经过浪漫主义思潮的发挥，童年日渐成为了一个光芒四射的现代审美乌托邦意象，并对现实童年文化的建构产生了深远的影响。

三　审美童年的文化依据

从卢梭的审美现代性思想中走出来的童年意象包含了这样一种视角的结果，即它是将成人文化的一种审美批判意向投射到了童年的审美符号之上，它由人们对于现实童年的观察和感悟而来，至于这一投射是否真正关联到童年的现实生存，则并不是上述审美思想所关心的问题。

但童年概念的审美批判潜能也在现代社会的童年研究中得到了印证。它意味着，童年在现代性的语境下被赋予的审美批判内涵，并不仅仅是一种审美想象的产物，也是童年概念自身的一种审美诉求。或者说，现代童年是一个天然地含有审美现代性意义的范畴。

现代社会对于个体童年的研究兴趣始于启蒙运动对于人的研究兴趣，后者又在启蒙初期格外体现为对于人类"童年"的研究兴趣。这是一种早期人类学意义上的文化研究，其目的在于通过对原始人和原始文化的研究，来追溯和推断人类文化的起源。其时，要从湮灭无闻的人类历史中寻索文化最初的源头，在很大程度上有赖于对现存文化中的原始文化痕迹的发现和清理，以及在此基础上的一种包含猜测在内的文化推断。在这一过程中，处于个体童年期的儿童很快成为了人们借以了解人类童年期思维方式的一个参照。

早期人类学研究持有一种关于儿童与原人思维之间可类比性的朦胧的"复演"意识。维柯在其初版于 1725 年的《新科学》中，便将原始人比

---

① 除了对于德国浪漫派的诗学影响之外，18 世纪、19 世纪之交，席勒的作品在英国浪漫主义作家中也广有影响。柯勒律治就十分欣赏席勒的剧作，并于 18 世纪末翻译了席勒的历史剧《华伦斯坦》。

作"人类的儿童"①，并不时借原始思维与儿童思维的并举来说明前者的特征。当然，早期人类学对儿童发展本身并不感兴趣，其目的在于通过当下可以观察到的个体童年来接近湮没于遥远历史之中的人类童年，但其研究对于原始人思维特征的揭示，反过来也在事实上推进了人们对于儿童的了解。例如，维柯就原始人的"诗性思维"或"诗性智慧"展开的系统分析，在一定程度上也揭示了儿童思维的某些特点。维柯笔下的原始人"没有推理的能力，却浑身是强旺的感觉力和生动的想象力"②；现实生活中的儿童似乎也如是。从这一角度来看，儿童与原始人之间的思维和情感差异，似乎要大大小于儿童与他们身边的成人之间的思维与情感距离。当然，在童年身心的问题上，与其说这是一种初步的研究，不如说它只是一种粗糙的认识，在后来的儿童心理学研究中，这种对于儿童思维和情感的理解也不断得到新的修正和补充。

　　但这些研究在总体上并未改变从一开始就得到关注的那个儿童思维的基本特征，亦即儿童的思维与成人的思维之间存在明显的差异，其中一个尤其突出的方面在于，前者更倚重于一种感性的认识能力，后者则更为看重理性的认识能力。尽管早期人类学和儿童心理学的研究从对于人类理性能力的肯定和重视出发，倾向于轻视儿童（包括原始人）的这一思维方式和思维能力的价值，但这其中事实上已经包含着从童年的文化视点来审视和批判成人文化的可能。我们可以说，童年的身心保存了成人文化在其理性化的过程中不断失落的一些感性品质，这其中包括维柯所说的"强旺的感觉力和生动的想象力"，后者在根本上与一种诗性的生命存在体验联系在一起。从这个意义上说，"儿童的世界是诗"③。

　　现代儿童心理研究从多个方面印证了儿童思维的这一基本特征。例如，20世纪著名的瑞士心理学家皮亚杰注意到了早期幼儿不同于成人的因果理解方式，并将这一非理性的幼儿因果观念称为"魔术性的现象主

---

　　①　［意］维柯：《新科学》，朱光潜译，商务印书馆1989年版，第182页。维柯是这样说的："各异教民族的原始祖先都是些在发展中的人类的儿童"。

　　②　［意］维柯：《新科学》，朱光潜译，商务印书馆1989年版，第181—182页。

　　③　黄武雄：《童年与解放》，人本教育基金会1994年版，第57页。

义者"①；他也注意到了儿童在其象征性游戏中所展示的丰富的移情能力②。皮亚杰对于儿童心理的研究反映了一位完全意义上的现代理性主义者的视点，他与助手英海尔德合著的《儿童心理学》一书，系统细致地阐说了随着儿童年龄的增长，他们如何由低级的感性思维形式发展出高级的理性思维水平。皮亚杰在研究儿童心理时所持的理性主义立场后来也遭到了同行的诟病，但从另一个角度看，他从理性主义视角所见出的童年心理的感性缺陷，恰恰反过来证明了童年精神对于现代理性所可能具有的审美补救意义。

与一般的儿童心理学研究相比，奥地利心理学家弗洛伊德有关个体童年的精神分析理论在一个更深广的文化层次上揭示了童年这一范畴所具有的审美批判潜能。现代心理学对童年的重视即始于弗洛伊德。在现代童年观和童年文化的发展史上，弗洛伊德是一个重要而又暧昧的名字。重要是因为在弗洛伊德之前，人们从不曾如此深刻地意识到童年阶段对于个体一生心理发展以及人格形成的重大意义；这位奥地利心理学家关于童年创伤的精神分析学说，其社会影响十分深远，甚至可以说，今天我们每个人所持有的对于童年的看法和对待儿童的态度，多少都带有弗洛伊德式的童年观的烙印。暧昧则是由于弗洛伊德在其后期著作中，将来自浪漫主义传统的纯真童年观与一种显然难以用纯真来标签的性本能和性冲动联系在一起。从这一视角看，著名的俄狄甫斯情结似乎是将从宗教的原罪中解脱出来不久的童年意象，重新推入了另一种人性原罪的深渊。

然而，如果我们暂且放下弗洛伊德理论中浓重的泛性论和男性霸权的偏见，从其整个思想体系的角度来看待他关于童年的见解，那么，童年的符号在这里恰恰担负起了一种特殊的文化调节潜能。在由"本我"、"自我"和"超我"构成的弗洛伊德著名的人格结构说中，早期童年处在这样一个特殊的发展位置：它是"本我"即将或刚刚开始建构"自我"的

---

① J. 皮亚杰、B. 英海尔德：《儿童心理学》，吴福元译，商务印书馆1980年版，第16页。

② 在《儿童心理学》中，皮亚杰举到了这么一个儿童象征性游戏的例子：一个小女孩在厨房桌上看到一只杀死的拔去了羽毛的鸭子，深受感动。当晚发现她沉默地躺在沙发上。家里人还以为她生病了。开始时，她并不回答别人的询问；后来才大声说道："我就是那只死去了的鸭子。"见 J. 皮亚杰、B. 英海尔德：《儿童心理学》，吴福元译，商务印书馆1980年版，第47页。皮亚杰举出此类儿童生活例证的目的在于客观地阐述儿童游戏的特殊"语言"方式（这是一种象征性的具象语言），但这一客观的观察视角更进一步印证了儿童丰富的移情能力。

初步观念并开始接受"超我"管辖的阶段，因而在很多时候指向着"本我"尚未完全被"超我"所控制的时光。这一阶段的例证之一在于，年幼儿童的梦往往是无须"化装"的，它的内容即是儿童真实的感受与愿望的传达。① 在弗洛伊德看来，文明诞生于"超我"对"本我"的掌控和升华，但这一升华也必然伴随着对于人性及其幸福体验的某种压制与损害。也就是说，文明对于人的压抑不仅仅是现代社会的问题，而是在人类文化的起点便已存在的一个悖论。在这一点上，弗洛伊德显然是卢梭思想的继承者。弗洛伊德认为，文明与人性的这一矛盾既是可以调和的，又是难以调和的。"当我们理直气壮地挑剔文明的现状，指责它没有充分满足使我们幸福的生活计划所提出的要求，允许本来也许是可以避免的严重痛苦存在时，当我们带着严厉的批评试图发掘它的不完美的根源时，我们无疑是在行使正当的权利，而不是在表明我们自己是文明的敌人。我们可能希望在我们的文明中逐渐实现这样的变化，即它将更好地满足我们的要求，并且将不再受到我们的指责。但是我们可能也熟悉这样一种思想，即文明的本性附有种种困难，它们是不会向任何改革的企图妥协的。"② 如此一来，试图在文明状态下改善人之处境的努力就变得格外艰难了。

在这样的情况下，童年及其所指向的"本我"便有可能成为反叩文明对于个体之压迫的一个符号。这个"本我"是生命想要循着弗洛伊德所说的"快乐"和"幸福"的方向走过去的冲动，但并不必然是他笔下完全受到性本能控制的生命体，而是在广泛的意义上指向着对于一种完满的感性生命实现的追寻。"无论什么风景画在成人的梦里显得何等辉煌灿烂，孩子在梦里描绘的风景是更加圣洁和甜蜜"③，它意味着，童年生命所天然地含有的感性自由，代表了一种富于美感的生命状态。弗洛伊德就儿童游戏与艺术创造所做的类比为人们熟知："每一个正在做游戏的儿童的行为，看上去都像是一个正在展开想象的诗人，你看，他们不是在重新安排自己周围的世界，使它以一种自己更喜欢的新的面貌呈现出来吗？"④

---

① ［奥］弗洛伊德：《精神分析引论》，高觉敷译，商务印书馆2003年版，第92—100页。
② ［奥］弗洛伊德：《文明与缺憾》，傅雅芳等译，安徽文艺出版社1996年版，第62—63页。
③ ［瑞士］卡尔·施皮格勒：《孩子的梦》，见刘小枫主编《人类困境中的审美精神》，魏育青、罗悌伦、吴裕康等译，东方出版中心1994年版，第170页。
④ ［奥］弗洛伊德：《性爱与文明》，滕守尧译，安徽文艺出版社1987年版，第166页。

如果说我们每个人成年之后未必都能成为艺术家，那么我们每个人的确都还在记忆里保存着自己的童年，因此，对于现代人来说，诉诸童年的审美感觉在很大程度上具有一种诉诸艺术的审美宣泄与抚慰的功效。"作为一个成年人，他能够回顾他曾经在童年时代做游戏时怀有的热切、认真的态度；并且把今天显然严肃的工作与童年时代的游戏等同起来，靠这种方法，他可以抛弃生活强加在他身上的过分沉重的负担，获得幽默提供的大量的快乐。"①

广义地看，回到童年即是回归自我，使得被文明所过分束缚和压制的人性得以实现哪怕片刻的自由。而这正是审美现代性批判的初衷。在弗洛伊德这里，这一审美关怀的对象不但包括成人，也包括儿童自己。弗洛伊德的精神分析学说揭示了童年期生命体验的完满性对于个体一生成长的深刻意义②，与此同时，童年也成为了我们借以反思文明对于个体之压迫的一个审美符号。

针对童年思维与心理的现代研究内含了童年作为一种精神现象自身所具有的审美现代性价值。它意味着，有关童年的一切现代审美想象都同时立于童年生命结构和感觉的基石之上。这一涵盖了现实和虚构领域、成人与儿童世界的童年审美现代性传统，为童年符号在现代文学和艺术领域的审美演绎，提供了精神性的基础。

第三节　艺术史视野中的童年文化

童年作为一个审美范畴在现代社会的确立，也是它作为一个审美意象在现代文学和艺术领域获得特殊关注的开始。这种诗学关注在较早时期的文学和艺术中是很少见到的。霍雷斯·斯卡德关于古希腊艺术的考察显示，"在整个希腊的诗学艺术中，几乎听不到任何儿童的声音。人们对于

---

① ［奥］弗洛伊德：《作家与白日梦》，《弗洛伊德论美文选》，张唤民、陈伟奇译，袭小龙校，知识出版社1987年版，第30页。

② 鉴于此，弗洛伊德提出了精神治疗的一种现代方法，即通过发现和疏导精神病患的早期童年创伤，来治疗相应的精神疾病。考虑到童年期生命体验的奠基性意义，弗洛伊德指出，童年期的教育应当"在既干涉儿童的本能，又防止他遭受挫折这种进退两难的处境中找到它的道路。"［奥］弗洛伊德：《文明与缺憾》，傅雅芳等译，安徽文艺出版社1996年版，第288页。文明与个体之间的关系何尝不如此？

儿童的普遍认识，无关于行动着的儿童，更无关于言语着的儿童，而是将他们视为社会秩序中的消极一员"①。而 18 世纪以降，随着整个社会对于童年文化价值的逐步认可与肯定，童年的形象越来越成为现代文学和艺术作品中一类具有鲜明的身份特征、并被寄予了特殊的审美表现功能或意图的意象。同时，也是通过艺术史的发挥和诠释，童年作为一个审美符号的内涵和价值得以在人类文化史上获得了无可替代的文化位置。

童年在文学和艺术领域所催生的这一艺术表现传统，属于狭义的童年诗学范畴。罗妮·纳托夫在《童年的诗学》一书中，未言明地将这一诗学分出两个脉络：一是成人文学领域的童年诗学；二是儿童文学领域的童年诗学。② 这两个相对独立又相互渗透的诗学传统，共同书写和塑造着童年作为一个现代审美文化符号的精神蕴含。

一　现代童年的诗学救赎

现代以降的艺术史对于童年意象的援引是多方面的，但其最基础的思想资源仍然是始自卢梭的浪漫主义童年美学思想。随着这类艺术表现的推进，童年的浪漫主义美学越来越从一种玄想型的乌托邦美学拓展至一种指向现实生活关怀的美学，从而进一步凸显了童年对于现代人生存的审美意义。在这里，指向自然、自我以及人的诗性生存的童年，代表了一种新鲜、丰沛的人的生命力、想象力和创造力，也日渐成为了一个具有审美救赎意义的艺术符号。

童年成为一个具有某种普遍性的审美救赎符号的象征，无疑是西方社会全面进入现代时期以后的事情；然而，童年是何时开始以一个具有审美救赎意义的诗学意象进入艺术表现领域的，或许可以追溯至更早的年代。如前所述，现代社会之前，艺术表现领域对童年显然甚少垂顾。"儿童的形象在今天变得如此寻常，以至于我们很少想起，他在早期文学中曾经是多么匮乏。"③ 例如，13 世纪奥地利公爵奥托卡·冯·施泰尔马克在其长达十万诗行的《奥地利史诗》中以这样一句轻巧的叙述，掠过了一位新

---

① Horace E. Scudder. *Childhood in Literature and Art.* Boston，New York：Houghton-Mifflin Company，1894，p. 21.

② Roni Natov. *The Poetics of Childhood.* New York：Routledge，Taylor & Francis Group，2003.

③ Horace E. Scudder. *Childhood in Literature and Art.* Cambridge：The Riverside Bridge，1894，p. 4.

出生的匈牙利王储的童年："现在我不打算再为他写些什么，他得等着自己长大起来。"① 相比于现代文学往往致力于从童年生活的经历和细节中发掘个体性格和命运的必然性伏笔，在中世纪及以前，童年所代表的时间阶段对于文学的表现来说，大多是不值一提的。绘画领域也是如此。在《童年的世纪》一书中，艾里耶曾指出，中世纪绘画中出现的儿童形象，其特殊的身体比例关系完全没有引起艺术家的关注，这些孩童仅仅是依缩小的成人身体比例得到绘制的。同样，在这一时期的家庭肖像画中，儿童的衣着往往也与成人无异。② 这一时期的儿童在形象上被呈现为"缩小的成人"，与此相应地，他们在其他方面有别于成人的特性，也未能得到人们的更多关注。

然而，中世纪绘画的确频频征引到其中一类儿童形象，尽管它最初所意指的显然并非俗世的儿童。它就是幼年基督的形象。与早期绘画中呆板、失真、"成人化"的幼年基督形象不同，至中世纪晚期和文艺复兴时期，在透视法的发展与社会世俗化进程的双重作用下，宗教绘画中的圣子形象越来越接近世俗孩童的形象模本。此外，与圣子形象相近的裸体天使以及幼儿的形象，也在涉及宗教题材的绘画、雕刻等视觉艺术中被频繁使用。

圣子形象的世俗化，反过来也导致了世俗孩童形象的神圣化。1631年，法国大画家尼古拉斯·普桑完成了名为《阿什杜德的瘟疫》的著名油画作品。画面表现了一个因瘟疫横行而一片恐慌的人间场景，近景中，虚弱的病患颓然倒在地上，婴儿还搜寻着刚死去的母亲的乳头，人们或慌乱地奔忙，或茫然地四顾。与这一切痛苦的场景形成对照的，是从画面右下角走出来的一个姿态健康、面颊红润，神情若有一丝笑意的孩子，映在他身上的天光仿佛照亮了整个阴暗的角落。显然，这是一幅可作宗教意蕴解读的油画，画面上遭受瘟疫之灾的阿什杜德，似乎暗合了基督教艺术中"上帝之惩罚"的母题；而那个从角落里走出来的孩子，则让我们很自然地想起基督耶稣。然而，在绘画史上，普桑此画很少被认为是表现"神

---

① Colin Heywood. *A History of Childhood*：*Children and Childhood in the West from Medieval to Modern Times*. Cambridge Polity Press，2001，p. 2.

② Philippe Ariés. *Centuries of Childhood*：*A Social History of Family Life*. Trans. Robert Baldick. New York：Alfred A. Knopf，1962.

迹"的，相反，普桑在世期间，人们多以客观的"瘟疫"一名来指称这幅作品，同时，画面上整个阿什杜德的人们遭受瘟疫带来的威胁和痛苦的场景，在观者心中所引发的也是怜悯而非恭肃的情感。① 美国学者约翰·卡洛尔对此画作了细致的分析，他指出，画面上的这个孩子并不必然代表了耶稣的影像，但他的确以孩童之身象征着一种"救赎的力量"。② 如果我们注意到此画完成的前一年，意大利正遭受整个 17 世纪最严重的黑死病疫情的侵袭，那么普桑此画看来更像是对于一个真实的人间悲剧场景的再现，而画面上的那个孩子，则是对于这悲剧人间的一种抚慰，它象征着艰难的现实之下仍然存有的生活的希望。

如果这一解读也是事实的一部分，那么《阿什杜德的瘟疫》中的这个孩子的形象，也许可以视为整个西方艺术史上将童年的形象作为一种救赎符号的诗学传统的最初源头之一。这一传统经过现代文学和艺术史的酝酿与发挥，尤其是通过从审美现代性的传统中吸收养分，赋予了童年的符号以一种泛宗教性的审美救赎意义，也将童年自身锻造成了一个充满浪漫色彩的现代审美意象。

首先，从卢梭的《爱弥儿》开始，童年作为一个艺术符号即被赋予了一种文化批判与救赎的意义。这一救赎观与浪漫主义的文化观密切相关，后者总是倾向于从想象中人类历史的源起处寻找文化的终极意义，而肇始于卢梭的自然童年观念恰好内在地应和了浪漫主义作家对于历史的上述想象。由是，普桑画中的孩童在威廉·布莱克的笔下化作了那个坐在云端的孩子，他教诗人用芦管和芦笔，记下生命只有在清白的起始处才拥有的天真充盈的欢乐，以此来对抗经验世界的污浊。③ 它一方面使我们透过童年所代表的自然之眼，看到人类历史与现实生活的内在缺陷；另一方面则把我们的目光从对于人间痛苦的凝望中解救出来，转向未被生活和经验之恶所沾染的生命的纯真状态。在这里，对过去时间的执着不应被理解为单纯的怀旧，同时也是借此传达对于现实的不满。"浪漫主义是美丽的过

---

① Sheila Barker. "Poussin, Plague, and Early Modern Medicine", *The Art Bulletin*, Vol. 86, No. 4, 2004, p. 663.

② ［美］约翰·卡洛尔：《西方文化的衰落》，叶安宁译，新星出版社 2007 年版，第 87 页。

③ ［英］威廉·布莱克：《序诗》，《布莱克诗选》，袁可嘉、查良铮译，外语教学与研究出版社 2011 年版，第 66 页。

去与可怕、单调的现实的对照"（罗斯金语）①，这对照中包含了人们试图改善现实的愿望。

改善的路径同样与童年有关。尽管倡导自然的消极浪漫主义诗学的确包含了某种对于人类历史的否定倾向，但大多数时候，它并非是要让人类文化回到一种无知无识的远古状态，而是期望通过恢复这一文化的自然美德，来挽救和重塑文化的未来。在布莱克看来，童年的"天真之歌"具有弥补理性缺陷、重塑人类精神的功能。"可爱的孩子，从你的脸上，／我能找到那神圣的形象；／可爱的孩子，有一回就像你，／造化躺着为我啜泣。"② 虽然历史的"天真"状态已经离我们远去，但是人类通过以诗的方式思考童年的"天真"，可望在经验生活中回复肉身与灵魂和谐一致的自然状态，或者说，我们可以凭借诗的创造力"把自己从经验状态中解救出来，并再造人类的'天真状态'，从而拯救人类分裂的灵魂"③。华兹华斯也认为，童年的时光虽已离我们远去，但在童年的影象中仍包含了对于永恒真实的暗示："那一度如此光明灿烂的景象／虽然已永远在我们眼前消失，／那草美花荣的时期／虽然已一去不回，这又有何妨；／我们将不会悲伤，倒是要在剩下的部分中把力量寻找"。④ 他所说的"儿童是成人之父"⑤，正是指向着这一救赎的意思。

其次，寄寓在童年符号之上的文化批判和救赎，在最根本的层面上落实于个体生命的自我救赎。在以华兹华斯为代表的浪漫主义诗人笔下，"童年成为了感受力和智慧的源泉。与此相应，保持与童年的联系，亦即身为成人仍然在记忆中保持着一个孩子的感觉，几乎成为了一种责任"⑥。于是，童年的诗学所关切之物也由宏大的文化使命转移到了具体的生命关怀之上，由高远的文化理想下降到了世俗的寻常生活之中。在这里，布莱克所吟唱的孩童的"天真"，华兹华斯所歌咏的童年的"欢乐与自由"，

---

① ［英］以赛亚·伯林：《浪漫主义的根源》，吕梁等译，译林出版社 2008 年版，第 21 页。

② ［英］威廉·布莱克：《摇篮曲》，《布莱克诗选》，袁可嘉、查良铮译，外语教学与研究出版社 2011 年版，第 99 页。

③ 胡建华：《布莱克的"人类灵魂的两种对立状态"——从〈天真与经验之歌〉到〈天堂与地狱结婚〉》，《外国文学》1996 年第 5 期。

④ ［英］威廉·华兹华斯：《颂诗：忆幼年而悟永生》，《华兹华斯抒情诗选》，黄杲炘译，上海译文出版社 2000 年版，第 190 页。

⑤ "The child is father of the man." 语出华兹华斯诗作《每当我看见天上的彩虹》。

⑥ Hugh Cunningham. *The Invention of Childhood*. London：BBC Books，2006，p. 134.

由永恒的人类精神转变成对于现实生命意义的一种提示，恰如法国作家圣埃克絮佩里在其《小王子》中以童年单纯、充实的生命状态，反衬出了日常生活中的欲望对于生命意义的遮蔽。

从这一艺术表现的倾向中发展起来一种童年的怀旧诗学。与前一类艺术表现往往将童年虚想为高于生活的精神符号不同，它围绕着具体的童年生活而发，却透过成人的眼睛，从中发现了童年生活的审美意义，以及其中包含的关于个体生存幸福的暗示。在无往而不遇见海德格尔所说之"烦"的人生经验中，转向童年生活的一瞥仿佛给予了我们有关生命之意义充实的体验和领会。帕斯卡尔称"智慧把我们带回到童年"[1]，泰戈尔以诗的方式道出"上帝等待着人在智慧中重新获得童年"[2]，其所指都是成人从童年生命中获得的启示。这一艺术传统造成了19、20世纪许多作家的笔一触到孩童的形象，即刻变得异常柔软。同时，它也是中国现代文学中影响深远的一个童年表现传统。

最后，从艺术作品中获得其诗学救赎意义的童年符号，也为现代艺术自身的突破提供了一种路径。在这里，童年是作为艺术之生命的创造力的象征。在早期浪漫主义作家笔下，童年已经被认为是艺术灵感的重要源头。进入20世纪以来，受到弗洛伊德关于儿童游戏与艺术创造之间渊源关系的理论影响，童年与艺术创造力之间的内在关联得到了进一步的演绎发挥。波特莱尔曾说天才是"从心所欲找回来的童年"，对他来说，"儿童看一切都有新鲜感；他永远带着醉意"。[3] 毕加索说过："我曾经像一个大师那样作画，却要用一生去学习像一个儿童那样作画。"[4] 19世纪开始在欧洲兴起的"天真画派"（Naïve art），在题材和技法上追求一种儿童式（或者说原始性）的单纯，这一画派的传统至今仍在延续壮大。[5]

美国学者卡斯比特以较为理性的语言描述了童年与艺术之间的这种内

---

① 徐岱：《基础诗学》，浙江大学出版社2005年版，第225页。

② 《泰戈尔散文诗全集》，华宇清编，浙江文艺出版社1990年版，第202页。

③ ［法］让－保尔·萨特：《波德莱尔》，施康强译，北京燕山出版社2006年版，第33页。

④ Amir Cohen-Shalev. *Both Worlds at Once：Art in Old Age*. Lanham：University Press of America，p. 21.

⑤ "naïve art." *Encyclop? dia Britannica. Encyclop? dia Britannica Online Academic Edition.* Encyclopædia Britannica Inc.，http：//www. britannica. com/EBchecked/topic/401931/naive-art. Also see http：//en. wikipedia. org/wiki/ Na? ve_ art.

在关联，他认为艺术能够给予我们重新看待和发现现实的眼睛，在艺术的审美经验中，"现实变得像在童年时期一样活跃、新鲜和'感人'——它是真正的现实，这就是为什么那么多原现代和现代诗人和艺术家，包括华兹华斯、波德莱尔、高更、康定斯基、克利和杜布菲等人都把儿童珍视为最伟大的幻想家，并将'原始的'，孩子似的，'外行的'艺术视为最具想象力的、最重要的艺术"①。也就是说，童年对于现代艺术的意义，在于它所代表的尚未被人类理性的重量所拖滞的感受力、创造力，这正是艺术最可贵的精神。

童年作为一个被赋予审美救赎意义的诗学符号，是童年的现实与成人的想象糅合在一起的产物。这一诗学传统是现代童年审美文化的重要构成部分，它从童年的现实中抽绎出了若干重要的诗学内容，其中包括童年单纯的诗学、自由的诗学、创造的诗学等，这些被高度精神化和理想化了的诗学范畴，所映照出的实际上是人类对于自我生命与文化实现的某种乌托邦梦想。尽管这些从童年现实中汲取出来的诗学内容所关注的实际上并非童年自身的生存境况，且与现实童年之间隔着虚与实的距离，但它却以一切审美作品所特有的隐在而强大的方式，影响和塑造着人们对于可能的童年的理解。

二　现代童年的诗学自赎

然而，上述影响的结果对于童年生存的现实而言利弊双存：一方面，它进一步加强了现代社会以降逐渐得到普及的一种对待儿童的观念，即孩子是一种珍贵和无价的存在；另一方面，它又远远地离开了童年生活的日常烟火，甚至有避开和遮蔽这一生活现实的倾向。例如，19 世纪浪漫主义诗歌中的"童年"在很大程度上即是一个已经被抽空了真实生活内容的符号。勃兰兑斯对于华兹华斯诗歌中的童年意象的评点虽有些刻薄，却也切中了问题所在："这种把他崇拜自然的诗歌所想象的权利赋予婴孩的做法，正如各国历史所表明，只不过是反对十八世纪崇拜有理性的社会化的人而把儿童放逐到育儿室里去的风尚的多种表现之一"②。显然，现代

---

① ［美］卡斯比特：《艺术的终结》，吴啸雷译，北京大学出版社 2009 年版，第 11—12 页。
② ［丹麦］勃兰兑斯：《十九世纪文学主流》（第四分册），徐式谷等译，人民文学出版社 1984 年版，第 45 页。

社会的许多文学家和艺术家们所倾慕的并非是在现实的意义上回到童年的状态,而是他们从童年身上所见到的作为一种"审美可能世界"之基础的诗性生命状态。至于如何在真实的童年身上实践这一诗性的生命关怀,却并没有在这一诗学表现传统中得到太多眷顾。

为此,现代童年还需要一种自己的诗学。这里的"自己"的意思,是指它所关注的是童年个体切切实实的生活感觉、情绪、欲望和思想,以及儿童自我的生命实现。它是现代文明的对于"人"和"人性"的肯定与尊重在最微小的层面上的落实。

现在回头看去,这一诗学传统的起点显得格外稚嫩。17世纪,随着儿童作为一个独立生命个体的观念在欧洲社会的日渐普及,一种专为儿童创设的文学门类也在逐渐形成。早期儿童文学的创作从传统民间文学资源的改编和移用中蜕化而来,其基本目标落实在一种包含于洛克《教育漫话》之中的上层阶级的礼仪教育上,而这一教育意图又与另一种颇为严厉的早期启蒙规划结合在一起。洛克也强调教育应顺应儿童的心性,给予儿童应有的快乐:"我希望儿童能够充分地享受到各种无害的快乐,使他们的生活尽可能地愉快和舒畅。"[①] 但这里的快乐只是理性教育的一个中介,它严格服从于理性的管辖,并且服务于理性的实现。与此相应地,早期儿童文学看到现实童年的缺陷,并致力于通过文学的表现,教授儿童如何克服这些缺陷,以便使他们将来成为更完善的大人。也就是说,它基本上是将儿童文学作为狭义的教育文学来看待的。这一诗学倾向反映了同一时期启蒙运动自身的某种缺陷:启蒙运动虽然发现了儿童无可替代的价值和意义,但它对待儿童的方式无疑带着17世纪启蒙规划特有的骄矜与自负——事实上,这也是早期启蒙运动骨子里的某种理性主义情结的反映,它倾向于将生命的理性实现视作一种高于生命自身的价值。

18世纪后期至19世纪兴起的浪漫主义文学在很大程度上影响了上述儿童诗学传统的审美转变。尽管在儿童教育实践的领域,一种对待童年的倨傲态度仍然占据着主流,但至19世纪,早先弥漫于儿童文学作品中的那样一种严厉的教习气息逐渐散去,相反地,一种富于浪漫主义特质的童年美学显然受到了更大的欢迎。在以维多利亚时代的英国为主要代表的欧

---

① [英] 约翰·洛克:《教育漫话》,徐诚、杨汉麟译,河北人民出版社1998年版,第37页。

洲儿童文学发展的"黄金时期",来自浪漫主义文学传统的纯真童年意象为儿童文学作家们格外青睐。克里斯蒂安·安徒生、路易斯·卡洛尔、肯尼斯·格雷厄姆等作家的写作,为19—20世纪前期的儿童文学文类奠定了基本的童年观取向和主导的童年诗学氛围。由小伊达、爱丽丝、彼得·潘等著名的儿童形象所构成的童年角色长廊,参与营造出一种由童年意象生发而来的浓郁的怀旧诗学氛围。它与成人文学领域的浪漫主义潮流互为呼应,进一步强化了从童年的现实中萃取而来的纯真、欢乐和游戏的诗学意义。

但这一诗学脉络与成人艺术领域的浪漫主义传统之间存在着一个根本的分野:如果说后者主要是将童年作为一个精神性的符号来看待的,那么随着儿童文学的艺术推进,儿童当下的身体感觉、生活经验和生命感受,越来越进入到围绕着童年意象而建构起来的审美世界之中,并构成了现代童年诗学不可或缺的一个部分。它使得来自浪漫主义传统的童年审美符号日益染上了儿童日常生活的生动气息,事实上也在儿童文学内部重塑着这一传统。在这里,纯真、欢乐和游戏的童年诗学范畴不只是隐喻性或观赏性的,更被用来思考和促进儿童个体生命的自我实现。在这一过程中,这些范畴本身的审美内涵和意义也在发生新的拓展。

上述艺术变化的诗学意义是显而易见的。首先,它极大地拓展了童年艺术的表现题材,促使这一艺术日益与真实、丰富、复杂的童年文化相连接。通过这样的连接,它将童年生活的活水进一步引入到了童年诗学的园囿中。在朝向童年生活的现实启开门窗的过程中,童年诗学也实现了自身的当代拓展。其次,上述艺术题材的拓展更内含了一种诗学情怀的拓展。通过把艺术表现的目光移向那在社会生活中往往最不起眼的儿童的生活内容和生存体验,现代童年艺术也将其诗学关怀由形而上的童年精神拓展至了形而下的童年身体。如果说在浪漫主义的诗学传统中,童年的符号是因其对于人类文化的精神价值而得到高度肯定的,那么在这里,它则是因其自身的生命需求而得到凸显的。这一诗学传统承接了在古代社会就孕育于其中的对于儿童生命的同情和关切,并在针对这一纤弱情感艺术描摹和发挥中,充分体现了现代性所主张的人的精神。值得注意的是,在现代性早期的人文价值谱系中,儿童仍然是作为一种隐在的"他者"存在的,他游离于成人的身份之外,因而也在某种程度上游离于人的身份之外。在此背景下,对于儿童生活现实的诗学关注便包含了对现代性自身精神的一种推进。这一诗学的引流尽管细小，却在不经意中促使现代性超越狭隘的理性中心和人本中心，走向对于一切生命的关怀。

三　童年诗学与审美精神

14 世纪西班牙作家唐·胡安·曼纽在其故事集《卢卡诺伯爵》中写下了这么一个有趣的民间故事：一位摩尔人的国王听信了三个骗子的谎言，委托他们编织一件华丽的衣装。据称，这件新装有个神奇之处——凡是私生子都不能看见它。由于在摩尔人的律法中，只有合法的婚生子才能继承父亲的财产，所以国王很乐意借这个法子看一看，他所管辖的王国里有哪些人是私生子，好将他们继承的家产充公。制衣的过程中，他遣去几位官员视察进程。这些人来到织布的宫殿，实际上什么也没看见，但为了维护自己的颜面和地位，无不尽力夸赞新装之美。国王自己当然也不例外。最后，他穿上这件并不存在的"新衣"，骑马去参加庆典。在围观众人的一片赞扬声中，只有一个黑人站出来叫道："陛下，我可不在乎我是谁的儿子，所以我要告诉您，您骑在马上什么都没穿。"①

1837 年，当丹麦作家安徒生将这则辗转于欧洲的民间传说以儿童故事的面貌重写入他的童话集《小美人鱼》中时，那个喊出"他什么也没穿"的真理的角色，由成人变成了一个孩子。这样，安徒生就"把西方文学中的揭发者原型从一个有意挑衅的非洲人改写为一个天真的孩子"②。此后，这个题为《皇帝的新装》的童话故事连同其中讲真话的孩子变得如此家喻户晓，以至于我们今天只要一谈起谎言与真理的话题，几乎就会同时想起故事里的这个孩子。

我倾向于把安徒生对这则故事所做的这一细节移换，视为对于童年作为一个诗学符号的现代命运及其文化精神的一种暗示。在其中，传达故事题旨的关键人物由成人向儿童的身份转变，以及这一转变在后来所获得的普遍认可，意味着人们已经把一种重要的文化期望明确安放到了童年的诗学世界之中。

---

① Don Juan Manuel. *Count Lucanor*; *or the Fifty Pleasant Stories of Patronio*. Trans. James York. London: Gibbings, 1896, pp. 52 – 57.

② ［美］伊维塔·泽鲁巴维尔：《房间里的大象》，胡缠译，重庆大学出版社 2011 年版，第 10 页。

　　这期望指向着一种文化的关怀，它的对象同时包括成人和儿童。《皇帝的新装》既是一个成人的故事，也是一个儿童的故事。对于成人而言，它所传达的不只是一种怡人的孩童式的纯真，也是试图穿过社会理性的层层伪饰，对人类文化展开的一次隐喻性的正本清源，其最终目的是使人们从生活斡旋的重雾迷障回到一种朴素人性的坚实地面上来。也就是说，童年之"真"在这里是对于成人的一种存在启悟，是生命本真状态的点醒。值得强调的是，这点醒不来自于任何神秘精神的附会，而就是寻常生活的单纯领悟。在隐喻的意义上，故事里的成人们透过童年的镜子，看清了某种生活的简单"真理"。在这里，所谓的童年的"救赎"，并不关乎任何高远的精神追寻，而就是关于如何实践一种更好的生活的提示。

　　对于儿童来说，这个由成人寓言转化而来的儿童故事则代表了一种对于儿童的诗学关切。它把"诗"的关注点从成人移到儿童的身上，并表达了对于一种童年视角的尊重和重视。尽管作品并没有直接写到儿童的生活，但是，通过把这一故事奉献给孩子们，安徒生使这样一个为儿童的诗学传统成为了儿童日常生活的一部分，其目的在于以童年的精神来温暖儿童自己的生活。在其后的近两个世纪里，这一诗学的传统持续壮大，它所表现的童年视角和童年生活也不断扩展，但其对于儿童生命的这份关切，始终贯穿其间。

　　童年诗学的上述两个传统既有着各自相对独立的艺术表现领域，又在精神上彼此勾连和相互影响。一方面，作为救赎符号的童年是一个诗学的范畴，而不是一个现实的范畴，因此，我们在谈论这一概念时，还不能将它与真实的童年生活混为一体。但是，对于这一童年诗学的实践并不妨碍作家们怀着浪漫主义的救赎情怀来书写一种现实主义的童年景况。另一方面，儿童生活的丰富现实促使我们意识到，童年除了意味着纯真的性情、游戏的自由和无稽的欢乐，也意味着复杂的生活、沉重的枷锁和无穷的烦扰，这两者在儿童文学的艺术表现中占据着同样的分量；然而，在面朝现实的同时，我们也深刻地意识到，从根本上来说，童年是一个属于浪漫主义的名词。对于童年现实的全面关注并不仅仅是为了把儿童推向真实的生活，更重要的是，它必须以童年自己的方式为这一生活确定意义——亦即童年的真诚、自由和欢乐如何穿透现实生活的沉重帷幕，照亮儿童自己的世界。尽管童年作为一个诗学意象在文学和艺术作品中的呈现有着多重面貌，却很少离开这两个基本传统所指向的精神内核。究其根本，不论是童年的诗学救赎还是自赎，其最终精神都落实在对于成人和儿童的当下生命关怀之中。毫无疑问，童年的诗学还在继续呈现其丰富的新面容，但其新变的意义，仍将取决于这一根本的诗学精神。

本章小结

　　本章对于前消费社会童年文化建构进程的考察，旨在从人类文明史的视点出发，梳理童年作为一个审美文化符号的演进历程及其基本内涵。童年审美文化是由童年的文化现象中衍生出来的一种审美文化形态，它的精神根基首先在于童年文化自身，不过，只有在对童年现象予以特殊关注的现代社会里，这一以童年符号为中心的审美文化才能获得如此充分的展开。童年审美文化主要是现代文明的产物，它同时也以一种特殊的方式承载了现代文明的精神。在现代性与现代人的矛盾中，或者说，在文明与个体的矛盾中，童年被寄予了独特的审美乌托邦内涵，它是以童年的审美精神来温暖成人与儿童的现世生存，更是以童年的审美符号来寄托现代文化的根本精神——这是一种对于生命在世的充实感、妥帖感和意义感的关切，它导引我们在负累深重的在世生活中穿过文化的重重迷障，去追寻和恢复人自身的目的。

第 二 章

作为资本符号的童年：
消费社会与童年文化的经济

> 我们从父权制到母权制，现在又来到了小帝王的时代。在这里，许多权力被让渡给了孩子。小家伙，你想要什么，就是什么。①
>
> ——Dan S. Acuff

在社会学意义上，消费社会是指消费取代生产成为经济发展和社会关系第一要素的社会阶段。如果说这一界定多少显得有些学究气的话，那么谈到消费社会，我们还会想起波德里亚在其《消费社会》一书开篇处那段著名的描述："今天，在我们的周围，存在着一种由不断增长的物、服务和物质财富所构成的惊人的消费和丰盛现象。它构成了人类自然环境中的一种根本变化。恰当地说，富裕的人们不再像过去那样受到人的包围，而是受到物的包围。"② 波德里亚的描述是对于 20 世纪 70 年代初欧洲社会现状的某种观察，但显然，消费社会在西方世界开始成为一种上升的社会形态，其历史还可以追溯至更早的时期。与马克斯·韦伯同时代的德国学者维尔纳·桑巴特甚至认为，并非生产，而是消费，推动了早期资本主义经济的诞生与发展。他对于十七八世纪欧洲社会状况的考察揭示，"在很多情况下（虽然不是全部），为资本主义打开大门，并使之渗透到各行

---

① 这段话的原文如下：We've gone from a patriarchy to a matriarchy to a filiarchy, where power is ceded to the kids. It's whatever you want, Johnny. 写下这些话时，Dan S. Acuff 是位于美国加州谢尔曼奥克斯的儿童市场体系咨商公司主席，该公司在为相关机构提供儿童消费和市场的专业讯息方面享有盛誉。

② ［法］让·波德里亚：《消费社会》，刘成富、全志钢译，南京大学出版社 2001 年版，第 1 页。

各业的，恰恰是消费的增长"。① 这一观点与韦伯关于新教伦理推动资本主义文化形成的论断几乎针锋相对。桑巴特的结论或许是片面的，但他的研究提醒我们，消费社会的出现本身是一个复杂的过程，它与生产社会之间并不存在非此即彼的相互取代关系，相反，直至今天，这两种社会样态仍以同样的显在性并列存在于许多社会共同体内。

这是我们谈论消费社会与童年文化的一个基本前提。它意味着事情并不是这样：从一个特定的历史时期起，对于童年文化的消费就取代了这一文化漫长的自我建构进程。也就是说，当代社会的童年文化消费现象不应被简单地理解为对于既成童年文化的一种持续消耗。事实上，从童年文化消费的历史来看，其展开既在根本上仰仗于现代童年文化的资源，但也反过来促成了这一文化的传播与建构。问题在于，消费社会的自我运转机制决定了在童年文化消费的问题上，它所遵循的首先是消费而非文化的逻辑，这就必然使得消费社会对于童年文化的征用极其容易滑向一种无节制的滥用。由这一问题导致的"童年的持续商业化"② 现象，促使童年在当代社会由一个审美文化符号日益转变为一个资本的符号，并造成了当代童年文化的深重问题。

第一节　消费文化视野中的童年

消费文化与童年的结盟是一个历史的过程。随着现代童年观逐渐在西方社会得到广泛传播并越来越取得其重要的文化位置，这一过程对于消费文化自身的意义也愈益凸显。早期童年消费经济的触发点是人们开始意识到了童年消费在儿童和成人世界所具有的经济潜能。但这一消费文化并未直接将童年的审美文化推入消费经济的浊流之中，相反，现代社会的早期儿童消费实践，倒在一定程度上促成了童年审美文化的传播和建构。

一　从生产的儿童到消费的儿童

儿童生来就是消费者。幼儿在未能给家庭和社会带来任何生产力之

---

① ［德］维尔纳·桑巴特：《奢侈与资本主义》，王燕平、侯小河译，上海人民出版社 2005 年版，第 229—230 页。

② Peter B. Pufall, Richard P. Unsworth（eds.）. *Rethinking Childhood.* New Brunswick, New Jersey & London：Rutgers University Press，p. 142.

前，一直在消费相应的家庭或社会产品。这一点在很大程度上影响着儿童在早期社会家庭中的地位。"在迄今为止的大部分社会中，人们的时间和精力主要被付予了工作，他们在生产过程中的角色极大地影响了他们生活的其他方面，也很少有人有足够的闲钱应付除了生活必需品之外的开销。"① 这样，儿童的成长消费通常意味着一个普通家庭额外消费开支的净增长。对于一个崇尚生产力的社会而言，这无疑是一个不那么令人愉快的过程。因此，一方面，早期社会家庭中，儿童的消费开支通常被限定在十分必要的生活用品范围之内；另一方面，整个社会都在竭力推进儿童从消费者向合格的生产者的身份转变。在许多地方，儿童很早就开始成为家庭劳动力的一部分，进而承担起社会劳动力的职责。

从启蒙运动中确立起来的现代童年观一直在重塑着现代社会看待儿童的态度，但在应对视儿童为未来生产者的普遍观念方面，其成效并不明显。尽管学校教育正在逐渐普及，但直至 19 世纪末，儿童作为生产者的身份仍然受到重视和强调。维维安娜·泽利泽指出，在 19 世纪末期，儿童的劳动对于西方工人阶级家庭而言具有重要意义。她引用相关学者对于1880 年美国费城人口普查数据的分析称，"在一个有着双亲的爱尔兰籍家庭中，孩子贡献了全部家庭劳动收入的 38%—46%；而德国籍儿童这一数字是 33%—35%，对于本地出生者这一数字是 28%—32%"。"与 20 世纪中期结婚的妇女进入劳动力市场不同，19 世纪是孩子而不是妻子更倾向于成为家庭第二工资挣取者。"② 柯林·黑伍德的研究显示，在工业社会兴起后的很长一段时间里，现代工业化生产的铺开和普及反而为儿童提供了更多的工作机会和工作岗位。19 世纪上半叶的法国，一般工人和农民的孩子像大人一样参与工场与农场的工作；这一儿童工作的伦理直至20 世纪下半叶仍然有其影响。③

但历史显然正在发生变化。自 19 世纪末开始，随着新的工业技术革新带来社会生产力的持续解放，消费文化在西方社会的影响开始从上层阶

---

① Steve Bruce, Steven Yearley. *The SAGE Dictionary of Sociology*. London: SAGE Publications Ltd, 2006, p. 48.

② ［美］维维安娜·泽利泽：《给无价的儿童定价：变迁中的儿童社会价值》，王水雄等译，格致出版社、上海人民出版社 2008 年版，第 53 页。

③ Colin Heywood. *Childhood in Nineteenth-Century France*. Cambridge: Cambridge University Press, 1988.

级传播至普通的中产阶级乃至工人阶层家庭。同时，核心家庭结构的日渐稳固和社会经济水平的快速提升，伴随着现代童年观的进一步普及，使得儿童日益从社会生产的直接劳动中解放出来，转而进入到一种与未来劳动力的培养以及整个社会对于儿童的珍爱情感复杂相关的教育和休闲生活。正是在这一过程中，儿童作为家庭和社会消费者的身份以及普通儿童作为消费者的权利，开始在西方社会得到越来越广泛的认可和关注。

　　首先，在 19 世纪至 20 世纪的西方社会，儿童的情感价值总体上逐渐越过其经济价值，成为决定成人世界如何看待和对待儿童的第一原则。这一现实伴随着学校教育的普及和各国童工法的实施，使儿童拥有了越来越多的休闲时间，而如何更好地帮助儿童利用和度过这些时间，则成为了父母们面临的新问题。安妮特·拉鲁的研究认为，直至 20 世纪前期，人们还更看重孩子的劳动，而自此往后，人们越来越看重对儿童休闲时间的规划和照管。① 这一时期的儿童养育专家试图说服父母，合理的规划和照管既可以保护儿童免受外面世界的伤害，也有利于促进儿童身心的发展。

　　这类规划在很大程度上与儿童的消费联系在一起。以儿童游戏为例。在很长时间里，普通儿童的游戏主要是自发和自创的，它与商业产品的消费行为之间往往并无太多关联。17 世纪洛克提到的 "从店铺里买来的""价格昂贵"、"造型古怪"的玩具，仅仅是上流社会少数儿童的奢侈品。而且，洛克本人对于这种奢靡的消费也持坚决的反对态度，在他看来，儿童的玩具 "决不可从购买得来"，因为这会使儿童 "养成见异思迁、贪多务得的心理"。② 卢梭也曾批评成人给儿童提供各种玩具的做法："金的、银的和珊瑚的铃铛，小水晶片，各种各样或贵或贱的玩具，这是一些多么没有用处和多么有害的东西啊！……几根有叶子和果实的树枝，一只可以听到其中的颗粒发响的罂粟壳，一截既可以哄他呀吧，又可以供他嚼的甘草，这些东西，同那些漂亮的小玩具一样，也能够使他玩得挺高兴，并且还没使他一生下来就习于奢侈的弊害。"③ 相应时期，儿童的玩具消费还牢牢地控制在成人手中，并且受到成人理性考量的严格限制。"18 世纪

---

① ［美］安妮特·拉鲁：《不平等的童年》，张旭译，北京大学出版社 2010 年版，第 244 页。

② ［英］约翰·洛克：《教育漫话》，徐诚、杨汉麟译，河北人民出版社 1998 年版，第 118 页。

③ ［法］卢梭：《爱弥儿》，李平沤译，商务印书馆 1978 年版，第 61 页。

兴起的玩具文化是由成人控制的文化，设计玩具的主要目的也是为了使儿童以游戏扮演的方式进入学习。"① 本雅明在《驼背小人》一书中回忆19、20 世纪之交自己的童年时光，记得那时所玩的是捉蝴蝶、捉迷藏这样的游戏；在他生病时陪伴着他的一本游戏书，里面所教的也是诸如"手影"之类的自娱游戏。②

但在童年本雅明所生活的时代，这一时尚实际上已经开始发生变化。有研究者认为，书籍、玩具、游戏等儿童商品的大规模生产可以追溯至18 世纪；相应的儿童消费文化在 19 世纪中期开始加快步伐。③ "正如儿童被看作是一个纯洁、天真、需要小心呵护的群体一样，他们也开始被认为是一个未来的市场。"④ 随着儿童玩具消费的逐渐推广和普及，至 19 世纪后半叶，德国已经成为欧洲儿童玩具的第一产地。这一新兴的消费潮流从当时的童年养育观念中获得了它所亟须的助推力量。例如，在 20 世纪二三十年代的美国，"儿童专家们建议父母采纳一种更为宽松的养育模式，并在家里安置游戏室和教育玩具，以激发孩子的想象力"⑤。这一建议无疑为普通儿童的早期玩具消费打开了广阔的市场。这一时期，"玩具制造商们利用父母们对于儿童户外娱乐可能导致的性情堕落而产生的焦虑大做文章，他们向父母们许诺，他们的玩具必定能让孩子们全身心地沉浸在游戏之中"⑥。

父母和社会对于儿童消费所持的日渐宽容的态度既是现代童年观转变的一个结果，也是同一时期整个社会开始兴起的消费文化的表征之一。在消费社会发展的早期阶段，父母是儿童消费的主要代理人，也就是说，儿童的消费愿望最终需要通过父母的决定来实现，它实际上是成人消费的一部分。因此，这一时期的父母往往需要在对待孩子的情感与消费的理性之间作出某种权衡的妥协。不过，随着消费文化的逐步演

---

① Hugh Cunningham. *The Invention of Childhood*. London：BBC Books，2006，p. 125.

② ［德］瓦尔特·本雅明：《驼背小人：1900 年前后柏林的童年》，徐小青译，上海文艺出版社 2003 年版。

③ See David Buckingham. *The Material Child：Growing Up in Consumer Culture*. Cambridge：Polity，2011，p. 70.

④ Ibid. .

⑤ Lisa Jacobson（ed.）. *Children and Consumerism in American Society*. Westport：Praeger Publishers，2008，p. 74.

⑥ Ibid. ，p. 75.

进，在成人文化领域，消费的理性越来越让位于一种对于消费的情感需要的纵容；与此相应地，由父母代理的儿童消费，也越来越走向一种对于儿童需要的臣服。

其次，除了通过父母消费的中介成为间接消费者外，儿童也试图越过父母代理消费的屏障而成为拥有自决权的消费者。在前一种情况下，由于父母掌握着最终的消费决定权，儿童的消费者身份是不完全的，他虽然是特定商品的使用者，却并不是商品真正的购买者。随着儿童情感价值的不断提升，他们当然越来越可以通过有效的情感"勒索"来满足自己的消费愿望，但对儿童来说，这一辗转的消费始终处于父母的控制之下。

在19世纪的欧洲，首先获得消费自主权的是开始参加工作并赚取工资的儿童，在可能的情况下，他们被允许自由支配一部分自己的工资收入。不过，这些工作的孩子与成人一样，首先是生产者，其次才是自主消费者，而且，其生产者的身份是他获得自主消费权的前提。但与此同时，那些并未进入生产领域的儿童也开始获得一定的自主消费空间，其基本前提是儿童从父母手中得到了一定数目的可自主支配的金钱。19世纪末至20世纪初的西方社会，父母定期给儿童一定的"零用补贴"逐渐成为从中产阶级到下层阶级家庭生活中的一个常规事项。该补贴的支持者认为，父母给予儿童适量的零用钱不仅可以照顾到孩子的一些基本的物质和精神需要，还有利于培养儿童的经济和消费观念。这一额外的零用为儿童的自主消费提供了基本的条件，而且随着时间的推移，其补贴的规模也在逐渐增大。我们看到的是，20世纪前期，一方面是工作的儿童遭遇到越来越多反对的声音；另一方面则是消费的儿童越来越得到社会和家庭的共同许可。如此一来，整个社会不仅在鼓励父母放弃孩子的工资，而且也在鼓励他们资助孩子日益扩张的花费习惯。①

商业市场很早就注意到儿童作为自主消费者的潜力。"'角币小说'（dime novel）的出版商是最早尝试打破父母保护的篱墙、直接将儿童作为独立于家长的消费者来看待的机构之一。'角币小说'是一种价值低廉、声名不佳的通俗文学读物。这些书籍最初是以联邦政府与南方联盟的服役

① ［美］维维安娜·泽利泽：《给无价的儿童定价：变迁中的儿童社会价值》，王水雄等译，格致出版社、上海人民出版社2008年版，第91页。

士兵为销售对象的,但早在 1864 年,这一行业就察觉到,男孩们在大人不知情的情况下大量购买这些小说。"① 儿童消费的"秘密"显然远不局限于被成人认为不宜于他们阅读的小说。"19 世纪末 20 世纪初,这一观念在美国广为传播,即认为儿童有着无法扼制的消费欲望,且在这方面表现出任性的慷慨。"② 与此相呼应,各类儿童产品的商业广告也越来越重视面向儿童的推销。这类商业广告最初是通过获得父母的青睐来推助其销售的,但至 20 世纪初,直接面向儿童的广告宣传开始引起市场的关注。当然,"由于在花钱一事上,儿童总是部分地——通常是完全地——依赖于父母,因此,成功的儿童广告宣传必须在试图吸引儿童和不致惹恼父母之间小心地保持平衡",但与此同时,广告商们也在不断试探父母们的底线。③ 从这里,我们已经看得到 20 世纪后期至今为全球市场所瞩目的儿童消费潮的某种影子了。

二 从文化的消费到文化的建构

20 世纪初消费文化向童年领域的蔓延和借力,在很大程度上有赖于 17 世纪以降逐渐建构起来的现代童年文化的依托。一方面,儿童在社会生活中的情感价值和地位的提升,使得儿童的消费在家庭和社会消费中所占的比例也日益上升。这就为现代消费文化在儿童生活领域的拓展提供了基础性的条件;另一方面,现代儿童消费从生活必需品向着更多样的儿童商品的不断延伸,它所引以为本的一个重要的依托资源,便是现代童年文化的发展。现代社会围绕着儿童的健康、安全、成长、教育等问题所展开的探究和逐步形成的共识,构成了一个日益丰富、完善的童年文化的集合体,它规定着一个社会对于童年应然状态的普遍理解。对于早期儿童消费市场而言,正是这些不断分化和细化的理解为相应的儿童消费品市场的打开提供了最初的钥匙,也正是通过鼓吹和迎合这些理解,它才能顺利地说服父母为他们的孩子(或者允许孩子)解开腰包。

---

① Lisa Jacobson (ed.) . *Children and Consumerism in American Society*. Westport: Praeger Publishers, 2008, p. 45.

② Ibid. , p. 64.

③ Ibid. , pp. 93 - 94.

　　例如，作为英美现代童书业的创始人，约翰·纽伯瑞在其1744年出版的第一本商业童书《迷你口袋书》的广告中如是写道："本书旨在促进小男孩和小姑娘的教育与娱乐，文句通俗，易于阅读……它的作用在于让小男孩和小女孩都能成为好孩子。书前所置的教育书简面向所有父母、监护人和管理者，个中守则将告诉他们如何使孩子变得强壮、健康、善良、聪慧和快乐。"① 尽管这类广告和童书显然仍将儿童视作成人的准备阶段，但它的确以一种贴近普通父母心理的功利方式向更多的听众传播了有关儿童蒙养的一些现代观念。加里·克罗斯在其关于儿童玩具的研究中也指出，"现代玩具是新型玩具业和一种新的育儿理念的独特产物"②。从这个意义上说，儿童的许多消费其实就是对于童年文化的消费。这其中，建构中的现代童年审美文化又成为了早期童年消费市场所格外倚重的一个文化资源。

　　如前所述，早期儿童消费主要是一种由父母代理的消费行为，因而受到父母的理性控制。由于传统的理性消费者"坚持关于消费需要的传统定义，换言之，他把'需要'视为一种令人不愉快的紧张状态，把幸福视为消除紧张，恢复平衡，返回到需要满足时的那种平衡和平静状态"③，因此，对于这类消费者而言，消费行为本身意味着一种拥有明确目的的行动，一旦这一现实的目的得到实现，相应的消费需求也就停止了。显然，在理性消费的制约下，以儿童为对象的商品消费能够打开的市场规模是十分有限的，要从父母的理性管制下赢取儿童商品消费的利润，也并不是一件容易的事情。

　　对于儿童商品的售卖商而言，在与早期消费者的市场博弈中，其最有效的宣传和促销方式是通过诉诸父母的情感来巧妙地绕开消费理性的规约，从而打开儿童消费市场的闸门。在这一过程中，一种富于浪漫主义情味的童年审美文化成为了早期儿童消费市场最乐于援引的情感助推剂。售卖商们致力于渲染童年作为一个人生特殊成长阶段的审美价值以及与此相连的情感意义。19世纪末和20世纪初，一些玩具商"鼓励人们将童年视

---

① Hugh Cunningham. *The Invention of Childhood*. London：BBC Books，2006，p. 127.

② ［美］加里·克罗斯：《小玩意——玩具与美国人童年世界的变迁》，郭圣莉译，上海译文出版社2010年版，第16页。

③ ［英］齐格蒙特·鲍曼：《被围困的社会》，郇建立译，江苏人民出版社2005年版，第147页。

为快乐的青春与游戏时光，而不是为成年角色做准备的阶段"。① 毫无疑问，父母对于童年作为"快乐的青春与游戏时光"的认可，也意味着他们将乐于以有价的儿童商品，来为他们的孩子换取这样一段无价的欢好岁月。

在这一基本的童年观念之下，早期儿童消费市场热衷于通过发掘和呈现童年的欢乐、游戏、想象、自由等审美内容，来使其儿童商品获得成人与孩子的双重青睐。例如，20 世纪初著名的玩具制造商阿尔伯特·C. 吉尔伯特为其售卖的玩具所做的广告宣称："玩耍的快乐能够奇妙地激发出潜伏在孩子身上的发明才能。为什么不以一种潜移默化的方式开发它们呢？"② 对成人来说，这类诉诸童年审美文化的商业宣传包含了两种令人难以抗拒的诱惑。一方面，它将一种有关童年的审美理解与一种对于儿童成长的功利期待完好地结合在了一起，从而在并不颠覆正统儿童养育观的基础上，投合和强化了成人对于儿童的审美情感；另一方面，借助于一个富于美感的童年意象，它也唤起了成人内心深处那个自现代社会以降才逐渐被人们所意识到的"浪漫的孩子"，从而使成人从现实童年的审美状态中分享到了一种独特的审美愉悦。"通过给孩子买各式各样的玩具，并且享受这一新奇的消费在孩子身上激起的美好感觉，父母们得以从成年生活的单调和重负中解脱出来，重新体验到他们业已失去的那种奇妙的感觉。换句话说，父母对于孩子消费需求的满足，也滋养着他们自己内心的那个儿童。"③ 丹尼斯·丹尼索弗也指出，19 世纪的父母通过这种方式来"保持与他们自己童年之间的一种间接或怀旧的联系"④。

当然，儿童商品能否迎合儿童自己的喜好，在这类商品的售卖中具有更为基础性的意义。随着儿童情感价值的进一步提升及其在家庭消费结构中影响力的不断增强，市场越来越倾向于通过直接诉诸儿童的情感来推助

---

① ［美］加里·克罗斯：《小玩意——玩具与美国人童年世界的变迁》，郭圣莉译，上海译文出版社 2010 年版，第 181 页。

② 同上书，第 87—88 页。

③ Lisa Jacobson（ed.）. *Children and Consumerism in American Society*. Westport：Praeger Publishers，2008，p. 77.

④ David Buckingham. *The Material Child：Growing Up in Consumer Culture*. Cambridge：Polity，2011，p. 71.

儿童商品的销售。一则1920年发表的美国儿童广告策略文章中宣称"男孩是梦想者","男孩生活在'想象'的世界中",因此,以男孩为对象的儿童商品若想要取得商业上的成功,必然要迎合他们的梦想。"如果你的广告能够呈现男孩的梦想,那么不论你宣传什么,男孩都会购买什么";"男孩不喜欢被人谆谆教诲的感觉,不,他们只盼望在他们成长的时刻能够快快活活地做他们喜欢做的事情。"① 类似的营销策略不失时机地利用了在童年文化领域得到反复强调的童年梦想和欢乐的美学,其商业推销的方式和目的尽管庸俗,却准确地命中了上述审美文化的商业价值。

通过将现代童年审美文化的内涵注入到儿童商品的生产和推销之中,市场的本来意图是推动这些商品的销售,但它也于有意无意间促成了这一最初从上层阶级生长起来的童年文化朝向普通民众的传播和普及。尽管商业营销界对于特定的童年审美文化的诠释往往显得俚质浮浅,且遍布商业利润的潜台词,但它恰以这样的方式辟开了现代童年观和童年审美文化通往大众生活的路径。因此,在将现代童年的观念和精神导向普通家庭的日常生活的过程中,针对儿童商品的市场消费扮演了一种特殊的中介角色。虽然在这一输导的过程中,最后抵达消费者的观念常常已经不复是原初那个完整的思想,但在早期童年文化的启蒙过程中,这一输导有其不可替代的历史意义。

现代社会儿童消费的拓展不但促成了童年文化的传播,也带来了这一文化自身的拓展。在童年文化与大众化的商业文化的合流过程中,一方面是其审美内涵从精神性的审美现代性批判日益下降和落实到了对于儿童和成人日常生活的关切之中;另一方面则是童年真实的感觉、愿望和想法越来越进入到童年审美文化的肌体内部,这两个方面同时拓展着现代童年文化的内容和精神。尤其是随着儿童作为自主消费者的身份日益凸显,这一群体在现代童年文化建构进程中所扮演的主体角色,也日益体现在了童年审美文化的领域。

我们不难注意到,现代童年文化在其建构之初即含有一个内在的悖论:现代社会围绕着儿童和童年的概念所逐步建立起来的审美文化体系,其设立者和阐释者实际上都是成人。我们当然不能据此否定该体系的有效

---

① Lisa Jacobson (ed.). *Children and Consumerism in American Society*. Westport: Praeger Publishers, 2008, pp. 97 – 99.

性；事实上，正是由于站在成人的立场上来思考童年的问题，这一体系中才容纳了迄今为止人们对于儿童和童年世界的一些最深邃的洞察。但其问题也恰恰在于，这一主要从成人视角展开的对于童年的审美想象与儿童现实的生命体验之间，往往容易存在隔阂，它在某种程度上限制了童年审美文化通往现实童年生活的路径，进而限制了人们对于现实童年的审美理解。

现代消费文化赋予儿童的主体地位，以前所未有的方式改变着这一文化权力的格局。对于儿童来说，消费既意味着一种"责任的负担"，又意味着一种"自由的可能"，① 这其中，儿童成为自主消费者的文化意义在于，它以独立的消费行为赋予儿童以独立的个体身份，从而使其能够通过消费的选择和实践相对自由地展示、表达他们自己的意愿。相比于此前由现代文化"施予"儿童的文化权力，这一由儿童自己所掌控的新的文化言说能力，代表了现代童年文化发展的一个潜在的新方向。

在童年审美文化领域，这一童年文化的权力格局变迁带来了两方面的积极影响。

第一，它拓展了人们对于童年的审美理解。从"儿童"作为一个独立的身份概念在现代社会得到确立起，它既是一个统一的命名，也是一个充满异质性和复杂层次的范畴。现实生活中的儿童总在不断尝试越出成人为他们划定的清晰界限，而独立的消费选择恰好为儿童的这一文化犯规提供了适合的演练场所。"所有阶层的儿童都通过获取原本用来供给成人的商品，来挑战'儿童'这一范畴的边界。他们从报亭购买廉价的地摊小说，在没有成人看护的情况下偷跑去看电影。"② 中国学者班马用"儿童反儿童化"③ 一词来概括儿童文化的这一基本特点。对于这一现实的认识使得过去并不受到文化重视的童年生活的许多内容，都进入到童年审美文化的关切领域。这一文化拓展格外突出地表现在专为儿童提供的各类文化产品中。随着儿童作为独立消费者的身份日益巩固和得到彰显，成人对于儿童文化的制定和管控，越来越演变为成人与儿童之间关于童年文化的

---

① ［美］莎朗·佐京：《购买点：购物如何改变美国文化》，梁文敏译，上海书店出版社2011年版，第21—22页。

② Lisa Jacobson（ed.）. *Children and Consumerism in American Society*. Westport：Praeger Publishers，2008，p. 30.

③ 班马：《中国儿童文学理论批评与构想》，湖北少年儿童出版社1990年版。

一种持续的商榷和妥协。更进一步看，童年文化越界的冲动本身也越来越成为了现代童年审美文化的一个重要内容。

第二，它使得儿童自己的趣味和情感诉求在现代童年审美文化的谱系中得到了更多关注。"儿童希望自己像成人一般得到对待，除此之外，他们也发展出了一些有别于成人标准的独立趣味。儿童热衷于冒险小说的阅读消费，这令图书馆员和教育者们感到不安，却大大增加了 Stratemeyer Syndicate 之类出版商的利润。其结果是，越来越多的媒介生产者开始追随这一模式，制作迎合儿童趣味的专门的媒介产品。"① 在对待儿童的问题上，现代商业文化以相对平等的货币关系打破了成人与儿童之间传统的文化上下位关系，从而使童年文化的天平开始朝着原本处于弱势的儿童的方向倾侧过去。在现代童年审美文化的建构史上，这一趋向具有某种转折性的意义，它通过消费和经济的中介赋予了儿童以空前强大的文化权利，进而使得这一群体在身体和精神层面的真实情感、欲望等，越来越从童年审美文化的地图中显现出来。

这样，早期消费文化的发展在积极的意义上推动了人们对于"童年"的审美理解由精英文化的高度下降至普通大众的日常生活，由成人主宰的文化裁夺拓展至儿童参与的文化建构，由此促进了现代童年审美文化的流播，并进一步丰富了这一文化的内涵。

第二节　从审美文化到符号资本

20 世纪后半叶以来，消费文化的迅速铺展与儿童价值的持续提升，强化了儿童作为消费者的身份概念和身份意识，也强化了童年作为一种文化消费对象的经济意义和资本价值。在这一过程中，童年审美文化日益渗透到从物质到文化的各个儿童消费领域，其自身的文化内涵也得到了很大拓展。随着这一文化消费潮的进一步扩展，不但儿童群体被愈益深广地卷入到了童年文化消费的急流中，成人也越来越倾向于以直接而非代理消费者的身份，参与到这一文化消费的实践之中。

消费社会从中看到了童年审美文化所指向的巨大资本价值以及可能更

---

① Lisa Jacobson（ed.）. *Children and Consumerism in American Society*. Westport：Praeger Publishers，2008，p.31.

为巨大的创造价值的潜力。以消费为中心的社会运转机制决定了它要为消费活动的持续拓展不断搜寻新的价值生长点，在这一现实下，一种具有独特审美价值的童年文化不但为它打开了商业资本通往儿童消费市场的门禁，而且成为了这一资本深入成人消费市场的密钥。大约是从 20 世纪七八十年代开始，随着以西方发达资本主义国家为主导的世界经济全面步入消费主义时代，市场对于童年审美文化的资本征用也开始了其最为壮阔的当代进程。

一　作为价值符号的童年

童年文化本身并不是一种可用来交换的商品，但从童年文化朝向特定童年商品的转换过程中，产生了一种特殊的符号价值，这个价值并不直接关涉到商品自身的使用价值，却与童年在整个人类文化体系中所处的符号层级紧相关联。因此，在童年本身并不受到特别关注的社会阶段，童年文化的符号价值往往是有限的，反过来，一个社会对于童年的器重愈深，与此相关的文化所可能产生的符号价值也愈大。显然，只有在儿童和童年的文化位置得到重视的现代社会，童年审美文化的符号价值才有可能得到相应的认可与彰显。

从经济学的角度来看，符号价值是物的使用价值与交换价值之外的第三种价值属性。自波德里亚开始受到重视的这一商品的符号价值，在他的理论体系中是一个并未获得明确界定的概念。实际上，"当鲍德里亚谈到符号的消费时，他是在多种混合的意义上来使用'符号'这一概念的"①。这个从索绪尔和罗兰·巴特的符号学衍生而来的符号价值的概念，在基础层面上指向着人类物品特有的文化内涵。如果说使用价值主要强调物的实用价值，交换价值主要强调物的经济价值，符号价值所强调的则是物的文化价值，是特定物品作为人类文化的对象物所承载的文化意义。广义的符号价值是任何人类产品都具有的一种价值，也是人类的消费活动所必然会涉及的一种价值。由于"消费本质上是文化的"，因此，"消费物品就不

---

① 孔明安：《从物的消费到符号消费——鲍德里亚的消费文化理论研究》，《哲学研究》2002 年第 11 期。

只是因为它的功用或使用价值而对人有意义",① 而是同时关涉到特定物品作为一种文化对象物的符号价值。物品的这一符号价值意味着一种文化的话语方式,正如波德里亚所说,"一旦人们进行消费,那就决不是孤立的行为了,人们就进入了一个全面的编码价值生产交换系统中,在那里,所有的消费者都不由自主地互相牵连";"消费和语言一样,或和原始社会的亲缘体系一样,是一种含义体系。"② 广义的符号价值是指物品作为一种符号对象所具有的价值,衡量这一价值的尺度不是传统经济学的成本或劳动力概念,而是物品的符号被人们所认可的文化价值。

那么,童年审美文化是以何种方式进入当代消费社会的符号价值生产和交换系统的?或者说,童年审美文化是如何在消费社会内部转化为相应的符号价值的?

第一是通过直接影响儿童的消费,使童年审美文化相对于儿童所具有的符号意义在儿童消费市场转化为相应的符号价值。

如果说 20 世纪初,儿童作为消费者的身影还时常隐匿于成人消费者的背后,许多儿童消费行为仍然需要借助于成人代理的中介来完成,那么到了 20 世纪后期,儿童在消费的选择、决定、实践等方面所实现的自由得到了极大的拓展。一方面,随着家庭经济水平的普遍改善和儿童家庭地位的持续上升,父母与孩子之间就特定的儿童消费愿望展开讨价还价的博弈的传统场景,越来越为一种儿童主导的消费倾向所取代。面对父母与孩子的相处时间在现代生活的重负下日益缩减的现实情况,满足孩子的消费愿望既是成人对于儿童的一种情感表达方式,也成为了他们的一种情感补偿的方式。美国消费行为和消费趋向研究者伊玛·赞多指出,"由于工作的缘故,父母们不得不把孩子们留在空屋子里,许多父母为此感到内疚,他们要以此来补偿孩子"。③ 现代社会的父母们"没有足够的时间与孩子在一起,就用物质来代替。在今天,满足孩子的物质需求更像一种易货交

① 张筱薏、李勤:《消费·消费文化·消费主义——从使用价值消费到符号消费的演变逻辑》,《学术论坛》2006 年第 9 期。

② [法]让·波德里亚:《消费社会》,刘成富、全志钢译,南京大学出版社 2001 年版,第 70 页。

③ Jeff Brazil. "Play", *American Demographics*, 1999 (1). http://adage.com/article/american-demographics/play/43525/.

易，父母努力用物质来赢得孩子的爱"。① 在另一些情况下，满足孩子的额外需求也是对于父母自己童年的一种情感补偿。"一些人还记得生活在工薪阶层的家庭环境下，家里生活都很节俭，被剥夺了许多额外要求时的感受让他们永生难忘。所以他们现在这么做的目的很简单，就是想纵容他们的孩子，在孩子身上找回自己的童年。"②

　　另一方面，与儿童在家庭内的经济影响力同步快速增长的，还包括儿童本人的经济能力。"在过去的 10 年里，儿童的收入一直以 10% 到 20% 的年增长率增长，这比父母收入的增长率还要高。"③ 今天的孩子们"从各种各样的固定途径得到了他们上百亿美元的收入，这些来源有津贴、礼物、周期性的购物收入和工作收入"，此外还包括各种"临时收入"。④ 这一现实意味着，除了借父母长辈的"资助"实现其消费愿望外，儿童在自主消费方面也获得了越来越自由的空间。这一现实为新兴的童年文化产业打开了一个庞大的儿童消费者市场，同时也使得这一产业越来越可以通过直接迎向儿童消费者的口味，来顺利实现童年文化的符号价值向商业资本的转换。通过强化一种与游戏、欢愉、自由等童年美学范畴联系在一起的审美童年符号，消费市场拓开了童年文化产品通往儿童消费者的宽阔路径。从这一时期开始，包括文学、电视、电影等媒介在内的大量童年审美文化产品充实了儿童的文化消费市场，同时，儿童服装、玩具及各类用品生产领域也开始致力于通过在儿童日常生活的产品中融入童年的审美文化内涵，以此来促进这类儿童产品的市场营销。

　　儿童消费市场的全面开拓是 20 世纪后期消费社会发展进程中的一个重要事件，它实际上在儿童群体的内部建立起了一个相对独立的商品世界，并逐渐发展起了一套属于儿童自己的商品符号价值体系。这其中，越来越注重儿童审美关怀的现代童年审美文化朝向各个儿童产品领域的全面渗透，赋予了这些产品以特殊的符号价值。在儿童消费的实践中，它们越来越比单一的使用价值更多地影响着儿童消费者的消费选择。

────────────────

① ［美］安妮·萨瑟兰、贝思·汤普森：《儿童经济》，中信出版社 2003 年版，第 26 页。

② 同上书，第 104—105 页。

③ ［美］詹姆斯·U. 麦克尼尔、张红霞：《儿童市场营销》，华夏出版社 2003 年版，第 189 页。

④ ［美］安妮·萨瑟兰、贝思·汤普森：《儿童经济》，中信出版社 2003 年版，第 103 页。

第二是通过影响儿童的消费选择倾向间接影响成人世界的消费决定,使童年审美文化相对于儿童所具有的符号意义在成人消费市场转化为相应的符号价值。

20 世纪末随着儿童消费者地位的迅速提升而兴起的儿童营销业十分看重儿童群体的"间接消费"影响。这里的间接消费影响是指儿童所表达的消费意愿对于家庭一般消费行为的影响。2000 年,纽约一家市场调研公司的一份报告显示,"71% 的受调查母亲说他们孩子的愿望对自己的购物选择有很大影响。这些 2500 个 10 岁以下孩子的母亲认为她们孩子的影响作用要比广告重要得多"。[①] 中国的父母在接受问卷调查时也表示,"即使孩子没有向他们提要求,他们在购买某些商品时也会把孩子的需要考虑在内"。[②] 2003 年在国内出版的《儿童市场营销》一书,其封面上方以醒目的红色字体写着:"儿童对家庭消费影响力接近 60%,而且越来越大!"[③]

当代儿童的消费意志在家庭消费决定中影响力的持续上升有着理智与情感的双重原因。一方面,尊重儿童消费意志本身是尊重儿童的一种表现,作出消费决定的过程也为儿童提供了社会学习的良好机会。"一个家庭如果不就购物与他们的孩子商量,无论要买的是家庭日常用品,还是一次性购买的大宗商品,就等于剥夺了他们的孩子的一次学习生活技能的机会。"[④] 另一方面,成人在家庭消费的问题上甘愿听从儿童消费决定的现象也包含了许多复杂的情感原因,其中显而易见的一个原因便是前面提到过的情感补偿。由此,市场意识到,通过影响儿童的情感,将有可能在某种程度上控制成人的消费决定。这使得市场越来越擅长将面向儿童的审美文化讯息糅入成人消费品的生产和营销过程中。考虑到这一策略得以奏效的前提是确保儿童对于相应讯息的接受和理解,因此,其施行的对象主要限于儿童能够与成人共享的视觉文化产品领域。近几十年间,以日常生活用品为突出代表的大量成人消费品广告开始征用各种童年文化的元素,包括儿童角色参与广告叙事、从儿童的视角呈现广告叙事等。这类广告的显

---

① [美] 安妮·萨瑟兰、贝思·汤普森:《儿童经济》,中信出版社 2003 年版,第 158 页。

② 詹姆斯·U. 麦克尼尔、张红霞:《儿童市场营销》,华夏出版社 2003 年版,第 226 页。

③ 同上。

④ [美] 安妮·萨瑟兰、贝思·汤普森:《儿童经济》,中信出版社 2003 年版,第 17 页。

在接受者是成人消费者，隐在接受者则包括儿童消费者，它以最受儿童关注的叙事的方式向他们传递了一种关于特定生活场景的理解，而这一理解又与特定的商品符号关联在一起。这事实上是在儿童的日常生活与商品的价值意义之间建立起了一种符号性的联系，这样，商品便不再只是一种普通的物品，而是与儿童的一种日常生活审美体验自然而然地勾连在了一起。这一体验越是触动儿童，它所传递的消费讯息对于儿童的影响也就越深入。该影响的效果是双重的。在当下消费的意义上，它可以借助于儿童在家庭中的消费影响力，左右成人的消费决定。而在未来消费的意义上，它可以通过商品深植于儿童心理的情感价值，影响儿童成年后的消费决定。在营销界，这两方面的影响正越来越受到营销研究的关注，并在营销决策的实践中得到了进一步印证。

第三是通过直接影响成人的消费选择，使童年审美文化相对于成人所具有的符号意义在成人消费市场转化为相应的符号价值。

童年审美文化的符号价值不仅体现在它对儿童消费的影响力上，也直接体现为它在成人消费实践中所显示的资本转换能力。1886 年，一幅由擅长儿童肖像画的英国画家约翰·米拉斯绘制的名为《泡泡》（Bubbles）的画作引起了人们的关注。画布上，一个长着鬈曲的头发，戴着花边翻领的小男孩（这位模特是米拉斯 5 岁的孙子）正仰起头来望着浮动的肥皂泡泡。孩子左侧（画面右角）的花盆里长着一株生机勃勃的开花植物，右侧（画面左角）则是一个已然破碎的花盆；在分别象征着生长和死亡的意象之间，被高光突出的孩子的面庞和形象带来了有关生命之希望的讯息。但这幅作品自问世以来之所以受到人们格外关注，并不仅仅是因为它的画面所传达的上述审美讯息，更是因为该画作后来以 2200 英镑的价格被皮尔斯公司购买并用作商业广告的用途。在画家的授权下，购买这幅画作的皮尔斯公司在画面下方添加了一板皮尔斯肥皂的图像，以此作为广告的推销，并获得了商业上的成功。① 这是早期童年形象被用作商业宣传的典型例子。在 20 世纪的英国，"儿童的形象被广泛地用作商品和服务的广告"，至 21 世纪初，"约有一半的照片广告包含了儿童的特写"。②

---

① See Kirsten Drotner & Sonia Livingstone （eds.）. *The International Handbook of Children, Media and Culture: The Child in the Picture.* London: SAGE Publications Ltd, 2008, p. 43.

② Hugh Cunningham. *The Invention of Childhood.* London: BBC Books, 2006, illustration 29.

整个 20 世纪,与儿童文化在整个社会文化领域日渐上升的重要性一样,童年审美文化在成人文化领域所占据的符号地位同样在不断攀升。这一在 18 世纪以来的审美现代性传统中得到各种诠释与发扬的童年的审美符号,在当代语境下被赋予了一种与审美现代性内在相关的日常生活审美救赎意义。随着现代社会的发展,我们越来越意识到,现代性自身是一个充满悖谬的过程,它一方面肯定了人的意义和价值,亦即人类相对于物的世界的主体性和创造性的位置;另一方面却见证了作为主体的人越来越为他自身所造之物包围和控制的过程。这种物对人的包围和控制在波德里亚所说的消费社会达到了空前的顶峰。在这个社会里,消费的人几乎是不由自主地深陷到了消费之物的压迫中。现代人从未像在消费社会这样普遍地感到一种与自然之我相分离的不适感,也从未如此深切地思念一种想象中生命自然状态的充实与幸福。

在关于童年的审美想象中,人们看到了这一纯粹的充实感和幸福感的影子。因此,我们看到,身处消费时代的现代人身上普遍地存在着一种深切的童年情结。那一段由现实与想象共同构筑起来的天真、自由而欢愉的时光,由于背衬着消费时代的无穷物欲,而愈发指向一个令人神往的审美世界。过去,不论在现实生活还是艺术领域,如果成人还表现出儿童的样子,则会遭到人们的责备或鄙视。而今天的成人则追逐着儿童的时尚和文化。"当吊带短裤成为儿童时尚时,父母也喜欢这种装束;当孩子们开始玩滑板时,父母们也会要求孩子教他们怎么滑。永远保持年轻,对于一群中年人来说,比对历史上任何时候的同龄人都显得重要",而"与孩子紧紧联系在一起,是他们保持青春的一种全新的方式。"[1] 这样看来,童年的符号"为整个社会由于物质财富追求的增长而导致的忧虑提供了一种道德或精神上的平衡力量"[2]。

消费社会自然不会放过这样一个富于符号价值的文化情结。通过在消费之物中引入童年符号的审美元素,消费文化使消费者在消费的拟象中重温了童年所象征的某种审美体验。对消费者来说,这体验本身具有一种重

---

① [美] 安妮·萨瑟兰、贝思·汤普森:《儿童经济》,中信出版社 2003 年版,第 21—22 页。

② David Buckingham. *The Material Child:Growing Up in Consumer Culture.* Cambridge:Polity, 2011, p. 71.

要的符号价值，它赋予了相应的消费对象以特殊的符号意义，这意义可能使它从具有相同使用价值的同类商品中区分出来，获得波德里亚所说的"个性化"和"差异"①的重要特征。

在具体的消费活动中，童年审美文化的符号意义朝向特定符号价值的转化，往往包含了成人与儿童在童年文化价值认可上的协同作用。例如，在儿童的直接或间接消费行为中，除了儿童对于童年审美文化产品的价值认定外，成人对于这一文化的价值认可往往也构成了其符号价值的一部分。也就是说，童年文化产品的符号价值既以不同的方式体现在儿童和成人消费的不同领域，但它们又是彼此渗透、互相影响甚至互为一体的。现代童年审美文化的经济正是通过这两个领域的价值激荡，逐渐催化出一道引人注目的童年文化消费景观。

二 作为文化资本的童年

这里所说的童年审美文化的符号价值，是指童年作为一个审美符号在进入商品生产和消费过程时所具有的可以转化为资本的文化价值。然而，在童年文化的上述符号价值中，又有一类价值具有特殊的资本转化潜力，它不但可以通过商品的消费将特定的童年审美文化直接转化为相应的商业资本，还可能在消费过程中将一种特殊的文化资本转移到消费者身上，并在消费行为结束之后的很长一段时间里为消费者继续创造新的价值。这一文化资本在当代儿童消费市场得到了格外的看重，并越来越影响着儿童消费的格局。

由法国社会学家布尔迪厄提出的"文化资本"一说，其概念的直接源头在于波德里亚的符号价值。波德里亚本人在其著作中并未就符号价值作出明确的界定。有研究者从其相关论述梳理得出，"所谓符号价值，就是指物或商品在被作为一个符号进行消费时，是按照其所代表的社会地位和权力以及其他因素来计价的，而不是根据该物的成本或劳动价值来计价的"。② 在这里，用来界定符号价值的"社会地位和权力以及其他因素"，

---

① ［法］尚·布希亚：《物体系》，林志明译，上海人民出版社 2001 年版，第 161—164、223 页。

② 孔明安：《从物的消费到符号消费——鲍德里亚的消费文化理论研究》，《哲学研究》2002 年第 11 期。

揭示了波德里亚符号价值理论的重点所在。我们可以看到，当波德里亚在其《消费社会》中就当代社会的符号消费展开批判性阐说时，他所重点关注的正是与社会或文化权力关系格外相关的一类符号价值。布尔迪厄继承并进一步发挥了波德里亚的这一符号价值思想。他在《资本的形式》一文中提出了三种资本的形式：经济资本、社会资本和文化资本。"经济资本以金钱为符号，以产权为制度化形式。社会资本（社会关系资本）以社会声望、社会头衔为符号，以社会规约为制度化形式。而'文化资本'则以作品、文凭、学衔为符号，以学位为制度化形态。"[①] 这三种资本之间的相互转化和共同作用，影响并决定着个体的社会地位层级。显然，三种资本中的社会资本和文化资本与波德里亚的符号价值概念之间有着内在的衍生关系，社会资本和文化资本可以在适当的时机下转化为经济资本，正如符号价值可以在商业交换中转化为货币价值一样。

不过，波德里亚强调的是价值，而布尔迪厄强调的是资本；前者关注的是一种社会文化符号的消费价值，后者则关注这一消费行为自身的价值再生产能力。在布尔迪厄这里，对于特定文化产品的消费不只是一种价值消耗的行为，同时也是一种隐在的资本生产行为。从布尔迪厄的文化资本概念来看，在特定文化产品的交换和消费过程中，价值并不是被消耗了，而是通过消费转化为了相应的文化资本。文化资本与经济资本之间可以实现进一步的转化循环，这一循环维持着社会资本的生产，进而决定着个体的社会地位，而这一地位又反过来影响着经济和文化资本的获得。布尔迪厄这样描述文化资本与其他两种资本的转换关系："例如，我们发现，经济资本向社会资本的转换需要一种特殊的劳动，亦即一种表面上无偿的时间、态度、照顾和关心的付出。这一付出与花费心思挑选一件个性化的礼物具有同样的功效，即改变这一交换的纯粹货币投入性质，从而改变交换本身的意义。从狭窄的经济立场来看，这一努力无疑像是纯粹的浪费，但从社会交换的逻辑而言，这是一种实在的投资，其回报将在一个很长的时间周期之后，以货币或是其他形式最终显现出来。"[②]

---

① 朱伟珏：《"资本"的一种非经济学解读——布尔迪厄"文化资本"概念》，《社会科学》2005年第6期。

② Pierre Bourdieu．"The Forms of Capital"，Stephen J. Ball（ed.）. *The RoutledgeFalmer Reader in Sociology of Education*. London：RoutledgeFalmer，2004，p. 25.

布尔迪厄的文化资本概念有助于我们理解 20 世纪后期以来儿童消费市场迅猛发展的其中一个重要原因。这一概念一方面反映了一种阿尔都塞式的结构主义意识形态理论的影响。布尔迪厄虽然强调文化领域相对于政治、经济领域的独立性和自主性，但他关于文化资本与经济资本、社会资本之间循环转换和彼此强化的关系的论说，实际上进一步坐实了不同社会阶层之间相对"区隔"的文化和社会关系，这使他的文化资本理论显出某种静态的社会决定论色彩。但另一方面，如果说经济资本并不完全决定个体的社会地位，它还需要通过生产相应的文化资本，才能真正参与形塑个体的社会身份，并促成经济资本的进一步积累，那么反过来，通过改变文化资本的持有状态，个体同样有可能从现有的社会层级限制中脱身出来，寻求从文化的途径改变自我政治、经济和社会地位的时机。"经济资本不仅仅规定了文化生产赖以发生的条件，而且，行动者在文化活动中所积累的文化资本有可能转化为回报更为可观的经济资本。"① 从这个角度来看，文化资本的概念同样揭示了从文化的路径疏通社会阶层流动关卡的可能性。"'文化资本'是一个能够同时把握'被形塑结构'和'形塑结构'两方面的灵活和动态的概念。也就是说，它不仅是一个从文化层面揭示资本主义社会等级秩序和资源分配不平等的批判性概念，而且也能成为把握行动者如何进行自身资本扩大再生产、如何想方设法占据有利社会位置的有效的分析框架。"② 因此，出自布尔迪厄著名的《区隔》一书引言的"文化需要是教养和教育的产物"③，既可解读为一种文化决定论的判断，也可以反过来，读作一种关于文化再生产性的暗示，后者实际上是布尔迪厄曾谈到过的"使我们从这些限定性中获得了某种自由的机遇"④的契机之一。

一部现代儿童蒙养和教育的历史，在很大程度上包含了上述通过争取文化资本来改善个体社会位置的努力。现代童年观诞生于其中的十七八世

---

① 朱国华：《权力的文化逻辑》，上海三联书店 2004 年版，第 176 页。

② 朱伟珏：《超越社会决定论——布尔迪厄"文化资本"概念再考》，《社会学研究》2006 年第 3 期。

③ ［法］皮埃尔·布尔迪厄：《〈区隔：趣味判断的社会批判〉引言》，朱国华译，陶东风、金元浦、高丙中主编《文化研究》第四辑，中央编译出版社 2003 年版，第 8 页。

④ 《文化资本与社会炼金术——布尔迪厄访谈录》，包亚明译，上海人民出版社 1997 年版，第 18 页。

纪的欧洲社会，正值社会阶层的禁锢被打通、社会流动的锁钥被启动的时候。从这一时期开始，经济资本与社会资本之间的转换成为可能。根据桑巴特的研究，这一时期，大量社会阶层相对较低而财富实力则显而易见的资产阶级以"新贵族"的身份融入到了原先的贵族阶层，"在英国，贵族的等级几乎自然而然地决定于经济地位的提升"，"商人的孩子在经历一两代之后，依靠父辈积攒的金钱所发挥的作用而成为绅士，不再是不可能的事了"。① 在这一过程中，经济资本还只是中介，借助这一资本逐渐融入上层阶级的文化场域，才是真正使个体获得相应的社会资本从而改变其社会地位的契机。布尔迪厄指出，个体获得文化资本的两个基本途径，一是家庭遗传；二是后天教育。在家庭文化资本的既成现实难以改变的条件下，教育的途径便越来越受到人们的普遍重视。"当贵族血液缺失，教育就成为建立一个有威望的社会地位的关键。"② 18 世纪在资产阶级中开始兴盛起来的传统语言和文学教育表明"文化资本是获得的而不是继承的，同时它也是展示身份的手段"。③ 在已经通过财富的积累掌握了一定经济资本的中产阶层，童年期的蒙养和教育成为了这一阶层获取和积累其文化资本的第一起点。因此，儿童在这一时期的中产阶级家庭和社交圈内开始受到特殊的关注，不仅仅是启蒙思想的影响使然，也与他在这一令人振奋的社会资本重新分配的进程中所扮演的角色有着深刻的关联。

20 世纪，这一文化投资的观念逐渐由上中阶层蔓延至整个社会，童年的时间也越来越被"腾出来"用作这一特殊的投资，亦即以经济资本的付出来换得相应的文化资本回报。于是，一方面是人们日益放弃了儿童作为即时劳动力所带来的直接经济效益；另一方面则是在作出这一放弃的基础上，人们更进一步将既有的家庭经济资本投注到儿童的成长过程中，以换取相应文化资本的累积。如此一来，儿童在童年阶段是否能够积攒起足够的文化资本，变成了一件关系个体未来社会命运的大事情。当然，对于理解童年的历史而言，单纯的文化资本本身是一个太过理性和冰冷的概

---

① ［德］维尔纳·桑巴特：《奢侈与资本主义》，王燕平、侯小河译，上海人民出版社 2005 年版，第 16—17 页。

② ［美］约翰·卡洛尔：《西方文化的衰落》，叶安宁译，新星出版社 2007 年版，第 136 页。

③ ［美］约翰·杰洛瑞：《文化资本——论文学经典的建构》，江宁康、高巍译，南京大学出版社 2011 年版，第 87 页。

念，它并不能充分解释几个世纪以来人们投放在童年身上的庞大的经济和情感付出。但如果我们从现代童年生存现实的某些基本方面出发来反观这一概念，那么毫无疑问，它的确揭示了现代童年文化价值建构的一个重要维度。在童年文化的考察中引入文化资本的概念并不意味着现代以降的父母们仅仅将童年视作一个功利性的资本准备阶段，而是指在父母们为孩子所做的牺牲中，这一资本的考虑也占据了其中一个重要的位置。

消费社会从一个家庭寄放在儿童身上的对于文化资本的渴求中看到了无穷的商机。文化资本的逻辑意味着，如果你想成为一个"有文化"的成人，那么你在童年时就应该成为一个"有文化"的儿童。这里的"文化"不是广义的社会概念，而是特指一种得到主流意识形态高度认可的文化能力，它决定着儿童在未来的生活中所具有文化竞争能力，进而影响着儿童未来的社会实现。儿童消费市场致力于使父母们相信，这些文化资本可以通过儿童的衣食住行、游戏、学习的消费途径传递给儿童。事实上，这也呼应了现代社会儿童专家们的建议。正如莉莎·雅各布森就游戏室和玩具建构起来的现代儿童游戏文化所说的那样："在适合的空间里玩适合的玩具，这一切都指向着一个确定的目的：塑造一个有文化的儿童，他有着正确的趣味，有自我组织游戏的能力，并且对有益的娱乐形式保持着优雅的品位。"①

这个"有文化的儿童"构成了现代童年审美文化产业的中心意象。在这里，各类童年审美文化产品的消费不只是出于一种关切童年的意图，同时也包含了以一种"文化"的方式塑造童年的目的。儿童消费市场总在有意无意地制造这样一个充满诱惑的许诺，即通过拥有和消费特定的童年文化产品，我们的孩子将从中获得今后在成年社会的竞争中胜出所需要的相应文化资本。例如，从服装、饮食到学习、游戏领域的各类童年审美文化产品共同传递着这样一个讯息，即怎样才意味着一种"正确"的童年的仪表、观念和举止，它将在儿童成年后的生活中为其提供必不可少的文化资本。同时，许多童年审美文化产品都突出了对于童年的想象力、创造力以及建立在此基础上的儿童学习能力的强调，而这三种能力所指向的，正是在当前的技术和信息时代格外受到器重的一种文化资本。通过这

---

① Lisa Jacobson（ed.）. *Children and Consumerism in American Society.* Westport：Praeger Publishers，2008，p.75.

样一种方式，消费市场有力地推进了儿童审美文化消费在各个社会阶层的全面布局。

第三节　从童年消费到消费童年

　　童年从一个审美文化符号朝向商业资本符号的延伸，是现代消费社会童年经济开发的必然结果。它是迅速铺展中的当代消费文化在童年的世界里开辟出的一片无比肥沃而又充满奇趣的资本土壤。这土壤在以消费的方式"加工"童年文化的同时，也将这一文化的营养通过消费的脉络传导到了开阔的童年日常生活世界，并以此培育着新的童年身体和童年精神。在童年审美文化发展的历史上，还没有一种因素具有资本这样广泛和强大的力量，能够将这一文化迄今为止所建构起来的观念和精神，如此有效地推行到现实童年生活的方方面面。从这个意义上说，童年文化与资本在消费时代的结合，具有一种深厚的互惠基础。一方面，商业资本和消费文化借童年文化实现了更进一步的拓展；另一方面，童年文化也借资本和消费的推动，获得了前所未有的庞大受众。如果说与一般审美文化相比，童年文化自其诞生伊始，就是一个在本质上包含了一种大众化普及意图的文化概念，那么从表面上看来，当代消费文化无疑为这一文化实现上述意图提供了最佳的历史机遇。

　　然而，情况显然不是那么简单。当童年文化以一种符号资本的方式进入消费社会的商业运作体系时，它既带来了文化与资本的相互促进，也内含了二者之间的根本对立。由于文化与资本在本质上有着相异的逻辑，而随着消费经济对于童年文化持续深入的开发和运用，它却日益提出了要以商业资本的逻辑来规定和同化文化逻辑的要求，这一过程因此就包含了对于童年文化的一种潜在的深重伤害，更进一步说，它是要以资本的逻辑最终取代文化的逻辑。在这一过程中，表面上是文化被商品化以服务于童年，实际上却是童年被商品化以服务于资本；表面上是童年在消费资本生产的商品，实际上却是资本反过来消费着童年。

一　童年审美经济的当代勃兴

　　如果说童年本身是一个与时间有关的概念，那么，从时间的角度来看，现代社会的儿童从早期生产者向当代消费者身份的全面过渡，意味着童年的时间本身被赋予了一种特殊的文化价值，它既代表了一段珍贵美好的人生时光，又蕴含了一种无限可能的未来展望。对于消费社会而言，这一童年时间价值的确立为童年经济价值的发掘奠定了必要的基础。本章第二部分所谈论的童年的符号价值和文化资本价值，正是由童年的这一时间价值中衍生而来。布尔迪厄的论说从文化资本的角度揭示了童年的时间与资本之间的这一潜在关联："如果说最可用来衡量文化资本的尺度无疑是人们为了获取这一资本所付出的时间，那是因为由经济资本向文化资本的转换所必需的时间，唯有借助于经济资本才是可能的。确切地说，那是因为文化资本在家庭内的有效传递不仅取决于在时间的付出中累积起来的家庭成员所拥有的这一资本的数量，而且取决于它所可以支配的有效时间，其支配的方式是借助于经济资本的力量来购买其他人的时间，尤其是母亲的空余时间。正是后者保证了文化资本的传递，并通过延长在校学习的时间，推迟了个体进入劳动力市场的时间。这一投资的回馈，只有经历很长的周期才有可能显示出来。"① 这意味着，当代消费社会越是强调童年时间的文化资本价值，便越是鼓励人们通过对这一时间过程的文化投资，来进一步扩大和加速童年消费产业链的发展。这无疑是今天的整个消费市场正全力以赴在从事的一件事情。爱诺拉·艾尔德这样描述当代美国社会规模庞大的儿童消费经济行业："从早上睁开眼睛的那一刻起，直到晚上脑袋挨上枕头，美国的大部分儿童都置身于商业讯息的河流之中，这些讯息通过各种各样的媒介得到传布，把数量不断增长的商品和服务强加于他们，其生产商中包括全球规模最大的一些联合企业。所有这一切构成了全世界最庞大的消费经济。"②

这一情景正在成为包括中国在内的全球儿童生活环境的一种写照。在此背景下，消费文化从现代童年文化中迅速吸收了其基本精神的营养，包括对于童年时间的珍视情感，对于童年精神的重视和强调等，并将这一精神落实在儿童和成人日常生活消费的各个领域，从而促成了当代童年审美经济的迅猛发展。在这里，童年审美经济是指一种建立在童年审美文化资

① 　Pierre Bourdieu. "The Forms of Capital", Stephen J. Ball（ed.）. *The RoutledgeFalmer Reader in Sociology of Education.* London：RoutledgeFalmer，2004，p. 25.

② 　Peter B. Pufall，Richard P. Unsworth（eds.）. *Rethinking Childhood.* New Brunswick，New Jersey，and London：Rutgers University Press，2004，p. 141.

源基础上的当代经济现象，它是当代社会童年审美文化与消费经济的日益结合而催生出来的一种文化和经济现象，也是当代审美经济的一个构成部分。

　　审美经济的概念是当代文化的特殊产物。德国哲学家盖尔诺特·伯梅在西方社会较早提出了"审美经济"一说。在其1995年出版的《氛围：论一种新美学》一书中，伯梅以新美学来指称因美学的"氛围"向着当代社会各个方面的蔓延和渗透而带来的美学自身面貌以及功能的一种内在变迁。① 它与另一位德国哲学家沃尔夫冈·韦尔施在其同年出版的《重构美学》一书中所提出的当代文化的全面"审美化过程"②，形成了有效的话题呼应关系。这一美学研究方向实际上是对于20世纪以来西方社会日益壮大的文化审美化现象的一种积极姿态的回应，它较早的思想源头，应该追溯至法兰克福学派对于以文化工业为代表的当代社会审美泛化现象的批判，尽管其批判的取径与法兰克福学派正好相反。不过，伯梅研究最具独创性的地方并非他对于上述美学新变现象的观察，而在于他对于当代社会审美现象的经济维度以及经济现象的审美维度的哲学关注和探讨。在发表于2001年的《审美经济批判》一文中，伯梅指出，在今天，"社会事务的很大一部分属于审美事务或者说表现的事务……发达资本主义发展到这一阶段，审美价值在价值生产中占据着越来越大的份额"。③ 在2002年的一次学术访谈中，伯梅进一步强调："我们得从根本上承认，今天西方经济已经在总体上依赖于审美的商品或价值。我们可以坦然地说，这一经济服务于生活的美化，说得更明白些，是服务于生活的提升"；"在这个意义上，我认为，我们的经济已经如此高度地围绕着审美价值组织起来，以至于我们可以用审美经济这样的命名来指称它。"④

　　从伯梅的"审美经济"概念引申出的"童年审美经济"，指的是当代

　　① Gernot Böhme. *Atmosphäre：Essays zur neuen Ästhetik*. Frankfurt am Main：Suhrkamp Verlag, 1995.

　　② 参见［德］沃尔夫冈·韦尔施《重构美学》，陆扬、张岩冰译，上海译文出版社2006年版。

　　③ Gernot Böhme. "Kritik der ästhetischen Ökonomie", *Zeitschrift für critische Theorie*, 12 (2001)，pp. 69－82.

　　④ K. Heid & R. John. *Transfer：Kunst Wirtschaft Wissenschaft*. Baden-Baden：Verlag für kritische Ästhetik, 2003，pp. 11－12.

消费文化语境下童年审美文化向着儿童和成人生活消费领域的全面渗透和铺展所催生的经济体,处于这一经济体中心的是作为审美文化符号的童年,其经济效应则辐射至相关社会生活的各个方面。与"审美经济"相比,"童年审美经济"的覆盖范围相对比较窄小,其有效的经济区域仅限于与童年文化相关的消费领域。不过,在今天,我们之所以可以提出"童年审美经济"的命名,是因为它不但已经成为童年文化领域的一个引人注目的经济现象,而且也正在日益成为当代经济生活领域一个引人注目的审美现象。随着童年审美消费在当代社会消费经济中所占份额的不断增加及其经济潜力的不断增值,谈论一种显在的童年审美经济现象,已经成为童年文化的现实本身向研究提出的要求。

当代童年审美经济的勃兴主要体现在以下三个童年文化消费领域。

第一,传统的童年文学和艺术领域。这是现代童年审美文化自身传统的一部分,主要包括为儿童提供的各类文学和艺术产品,以及一部分利用或借鉴童年文化资源,却以成人为受众对象的文学和艺术产品。与传统的童年文学和艺术相比,童年审美经济时代的儿童文学和艺术产品越来越将儿童审美趣味的考虑放在审美创作和生产的第一位置。尽管成人世界对于这类文学和艺术的审查仍然无处不在,但在很多时候,由于儿童日益掌握了直接的经济权利和消费能力,相关的文化生产者和生产机构能够在不触碰上述审查底线的前提下绕过相对严苛的审查标准,在一个更为自由的生产空间里为孩子们提供符合其趣味的文学和艺术产品。这就使得当代的儿童文学和艺术作品得以更贴近、自如地观察和书写儿童世界的生活现象与儿童自己的生活愿望,因而空前地拓展了自十七八世纪以降开始建构起来并始终在不断寻求突破的儿童文学和艺术表现传统。当然,对于消费社会而言,这类注重迎合儿童审美趣味和文学和艺术产品,其更重要的意义还在于,它为这一领域的微观经济活动带来了新的、有力的资本循环。

第二,现代新兴媒介文化领域。这里的新兴媒介,主要是指与传统的印刷媒介相对应的视像媒介(包括电子媒介),如电影、电视(电视剧、广告、娱乐节目)、电子产品等。这是童年审美文化的当代形态,也代表了近20年间发展势头最为迅猛、发展空间最为广阔的童年文化消费领域。这类媒介文化产品的出现是整个当代社会泛审美化潮流的一部分,正是通过新兴媒介的传播和再生产过程,童年审美文化才进入到最广泛的儿童和成人生活的各个方面,进而成为当代社会一种普遍的审美经济现象。这类文化产品的特征又体现在三个方面。

首先，以视觉形象为主要语言内容和语法规则的童年媒介文化产品在很大程度上改写了童年审美文化的传统话语方式，从而极大地拓展了童年文化的话语能力和话语范围。视像媒介所使用的是一种对于儿童来说具有天然亲近感的视觉语言，它在很大程度上诉诸形象的"词汇"和"语法"。这正与早期童年的形象思维特征暗相契合，从而为童年文化的传播和拓展开辟了一个格外宽阔的话语平台。它使得童年文化产品不再受制于儿童文字识读能力的限制，而是可以利用视觉媒介的资源最大限度地发掘童年文化产品的表现能力，并极大地拓展了其儿童受众的规模。

其次，借助于这一平台，视像媒介打通了童年文化与成人文化的传统界限，通过它，大量成人文化产品也开始进入了儿童的文化接受视域。以电视为代表的新兴视像媒介，如尼尔·波兹曼所说，"是一种敞开大门的技术，不存在物质、经济、认知和想像力上的种种约束。6岁的儿童和60岁的成年人具备同等的资质来感受电视所提供的一切"。"儿童能看见电视播出的所有节目"，因为"它的图像既具体，又不言自明。"① 波兹曼此言带有对于视觉媒介表现力的某种看低和轻视，但的确准确地揭示了大多数视觉媒介产品的技术特征。如果说在传统的印刷媒介中，提供给儿童与成人的文化产品往往有着分明的界限，那么视觉媒介时代则使得一种同时以儿童和成人为接受对象的文化产品成为了可能。

最后，在将成人文化的内容引荐入童年审美文化领域的同时，现代视觉媒介也打开了童年文化通往成人生活世界的完全通道。一方面，随着童年的符号价值在消费文化价值体系中的地位持续攀升，面向一般大众的视像媒介（如电视广告）也开始专注于对这一符号价值的利用，其最常见的方法是通过吸附特定童年形象所携带的符号价值，来增加相应媒介产品的价值。这一成人文化领域的媒介现象强化了童年审美文化在成人生活世界的铺展与影响。另一方面，受到整个审美文化界的某种童年情结的影响，童年文化的某些内在精神或特征也开始为一些成人媒介文化产品所借鉴和吸收。这导致了一些成人文化产品（尤其是视像媒介产品）在审美表现和文化精神上的某种"童年化"趋向，它也是童年审美文化在当代

---

① ［美］尼尔·波兹曼:《童年的消逝》，吴燕莛译，广西师范大学出版社2004年版，第121页。

的一种特殊呈现形态。

以上三个方面促成了童年审美文化在儿童和成人视像媒介领域的勃兴，由此而生的文化产品构成了当代童年审美经济最重要的一部分内容。

第三，当代儿童物质生活领域。在传统的文化语境中，童年审美文化属于童年精神层面的文化内容，它与儿童的物质生活并不直接相关。然而，近几十年间，与发生在整个社会物质生活领域的审美化潮流相呼应，童年审美文化朝向儿童的饮食、服装、家居、玩具等物质生活领域的渗透，也已经成为当代童年审美文化的一个重要现象。我们看到，特定的童年文化符号价值在儿童物质消费中所占的比例，越来越影响着儿童对于相应的物质消费品的选择，甚至可以说，很多时候，儿童的物质消费选择主要取决于体现在各个方面的产品的审美价值。童年符号价值对于儿童物质生活领域的征服意味着，当代童年审美经济已经全面进入并占领了儿童生活的世界。

集中在文学艺术、视像媒介和物质生活三个主要领域的童年审美文化消费构成了一个庞大的童年审美经济体，它不但注重这三个领域各自内部的童年审美经济开发，而且越来越懂得借助于不同领域之间的文化吸收与合作，来制造一种童年文化消费的审美叠合效应，并致力于打造一条能够贯穿文学艺术、视像媒介、物质生活各环节的童年文化产业链。

这一内含巨大多米诺效应的新兴经济体，有效地拓展和延续了消费社会的当代梦想。它一方面从童年的时间内部成功地开发出了一个在规模上几乎不逊于成人世界的儿童消费空间；另一方面也试探并不断发掘着童年审美经济在成人领域的消费刺激潜力。这一切促成了童年审美经济在当代消费社会的空前发展，同时也造成了童年审美文化消费的内在问题。

二 童年文化消费的当代问题

童年审美经济首先是童年审美文化与现代经济活动相结合的合理产物，然而，这一概念也包含了文化与经济之间的内在悖论。从根本上说，文化与经济都是人类的力量在社会活动中的外化成果，经济活动还是广义的文化范畴的一部分，其最终目的都指向着人的生活改善与生存发展。相对说来，经济主要照管人的物质生活，而文化则更为关注人的精神维度，两者之间的关系，正如人的物质与精神存在的关系，既彼此融合，互为一体，又各有其有效性的范围。然而，现代社会经济的加速发展强烈地助长了经济领域自我膨胀的欲望，这一原本服务于人的物质生活的范畴不但反过来控制了物质的人，而且日渐提出了接管包括文化在内的全部人类事务的要求。它表现为经济的逻辑向着人类文化领域的不断侵入和对于这一领域的持续加强的宰制，尤其表现为文化的持续商品化现象。在当代消费社会，实现经济的无限膨胀的运行要求，主要寄望于消费活动的无限循环，而文化的商品化恰恰为这一消费经济在当代的延续和拓展提供了重要的动力。如果说文化的本意是使人摆脱世界和自我之"物性"的控制，促进人的生命的某种自由实现，那么消费社会则是聪敏地利用了这样一种"摆脱"和"自由"的理想，通过在消费的世界里制造文化的幻象，来有效地推进现代消费机器的持续运转。这一消费现象在一定程度上促进了文化与人的日常生活之间的联结，因而有其积极的意义。然而，随着它的持续演进，文化消费的轻浮快感逐渐取代了文化体验的深层愉悦，并日益消磨着文化真正的精神。当文化自身在消费社会越来越成为一种可以估价的商品时，商品的经济规律也对文化的内在精神造成了内在的伤害。

我们已经看到，童年文化为当代文化消费提供了重要的资源。随着消费社会不断意识到童年审美经济的巨大潜力，对于童年文化的一种消费主义式的开发，也带来了童年文化自身意义上的危机。"消费主义不在于仅仅满足'需要'（need），而在于不断追求难于彻底满足的'欲望'（desire）。'消费主义'代表了一种意义的空虚状态以及不断膨胀的欲望和消费激情。"① 这就意味着，一种消费主义文化的延续必须建立在上述消费欲望和激情的延续基础上，或者说，消费社会必须不断为了自身的持续存在寻找能够延续这欲望和激情的资源。在此语境下，富于符号价值和资本潜能的童年文化恰恰成为了助长这一消费欲望和助推这一消费激情的有效资源。而消费主义的逻辑决定了消费社会一旦开始注意到童年文化的消费潜力，便会想方设法发掘这一文化的消费途径，以推进整个消费社会的经济循环。显然，在一个由消费主义文化主导的消费社会里，童年审美经济的终点不是儿童或成人消费者的生活关怀，而是在这一生活中得以运转的现代消费机器的动力维持和传送。这意味着面对文化与经济之间的某种不可调和的精神矛盾，消费社会必定会选择放弃童年文化的审美精神，来适应消费活动的经济和文化需求。

① 王宁：《消费社会学——一个分析的视角》，社会科学文献出版社 2001 年版，第 145 页。

　　这正是当前席卷全球且愈演愈烈的童年文化消费潮给童年文化自身带来的严峻问题。出于打开童年文化产品市场的考虑，当代消费社会十分致力于渲染童年作为一个文化符号的审美解放意义，但其渲染的目的实际上是为了将童年所指向的那个审美乌托邦的文化资源，替换成另一个潜在的消费乌托邦的命题。这是一种巧妙的替换。从表面看来，现代童年的乌托邦内涵与价值从未像在今天的消费社会这样受到如此的肯定、强调与文化上的凸显，它造成了这样一个显在的错觉，即对童年来说，这个社会本身就意味着一种文化的乌托邦，它对于童年美学精神的高度肯定和宣扬，对于童年身心体验的积极关注与迎合，以及对于童年身体价值的充分认可和看重，似乎都指向着一种童年文化存在的乌托邦梦想。与此同时，透过童年审美文化的消费，儿童和成人也仿佛从童年的审美乌托邦中寻找到了现代生存的某个令人神往的栖息场所。然而，消费社会对于童年审美文化的符号征用始终隐含了这样一个潜在的语义，即这一切的美好承诺，只有在消费的实践中才能得到兑现。消费吧，有关童年的一切美好的景象，都将在这里实现，这里就是童年！这才是童年审美经济的核心秘密。它以极为浪漫的姿势将审美童年的梦想呈给它的顾客，实际上却是通过出售童年审美文化，或者说，通过出售一种关于童年的审美图景，来换取消费经济的繁荣与循环。或许我们不应该把消费时代的童年审美经济描述为这样一种看上去规划严整、老谋深算的经济现象，事实上，它并不具备任何完整、长远的经济或文化目标，它对于童年审美文化的符号资源利用，仅仅是出于消费时代急于自我复制的某种本能，也就是说，它最多是一种投机性的经济行为。

　　这就进一步导致了消费社会对于童年审美文化的肤浅理解和随意征用。任何一种童年的审美符号内涵，只要有益于激起人们消费的热情，就会迅速通过特定的商品进入消费的渠道。这是它的文化内涵被迅速播撒的过程，却常常也是其审美价值被曲解乃至"杀死"的过程。作为审美乌托邦的童年原本指向着儿童和成人个体的审美解放，现在却被消费文化用来束缚个体；原本包含了试图以童年的精神来陶养人类精神的意旨，现在却标示着消费文化对于人类精神领地的进一步蚕食。当童年越来越成为消费时代的一种商品，其审美内涵也就成为了一种文化的摆设。

　　这是当代童年文化发展面临的危机。本章的论述一直试图说明，童年审美文化本身是一个随着人类精神以及童年文化自身的发展而不断得到反思和丰富的现代范畴。这一文化的建构是一个持续的进程,消费社会的童年文化也代表了这一进程的一部分。事实上,从过去到现在,我们对于一些童年审美范畴的理解,一直面临着依照现代文化的精神进行反思和自我调整的需求,也一直处于事实上的调整过程之中。例如,人们对于童年纯真精神的理解,从其萌生开始到今天,便处于不断的修正和丰富之中,其变化的基本方向与人类审美精神和人文情怀的总体方向保持着一致。然而,对于童年文化的过度消费却暗含了切断这一变化过程的危险。通过把童年文化纳入到消费的乌托邦幻象之中,消费经济取消了对这一文化进行反思的必要和可能,同时也取消着它原本富于审美批判精神的文化深度。显然,只有摘除附着在童年文化之上的上述精神芒刺,消费经济才能得心应手地驾驭对于这一文化的商业调遣。这么一来,现代童年文化的审美精神未及更进一步的发展,就面临着被消耗殆尽的危险。

受到威胁的不仅是观念的童年,也包括现实的童年。雅各布森在其关于美国儿童消费史的研究中指出,"20世纪美国童年史上两个最为重大的变化,一是年轻人越来越多地进入到消费市场之中;二是售卖商、广告商和制造商持续致力于把这个国家的孩子划分出更细致的年龄等级,以便向他们售出更多商品。消费文化在美国不仅改变了儿童之为儿童的体验,它也重新定义着许多美国人对于成长的自然进程的理解"。① 这一论断涉及了消费文化对于现实童年生活的两个最为显在的影响。

第一,消费文化日益淹没和吞噬着童年的日常生活。据有关市场统计,20世纪初,仅9—14岁之间的美国儿童就意味着一年超过1500亿美元的消费,再加上另外1500亿美元他们所能够控制的消费,"与以往任何一代人相比,他们拥有更多的个人力量、更多金钱和更大的影响力"。② 但悖论在于,当市场竭力使自己迎向这一代富于经济价值和潜力的孩子的消费愿望时,童年生命所得到的真正的精神关怀却鲜有增加,反而开始了令人担忧的损耗,后者表现为对于儿童的消费需要的"关怀"日益取代了对于其真正的身心需要的关怀,进而在儿童群体中培育起这样的认识:

---

① Lisa Jacobson(ed.). *Children and Consumerism in American Society*. Westport:Praeger Publishers,2008,p.43.

② [美]马丁·林斯特龙、帕特里夏·西博尔德:《人小钱大吞世代》,于婷译,机械工业出版社2004年版,第1—2页。

消费既包含了他们所需要的一切，也能够满足他们所需要的一切。"欢迎来到儿童消费的圆形监狱"①，乔伊·巴卡用这样一句形象的表述来传达消费文化带给现实童年的上述精神禁锢效应。它导致了童年现实生活的日益商品化现象，亦即商品和相应的消费活动构成了童年生活的主要内容，并由此引发了现实童年与一种浪漫主义审美精神的越来越早的道别。在这一点上，帕金翰的提问是引人深思的："作为一个社会群体，儿童总体上变得更有力量了——但如果这一增长的力量最后仅仅是一种消费的力量，结果会如何？"②

　　第二，消费文化也日益改变和书写着童年的生存体验。消费社会一方面努力强化着儿童之为儿童的身份，以强调儿童独特的消费权利；另一方面又常常有意将儿童当作成人看待，以此迎合儿童的某种消费心理。有研究者指出，当今消费市场面向少年人群的主要营销策略之一，便是"将少年当作比其实际年龄更大的人群来对待"③，这一普遍的营销策略与当代视像媒介的影响交互作用，造成了尼尔·波兹曼所说的"儿童的成人化"现象。应该说，"成人化的儿童"本身是一种复杂的当代童年文化现象，对于它的价值判断也并非简单的肯定或否定可以涵盖，从某些方面来看，它自身也包含了特殊的当代童年美学内涵。但在消费主义文化的全面控制下，儿童的成人化却仅仅意味着儿童对于各种庸俗的成人消费者体验的认取，它在交给儿童任何真正的成人精神之前，就令他急切地丢掉了童年自己的精神。这一畸形的"成人化"现象意味着，那原本从童年生命的现实中提取出来的审美精神，却在童年文化的现实中被掏空了。这一现象导致了童年生命在其未来的发展时间里精神生长空间的极度萎缩，事实上也导致了个体生命力的退化。

　　消费社会对于童年审美文化的侵占和对于童年现实生活的吞噬，都以消费的形式发生着，也就是说，这种侵占和吞噬不是通过冷酷的剥夺，而是通过热情的给予，不是造成失去的痛苦，而是充满了得到的欢乐。消费

---

　　① Joel Bakan. *Childhood Under Siege：How Big Business Ruthlessly Targets Children*. London：The Bodley Head，2011，p. 32.

　　② David Buckingham. *The Material Child：Growing Up in Consumer Culture.* Cambridge：Polity，2011，p. 82.

　　③ Peter B. Pufall，Richard P. Unsworth（eds.）. *Rethinking Childhood.* New Brunswick，New Jersey & London：Rutgers University Press，p. 146.

社会并没有取走童年，相反，它以前所未有的激情维护着童年独一无二的社会身份以及与此相连的消费权利。这一切使我们在提出对于当代童年文化消费现象的批评时，面临着来自常识层面的质疑：我们为什么要反对一种能够给儿童和成人带来如此满足感和欢乐感的童年文化消费现象？对此，仅仅从文化精神的角度展开理论批判是不够的。只有从具体的童年文化现象和产品入手，指出其丰盈和快感背后的匮乏与问题，以及它所造成的对于个体生命的实际压迫，才能更为透彻地揭示当前童年文化消费现象的内在症结。

本章小结

本章主要探讨消费文化语境下的童年如何从一个审美文化符号逐渐转化为消费社会的一个重要资本符号，以及由此而生的当代童年文化消费潮所导致的童年文化问题。儿童作为消费者的身份价值与意义的凸显，以及现代社会对于童年文化价值的进一步认可，是童年文化消费现象兴起的主要原因。在这一过程中，童年审美文化既得益于消费文化的大众性、开放性而实现了它在儿童和成人日常生活中的广为传播，并借此获得了内容和精神上新的拓展，但也因其日益资本化、商业化和消费主义化的现实而面临着精神流失的威胁。现代童年审美经济借童年文化制造出了一个消费乌托邦的假象，随着这一经济的持续勃兴，童年文化的审美价值开始让位于消费文化的资本需求，童年文化的逻辑也开始让位于商业资本的逻辑。消费社会对于童年审美文化的征用是如何在一种对于童年文化的显在颂扬与迎合中扼杀其内在精神的？这一提问将带我们进入到对于当代童年文化消费具体现实的批判分析和思考中。

第 三 章

从文化诗学到商品美学:童年精神的消费

岁月老去并不使我们变得稚气,
却让我们发现自己是真正的孩子。

——歌德《浮士德》

消费社会对于童年文化的一种基本的挪用方式,是通过将童年的审美内涵移用或添加到相应的商品对象之中,由此赋予商品一种特殊的童年美学价值。对于特定的物质或文化商品而言,这一价值赋予的功能是多方面的,它既指向着愉悦性的审美欣赏意义,也包含了功利性的消费游说意义,两者都巧妙地借用了它所援引的那个童年美学资源。如果说应用美学中的确存在着一种商品美学,那么市场借助于童年文化而展开的这一商品的审美化过程,无疑正是当代商品美学的表征之一。

然而,从童年美学向商品美学的转化并不只是一个简单的文化挪移过程。当一种童年审美内涵被用来服务于商品推销或文化消费的目的时,这一事实也会不可避免地对它所蕴含的童年精神造成伤害。这里的童年精神,是指古往今来的人类文化寄寓在童年意象之上的生命的审美精神,其中最为突出的是童年所代表的"纯真"与"自由"的诗学精神。它们也是现代童年文化在其建构进程中最引人注目的两个诗学范畴。在诗学的意义上,童年的"纯真"意味着对于生命之本真状态的一种天然领悟和自然持守,童年的"自由"则意味着生命无边的梦想与无穷的创造力,前者更强调一种向内的生命精神自持;后者则更强调一种向外的生命能量扩张,但两者都指向着生命的某种审美解放或审美实现。可以说,现代童年精神的根本旨归便在于以下隐喻,亦即通过童年精神的审美警醒,促使人们超越身内和身外之"物"的束缚,抵达生命真实的意义。然而,在消费文化的经济对于童年诗学精神的借用中,这一隐喻的表象虽然保留了下来，但其内在的精神却在消费的快感中遭到了剥离。事实上，童年的纯真和自由诗学本身即代表了一种在本质上与消费主义文化相悖的审美精神，因此，消费社会为了尽可能地使童年文化的资源为己所用，必定也要想方设法取消它的内在精神。

本章将围绕这两个现代童年美学的基本范畴，结合相关文化产品的分析，揭示当代文化对于童年精神的消费事实与消费方式，以及这一消费带给童年精神自身的问题。

第一节　纯真诗学的反讽

作为诗学范畴的纯真是世界范围内童年诗学史的源头，也是童年诗学的第一个重要范畴。现代以降，童年的纯真诗学经历了一个自我革新、澄清和丰富的发展过程，并进一步成为越来越为功利所累的现代文化的一个珍贵的浪漫主义标记。不论人们是否完整地理解纯真的诗学意义，对于它的诗性体验永远可以被恢复到每个人最普通的日常生活经验中来，在这里，儿童式的纯真总是能够触发我们内心深处某种洁净、柔软、美好的情感。

消费社会并不比以往任何社会阶段更加理解童年纯真的诗学内涵，但却比任何时代都更清楚地看到了这一诗学的经济意义。消费文化在试图借助童年的纯真来赋予产品以特殊的符号价值方面取得了显在的成功，并且想要进一步扩大和巩固这一成功。这一童年文化消费的潮流，使童年的纯真走向了它自己的反面。

一　纯真诗学的意义及其衍变

尽管在有关童年的一切诗学修辞语汇中，"纯真"几乎已经成为我们谈论童年的一个基本符号，然而，同样多的时候，我们对于"纯真"一词的使用仅仅反映了一种非常模糊的用词法，至于这一"纯真"的诗学所指究竟为何，至今仍然缺乏必要的梳理和明确的概括。

"纯真"是现代童年诗学的第一个重要范畴。从本书第二章关于童年文化建构史的梳理中，可以看出这一范畴对于童年诗学发生的基础性意义。"纯真"一词对应的英语名词是"innocence"，该词系从拉丁语名词"innocentia"演化而来，后者由词根"in－"（表示否定）与"nocēre"

（动词，意为伤害）变换组合而成，意指一种"无害的、无责任的状态"。英语"innocence"一词于 13 世纪最早被用来指代一种宗教上的无罪或清白状态，14 世纪后期才发展出了法律上的无罪意义，同时也开始指向一种与虚伪和矫饰相对的意义。[①] 1765 年，卢梭的教育小说《爱弥儿》的出版确立了"innocence"一词与现代童年美学的联结。在《爱弥儿》中，卢梭多次使用法文中的"innocence"一词来描述儿童生命的某种带有圣洁意味的单纯状态。在卢梭看来，童年的纯真也是一种"圣洁的纯真"（sainte innocence）[②]。至十八九世纪，从深受卢梭思想影响的浪漫主义运动中建立起来的童年诗学，其核心概念便是后来被译作"天真"或"纯真"的"innocence"。威廉·布莱克的著名诗集《天真与经验之歌》中，将"innocence"明确划归为一个与童年密切相关的精神范畴，并将它与伊甸园未曾陷落之前的天堂福祉联系在一起。在这里，童年的纯真不但被赋予了从弥尔顿《失乐园》的艺术传统中延续下来的宗教人文精神，而且开始指向对于浪漫主义思想来说至为重要的一种深刻的自然观念，其后整个欧洲浪漫主义思潮对于童年纯真精神的阐发，都以这一自然观念为其思想的母体。

在浪漫主义艺术中得到确立和发扬的童年纯真范畴主要蕴含了三个方面的审美内涵。

第一是纯洁。它所意指的不只是一种普通的身心洁净感，更是一种与宗教精神内在相关的"善"的灵魂状态的隐喻。"纯真的美德实践了一种善的观念"[③]，这一内涵保留了"innocence"一词在西方文化中古老的词源学意义。而童年之所以象征着清洁的灵魂，正如卢梭所说，是由于这段时间尚未被尘世之恶所污染的缘故。与此同时，纯洁与一种宗教以及性的贞洁之间的内在联系，也包含在早期的童年纯真理解之中。随之而来的另一个逻辑是，随着儿童的逐渐成长，这种纯洁感是否也将从他身上自然退

---

① "innocence." "innocent." *Online Etymology Dictionary*，http：//www. etymonline. com/index. php？search = innocence，http：//www. etymonline. com/index. php？search = innocent. Also see "innocency." "innocent." *The American Heritage Dictionary of the English Language*. 3rd edition. Boston：Houghton-Mifflin，1992.

② ［法］卢梭：《爱弥儿》，李平沤译，商务印书馆 1978 年版，第 287 页。

③ Stuart Hampshire. *Innocence and Experience*. Cambridge，Massachusetts：Harvard University Press，1989，p. 177.

去？浪漫主义诗学的回答是肯定的，但它最关心的问题并非童年的纯真如何随着个体年龄的增长而逐渐退去，而是个体在失去了童年的纯真之后，如何可能再重新找到它。事实上，在这里，一种纯洁无瑕的童年意象本身是对于人性本根的一种提示，其目的与其说是揭示文化之恶，不如说是促使我们沿着这个本根回到关于自我灵魂的反思中去。纯真之善是关于"单纯、璞白、率真、诚实、洁净的观念，它扫去了一切被污染、腐坏或不洁之物"，在此，"男男女女不妨从一张单纯的世界图像重新开始生活，而毋须向这个纯洁的世界承认任何从宗教史继承而来的道德妥协的花哨装饰"。①

　　第二是真实。这是由纯真的第一个意义自然衍生而来的内涵。由于尚未受到文化之恶的濡染，童年的身心也就尚未沾染上文化的假意或虚情，这就使得儿童能够以一种真实的方式与世界打交道。这里，"真实"的第一层意思，是指一种物象的真实。童年的感觉和心灵如同明镜，清楚地照出了映在其上的世界景象，童年单纯的观看使这些景象从文化的惯习中解脱出来，从而向我们呈现出它们最初的模样。"真实"的第二层意思，是指情感的真实。从童年期精神发展的现实来看，儿童对于特定的事件和物象作出情感反应，或就此表达自己的看法，还不需要经过太多文化和心理机制的审查，而是表现为一种我们可以称为"自然"的回应或表达。因此，童年的情感往往并不与其本性相违背。这种"自然"的真实，可以理解为一种本质上的真诚，其最有代表性的符号，正是《皇帝的新装》中那个唯一说出真相的孩子。"真实"的第三层意思，是指意义的真实。我们发现，很多时候，童年真实的观看和体验可以穿透文化的表象，带我们抵达某种意义的真实。华兹华斯的诗作《我们是七个》，讲述诗人与一位小姑娘之间的对话。对话主要围绕着一个问题的争论展开：小姑娘一家的七个兄弟姐妹，两个已经"躺在教堂墓园"，诗人认为"要是有两个躺在墓地上，/那你们只剩下五人"，但小姑娘却坚持"我们是七个"。② 表面上看，诗中的小姑娘显然并未理解死亡的意义；但死亡的事实只是文化

---

① Stuart Hampshire. *Innocence and Experience*. Cambridge, Massachusetts: Harvard University Press, 1989, p. 173.

② [英] 威廉·华兹华斯：《我们是七个》，《华兹华斯抒情诗选》，黄杲炘译，上海译文出版社 2000 年版，第 40—43 页。

的表象，那一句"我们是七个"的坚持所传达的存在感觉，才道出了生命真正的意义。真正的活着并不是活在客观的时间里，而是活在生命的记忆中。人的存在一旦在生命的河流里留下过不可磨灭的温暖痕迹，便也获得了它抗拒时间的力量。在这里，生命只要来过，便永不逝去。诗歌中，正是童年的思维以其朴素的稚气，道出了生命的某种本真意义。

第三是自然。这是一种哲学意义上的自然概念，它既指一种自然的简朴状态，也指向个体与其自我的内在统一状态。浪漫主义思想认为，现代文明不可避免地造成了个体与自我的分裂，并因此带来了生命异化的痛苦体验。而在人类和个体的童年期，文明的压迫既不曾降临，这种分裂也就尚未出现，因此，童年的生命是浑然一体的，它与它自身相统一。这是一种在简单的自然而非复杂的人事中实现的统一感，它集中体现为童年与自然的合一状态。在浪漫主义作家们看来，童年即是自然，随着年龄的增长，这种自然的状态逐渐远离我们，由此造成了灵魂的内在焦虑；唯有通过向自然回归，成人才有可能克服这种异化，重新寻回生命的完整状态。所以，华兹华斯说，"婴幼时，天堂展开在我们身旁！／在成长中的少年眼前，这监房的／阴影开始在他周围闭合，／而他却是／看到了灵光和发出灵光的地方，／他见了就满心欢乐；／青年的旅程得日渐地远离东方，可他仍把大自然崇拜、颂扬，／在他的旅途上陪伴他的，／仍有那种瑰丽的想象力；／这灵光在成人眼前渐渐黯淡，／终于消失在寻常的日光中间"。① 成年后的灵魂致力于寻找和恢复这一生命的灵光，而童年和自然则成为了这一灵光在世间留下的珍贵启示。

对于那指向过去时间的童年纯真之美的称颂和向往，传达了一种与现代社会主导性的线性时间观相对抗的时间意识，它在根本上是一种针对现代文明的批判意识。但我们很容易觉察到，在浪漫主义的诗学传统中，童年的纯真所意指的审美内涵总体上透出一种太过纤弱的精神气质。这并不是说纯真之美本身缺乏一种精神的力量，而是说在现代文化的语境下，这种美未免显得太过飘渺而脆弱。在这里，童年的纯真主要被呈现为一种前文化的精神存在，它有如一面静止的湖水，任何文化的尘埃落在上面，都会激起令人不安的縠纹。在浪漫主义传统中得到确立的这一童年纯真诗

---

① ［英］威廉·华兹华斯：《颂诗：忆童年而悟永生（永生颂）》，《华兹华斯抒情诗选》，黄杲炘译，上海译文出版社 2000 年版，第 185 页。

学，培育了一种关于童年的完美而脆弱的浪漫主义印象。为了使童年的纯洁、真实和自然之美得以完好保存，童年的世界应该像一个精致的花园那样被小心地隔离和保护起来。像卢梭告诫的那样，"要使孩子们保持他们的天真，只有一个良好的办法，那就是：所有他周围的人都要尊重和爱护他们的天真"①；而尊重和爱护的方法，是在他们身上尽可能长久地保持一种"快乐的无知"（happy ignorance）②。然而，不论是对儿童还是成人来说，一种需要通过取消文化本身来实现的消极的纯真诗学，本身也只能具有某种虚幻的审美慰藉意义。

从这个意义上说，由弗洛伊德的精神分析学所引发的对于浪漫主义纯真童年观的振荡和颠覆，对童年诗学本身来说非但不是一件坏事情，反而为其脱出困境和获得新的发展提供了特殊的契机。弗洛伊德对于童年期的精神分析显示，童年时代并不如我们想象的那样"纯真"，儿童继承了人类天性中复杂的"性"与"恶"的本能，而且以一种超出成人想象的能力不断应对和转化着文化给予的种种压抑。达·芬奇童年时代的一个与秃鹫有关的记忆，在弗洛伊德细致的分析中成为了婴儿期性冲动的表现③，从浪漫主义的童年观来看，这种解释显然是令人难以接受的。同时，在弗洛伊德针对精神病患的分析中，童年并不意味着纯粹的欢乐，而是常常充满了各样的痛苦与迷茫，这些不快乐的记忆为个体成年后的各种精神病症埋下了难以拔除的种子。有鉴于此，20世纪英国著名儿童文学作家菲利帕·皮尔斯这样说道："童年包括许多被成人所遗忘的不快乐——其中有许多是一些人不敢去回忆的。所以，让我们面对这一事实：许多童年对成人来说都是艰难的对象，对儿童来说则完全不宜。"④

弗洛伊德的理论在很多方面改写了人们对于童年的看法。在他之后，作家和艺术家们对于童年更多面的身心和生活世界的关注大为增加。20

---

① ［法］卢梭：《爱弥儿》，李沄平译，商务印书馆1981年版，第296页。

② 法文原文为 heureuse ignorance。见［法］卢梭：《爱弥儿》，李沄平译，商务印书馆1981年版，第294页。

③ ［奥］西格蒙德·弗洛伊德：《列奥纳多·达·芬奇和他童年的一个记忆》，《弗洛伊德论美文选》，张唤民、陈伟奇译，知识出版社1987年版。

④ See Adrienne E. Gavin. "The Child in British Literature: An Introduction", see Adrienne E. Gavin (ed.). *The Child in British Literature: Literary Constructions of Childhood, Medieval to Contemporary.* Basingstoke and New York: Palgrave Macmillan, 2012, p. 2.

世纪中后期，西方儿童文学界也掀起了一次声讨长久以来统治着儿童文学写作领域的浪漫主义纯真童年观的运动，其基本宗旨在于批判这一诗学对于当代儿童现实生活内容和生命体验的遮蔽，指责它以一种"虚空"的童年想象，替代了丰富、复杂和多维度的童年生活。作为这一声讨的实践，儿童文学创作界出现了一批倡导冷峻的"现实主义"风格的作品，其创作非但不避讳儿童生活中的阴暗面，更致力于真实地呈现这些阴暗面，以使儿童通过在文学中认识"真实生活的危险与痛楚"[①]，进而有能力把握现实的生活。

在对于上述浪漫主义童年观的批判问题上，英国女性主义批评家杰奎琳·罗斯走得更远。1984 年，罗斯出版了题为《〈彼得·潘〉案例，或论儿童小说的不可能性》的研究著作。在这部著作中，她借拉康的精神分析理论猛烈抨击了以詹姆斯·巴里笔下著名的男孩"彼得·潘"为代表的"纯真"儿童的形象，认为这种童年只是成人从自己的心理需要出发想象儿童的产物，因而在根本上是成人对于儿童的一种文化驯化和殖民。[②] 苏珊·霍妮曼在《难解的童年：现代小说中不可能的表征》一书中延续了罗丝的上述话题。"一旦我们意识到，除非通过我们围绕着儿童发明出来的那些建构物（儿童似乎正好适合这些不断变化的定义），我们就不可能进入孩子的心灵，对童年的考察就要求我们更靠近地观察这些建构物背后的成人欲望。"[③] 霍妮曼所说的"欲望"中也包括成人对于纯真童年的想象。凯丽·罗宾逊在其《纯真、知识与童年的建构》一书中也论述了成人世界如何通过强调儿童的"纯真"，将童年隔离于某些成人知识（尤其是性知识）之外，进而建构出一种脆弱的儿童形象（vulnerable child），由此强化了"成人—儿童"关系中前者对后者的主宰。[④] "处在针对童年之霸权中心的纯真的建构，与通常和儿童及性相联系的道德恐

① G. S. Murray. *American Children's Literature and the Construction of Childhood*. New York：Twayne Publishers，1998，p. 185.

② Jacqueline Rose. *The Case of Peter Pan*，or the Impossibility of Children's Fiction. London：Macmillan，1984.

③ Susan Honeyman. *Elusive Childhood*：Impossible Representations in Modern Fiction. Columbus，Ohio：Ohio State UP，2005，p. 45.

④ Kerry H. Robinson. *Innocence*，*Knowledge*，*and the Construction of Childhood*. New York：Routledge，2013.

慌，强化了儿童面对剥削和虐待时的脆弱性。"① 在这里，"Innocence" 一词所带有的消极 "无知" 意义被有意地作了强调和突出，以呼应成人和儿童之间上述文化不平等关系的批判语境。

但这一切并没有终结人们关于童年纯真的浪漫主义想象。整个 20 世纪，诗人、作家、艺术家以及普通人仍然表现出了对于童年话语的某种迷恋，这其中 "纯真" 是我们在谈及童年时最常使用的词语之一。如果说弗洛伊德之后，我们越来越看到童年的现实本身往往既不绝对纯洁，也不一定真诚，而且充斥着各种不完整的缺失，那么，我们为什么仍然如此在意并放大儿童在其转侧间所流露出的那份纯真的美感？

合理的解释是，纯真的诗学原型并不在于童年，而在于人心，在于我们每个人自己的灵魂。童年相对于成年生命的纯真状态，本身是一种文化的事实，但只有当这一事实切中了人类精神的某种渴求并与之相互激发，它才会成为一个对我们来说如此重要的诗学范畴。也就是说，霍妮曼所说的 "成人的欲望"，恰恰是使童年的纯真变得珍贵和有意义的内容。当然，弗洛伊德的童年理论潜在地改变了童年纯真的文化指向。弗洛伊德的学说并没有取消童年纯真的价值，但他提醒我们应该如何看待童年的纯真。从弗洛伊德之后，童年的 "纯真" 不再指向任何具有身体或精神献祭性质的 "贞洁" 意义，也不再代表一种完美的道德形象，它的 "纯洁""真实" 和 "自然" 的浪漫主义内涵逐渐移向日常生活，被用来指称童年因其特有的单纯、率真和朴素的生命状态而呈现出的美感。于是，童年的纯真之美从它原来暗含的精英文化感觉中降落下来，成为了普通现代人的一种普遍的审美体验。与此相应地，20 世纪以来，那种富于神性色彩的浪漫主义的纯真童年逐渐沉落到望不见的人性深处，另一种富于日常生活亲切气息的单纯童年则从平实的大众世界中日益鲜明地浮现出来。这使我们想起马克思的名言："一个成人不能再变成儿童，否则就变得稚气了。但是，儿童的天真不使他们感到愉快吗？他自己不该努力在一个更高的阶梯上把自己真实再现出来吗？在每一个时代，他的固有的性格不是在儿童

---

① Kerry H. Robinson. *Innocence*，*Knowledge*，*and the Construction of Childhood*. New York：Routledge，2013，p. 11.

的天性中纯真地复活着吗？"① 对于成人来说，童年的纯真不再是一个在远离现实中批判现实的文化符号，而指向着一种世俗的切实的愉悦，它使成人从童年的纯真中重新体验到了那不断被我们自己的文化所遮蔽的天性的真实与快乐。

童年纯真诗学的这一世俗化衍变，为消费社会的商品美学对于童年符号价值的大规模开发和利用，提供了重要的机缘。

二　作为商品的童年纯真

在今天，最懂得利用童年的纯真在消费问题上大做文章的，无疑是广告行业。在不长的时间里，借助于从童年的符号中发掘其资本价值，现代广告业发展出了两个潜力巨大的广告产业：一是儿童广告的市场；二是以童年意象为媒介的成人广告市场，前者以儿童为广告投放的受众对象；后者则是使用儿童形象元素的一般广告。从 19 世纪末 20 世纪初开始，西方消费市场就注意到了儿童和儿童形象广告市场的价值，不过一直要到 20 世纪后半叶，随着以欧美发达国家为首的当代社会开始全面进入电视时代，这类广告产业的价值才借助于视像媒介的表现和传播能力得到了前所未有的凸显。事实上，视像媒介的发展普及不仅使儿童形象的价值在儿童和成人广告的不同领域实现了极大的拓展，而且促成了这两类广告双重受众效应的开发，即儿童广告的受众范围可以拓展至成人，同样，成人广告也常将儿童纳入其隐含受众中。

现代广告从新媒介中发展起来的这种双重受众效应，使得广告业得以巧妙地借用现代童年的纯真诗学资源，来迂回地施行其消费影响的功能。如果说在 20 世纪之初，现代广告业还在儿童的书刊、杂志间来回寻索它进入儿童世界的入场券，那么到了视像媒介时代，如何使广告的影响进入儿童的生活，本身已经不成为一个问题。反过来，在今天，直接面向儿童的广告推销面临着来自成人文化界的审查压力。现代儿童广告的研究显示，从 20 世纪的最后十年开始，"儿童广告增长得非常快，它不仅在传统媒体中出现，还扩展到了所有的新媒体上，这些都提高了儿童广告产业的专业化，使儿童广告成为了一种新的广告类型"，但由于现代文化中儿

---

① ［德］马克思：《〈政治经济学批判〉导言》，中共中央马克思恩格斯列宁斯大林著作编译局编：《马克思恩格斯选集》（第二卷），人民出版社 1972 年版，第 114 页。

童保护传统的制约，儿童广告的铺展也最容易招致父母和其他管理者的抵制。① 例如，在美国，"从 70 年代初起，儿童电视中的广告就引起了一些团体，比如儿童电视行动组织的关注，他们呼吁联邦通讯委员会禁止或限制引导儿童消费的电视广告"，当时，儿童电视行动机构不仅要求"消除或限制儿童节目中的广告，而且与其他消费者团体一道呼吁联邦贸委会对儿童广告采取措施"。② 中国大陆地区也于 1993 年出台了具体涉及儿童广告从业规则的《广告审查标准（暂行）》，其中相关条例针对儿童广告列出了内容上的禁忌规定。③ 2009 年，"中国广告协会向社会发出倡议，呼吁对有关青少年儿童使用的产品或者有青少年儿童参加演出内容的广告进行全面清查，凡不利于青少年儿童身心健康的广告一律不应投放和刊播"。④ 尽管这些规则和倡议并不具有严格的法律约束效力，对于它的遵守也主要依靠从业者的自律，但它所包含的内在文化约束力同样是一股不容小觑的力量。儿童广告当然可以只面向儿童消费者进行推销，但对于广告商来说，同样明智的做法是不要因此而惹恼成人。迄今为止，针对儿童广告的审查方案均包含了这样一个明确的意思，即不应该利用儿童的纯真来行消费的引诱或欺骗之实。

　　童年的纯真不应该被利用来误导缺乏判断力的儿童，但这一法则在成人广告领域显然并不适用。一般说来，成人被认为是具备成熟的判断能力的个体，因此，面向成人的广告通常不存在广告商与消费者之间的文化知情权和文化判断力之间显在的不平等关系。正是在这里，广告产业发现了另一条由纯真童年同时通往成人和儿童的消费说服路径。对于成人来说，童年的纯真是一种美好的文化想象，对于广告业而言，它更是一个重要的符号资本。通过将童年纯真的诗学价值添加到面向成人的特定商品的广告推销之中，产品本身被赋予了一种特殊的审美情感价值。在符号经济的时

---

　　① ［美］詹姆斯·U. 麦克尼尔、［中］张红霞：《儿童市场营销》，华夏出版社 2003 年版，第 267—268 页。

　　② 罗以澄、夏倩芳、刘建明：《从儿童广告规约与网上隐私权保护规约的效果比较看自律原则对网络传播的适用性》，《新闻与传播研究》2002 年第 1 期。

　　③ 陈家华、麦箴时：《中国儿童与广告》，中国社会科学出版社 2004 年版，第 167—171 页。

　　④ 周杰：《新闻媒体应对儿童广告说"不"》，《中国新闻出版报》2009 年 7 月 7 日第 6 版。

代，这一情感的价值往往比物品的交换价值更多地决定着人们对于商品的选择和购买决定。

因此，我们看到，在今天的大量商业广告中，天真烂漫的儿童形象被频繁地施用于各类产品的广告叙事，其广告内容覆盖了从日常食品、用品到家具、家居等各个方面，一些商品与儿童之间的关联已经超出了我们在日常生活中的普通想象。2009 年 2 月，微软发布了其 "I'm a PC" 广告项目的首款电视广告，广告的主角是一位名叫 Kylie 的四岁半的小女孩，屏幕上的她正独自在电脑上轻松地处理照片并与家人邮件分享。同年 9 月，Windows7 上市前夕，微软公司再次发布了由 Kylie 主演的 Windows7 宣传广告。在这则时长 30 秒的商业广告中，小女孩 Kylie 同样独自使用着安装有 Windows7 操作系统的电脑，并从中体验到了诸多乐趣。这两则广告中使用 Windows7 操作系统的小女孩 Kylie 诠释了这一操作系统自身的简便和快捷，但对于广告而言，这一形象最重要的意义还不在这里。屏幕上的 Kylie 操作电脑的方式带着幼儿特有的稚拙感，它很难令我们联想到 "熟练" 这样的词语，也就是说，在这里，最令我们印象深刻的并非四岁半的小女孩使用电脑的能力，而是从这个操作电脑的现代小女孩身上所散发出来的强烈的童年欢乐的气息。Kylie 可爱的形象、稚气的语言、充满童趣的身体姿态，将一种天真、欢快的童年感觉注入到了整个宣传广告中，实际上也注入了它所宣传的产品之中。在 Windows7 宣传广告的最后，Kylie 说道："我是 PC，更多欢乐在这里。"毫无疑问，将微软电脑的符号与一种纯真童年的 "欢乐" 联结在一起，这才是这一宣传广告的核心所在。无独有偶，近年国内播放的某打印机品牌的一则广告①，关于商品性能的叙事是配合一个小女孩的各种不无稚气的动作表演来呈现的，我们看不出产品的性能与小女孩的表演之间存在任何实际的联系，唯一的解释是，通过引入童年的纯真形象，这一广告希望增加自身对于消费者的情感吸引力。

我们已经提到，在一个倡导儿童保护的开放社会里，直接向年幼的孩子做广告通常容易引发人们反感。20 世纪 70 年代的美国，"贸委会建议禁止所有针对不满 8 岁儿童的广告，限制其他类型诱导儿童消费的广告，

---

① 惠普打印机广告。

特别是加糖的米粉"。① 不过，当这类广告并不是以儿童而是父母为显在的推销对象的时候，情况显然发生了某种变化。假使某种儿童食品或用品的广告叙事者是由成人担纲，其隐含的叙述对象即目标购买者也是成人，那么这类广告对于儿童纯真形象的借用，就成为了广告用以诱引和说服成人消费者的一个重要元素。如果一种特定品牌的奶粉可以换取纯真童年的欢乐，为什么不购买它呢？这是这类广告向成人消费者发出的潜在邀请。由于这类广告信息在成人身上发生影响，还需要经过一个较为理性的讯息比较、处理和判断的过程，因此，它对于儿童纯真形象的商业化使用不像直接针对儿童的广告那么显眼，这恰恰使它避开了后者常常不得不面对的质疑。在低龄儿童食品和用品领域，这类广告往往占据了比较大的比例。

　　从纯真诗学的本意来说，消费经济对于童年纯真的价值利用在某种程度上是难以成立的，因为童年的纯真一旦被用作消费说服的意图，它所意指的纯真范畴本身便已经遭到功利目的的解构。既然纯真意味着一种不为世俗所累的生命之"纯"与"真"的状态，那么当它开始堕落为消费的说客时，它本身便已经失却了纯真的身份，反过来看，它的消费说服行为所借以依靠的力量，也就相应地被消解了。因此，在一个现代社会，当前许多广告中出现的乞求消费或宣传商品的儿童形象，反而容易让成人产生反感。

　　然而，在上面提到的这类广告中，儿童自身并未提出任何消费的要求，经济的交易只悄然发生在成人的世界里，它没有打破童年纯真的世界，反而塑造出成人呵护这一世界的温暖景象。纯真的童年看上去依然清白而无辜，是成人自己被这样一份纯真所感动。这无疑是一个巧妙的广告策略。归根结底，童年的纯真主要是一种售卖给成人的文化商品，如果成人甘愿为这样的商品付出代价，那么它并不是纯真本身的过错。反过来，倒是童年的纯真以某种方式"清洗"着商业广告的性质和面貌。商业广告对于产品的宣传往往是言过其实的，今天的大人们或许比任何时候都更明白广告的这种"非真"性，但通过将童年纯真的诗学符号嵌入其中，它的确使自己包含了某种真实的内容，那就是童年身上的某种成年人所永不能再企及的纯净、真实和自然之美。这种美是真切的，它可以脱离于广

---

　　① 罗以澄、夏倩芳、刘建明：《从儿童广告规约与网上隐私权保护规约的效果比较看自律原则对网络传播的适用性》，《新闻与传播研究》2002 年第 1 期。

告的任何商业意图而独立存在——在任何情况下，一个纯真的孩子都充满了美感。这样真实的美感是一则广告真正能够击中我们内心的地方。正如某品牌奶粉的广告词所说："我们生活的多彩，源自他（她）简单洁白的世界。"我们当然不一定要购买消费广告所推销的产品，但大概会很乐于接纳消费广告所提供的这样一种审美的享受。波德里亚的断言在这里显得格外准确："广告最重要的是被消费，而不是指导消费。"① 当然，绝大多数时候，这种审美印象也会顺理成章地将一个相应品牌的名称，牢牢植入我们的审美记忆。

与现代广告业试图借用童年纯真的符号来促进其商业宣传相比，当代娱乐业则热衷于将童年的纯真直接制作成相应的文化商品进行出售。

当代文化语境下的童年纯真意味着一种看待世界和生活的率真视角，一种采取和参与行动的自然方式，这视角和方式因其尚未获得丰富的知识和文化能力而显出一种可爱的稚趣，又因其尚未受到成年人所习以为常的文化规则、思维惯性的影响而具有一种清新的真实。对成年人来说，这份纯真中收藏了我们被文化规训已久的视线所不及的许多意义的角落，也常常能够带给我们有关诗意和本真生活的启迪。意大利哲学家、心理学家皮耶罗·费鲁奇从一位父亲的视角这样描述他从孩子的纯真中所得到的感悟："和孩子在一起，就好像捡到失而复得的宝藏。我小的时候也很纯真。然后跟大家一样，我失去那份纯真落入尘世，在不断地妥协、算计、窠臼、呆板中，一切蒙上灰尘。但现在，在我孩子身边，偶尔我又重新获准进入宝库，再一次，人生没有了时间，不知愧疚与羞耻为何物，一切都是新的、闪闪发亮。"②

对于当代娱乐产业来说，童年的纯真所指向的这样一种新鲜的视角和童真的趣味，意味着一个充满开发潜力与价值的娱乐空间。通过在娱乐节目中观看儿童天真的言语和行为，体验童年天马行空的想象和童言无忌的幽默，对于日复一日生活在机械的时间和日程表之中的成人们而言，是一种多么适宜和怡人的休闲！受到西方大众娱乐文化的全面影响，20 世纪末以来，随着国内外大众娱乐产业的迅速兴起和铺展，童年纯真的这一娱

---

① ［法］尚·布希亚：《物体系》，林志明译，上海人民出版社 2001 年版，第 195 页。

② ［意］皮耶罗·费鲁奇：《孩子是个哲学家》，陆妮译，海南出版社 2002 年版，第 135页。

乐价值也被很快地发掘出来。除了显然以儿童为对象的娱乐节目外,一般的成人娱乐节目也不时引入这类儿童娱乐的资源用作娱乐风味的调整。①

例如,开播于 2003 年 12 月的某卫视知名家庭真人秀节目"饭没了秀"②,即以儿童语言的逗趣作为其现场节目板块的中心亮点。为了使这一亮点得到充分突出,该节目对于报名参与儿童的年龄要求是 3.5—5 岁(或 4—6 岁)之间。这个年龄段的孩子已经从成人文化中习得一定的语言理解和表达能力,但其理解和表达又尚未落入成人文化的规范窠臼,也就是说,他们一方面已经可以顺着成人的话题延续一些特定的话语行为;另一方面其语言组织和表达又常会逆出成人的预期。在 2011 年的某期"饭没了秀"节目中,主角之一的小男孩被问及"大人为什么要吵架",他认真的回答令人忍俊不禁:"有一次爸爸、妈妈吃完饭,就在看电视。刚刚开始他们声音很小,后来他们的声音越来越大了。我听到妈妈说:'××(爸爸),你是没事做吗?'大人是没事做才吵架的。"③ 简单的生活事件、日常现象、科学知识等,在幼儿的理解或表演下,被赋予了或新鲜、或幽默,有时或许还不无深刻的新的意义。有时候,一些成人们试图掩饰的现实生活的尴尬,在童年的视角下被坦然地呈现了出来。"成年人通常很懂得掩饰并控制自己最私密的情绪。可是小孩却把它们统统抖出来。……孩子们常常百无禁忌地将我们最隐私的情感呈现在世人面前。被

---

① 近年来,除了各省、市级少儿频道推出的相关节目外,以儿童娱乐或不时涉及此类娱乐的较有影响的国内综艺节目主要有:央视综艺频道"非常 6 + 1""星光大道""我要上春晚",央视综合频道"加油!少年派""正大综艺·宝宝来啦",深圳卫视"饭没了秀""小心 00 后",湖南卫视"快乐大本营""爸爸去哪儿",湖南金鹰卡通卫视"快乐宝贝 GO",东方卫视"中国达人秀",上海东方电视台"欢乐蹦蹦跳",浙江卫视"绝对小孩""少年达人",江西卫视"家庭幽默录像",等等。这是当前综艺类节目受到热捧的一类制作模式。

② "饭没了秀"系英文"Family Show"的音译。据深圳卫视相关人员撰文介绍,该栏目最初在深圳电视台科教生活频道播出,"以极富创意和趣味的'魔力宝宝语言'为笑源吸引观众收视兴趣"。科教生活频道于 2004 年底改为少儿频道,"饭没了秀"成为少儿频道的主打栏目,同时也在卫视频道播出。其后,栏目制作方发现少儿节目的定位本身限制了该栏目进一步扩大其娱乐效应和观众群体,为此,"少儿卫视必须舍去一头"。为了突破节目的娱乐题材和表现可能,巩固和扩大已有的收视率成果,制作方实际上作出了舍"少儿"保"卫视"的决定,并借此赢得了更为可观的商业效益。参见王立亚《家庭娱乐节目少儿元素的植入和运用——深圳卫视"饭没了秀"节目 6 年思考》,《今传媒》2010 年第 1 期。该栏目一度是深圳卫视的王牌节目,2011 年"插播广告每 5 秒报价 22500 元",后在同类节目竞争中逐渐淡出,2013 年 10 月节目组解散。

③ 深圳卫视"饭没了秀",2011 年 7 月 16 日节目。

暴露在舞台当中的是真实的我们：除了欢乐、喜悦，还有难以启齿的种种难堪。"① 但与此同时，童年的天真也以其自然的幽默消解了我们的尴尬与难堪。生活看上去是如此之重，童年天真的观看却使这种重量在幽默中变得轻盈起来。现代人太需要童年给予我们的这样一种"无忧无虑的感觉"了。② 这也是这类以童年"纯真秀"为看点的娱乐节目风行一时的重要原因之一。

　　童年的纯真本身是一个从童年生命现实中发掘出来的诗学范畴。然而，对于娱乐类节目来说，这一资源本身是不可控的。可以想见，如果任由儿童自行发挥，那么具有观赏性的儿童的纯真言行显然不一定会在合适的时间以合适的方式表现出来，其观赏性对于大部分人来说也会变得十分有限。但童年自发的纯真恰恰又是成人难以想象也不可安排的。出于控制现场效果的需要，也出于对童年娱乐资源的进一步开发，当代娱乐节目从儿童的现实生活中发掘出了另一种在纯真的名义下展开的"反纯真"叙事。它一方面利用了人们对于童年纯真的期待；另一方面又通过有意颠覆童年纯真的传统观念，来制造出特殊的娱乐效果。比如下面这段在当前引入童年元素的娱乐节目中颇具代表性的对话：

　　　　节奏欢快的音乐声中，小选手上场。
　　　　主持人（夸张地）：从来没见过长得那么靓丽的小朋友。
　　　　小女孩（学主持人的语气）：谢谢，我也从来没有见过这么帅的主持人。
　　　　主持人：这小嘴巴——这话我爱听啊，你接着说，还有什么？
　　　　小女孩：没了，就这些。
　　　　主持人：就这些啊？怎么就这一句呢？
　　　　小女孩：我妈在家里就教我这么一句。③

　　面对主持人的恭维，小选手的应答透出一种与成人对其身份的期待不

　　① ［意］皮耶罗·费鲁奇：《孩子是个哲学家》，陆妮译，海南出版社 2002 年版，第 71—72 页。
　　② 深圳卫视"小心 00 后"，2012 年 9 月 23 日节目，主持人语。
　　③ 深圳卫视"饭没了秀"，2011 年 7 月 16 日节目。

相符合的老成和世故；而当后者的应答看上去已经达到它想要的恭维效果时，孩子又"天真"地透露了这一恭维的虚假性，它也可以看作当主持人扮演的角色想从孩子这儿得到更多便宜的恭维时，孩子"耍"了他。对于成人观众来说，这里面至少包含了由于期待的错位而造成的三层幽默效果：第一，孩子纯真的形象与其老成的应答之间的错位；第二，孩子老成的应答与其后来天真的"泄密"行为之间的错位；第三，主持人（世故的成人）与孩子（纯真的儿童）之间的权力关系错位。更进一步看，它还包含了对于成人世界常见的"恭维"现象本身的解构和讽刺。近年的同类娱乐节目通常致力于强化以上三种幽默模式中的若干内容，但很少跳出这三个模式。这里面体现了一种典型的相声艺术的包袱效果，但其包袱效应之所以能够得到凸显，则还有赖于人们对于纯真童年的先见，它所背衬着的是由威廉·布莱克、华兹华斯、安徒生、科洛迪等无数作家的名字织就那一个童年纯真诗学的传统。只有在这一先见的背景下，儿童的那些"反纯真"的言行，才会达到如此强烈的娱乐效果。这是当代娱乐业对于童年纯真诗学的一种特殊消费方式，其可控性表现在节目制作方完全可以预先准备好相应的对话内容提供给儿童表演。同样的调笑语言，在成人娱乐世界或许已经十分寻常，但自天真的儿童口中说出来，却又有了新鲜的娱乐意思。事实上，这也是今天许多童年类娱乐节目为了增添幽默效果所采用的方法。

三 纯真文化消费批判

纯真是一个童年诗学的范畴，也是一个童年精神的范畴，它对于童年的某种纯净、真实和自然之美的发现和肯定，既是对童年生命的由衷礼赞，也体现了人性内在的某种本质追寻。而当代社会对于童年纯真的娱乐消费则在两个方面日益取消着这一童年精神的意义。

第一是童年纯真的物质化。这不仅仅是指在消费文化和娱乐文化的狂潮中，童年生活被日益物质化了，也是指我们对于童年纯真的理解在不知不觉地趋向物质化。本书并不认可一种对待童年文化的狭隘的保守主义态度。当代大众媒介可以动用童年的纯真精神吗？当然可以。童年的纯真本身是人类文化的一种产物，媒介和消费也是。一种对待童年的道德清道夫式的观念已经成为过去，纯真的童年不再是圈在围墙内的巨人的花园，而是我们每个人都可以在自己身边和身体之内寻找到、体验到的一种日常生活的诗性精神。通过大众媒介制作出的童年文化产品与文学艺术作品一样，都可以容纳和传播对于童年纯真的诗性体验。除了在儿童广告的问题上，由于客观上存在着广告商与儿童之间严重的知识不对等的关系，因此需要成人对此严格控制之外，在成人广告领域，对于纯真童年符号的使用并不是任何"狼来了"之类的现象，甚至这种纯真被有意识地用于某些商业宣传的目的，也可以在人们的接受范围之内。童年的纯真并不意味着对于物质元素的拒斥，相反，它是生命在经验物质生活的同时，还能够以一种单纯而充实的方式感受这一生活的幸福，正是这幸福感使生命的价值和意义超越了物质生活本身。

毫无疑问，在今天的视像媒介时代，不论成人广告是否包含童年元素，都有可能对儿童产生同样深刻的影响。因此，儿童生活随着消费社会的演进而日益显出物质化的趋向，已经成为一个难以阻遏的发展趋势。然而，生活的物质化现实和个体能否从这物质化的生活中发现超越物质的意义，是两个相对独立的命题。即便在一个消费时代，童年的纯真精神依然有可能穿透物质生活的迷雾，向我们彰显它自身超越于物质生活的价值。但如果我们对于童年纯真的理解本身已经物质化了，那么这样一种超越可能根本无从谈起。这才是当前整个社会对于童年纯真的消费所带来的最严重的问题。

在当代广告对于童年符号的普遍使用中，童年越来越成为一个由各种各样的物质事物圈围出来的概念：优质的奶粉，健康的麦片，全面的营养素，现代的学习工具，速效的药片，高效去污的洗衣粉，天然无污染的家装产品……仿佛童年所需要的一切都在物质世界里，也仿佛一切都可以由物质来解决。广告画面上纯净的物质环境代言了童年纯净的身心感觉，真实的物质享受代言了童年真实的生活需求，完整的商品体系则代言了童年完整的生命世界。商业广告的世界所宣传的是这样一种童年养育的伦理：父母们应该通过物质的保障来换取孩子的纯真笑颜。在现实生活中，人们也的确是这么做的。这意味着，人们对于纯真童年的珍爱感，恰恰成为了促发他们消费欲望的符号。人们越是沉浸于纯真童年之美，便越是为物质的需求所捆绑，从而离童年的纯真精神越来越远。反过来，现代人越是觉得自己握不住童年的纯真，越是倾向于用更多的物质替代品来填补这种遗憾的空缺，其结果却是，连孩子的纯真也在这种物质的无限填充中越来越早地逝去。

　　第二是童年纯真的庸俗化。这是童年纯真的物质化必然会导致的结果。在诗学的层面上，童年的纯真指向着一种从功利的世界和繁复的生活中超越出来的审美意义。在上帝的神谕已然退位的今天，我们不得不以自己的肉身掮起现代生活的全部重负，随着时间的流逝，这负重而且日复一日地增加。然而，每当我们将沉重的目光移向童年轻捷的身影时，那里面流动着的新鲜的生命力量和单纯的生活感觉，会令我们即便从这疲惫的皮囊里，也由衷地感到生命存在的愉悦。很多时候，这种感觉可能只是一种审美的想象，而且转瞬即逝，但这并不妨碍我们从中领取到属于我们自己的那份内在的欢乐。然而，消费经济把这样一份欢乐也制作成了商品。包围着我们的各种与纯真童年有关的消费符号不断向我们暗示着：如果你想让孩子或自己得到这份纯真的欢乐，那么就消费吧。一种由物质消费堆积而成的童年理解，使童年的纯真精神越来越失去了它超越生活的诗性意义。

　　与此同时，当前娱乐节目对于童年纯真的观赏性展示，以及利用童年的纯真隐喻与其"反纯真"表现之间的对比所制造的童年消费盛筵，将人们对于童年纯真精神的体验和理解进一步推向了一种庸俗的娱乐消遣。卢梭在《爱弥儿》中告诫我们，不要取笑童年的纯真，否则，我们付诸儿童的种种教育努力可能前功尽弃。他特别强调，孩子对世界的理解方式"是可能使他产生种种天真烂漫的想法的"，但是，"千万不要当着他的面谈论他的天真的言行，即使要谈，也不要让他发觉。轻率地笑一下，也许就会毁掉你六个月的工作，造成一次终生不能弥补的错误"。① 今天的情形恰好相反——在儿童的面前，童年的纯真被当作特殊的笑料来换取观众的欢乐。也就是说，纯真在这里仅仅作为一种观赏物而存在。为了加强其观赏效果，让儿童以纯真的形象来表演一种"反纯真"的角色，也成为了可以接受的事情。

　　应该说，"反纯真"本身并不是问题。事实上，与"纯真"在表面上相对的"反纯真"，本身也是现代童年纯真诗学传统的一个构成部分。在诗学上，"反纯真"看似是"纯真"的反面，但其目的并不是取消纯真，而是通过否定或颠覆文化对于童年纯真的规训，促使我们重新反思这一"纯真"的意义和价值。马克·吐温笔下的叛逆少年汤姆·索亚和哈克贝

---

　　① ［法］卢梭：《爱弥儿》，李平沤译，商务印书馆1981年版，第102页。

利·芬，是 19 世纪欧洲文学中典型的"反纯真"儿童形象，他们凭着顽强的生命力和狡黠的机智从成人生活的肮脏角落里幸存下来，他们不但懂得熟稔地运用成人世界的各种生存法则与环境的压迫相抗衡，而且还常常能够在与成人的斡旋中占据上风。他们的言行很难让我们联想到浪漫主义童年的纯洁与天真，而是充满了各种各样的经验和世故。但所有这些"反纯真"的表象无不指向着童年"纯真"的更为深刻的意义。正是从这两个少年身上，我们看到了那唯有在童年中才得以保留的人性的纯真如何引导我们从虚伪腐烂的文化中看到文化和人性真正的价值所在。甚至纳博科夫笔下充满性意味的 12 岁少女洛丽塔，也以其反纯真的形象传达了与当时美国文化中某种庸俗的世故相对抗的天真精神。少女洛丽塔尽管有着诸多早熟的表现，"却没有失去她此刻的心理童贞"，"她的好奇心和模仿能力也许大大地越过社会规定之轨，但她还没有完全被成人世界随处可见的虚伪和平庸所污染"，背衬着当时的美国文化，这个女孩仍然是"简单自然、真实任性、优雅迷人"的"单纯的孩子"。① 因此，童年的"纯真"并非生活形式上的与世隔绝，它在最根本的意义上是指朝向一种单纯、真诚的人性状态的自然认同和趋近。

然而，在我们对于童年"反纯真"现象的当代娱乐消费中，这种根本性的"真"恰恰不见了。在娱乐的舞台上，儿童对于成人言行的种种模仿，儿童与成人之间的话语交锋，不过是童年以一种模仿的方式提前进入了成人的世界。表面上看，它似乎为儿童提供了与成人平等对话的机会，实际上则反映了儿童对于成人世界的消极认同。在这类节目中，我们能够看到的唯一的童年天真标识，大概是儿童敢于"说真话"的举动。但即便在这里，"真"的概念也已经被偷换了，它以生活的"现实"替代了生活的"真实"。节目中，主持人有意鼓励儿童以一种"天真"的方式大谈父母和其他成人生活的隐私话题，以此来投合和满足公众的窥视癖。于是，在《皇帝的新装》游行中敢于喊出"他什么也没有穿"的孩子，被偷换成了在成人的私密生活中敢于喊出"他什么也没有穿"的孩子，后者成为了童年投在当代娱乐生活中的一个庸俗的身影。

曾几何时，童年的纯真引导着我们从庸俗的现实走向诗性的真

---

① 潘一禾：《裸体的诱惑——论文学中的性与情》，海天出版社 2002 年版，第 145 页。

实，从虚妄的追寻回到朴素的人性。1924—1937 年间，德国漫画家埃·奥·卜劳恩创作了著名的漫画作品《父与子》。其时正值纳粹掌握政权，艺术家本人又因政治迫害被限制了创作的自由，画家将画笔从政治的旋涡中抽出来，移向了纯真的童年世界。洋溢在《父与子》各处的童年的天真、幽默、温情和欢乐构成了这部漫画集的主要色调，也成为了那个时代德国社会鲜有的一抹亮丽色彩。德国画家弗里德里希·卢夫特在《柏林画报一百周年》一文中这样评价卜劳恩的《父与子》："在那样一个充满邪恶和谎言、一个彻底政治化了的时代，他用他的艺术创造了一小块无忧无虑的人性绿洲。"① 在这里，没有任何政治诉求而是直指素朴人性的童年的纯真精神，本身就是对于极权时代的一种有力的批判。

这一童年纯真精神的批判性诉求在当代童年文化消费中正日渐逝去。它并不意味着我们不再看重童年的纯真，而是这种看重已经仅仅成为文化的某种摆设。2007 年 11 月，浙江卫视重磅推出的"绝对小孩"节目受到广电总局批评。据节目制作人称，广电总局对该节目中的"让小孩说真话"的环节提出了意见，"认为了解过多的成人世界不利于孩子的成长"，节目组方面也虚心受教，认同"不要把真话说得这么直白，需要顾及成年人的感受"。② 如果这里的批评和反思都是事实，那么我们可以说，它根本没有意识到这一童年文化消费的内在问题，反而造成了这样一个错觉，即脆弱的儿童世界无法承受来自成人世界的真相的揭示，同样，脆弱的成人世界也无法承受孩子说出真话的事实。但真正的问题根本不在这里。当代娱乐业对于童年纯真精神的上述消费，其根本症结在于，它将纯真的"真实"附会为庸俗的"现实"，从而使前者失去了任何超越于现实的意义。在这样的情况下，不论童年"真话"的范围被限定在哪里，这种纯真的意义都已经发生堕落。童年的纯真是我们自己文化的精神的一种映像。当成人的文化已经失去对于纯真精神的真正理解和倾慕时，真正的童年纯真也已经离我们远去。

① ［德］卜劳恩：《父与子》，洪佩奇着色、编著，译林出版社 2010 年版，第 26 页。
② 《广电总局继续严打〈绝对小孩〉承认挨批》，《东方早报》2007 年 11 月 28 日 C10 版。

第二节　自由美学的幻象

自由是与纯真密切相关的一个童年美学范畴。童年的纯真在其自然内涵中所包含的某种完整的身心存在感觉，本身就指向着一种审美的自由状态。童年的生命状态以其特有的方式体现了人性的某种审美实现，它的天然、丰沛的想象力和创造力，以及建立在此基础上的生命与自然、与世界的谐和统一感，正是人类审美理想在个体身上的最初映像。

对于现代人（不论是成人还是儿童）而言，童年的精神所包含的上述自由体验代表了一种迷人的审美诱惑。当代社会的童年文化生产和消费利用了这一自由美学的资源。通过将审美自由的诱惑编织入相应的童年文化商品，消费社会使这一积极的审美自由精神退化为了消费时代的一种审美幻象。

一　童年与一种审美的自由

从现实生活的角度来看，童年或许意味着人生中最不自由的一段时光。这一具有高度物质和文化依附性的生命过程，既是我们身体力量最为弱小的阶段，也是个体受到环境控制最为严格的阶段。一部童年文化史，在某种程度上也是童年如何被规训和控制的历史。如果说自由是一种"自己决定的力量"，那么我们大概很难把童年的一般状态与自由的命题联系在一起。无怪乎一位作家忆起童年时代自己未能改变心爱的狗被杀的命运，发出了这样的感慨："小孩子太没用了，我只想长大。"①

然而童年的生命状态却体现出另一种内在的精神自由。这种自由蕴藏于童年的本性之中，但只有在童年作为一种文化现象开始受到人们的普遍关注之后，这一独特的自由精神才进入了我们的视野。这是一种审美意义上的自由，它是人们从童年的生命中所体验到的某种自足的审美世界，以及与此相伴随的生命的完整感觉。

审美自由是现代美学的核心范畴之一，也是现代美学的精神产物，这一传统的思想源头应该追溯至康德。在康德的三大批判体系中，审美的自由最初是作为连接先验自由与实践自由的中介被提出来的。不过，康德的

---

①　任溶溶：《我小的时候》，少年儿童出版社 2011 年版，第 96 页。

美学论证了从自然通往人类实践的审美自由之路，却未能充分提出从审美实践上升至先验自由的路径，在康德这里，"审美从根本上来说并未能实现沟通自然与超验自由的桥梁作用，它只是一座审美断桥，无法跨越感性自然与超感性自由之间的鸿沟"①。事实上，康德的先验自由本身是理性主义的思想产物，它超越并独立于现象而存在，但这种超越正是使它自身显得不可证的地方。尽管康德的"判断力"最终并未解决其理论体系中先验自由与实践自由的断层问题，但其理论体系中那个指向"唯一无利害关系的和自由的愉快"②的审美实践，却开启了一个重要的审美自由传统。

　　这一传统为席勒所继承和发扬。在席勒的美学思想中，审美实践的目标从康德赋予它的先验任务下降至它所来自的现实生活，审美的自由因此成为了自现代文明的暴力之中弥合和拯救人性的途径。可以说，席勒以审美的自由所关注的是人性的"分裂"问题。在现代文明的压制下，"人的天性的内在联系就要被撕裂开来，一种破坏性的纷争就要分裂本来处于和谐状态的人的各种力量"③，唯有通过"美"的游戏（这是广义的游戏，在席勒这里其实就是指审美的自由），分裂的人性才能得以谐和的统一。席勒在《审美教育书简》中指出了"美"与"人性"之间的共通性。美是"人性的完满实现"，"只要理性据此作出断言：应该有人性存在，那么它因此也就提出了这样的法则：应该有美"。④ 在席勒之后，关于审美实践与人性自由之间关联的探寻和阐说，成为了现代美学的一个中心命题。

　　童年的审美自由具有席勒意义上的审美实践的特征，但其实现方式则体现了童年精神自身的特点。弗洛伊德在《诗人与白日梦》一文中将作为童年生活主要内容的游戏与诗人的艺术创作相并举，实际上指出了儿童生存实践的某种审美本质。不过，童年的审美自由并不局限于一般意义上的童年游戏，而是一种渗透在童年生命感觉之中的精神状态。在童年的早期，个体与世界的分裂尚未完全发生，从某种意义上说，童年个体还是自

---

　　① 申扶民：《康德批判哲学中的审美与自由》，《哲学研究》2008 年第 1 期。

　　② ［德］康德：《判断力批判》上卷，宗白华译，商务印书馆 1964 年版，第 46 页。

　　③ ［德］弗里德里希·席勒：《审美教育书简》，冯至、范大灿译，上海人民出版社 2003 年版，第 46—47 页。

　　④ 同上书，第 120 页。

然的一部分，他的身上保留着自然法则的痕迹，并且倾向于将自然万物也视为其自身的一部分。"儿童带着一种原始性的整体心智系统，以一种整体感知的方式去建构与外界的联系，并实现自我与外界的联合。"① 同时，儿童眼中的一切形象都保持着席勒所说的"活的形象"的生动感觉，在儿童眼里，世界不是显现为作为控制对象的形象，而是表现为作为交往对象的形象。泰勒在其《原始文化》一书中就早期原始民族的思维特征提出的"万物有灵论"②，在很大程度上也适用于理解儿童思维的特征，即将一切事物都视为有生命的对象。如果说"在自由的生存方式特别是在审美活动中，人与世界失去了对立，人把世界不是当作征服和利用的对象，而是当作精神需要的对象，当作自己的朋友去交往、对话，从而人与世界的关系具有了主体间性"③，那么在儿童的世界里，由于个体与世界的对立尚未得到明晰的意识，想要征服和利用世界的欲望也尚未在儿童早期思想或情感中占据重要的位置，儿童的生命因此天然地具有与世界融为一体的完整感。从审美的视角来看，童年的这种生命方式指向着人性的某种自由解放状态。

童年所代表的这一审美自由状态具体体现在以下三个方面。

第一是感受力的解放。童年的感受反映出生命与世界最初相交会时所产生的新鲜体验，它不受知性规约的束缚，而是服从于自由想象的规则。这种感受力的自由不但体现在早期儿童的肢体行为中，也体现在他们的符号行为中。关于幼儿语言的考察显示，在儿童最初学习以语言的符号来指涉相关的形象时，他们的语言中充满了令成人感到惊奇的想象的诗意。而随着年龄的增长，认识的规则逐渐同化了自由的想象，这种语言的诗意也相应地淡去。因此，许多艺术家把童年的这种充满诗意的自由感受力视为艺术创作的起点。现代艺术家从儿童新鲜的感受力中看到了"灵感的源泉"，"儿童的创造力存在于他从一种出生时的完全无知状态走向知识状

---

① 丁海东：《儿童精神：一种人文的表达》，教育科学出版社 2009 年版，第 89 页。

② 在泰勒这里，"万物有灵论"是将万物人格化的一种原始思维方式。法国人类学家列维·布留尔在其《原始思维》一书中，以"前万物有灵论"来取代泰勒所说的"万物有灵论"，旨在进一步强调原始思维中的"我"与"物"在非自觉状态下的一体性，究其实质，其实还是"万物有灵"的意思。"万物有灵"的原始思维方式在儿童思维中得到了一定的印证，也常被用来解释童年思维的特点。

③ 杨春时：《审美是自由的生存方式》，《社会科学战线》2011 年第 4 期。

态的事实中。正是无知发生变化的那一刻见证了创造力；知识一旦被获得，就成为自觉，因而失去了价值。那个第一次'看'和'知'的过程而非其对象，才是富于价值的。"①

这种对于世界的审美体验方式使得儿童个体在现实生活中往往能够以一种审美的方式展开与世界的交往，从而使童年的生命实践表现出某种与审美的艺术创造之间的内在同构关系。我们由此可以理解为什么毕加索说"儿童都是天生的艺术家"。在童年的身心内保留了人类天性中最为初始的艺术冲动和艺术能力。美国哈佛大学以儿童艺术教育为重心的"零点项目"研究表明，"几乎所有刚脱离'尿布时期'的儿童画出的图画，无论是颜色的使用、丰富的表现力，还是强烈的结构感，都会与保罗·克利、若安·米罗或是帕布洛·毕加索的画作至少有一丝表面的关联，无一例外"。② 对于大多数人而言，随着个体的成长，这样一种面对生活的艺术感觉将逐渐为日常生活的理性算计所取代。进入现代社会以来，人们越来越意识到这种艺术能力相对于个体生活实现的特殊意义，也越来越认识到它有别于科学理性的特殊功能。艺术意味着自由，它"使心灵从包围着它的各种强制和压抑的因素解放出来，即便那仅仅是一瞬间……有了它，我们便被解放了，而一旦我们臻至自由无羁，我们便会感到自信、安全和舒逸"③。这种"自信、安全和舒逸"的感觉，不但提供了生命体验的瞬间自由，而且能够绵延至个体生活的其他方面，从根本上促进生命的提升与实现。正因为这样，现代人才会格外怀念童年时代自由的内在生命状态，也格外珍视对这一生命感觉的培育。

第二是想象力的解放。在心理学上，想象是指人脑在既有表象的基础上再造出新形象的心理过程，它是相对区别于感知、表象、记忆、思维等心理现象的一个心理学范畴。从神经学的角度来看，想象是由下丘脑边缘系统与大脑皮层的信息协调活动共同参与的神经联系重组过程。但想象力作为人类特有的一种精神现象，其复杂的运作机制以及丰富的精神指涉却

---

① Fiona Björling. "Child Narrator and Adult Author: The Narrative Dichotomy in Karel Poláček's *Bylo nás pêt*", *Scando-Slavica*, 29, 1983, p. 5. See Susan Honeyman. *Elusive Childhood: Impossible Representations in Modern Fiction*. Columbus, Ohio: Ohio State UP, 2005, p. 99.

② ［美］霍华德·加德纳：《艺术·心理·创造力》，齐东海、刘卉、杨光译，中国人民大学出版社 2008 年版，第 76 页。

③ ［美］卡伦：《艺术与自由》，张超金等译，工人出版社 1989 年版，第 38 页。

远远超过了心理学学科所能够解释的范围。20 世纪英国哲学家斯图亚特·汉普夏尔认为，"将想象力仅仅理解为与艺术创造和享受或者情欲感相关的概念，绝对是有误的。每一个聚焦于特殊性并且能够激起某些强烈情感的充分显形的想法，都是想象力的一种实践。"他进而指出了人类想象力的审美本质："在个体想象力的特殊活动中，人们甚至可以达到一种超越感，一种顿悟。通过它，我们有一瞬间逃出了合理经验的一般限制，而落在了一个将我们带离那平淡而又封闭的常规世界的独特时刻。"① 想象的文化深意蕴含在爱因斯坦的著名论断之中："想象力比知识更重要，因为知识是有限的，而想象力概括着世界上的一切，推动着进步，并且是知识进化的源泉。"19 世纪英国作家狄更斯也曾就童年时代的幻想谈及想象力的文化意义："一个没有想象力、没有浪漫精神的民族，过去、现在和将来都不可能在这太阳底下获得重要的位置。"② 总体来说，想象力是一个对于人类全部文化来说都具有特殊意义的精神范畴，而童年的想象力则指向着人类想象力的某种原型，它生动地体现了人类以审美的方式把握世界的能力。

　　想象是童年的一种生活方式。童年强大的想象能力在某种程度上可以视为它在现实生活中常被剥夺的自由的补偿。法国哲学家加斯东·巴什拉以意指一种白日梦般的自由想象的 "rêverie" 一词来指称童年的幻想，该词在中文语境中被译为更富于诗意的 "梦想"。在《梦想的诗学》中，巴什拉用整整一章的篇幅来描述与童年相连的这种自由的想象。"在童年时代，梦想赋予我们自由。"③ "当孩子在孤独中梦想时，他认识到无限的生存。他的梦想并非只是逃避的梦想。他的梦想是飞跃的梦想"。④ 梦想一方面为儿童提供了在生活中超越现实的一种方式，"在梦想中，儿童生活在比现实世界更为宽广庞大的世界里"⑤，寻常的生活在童年想象力的作用下，变成了一个充满惊奇感的世界；另一方面童年的梦想也为诗人提供

① Stuart Hampshire. *Innocence and Experience.* Cambridge, Massachusetts：Harvard University Press，1989，p. 127，pp. 131 - 132.

② 参见 Hugh Cunningham. *The Invention of Childhood.* London：BBC Books，2006，p. 151.

③ ［法］加斯东·巴什拉：《梦想的诗学》，刘自强译，生活·读书·新知三联书店 1996 年版，第 126 页。

④ 同上书，第 125 页。

⑤ 刘晓东：《解放儿童》，新华出版社 2002 年版，第 109 页。

了在精神上超越现实的一种路径。如巴什拉所说,童年是一切梦想的源泉,"梦想童年的时候,我们回到了梦想之源,回到了为我们打开世界的梦想"。①

童年在与世界相交往的过程中所使用的想象力,不仅仅是如其表面所显现的那样一种无序的自由联想,而是包含了童年以其自身的诗意方式认识世界的能力,这认识的结果不是知性的,而是想象的,它表现为童年所特有的一种对于世界的直观洞察。"儿童天赋有辨识复杂事物之特征的高度能力,这种透视世界的能力是整体性与洞察性的,而不是分析性与描述性的。是这种能力使小孩一眼看到事物整体的特征,从而保有优于大人的直观与敏感。"② 童年的这种直观能力,也是人类的诗性认识能力的源头。

第三是创造力的解放。童年自由的想象力最终外化为一种自由的创造能力,它表现为童年个体常常能够以一种艺术的方式去把握和结构他身边的各种物事。英国作家史蒂文森的儿童诗《被子的大地》,描绘了一个病中不得不被困在床上的孩子以想象力为自己创造的广阔世界:被褥是操练行军的"山林",床单是舰队行驶的"海洋",还可以在上面"筑起一座座城市",而孩子自己则是这"被子的大地的主人"。③ 诗歌所表现的是古往今来无数孩子都曾体验过的无意识创造的世界。在儿童研究中,"学前时期被普遍认为是创造力的黄金时期,该年龄段的儿童都开始闪耀着艺术的活力。而此后就会呈现下降趋势,这种活力会慢慢退化。因此我们大多数人最终在艺术上都将成为发育不良的成年人"。④ 如果说艺术创造力是"具有个人灵性的生命力的自由洋溢"用以"抗拒畸形现代文明的砥柱"⑤,那么对于童年自由的想象力和创造力的认识与体验,既是现代社会的一种特殊审美现象,也为现代人提供了检视和反思现代文明的一个支点。

---

① [法]加斯东·巴什拉:《梦想的诗学》,刘自强译,生活·读书·新知三联书店1996年版,第128页。

② 黄武雄:《童年与解放》,人本教育基金会1994年版,第49页。

③ [英]史蒂文森:《一个孩子的诗园》,屠岸、方谷绣译,人民文学出版社2006年版。

④ [美]霍华德·加德纳:《艺术·心理·创造力》,齐东海、刘卉、杨光译,中国人民大学出版社2008年版,第76页。

⑤ 周宪:《走向创造的境界:艺术创造力的心理学探索》,南京大学出版社2009年版,第76页。

二　出售童年自由

整个 20 世纪，随着童年研究事业的不断推进，童年期丰沛的想象力和创造力的现实也日益受到人们的关注，而随着现代文明和工具理性对于现代人肢体与精神的进一步驯服，我们则越来越珍视这样一种仿佛是与生俱来便被赋予我们、却又在现实人生中被不断剥夺的精神自由。这一现实在现代社会催生了与童年的自由精神相关的两种渴求：一是致力于在儿童身上保存和发展童年自由的想象力和创造力，以促成儿童个体在当下和未来的更为全面和自由的生命实现；二是致力于在成人身上寻找和恢复童年想象力与创造力的影子，以充实成人在生活现实的压迫之下不断萎缩的生命感觉。

这两种与童年有关的精神渴求为消费经济的运作提供了重要的灵感和动力资源。与此相关地，在儿童消费的领域，逐渐兴起了一股以童年想象力和创造力作为文化商品的消费经济热潮。父母们认识到，对于当代儿童的蒙养和教育来说，如何充分地开发童年的想象力和创造力，既是一种自然的要求，也是一种现实的要求，前者意味着它适应了儿童身心发展的天然需求；后者则预示了它将给个体的未来发展带来某种特殊的精神"福利"。这两者对于消费经济来说具有同等重要的符号价值。在中国，儿童的想象力和创造力尤其是一种新兴的文化资本，人们越来越意识到，它在更长远的评估考量中决定着儿童个体的文化资质和成就高低。对于一向缺乏想象力传统的中国社会而言，这一资本的意义在新的教育观念的推动下，正在逐渐显示出它的影响。自 2009 年起，国内媒体上纷纷流传着这样一则消息：在一个名为教育进展国际评估组织的机构针对全球 21 个国家的孩子展开的调查中，中国孩子的计算能力排名世界第一，想象力却排名倒数第一，创造力排名倒数第五；与此相对应地是，整个 20 世纪，中国人在世界重大发明中所占的席位为零。虽然这一消息的来源和准确性从未得到过确切的考证，它所提出的话题却在国内新闻界和教育界激起了普遍的反响，并在近年的媒体上引起一种拯救儿童想象力和创造力的迫切感。"许多年来，想象力被视为儿童逃避现实的一种方式，人们认为，一旦儿童长大到一定的年龄，他们就会把幻想抛到一边，开始面对真实的世界。然而，儿童发展研究正在日益认识到想象力的重要性，以及它在理解现实中所扮演的角色。"① 这一童年文化的价值在具有相当文化素养和物质实力的中产阶级家庭中格外受到成人的重视，大量以此类家庭的孩子为主要对象的早期儿童培训机构，也由此格外强调它所提供的文化产品在这方面的特性。

当然，最重要的是，通过将想象力的符号资本注入童年产品之中，当代消费经济发现了一条通往儿童消费者的便宜的文化路径。今天，从儿童的食品、服装、家具到玩具、图书、学习用品等各类商品的生产，在某种程度上甚至可以视作一场童年想象力的嘉年华比拼，市场和商家也因此格外重视想象和创意在当代儿童商业竞争中的重要价值。为了赢得儿童消费者的青睐，许多生产商开始致力于琢磨童年想象的特点，以便使其产品能够迎合童年对于想象世界的诉求。

1988 年，由美国女导演潘尼·马歇尔执导、汤姆·汉克斯主演的幻想题材电影《一夜长大》（Big），或许从一个独特的角度诠释了童年想象力的商业价值。影片中的小男孩乔什在有魔力的许愿机前许下了快快长大的愿望，次日清晨便发现自己已经变成一个三十五岁的中年男人。尽管男孩的心智还没有为这样一个成年躯体的生活做好准备，但乔什却凭借着孩子特有的想象力，在一个玩具公司找到了属于他的最佳职位。当成年的乔什如同一个为想象力而迷狂的孩子般向古板的公司管理者们展示各种有关儿童玩具的奇思妙想时，童年的想象力点燃了孩子和成人的激情，也挽救了濒临倒闭的玩具公司。我倾向于把这部影片视为对于童年的想象力在当代儿童经济中所扮演的角色的某种生动隐喻。通过借用童年的想象力，市场使其产品反过来迎合了儿童的想象力。这一努力的结果皆大欢喜：儿童从中获得了一种审美体验的快感，市场则从中打开了儿童消费者的钱包。

当代玩具业是童年想象力转化为商业资本的大本营之一，但后者的商业堡垒显然远远不止于此。对于当代童年文化市场来说，童年想象力的另一大容纳体是视觉媒介。在这里，以电视和电影为主要代表的媒介形态为童年提供着看似无穷无尽的想象力的叙事。应该说，童年的想象力本身就具有强大的叙事能力，这种能力可以轻而易举地穿越现实生活的坚硬屏

---

① Shirley Wang. "The Power of Magical Thinking: Research Shows the Importance of Imagination in Children's Cognitive Development", *Wall Street Journal*, December 22, 2009. http://on-line. wsj. com/article/SB10001424052748703344704574610002061841322. html.

障，进入纯粹幻想的世界。与童年想象力的超现实特征相呼应，当代童年视觉文化产品表现出了对于非现实题材的格外钟情。近年来，通过视觉媒介提供给儿童的各类幻想叙事作品以极快的速率增长，而其内容显然还不足以填满儿童想象力的胃口。幻想的精神不但体现在以迪士尼为代表的传统动画产业中，也渗透至以儿童现实生活为表现对象的各类叙事产品中。所有这些童年文化产品以想象的材料参与构筑着当代儿童想象力的空间。

与儿童在想象的世界里所获得的日益扩展的自由形成对比的，是他们在现实生活世界中自由空间的持续缩减。这一缩减有着多方面的原因，包括现代教育的管控，社会环境的危机，等等。就此而言，儿童文化产品对于童年想象力的张扬也是对于童年生活中被压抑的自由的补偿，它激励着消费经济不断地制造出新的童年幻象，来满足儿童对于想象自由的需求。

成人世界大概从未如此纵容童年的幻想，事实上，它自身也从未如此沉溺于一种童年式的幻想之中。很多时候，成人是与儿童共同享用着这场童年想象力的当代盛筵，成人群体也由此成为了许多童年文化产品的另一批消费主力。一部《哈利·波特》的电影或者迪士尼动画的上映，不再只是孩子们的节日，也给无数成人提供了一种成人文化商品所不能替代的审美体验。过去的任何一个时代里，童年的幻想都没有像今天这样吸引着成人的目光。

对于这一文化现象的合理解释之一，是身处现代世界的成人比儿童更渴望着童年想象力和创造力的重新造访，渴望像想象中的儿童时代那样保持对于世界的新鲜的感受力、丰富的幻想力和直觉的理解力。这一渴望在终极意义上指向着一种创造的激情和灵感。与童年期相比，成年人的生活想象往往 "不再带有光滑而红润的面颊"①，因此，在成年后的生活中重新寻回童年时代那种不受沉重生活约束的自由感觉，便成为了现代生活中一种令人神往的遐想。前面提到的电影《一夜长大》，不仅仅是关于儿童的想象力如何服务于童年并创造商业价值的，也是关于儿童的想象力如何拯救成人世界的。电影中，正是长成大人的乔什身体之内仍然保留着的那个孩子的灵魂，将新的创造力重新赋予了生命力枯竭的玩具公司，也赋予了公司内所有失去了工作和生活的灵感的成人。在 20 世纪 80 年代末，美

---

① ［德］恩斯特·布洛赫：《希望的原理》（第一卷），梦海译，上海译文出版社 2012 年版，第 11 页。

国社会集中出现了一批涉及儿童与成人之间身份转换的电影，其中包括《小爸爸大儿子》（*Vice Versa*，1988），《有其父必有其子》（*Like Father, Like Son*，1987）等，此后，类似的题材除了在西方商业电影中持续得到演绎之外，也在 20 世纪 90 年代至今的中国电影中得到了延续。① 通过让儿童和成人互换文化位置，这类影片完成了童年与成年之间的某种精神沟通。美国学者蒂姆·莫里斯认为，这类电影所传达的实际隐喻，与其说是童年历险，不如说是中年危机。② 不过在我看来，这里的"中年危机"并不只是莫里斯所说的中年成人疲于应对生活的种种尴尬和无奈，更是成年人想象力和创造力的危机。它是对于我们每个人成年之后多少都会经历的一种精神危机的象征。

　　1991 年，由斯皮尔伯格执导的电影《胡克船长》（*Hook*）是对于这一成年精神危机的生动演绎。这部在情节上续写英国作家巴里的著名童话《彼得·潘》以及由此改编的多部相关电影的影片，讲述了一个在充满功利的现实生活中失去了童年想象力的现代男人的故事。他曾经是无忧无虑的小飞侠彼得·潘，然而，成年后的彼得被生活缚住了想象的翅膀，当他为了解救自己的孩子，不得不再次面对他在童年时代曾经击败的胡克船长时，他已经无法再调度起童年彼得·潘的想象力来与胡克抗衡。只有当成年彼得重新寻回了他身体中的那个富于想象力和创造力的孩子，他才获得了这场交锋的胜利。影片的隐喻意义显而易见。片中有这么一个令人印象深刻的场景：成年后的彼得回到永无岛上去解救被胡克船长绑架的孩子，与他童年时代的伙伴再度相聚，由于这些孩子一直生活在永无岛上，所以并未像彼得这样长成大人。彼得和伙伴们围坐在一起准备用餐，却发现餐盘里空空如也，他不能再像过去那样，用他的想象力使餐盘装满美食。显然，空空的餐盘象征着成年彼得消逝的创造力，它所寓言的现实解释了成人对于童年所代表的创造力的精神迷恋，也在某种程度上解释了当代成人

---

　　① 如电影《魔表》（1990，徐耿导演）、《童梦奇缘》（2005，陈德森导演）。前者改编自儿童文学作家张之路的小说《魔表》，讲述渴望长大的小男孩康博思在一块神奇魔表的帮助下变成大人，以及他在成人世界遭遇诸多麻烦后，如何想办法变回孩子；后者讲述男孩仔仔因喝下神奇药水一夜长大，进入成人世界后体验到的各种人生悲喜剧。《魔表》里的主角最后回到了童年，而《童梦奇缘》的主角则因无法倒回被加速了的时光，最后迅速颓老，以至死亡。

　　② ［美］蒂姆·莫里斯：《你只年轻两回——儿童文学与电影》，张浩月译，少年儿童出版社 2008 年版，第 147—148 页。

对于这类童年文化产品的消费热情。

然而，与其说今天的成人们对于幻想类童年文化产品的消费是为了在现实生活中重新寻回童年的想象力，不如说是为了在想象中体验这一"重新寻回"的快感。童年的想象力不仅意味着创造的力量，也意味着一种抛却生活忧虑的快乐和自由。正如影片中，一旦彼得找回了他的想象力，他也重新体验到了童年游戏般的无羁欢乐。这是我们的社会越来越意识到它自身所缺乏的一种快乐。它使得成人对于幻想类童年文化产品的消费不再像过去那样被视作幼稚的表现，而是越来越成为一种特殊的时尚。因此，纽约当代时尚师迈克尔·弗洛克将"回到童年"视为一种当代生活的哲学："还有多少办法，让我们重温真正的童年，那种没有管教的无忧无虑，以及不可救药的直冒傻气。"① 显然，对于上述童年文化产品及其"售卖"的童年想象力的消费，正是弗洛克所说的"重温童年"的方法之一。欣赏童年文化产品是童心未泯的标志，它仿佛意味着我们成年的躯体内仍然保持着童年时代那种鲜亮明妍的生命感觉和无拘无束的幻想力量，或者说，它为我们提供了重新体验童年特有的精神自由感觉的机会。对于从童年开始就生活在压力和焦虑感中的现代人而言，这种体验往往具有双重功能：它既是对于过去压抑的童年生活的一种补偿，也是对于当下负重的成年生活的一种宣泄。

作为这一补偿机制的作用结果，当代文化的某些部分在总体上越来越呈现出童年化的倾向。1982 年，尼尔·波兹曼在其《童年的消逝》一书中这样描述成人文化的儿童化现象："娱乐儿童的节目如今也同样在娱乐成人。当我写此书之时，《超人第二集》、*For Your Eyes Only*、《奇宝夺兵第一集》《人猿泰山》正吸引着前所未有数量的各年龄层的观众。25 年前，这样的电影一般是动画喜剧片的形式，往往被看作是儿童的娱乐。"② 30 年过去了，我们可以在当年波兹曼提到的这些片名后面添加上一个难以尽数的长长的新名单：《哈利·波特》系列、《指环王》系列、《怪物史莱克》系列、《功夫熊猫》系列、《纳尼亚传奇》系列、《亚瑟王》系列、

---

① [美] 迈克尔·弗洛克：《享乐主义手册——掌握丢失的休闲和幸福艺术》，小意译，南京大学出版社 2011 年版，第 105—106 页。

② [美] 尼尔·波兹曼：《童年的消逝》，吴燕莛译，广西师范大学出版社 2004 年版，第 185 页。

《变形金刚》系列、《喜羊羊与灰太狼》系列……此外还包括大量烙有显在的童年思维印记的魔幻电视剧作品。综观近十年间成人大众的电影和电视消费，整个世界仿佛都沉浸在了由童年的想象力所带来的娱乐狂欢之中。

三　从自由走向自闭

童年自由精神的实质在于，童年所特有的想象力和创造力能够在个体与环境之间建立起一种积极的审美关系，它是个体对于环境的一种特殊掌控，这掌控不是通过任何物质性、功利性的征服或拥有，而是表现为个体与环境之间的某种生动的交流与融合，后者既指向个体对于环境的改造，也指向环境对于个体的改造。换句话说，它以一种具体而微的形式体现了"自然的人化"和"人的自然化"这两个进程之间的积极互动与谐和统一。在未经功利生活熏染的童年眼中，普通的世界可以具有丰富的审美样貌。"将一块布料盖在桌子上，就成了一座小屋，一个空盒子可以在想象力的支配下变成一辆小汽车，一艘船，或者世界上的任何事物……实际上，它可以是整个宇宙。这类象征游戏对于儿童想象力和解决问题的能力的发展，向来具有重要的意义。与此相应地，儿童发自天性的创造冲动可以在简单的材料中得到满足：沙子、水、纸、彩笔，一箱用来化装的废旧布料，以及各种用作模具的家庭弃物……"① 童年的想象具有一种自然而又强大的赋形力量，正是这力量使童年的日常生活充满了有别于成人生活世界的新鲜和光彩。"儿童可以将他们发现的任何对象纳入到他们的幻想中……那些将树枝插入腰带并把自己叫做海盗的孩子体验着玩具作为符号的'不确定性'。当他们沉浸在这样的'对象转换'扮演中时，他们忽略了对象本身的外表和形式，而只是将它看作游戏中想象之物的象征。在没有玩具的情况下，儿童会捡起手边的任何东西，把它当作角色扮演游戏中的'听诊器'或'显微镜'。儿童会把这些对象的转换宣布给其他孩子知道，以将他们的扮演也综合入社会扮演的游戏中。"②

① Sue Palmer. *Toxic Childhood*: *How the Modern World is Damaging Our Children and What We Can Do About It*. London: Orion Books Lmt. , 2007, p. 228.

② Stephen Kline. *Out of the Garden*: *Toys*, *TV. And Children's Culture in the Age of Margeting*. London, New York: Verso, 1993, p. 251.

　　通过将童年眼中的想象世界落实到具体的童年产品之中，消费社会看到了童年想象力的经济价值。如果说在早期社会的童年生活中，孩子们是从简单的竹枝、桌椅中想象马匹、行车的模样，那么到了现代社会，他们则可以借助于生动的娃娃玩具、缩微厨房、室内帐篷、模拟舰队等，更为直观地展开对于世界和生活的想象。这一想象的模型落实有其积极的文化意义。虽然从心理学的研究来看，儿童的玩具越是简单，属于儿童的自由赋形的空间就越加开阔，也越有助于想象力的自由发挥，不过，童年审美想象的自由世界在根本上还取决于儿童经验的塑造。童年的想象力虽然具有无限的容纳力和创造力，它本身却也是一个有着巨大拓展潜力的精神对象。显然，一个尚不知道大海为何物的孩子，其想象的世界里也不可能出现海洋的意象。更进一步看，想象还可以将另一个完全属于幻想的世界展现在孩子眼前。因此，通过各种物质和文化产品为童年提供更为开阔的想象世界，以滋养童年想象力的发展，促成更为开阔的童年心灵自由，是童年精神发展的自然要求，也是现代童年文化建构的积极成果。

　　然而，当代消费经济在追随儿童想象力的进程中，越来越开始承担起一种代理想象的职责。为了在童年想象力的市场上占据更大的盈利席位，相应的生产商和广告商将童年想象力的文化注资看得格外重要。在当代童年经济的竞争中，几乎所有儿童物质或文化产品的生产者和营销者都在费尽心力琢磨和迎合儿童想象的需求。如果一个商业机构能够成为童年想象力的代言人，也就意味着它把握住了童年经济的一大要脉。于是我们看到，过去的童年忙于为自己的想象力四处搜寻素材，而今天，面对无数以童年想象力的名义生产出来的文化商品，儿童所面临的不再是寻找素材的问题，而是如何从各种令人眼花缭乱的想象素材中作出选择的问题。如果把童年的想象力比作一个空房间，那么在过去，这个房间里的一切物事都需要童年自己去置办，而如今，消费经济主动揽下了为这个房间提供各式需要的职责。应该说，就童年生命从想象的体验中所获得的审美感觉而言，一把用来代替木马的旧扫帚和一匹形状逼真的玩具木马所带来的体验是相似的，两者都为童年的精神提供了从现实生活的功利关系中超脱出来的自由的快乐。它们之间的区别似乎仅仅在于，"旧布料和旧的家庭用品都是免费的，而在一个发达的消费社会里，没有位置是留给免费的东西的。因此，玩具公司不断地设计出更多光彩熠熠、构造复杂的替代品（通常被贴上'教育'的标签），以供家长们购买。同时，广告商们也花

费大量的时间、金钱和力气来使孩子们相信，这些替代品将带给他们更多
快乐"。①

不过，当童年的自由和欢乐开始过分倚赖于消费文化所提供的素材
时，这种自由的内在精神也发生了异化。它首先表现为童年自由的实现越
来越有赖于各种物质性的中介，包括精工细做的儿童玩具、精心设计的游
戏环境等。与童年的自由想象相反，"玩具商家教育孩子，一旦拥有合适
的玩具并掌握了使用它的合适方法，这些社会戏剧性的扮演会变得更加令
人兴奋。……广告中的玩具游戏展示了特定对象的社会化幻想，在这场游
戏中，儿童必须进入玩具指引的世界，并遵照它被设计成的符号来使用
它"。② 对于现代童年而言，这是一个被装饰起来的自由世界，而所有的
装饰越来越被理解为儿童获得自由体验的先决条件。在这样的现实下，儿
童很快就不再习惯自己进入想象力的空房子，而是需要消费文化来为他们
提供想象体验的对象。一旦离开了那些中介性的物质对象，让儿童与世界
直接面对面时，他们已经忘记如何以一种自由的方式与世界交往。以电视
产品为例，有研究表明，在儿童过多地观看电视所提供的想象游戏的情况
下，他们"以创造性游戏和创造力形式所表现出来想象力就会下降"。③

其次，它也表现为童年的自由体验越来越局限在虚拟的想象世界里，
而日益远离真实的生活与世界。这一点尤其体现在儿童对于视像媒介产品
的消费中。在当代童年文化消费中占据主流的各种视觉文化产品提供了一
个具有替代性的想象世界，它看上去既可以用来方便地呈现现实生活本
身，又可以拥有比现实生活更为丰富的幻想空间。在这样一个想象的视像
世界里，孩子的想象力"从自然原始森林移植到了虚拟的迪士尼草原"④，
他们"再也不可能体会到那种有血有肉、趣味盎然的日常生活的快乐"⑤。

---

① Sue Palmer. *Toxic Childhood*：*How the Modern World is Damaging Our Children and What We Can Do About It.* London：Orion Books Lmt.，2007，p. 228.

② Stephen Kline. *Out of the Garden*：*Toys*，*TV. And Children's Culture in the Age of Margeting.* London，New York：Verso，1993，p. 251.

③ ［美］桑德拉·L. 卡尔弗特：《信息时代的儿童发展》，张莉、杨帆译，傅小兰、严正审校，商务印书馆 2007 年版，第 383 页。

④ ［德］弗兰克·施尔玛赫：《网络至死》，邱袁炜译，龙门书局 2011 年版，第 111 页。

⑤ ［美］约翰·奥尼尔：《身体形态——现代社会的五种身体》，张旭春译，春风文艺出版社 1999 年版，第 109—110 页。

今天的孩子和成人一样，"生活在一个中介化的世界"①，随着虚拟的形象替代了真实的形象，它也取消着童年真实的身体维度和环境维度，从而使童年的自由精神不是向外吸纳着世界，而是向内圈禁着自己。

不可否认，一个物质化和虚拟化的想象世界，也能够提供给儿童一种超越现实的自由体验，但在这样的体验中，童年自由精神的意义已经发生失落。现代人之所以如此重视和倾慕童年的自由，不只是因为它代表了一种无拘无束的生命欢乐，更是因为这种欢乐指向着童年所特有的充实的生命感觉和积极的生长精神。童年时代自由的想象力和创造力，在我们成年之后将被自然地转移到我们与世界和生活的交往之中。随着生命的成长，每个人都将不可避免地失去童年时代那种独特的自由体验，但它作为一种身体和精神的最初记忆，将对我们的心性产生永久的影响，并赋予我们一种积极介入现实的激情与态度。即便童年作为一个生理阶段早已过去，我们在童年时代曾经体验到的身心自由仍然能够深刻地滋养我们的成年生活。然而，在当代消费文化提供给儿童的自由快感中，这种朝向未来的生长精神恰恰是缺失的。娱乐的自由强调了童年的当下快感，却并不怎么关心这种快感的未来，相反地，它试图使童年的生活更长久地停留在这一静态和封闭的"自由"世界之中。在娱乐想象的天地里，童年的生命看似获得了无边的自由，其现实的生命力却在不断萎缩。

这也正是为什么当代成人消费文化对于一种童年自由美学的追寻需要反思的原因。重温童年本身绝不是问题，问题在于，当这一重温的冲动仅仅表现为一种对于时间的逃避姿态时，它本身便转向了文化的否定面。当代人热衷于从童年文化产品的体验中重获童年的自由，但这种自由的体验并未把观赏者带向生活的更深更远处，而是使人进一步沉溺于一种否定时间的娱乐快感之中。在这里，"'自由地作为自己'明白地说，便是自由地将自己的欲望投射到生产出的商品身上。'自由地完全享受生命……'意味着有非理性和心理退化的自由"②。这使我们想起临床心理学上的这样一种成人精神病症：当个体无法承受生活的某些压力或焦虑时，一部分成人表现出了返回童年的精神症状，他们的行为举止和言语思维变得与儿

---

① Karen Brooks. *Consuming Innocence：Popular Culture and Our Children.* Queensland：University of Queensland Press，2008，p. 7.

② ［法］尚·布希亚：《物体系》，林志明译，上海人民出版社 2001 年版，第 207 页。

童相似，通过回到对于人生早期阶段的安全和快乐体验的想象中，这些成人得以逃避和否定了当下的焦虑。这一病症的表现与弗洛伊德所说的"退化"（regression）心理防御机制①有关，它是指"当个体面临冲突、紧张、焦虑，特别是遭受挫折时，退回到较早年龄阶段的活动水平"②。由于童年早期往往代表了较少受到压抑的快乐原则居于主位的生活阶段，因此，患有这一病症的成人总是倾向于表现出各类或轻或重的孩童举止。

弗洛伊德所说的这种精神病例与童年的自由精神之间并无任何内在的关联，但他关于个体的精神焦虑与一种精神"还童"现象之间联系的观察，却为我们提供了一个审视当前成人世界对于童年文化所表现出的高度消费热情的特殊视角。美国心理学家丹·凯利在其出版于 1983 年的《彼得·潘综合征》一书中，将这一出现在当代人身上的心理问题（尚未成为精神病征）命名为彼得·潘综合征。患有这一综合征的成人们倾向于逃避成年生活的责任，他们只想做一个"永远不长大的孩子"③。某种程度上，消费时代的文化也患上了类似的精神病症，它致力于使我们忘却文化的责任，并倾向于带我们回到最循从本能的快乐原则中。"今天的许多成人形象与儿童的形象之间彼此呼应，因为消费主义本身就要求孩子般的自我沉醉、冲动和玩乐的心性。"④ 我们不妨说，今天，整个成人文化表现出了一种强烈的返回童年的情结。那种属于童年时代的没有负担的自由感觉，使不堪重负的现代人仿佛找到了一个可用来安顿精神的最佳场所，但这安顿却不是为了下一步的出发，而是渴望停留在这一童年式的真空欢乐之中，永不归去。借助于童年文化产品的消费，现代人在想象中成为了那个无忧无虑、永不长大的孩子彼得·潘，将"永无岛"之外的一切历史和生活抛诸脑后。在一种精神逃避式的消费生活中，"把'创造力'和

---

① 弗洛伊德曾在《梦的解析》《文明及其缺憾》《精神分析引论》等著作中多次谈及"退化"的问题。在弗洛伊德这里，"退化"不只是属于个人的一种心理防御机制，有时也发生在人类文明的进程中，总体上看，它似乎是个体或文化在面对某些问题时试图放弃当下责任、回到广义上的"快乐原则"的一种本能反应。

② 叶浩生：《冲突·焦虑·防御——弗洛伊德的动力心理学》，《教育研究与实验》1987 年第 1 期。

③ ［美］丹·凯利：《彼得·潘综合征》，李凤阳译，北京联合出版公司 2012 年版，第 21 页。

④ Kirsten Drotner & Sonia Livingstone. *The International Handbook of Children，Media and Culture：The Child in the Picture.* SAGE Publications Ltd，2008，p. 50.

'个性'之类的词汇挂在嘴边，并不意味着使用它们的人理解让它们使用成立的思想，更不用说赞同这些思想了。这种语言已经变得平庸无聊……它们没有特别的内容，只是麻醉公众的精神鸦片"。①

这是当代文化的一种精神征候。古往今来，对于文明之童年的精神想望几乎是一切文化的乌托邦想象的原型。"身处文明社会的人类总是会怀着一种'失乐园'的惆怅，而将遥远的蒙昧时代看作一去不返的天堂；满怀乡愁的我们总往往情不自禁地，要将记忆中日渐淡出的童年光阴，看作是生命中最为纯真的年代。'乡思'既是在空间方面，对现实中早已面目全非的故土的怀念，也是在时间之维展开的，对记忆中日渐淡薄的童年岁月的重温。"② 但这种想望的价值并不在于真正回到历史的童年，而是以"童年"时代之"美"来反观眼前的现实，从而理解我们究竟失去了什么，以及如何去重新寻回我们丢失的东西。对于个体来说也是如此。"简单地将儿童的幼稚看作是人类的希望，这就像将愚昧的茹毛饮血之地当成人类失去了的乐园，是一种自欺欺人。"③ 如果说那属于过去时间的童年自由对于个体确实具有任何文化上的积极意义的话，这意义就在这里：我们身内关于童年自由时间的每一点回忆，都促使我们意识到生命可能达到的解放程度，并致力于从现实生活中寻求这一解放的可能。它敦促我们反思现实自身的问题，并且想象和思考一种更好的未来。然而，在当代社会的童年文化消费潮中，这样的反思性想象恰恰是缺失的。面对现代生活的压力，我们的文化退回到了童年的自由幻象中，在这里，流变的时间停滞了，文化的负重取消了，只余下纯粹的精神自娱。它所体现的并非真正的生命自由，而是生命能量的一种无目的的放纵。对于表面看来无忧无虑、没心没肺的童年式娱乐的过度迷恋，代表了文化的一种"幼稚病"。因此，由现代娱乐消费带来的这种仿童年体验，其文化价值亟待更严肃的反思。

这一现象反过来提醒我们反思应当如何理解童年的自由美学。作为一个具有浓郁乌托邦气息的美学范畴，童年的自由并不是一个静止的理想，

---

① ［美］艾伦·布卢姆：《美国精神的封闭》，战旭英译，冯克利校，译林出版社 2011 年版，第 139 页。

② 徐岱：《基础诗学》，浙江大学出版社 2005 年版，第 209 页。

③ 徐岱：《艺术新概念》，浙江大学出版社 2006 年版，第 186 页。

而是需要在文化自我推进的无止息的河流中才能显现它独一无二的价值。像所有真正的乌托邦范畴一样,关于童年自由的审美体验和想象意味着"凡生的大地之美蕴含着一份对不朽至福的允诺"①,这允诺不是文化的终点,而是它的起点,一旦失去时间上的延展性质,这个起点也就没有了能够为它提供意义的目的。重要的是努力去靠近它,而不是最终完成它,因为就其本质来说,这样的允诺本身是不可能被企及和落实的。"假使有朝一日我们真被赐予了这份至福,得以亲身感受它,那么幸福感,连同对它的需求,都会即刻烟消云散。"② 因此,正是追寻自由的过程赋予了生命的时间以充实的意义。

当代消费社会对于童年自由的消费恰恰割断了它的这种时间延展性。当我们的社会把童年的自由视为一种可以售卖的欢乐商品时,这种自由本身已经堕落为另一种廉价的文化消费品。在一个热衷于向儿童和成人兜售童年自由的娱乐时代,童年的自由精神并未得到新的滋养,反而日渐失去其积极的审美意义。在这里,"臣服被当作自由来体验,如此它可以自给自足,成为一个可以长久持续的系统"。③ 儿童和成人越是倾向于从童年文化的消费中寻找这一自由,越是在一种伪自由体验中被消费文化的锁链所紧紧缚住,从而丢失了童年自由精神的审美解放意义。由此,童年似乎成为了堕落了的文化中留下的一小座秘密花园,在这里保留着人类关于失去的伊甸园的某些美好回忆。但我们都知道封闭的花园的实际意义。它是人们在疲倦时可以偶尔走进来怡情和小憩的场所,却往往并非生活的现实空间,在这里,花园的存在不构成一种与生活之间的冲突,倒是抚慰了灵魂受到生活压抑时的种种不安。此外,在工业化和城市化的现代生活中,能够拨出闲暇来关照这一奢侈的童年精神的花园,还是个体身份和品位的某种象征。随着童年的自由越来越成为一种观赏性的文化对象,浪漫主义赋予这一诗学意象的文化批判意义日益减弱,取而代之的是一种文化的补偿价值——童年的审美自由并不足以与现代生活对于人的异化力相抗衡,但它却可以是堕落了的人们对于世界和自我的一种补偿,这补偿抚慰了异

---

① ［美］罗伯特·波格·哈里森:《花园:谈人之为人》,苏薇星译,生活·读书·新知三联书店 2011 年版,第 23 页。

② 同上书,第 22—23 页。

③ ［法］尚·布希亚:《物体系》,林志明译,上海人民出版社 2001 年版,第 183—184 页。

化的生活，却也掩盖了生活中真正的缺失。

本章小结

    本章以纯真和自由两个童年诗学范畴为例，就当代社会的童年文化消费展开了现象层面的分析与批判。当代消费文化从童年的纯真和自由美学中发现了对于消费经济的自我繁衍来说意义重大的符号价值。通过把这一文化的价值注入相应的商品之中，消费社会进一步拓开了儿童与成人消费者的双重市场。然而，在消费经济的逻辑框架里，童年纯真和自由的精神不可避免地遭到了物化，其超越性的审美精神也逐渐沦为一种庸俗的商业精神。

    我们可以进一步追问，童年的纯真和自由的逝去对于我们的文化来说意味着什么？显然，我们的生活不会因为失去这两个诗性的范畴而难以为继，正如诗意的缺失绝不会导致我们因饥饿而死。但它的确会对人的灵魂造成影响，如果我们承认存在着灵魂这件事情的话。我们从童年身上所看到的纯真和自由之美，是我们自己的灵魂投射于其上的映像，从这里，我们获得了关于生命自身存在意义的肯定体验。然而，在消费社会围绕着童年的纯真和自由所展开的商品化交易中，寄托在上述童年精神范畴中的人的灵魂的身影，也日渐遭到了消费文化的驱逐。

第 四 章

从游戏精神到娱乐精神：童年体验的消费

当世界进步到体验经济，以往在非经济活动中获得的东西，也能在贸易领域内发现，这代表一个意义重大的转变：过去免费的东西，现在也要收费了。

——约瑟夫·派恩 詹姆斯·吉尔摩

1996 年，美国佐治亚州北富尔顿郡的阿法乐特，全世界首个专为儿童消费者打造的大型商场正式启动对外营业。这个名为爱博茨儿童村（Abbotts Kids Village）的儿童购物和娱乐场所占地 41270 平方英尺，其中先后开张经营的店铺涵盖了儿童食品、服装、玩具、游戏、图书、诊所、日托、健身、美发等各个行业。兴建之初，它曾被认为是一次不无冒险的投资规划，但其成功很快证明了这一理念的经济价值。"自此往后，各类儿童村在全美范围内兴起。"[1] 如今，我们也很容易在世界各地购物商场的儿童专区见到这一"儿童村"的影子。

然而，"儿童村"远不仅仅是一个儿童购物区的概念，它更是一个童年体验经济的概念。在这里，真正吸引儿童前来消费的并非商品本身，而是由所有这些商品的存在事实塑造而成的儿童之为儿童的综合体验。童年体验的商品化是兴起于消费时代的体验经济在童年消费领域的突出表征。"体验决定我们是谁，我们能做什么，我们将去哪里"[2]，一句话，体验描绘着我们自身的存在。"儿童村"的计划之所以能大获成功，正是因为它

---

① M. Lindstrom, P. B. Seybold. *BRANDchild: Remarkable Insights into the Minds of Today's Global Kids and Their Relationships with Brands*. London: Kogan Page Limited, 2003, p.215.

② 约瑟夫·派恩、詹姆斯·吉尔摩：《体验经济》，夏业良等译，机械工业出版社 2008 年版，第 158 页。

在鼓励儿童消费的同时，为他们提供了一种独特的身份体验——对于从历史的背景深处来到社会舞台中心不久的儿童来说，这一体验经济的魅力无疑是巨大的。

当代消费社会格外重视两种童年体验的价值：一是游戏的体验；二是权力的体验。通过将这两种体验转化为相应的商品对象，消费社会既见证了童年体验的经济价值，也越来越暴露出童年体验消费自身的问题：由消费社会提供给儿童的这场游戏和权力体验的消费狂欢事实上并未扩充儿童体验的容量，反而不断掏空着童年体验的内容。本章将结合具体的童年文化产品，就当代儿童的这两种童年体验消费展开批判性思考。

第一节　异化的游戏精神

游戏体验是童年最基本的一种体验，也是当前消费经济最倾力于在童年文化的生产和销售中进行兜售的一种童年体验。当代儿童的游戏生活在童年文化经济的繁荣中获得了形式上前所未有的丰富，但悖谬的是，这种丰富的游戏生活却也扼杀着童年游戏的内在精神。如果说童年的游戏在其最朴素的含义上对儿童具有一种积极的生命充实意义，那么当代童年在游戏的消费国度中究竟是变得更充实了，还是变得更贫乏了，无疑是值得一问的。

一　童年游戏体验的当代消费

从有机世界的现实来看，游戏似乎是一切幼小生命体的本能，但它尤其是人类儿童的一种本能。即便是在这一本能不可避免地遭到严格压抑的古代社会，人们也并不否认儿童游戏活动的合理性。不过，尽管儿童的游戏一直是童年文化历史不可或缺的一个重要部分，但在很长一段时间里，这类游戏主要被视为一种无伤大雅的儿童娱乐，或者一种儿童教育的媒介途径。柏拉图在其晚年所著的《法律篇》中将针对儿童的游戏安排视作人的早期精神塑造的有效途径："我们应该尝试利用孩子们的游戏去激发他们的兴趣和对活动的期望，而这些活动是他们长大成人时不得不去从事的。""培养和教育一个孩子的正确方法是利用他的游戏时间使他的心中充满了对一种职业的最大可能的喜爱，而这种职业当他长大时是一定得精通的。"① 相隔遥远的东方，孔子的"为儿嬉戏，常陈俎豆，设礼容"，也才是古时得到赞许的童年游戏方式。② 作为中国古代儿童教育思想的重要代表人物，明代思想家、教育家王阳明在《训蒙大意示教读刘伯颂等》一文中虽认可"大抵童子之情，乐嬉游而惮拘检"，并倡导教育应顺应儿童的这一心性而行，但其最终目的还是为了"顺导其志意，调理其性情，潜消其鄙吝，默化其粗顽"，③ 将儿童从耽于"嬉游"的性情引向合乎"礼仪"的生活。

　　与这一现实构成呼应的是，西方古典游戏理论中占据主导地位的"剩余精力说"和"生活模仿说"，分别将儿童的游戏视为童年精力的一种无害的释放和儿童对于未来生活的预备性练习。"在儿童的生活中有一个重要的现象，它非常清楚地显示了为未来做准备的过程。这就是游戏。"④ 这意味着对于儿童来说，游戏主要是一种生活的中介，是使儿童保持当下或未来生活正常状态的权宜之计。成年之后，个体既没有了剩余精力的烦恼（他的精力拥有了生活的对象），也走出了生活模仿的阶段（他已经展开自己的生活），游戏的正当时光也就顺理成章地结束了。"'游戏与劳动'的分割和'孩子与大人'的分割密不可分。"⑤ 我们因而可以理解，为什么在古代社会，游戏通常被认为是不成熟的人的标志。贺拉斯曾这样讽刺游戏的成人："如果我们发现有一个人已经长了胡子，可还是沉浸在儿童游戏的欢乐之中，那么他的行为就很荒唐"。⑥ 古罗马人认为，虽然"游戏在严肃的生活中应该成为一种放松"，但"儿童时期结

　　① ［古希腊］柏拉图：《法律篇》，张智仁、何勤华译，上海人民出版社 2001 年版，第 26—27 页。

　　② 司马迁：《史记·孔子世家第十七》，《史记》，韩兆琦译注，中华书局 2010 年版，第 3725 页。司马迁在"孔子世家"起始处便提到"孔子为儿嬉戏，常陈俎豆，设礼容"，以此作为全传的伏笔。传中，孔子自幼年时便不耽于一般的童稚嬉戏，而是在游戏中便表现出了成年后的气度、志向。

　　③ 《王阳明先生传习录集评》（卷四），上海新学会社 1914 年版。

　　④ ［奥］阿尔弗雷德·阿德勒：《理解人性》，陈太胜、陈文颖译，国际文化出版社 2000 年版，第 63 页。

　　⑤ ［日］柄谷行人：《日本现代文学的起源》，赵京华译，生活·读书·新知三联书店 2003 年版，第 118 页。

　　⑥ 参见［法］让-皮埃尔·内罗杜：《古罗马的儿童》，张鸿、向征译，广西师范大学出版社 2005 年版，第 74 页。

束后仍然不停地游戏，这种行为应该受到指责"。① 直至 19 世纪，人们对于儿童游戏的宽容仍然是十分有限的，他们在根本上希望控制儿童的游戏行为，缩短儿童的游戏时光，以使其尽快进入成人生活的状态。

但如今，事情调了个头。游戏本身不但被认为是儿童的一种正当生活方式，而且越来越在成人世界被认可为生活的一种基本姿态。两千多年前，柏拉图告诫人们，人类的游戏是神的侍奉物，而今天，一种从游戏到游戏的生活观开始占据人们的视野。生活中，小说里，屏幕上，遍布着游戏的成人。这一文化上的总体游戏态度反过来影响着成人对于儿童游戏的态度。仿佛一夜之间，当代儿童忽然发现自己正身处游戏的丰饶世界之中。各类儿童产品的生产商制造出大量可供儿童游戏的物品，它们不但以玩具的形式单独出现，而且附着在各种其他类型的儿童产品之上，包括儿童的食物、服装、学习用具，等等；电视屏幕上，越来越多的节目致力于教导成人如何为儿童提供游戏的欢乐，以及教导儿童如何自己制造和享受游戏的快意；为儿童创作的文学和艺术作品则倾向于直接向儿童奉上一种游戏式的想象生活——20 世纪 40 年代，当瑞典作家林格伦在《长袜子皮皮》中将儿童的游戏生活纯粹依从一种游戏而非教育的目的呈现给小读者时，她作品中的某些"出格"因素（比如游戏的儿童对于成人权威的颠覆）受到了一部分保守的成人的抵制，时至今日，很少还有成人会从这样的角度对一部儿童文学或艺术作品的游戏伦理提出质疑。人们倾向于认为，儿童游戏的最终目的是童年身心的愉悦，不论借助于何种方式，这一愉悦本身应该受到鼓励。因此，让孩子尽可能地享有游戏的欢乐，也是文化应尽的义务。

当代成人对于儿童游戏文化所表现出的宽容包含多重原因。它首先毫无疑问是因为当代成人在情感上更看重孩子的快乐。在古代文化中，"游戏"并非完全不受成人重视，但它主要被视为成人在严肃生活之外的一种休闲消遣。对于儿童来说，这种休闲的愉悦因为缺少严肃生活的背景的缘故，更容易被看作一种"玩物丧志"的行为。只有在一个承认和重视儿童自身生命价值的时代，儿童的游戏及其愉悦感的价值，才会同样得到社会的重视。与此同时，在一个生存的幸福感越来越不与经济呈同步增长

① ［法］让－皮埃尔·内罗杜：《古罗马的儿童》，张鸿、向征译，广西师范大学出版社2005 年版，第 74 页。

趋势的现代社会里，许多成人也越来越将儿童的快乐视为一种珍贵的情感财富。其次，整个 20 世纪，弗洛伊德有关童年的精神分析理论不断深入现代文化深处，人们意识到童年期的压抑会造成成年后难以愈合的精神创伤，而通过游戏的疏导和宣泄，儿童能够学着平衡自我和超我的最初对立，进而建构起一个健康的精神发展基础。这一童年期的心理平衡状态，对于个体未来的顺利成长来说显得十分必要。再次，当代心理学和教育家研究显示，游戏不但是儿童的一种自然的生活方式，也是儿童各种能力尤其是创造力发展的基石。"游戏是创造性的源泉"，"在儿童的游戏中，自我与外部世界、现实与梦想、有生命的与无生命的、过去和现在以及未来可以水乳交融浑然一体"。[①] 即便是从教育功利的视角来看，对于儿童游戏的鼓励也意味着未来丰富的回报。最后，在一个儿童面临空前沉重的教育压力的时代里，儿童的游戏也是对于日益加重的学校生活压力的补偿。在现代教育中被剥夺了的游戏的自由，需要从教育之外的有限时间里加倍地偿还回来。正如成人在结束一天的繁忙工作之后回到家里，更愿意在肥皂剧所提供的轻松的生活游戏中度过休闲时光，儿童从繁重的学业中抽出身来，同样倾向于选择一种轻快的游戏生活。而相比于过去严苛的教育控制，人们更乐意接受这样的游戏娱乐是对于儿童在现实生活中所受压抑的合理补偿。

当然，面向儿童的消费主义文化的勃兴，是所有这一切对于儿童游戏的宽容理由得以转化为儿童游戏体验的盛大经济，并促成这场童年游戏消费狂欢的最终原因。应该说，儿童的游戏与消费之间并无必然的关联，在古代社会，儿童的游戏是一种自发的活动，许多儿童玩具也是自制的物品。但这已经是太遥远的过去了。如果说"经济进步的历史是由对过去免费的东西收取费用而构成的"[②]，那么通过将原来免费的儿童游戏体验制作成为相应的商品，消费社会无疑找到了一个富于价值的体验经济生长点。这一趋势符合整个人类经济持续增长的需求。约瑟夫·派恩和詹姆斯·吉尔摩在其合著的《体验经济》一书中将人类社会的经济供给物按其出现的历史时间先后分为四种：产品、商品、服务和体验，"农产品是

---

① 刘晓东：《解放儿童》，新华出版社 2002 年版，第 120 页。

② 约瑟夫·派恩、詹姆斯·吉尔摩：《体验经济》，夏业良等译，机械工业出版社 2008 年版，第 65 页。

可加工的，商品是有实体的，服务是无形的，而体验是难忘的"。在体验经济时代，商家"不再仅仅提供商品或服务，而是提供最终的体验"，它们"充满了感性的力量，给顾客留下难忘的愉悦记忆"。①

体验经济并非消费社会的新产物，在人们开始为了欣赏的体验而购买艺术作品的年代，体验经济的雏形就已确立，但它是在消费社会才成为了一种普及性的经济形态。当代儿童游戏体验经济的一个最为常见的例子，是若干年前开始出现在一些商店门口的动物音乐摇椅。让孩子坐上去，向投币口丢进一枚硬币，摇椅便伴随着丁零的儿歌乐声上下左右地摇动起来。几十秒后，硬币的价值用完，游戏也就停止了。许多人大概都曾目睹年幼的儿童坐在上面，一而再、再而三地要求大人丢进硬币的场景。可以想见，一旦儿童掌握了自主消费的权利和能力，这一体验的经济将会显示出多么强大的消费动力。

在消费经济的努力下，这一想象很快成为了现实。短短十几年的时间里，上述游戏体验的经济已经渗透至儿童生活的方方面面，包括他们的文化生活。游戏意味着快乐，而快乐在儿童的生活中具有最高的合法性。在当代社会，我们或许会责备成年人只是为了追求快乐而生活，但显然没有人会责备一种以追寻快乐为目的的童年。因此，今天许多提供给儿童的文学和影视作品，其主要精力便集中在了快乐的游戏体验的生产上。这其中，最受儿童消费者欢迎的游戏体验主要有两类：一是幻想的游戏；二是语言的游戏。幻想的游戏主要集中在各类异世界题材的作品中，它总是与魔法、变形、科学幻想（包括近年兴起的"时空穿越"）等元素紧相关联。近年在国内热播的《快乐星球》《星际精灵蓝多多》《巴啦啦小魔仙》等儿童电视剧，便以幻想游戏的体验作为主要的文化消费点。此外，近些年越来越受到儿童热捧的电子游戏产品也致力于为其消费者提供各类幻想游戏的体验。语言的游戏则主要表现为对于儿童语言博弈游戏的迷恋。这种以娱乐为主要特征的言语博弈构成了当前大量儿童文学和影视作品的重要体验资本。儿童与儿童之间、儿童与成人之间的话语交锋，对儿童来说具有某种令人着迷的魔力。例如，下面两个对话片段分别取自两部在当前童书市场颇具读者召唤力的幽默儿童小说：

---

① 约瑟夫·派恩、詹姆斯·吉尔摩：《体验经济》，夏业良等译，机械工业出版社 2008 年版，第 16—17 页。

　　他们冲进那家书店，把书店老板吓了一大跳。那是一个很斯文的老头儿，脸白得像一张白纸。

　　"出去！出去！"书店老板像赶一群小鸡似的把他们往外赶，"这里没有中文书，只有英文书。"

　　"奇怪了，你卖书给中国人，还是英国人？"

　　毛超又找到了打口水仗的机会了。

　　"小孩子别在这里胡闹！"书店老板训斥道，"我这里的书，是卖给懂英文的中国人的，你们懂英文吗？"

　　"你怎么知道我们不懂英文？"

　　几个人都各挑了一本英文书，装模作样地在那里看起来。[①]

　　李丽教了我们三年英语，从未给过我们班好脸色看，这大概与我们以前上初一时不懂事捉弄过她有关。

　　印象最深的是有一次，李丽点惜城读英语句型——"Where's Lily？"

　　惜城大声念道："我儿子李丽！"

　　李丽有点愣，阴沉下脸来，对着惜城说："你再读一遍。"

　　惜城一脸坦然的样子，又大声念了一遍："我儿子李丽！"

　　全班大笑，男生笑得又是跺脚又是捶桌子。

　　惜城摸着脑袋朝大家瞪眼睛，其实我知道他是在装无辜。[②]

　　只需粗略检视一些作品，我们就会发现，这类语言的趣味博弈游戏充斥于当前的儿童文学、影视和娱乐节目。正如"芝麻街"节目创始人之一杰拉德·S.莱瑟所观察到的，文字和语言的游戏使"多数儿童在玩弄语言中找到乐趣"[③]，这使得类似的语言游戏在各类童年文化产品中大为盛兴，并有愈演愈烈之势。

---

　　① 杨红樱：《淘气包马小跳·丁克舅舅》，接力出版社 2004 年版。

　　② 伍美珍：《同桌冤家·一对男生女生的幽默派对》，福建少年儿童出版社 2003 年版，第 28 页。

　　③ Gerald S. Lesser：《儿童与电视："芝麻街"的经验》，关尚仁译，远流出版事业股份有限公司 1994 年版，第 123 页。

　　幻想的游戏和语言的游戏，这两者都是最古老的儿童游戏元素，但也都是一度最受压抑的儿童游戏内容。18 世纪，儿童文学作为一个独立的文类在欧洲文化中刚刚诞生的时期，幻想并不被认为是这一文类的正统艺术。尽管早期儿童文学取用了民间故事的幻想题材，但所有幻想的羽翼都需要被小心地折叠在严格的现实教育与道德要求的身躯之下。与此相应地，提供给儿童欣赏和学习的语言必须是平伏的，驯从的，成人主导的，即使在被称为现代儿童文学发展黄金时代的维多利亚时期也不例外。这一时期的父母"把听话放在高于一切的位置，胜于爱和幸福"，大人们不但期望年幼的子女们听话，而且期望他们在成年之后仍然听话。① 在中国，这种观念的普遍性一直要持续到 20 世纪后期。相应时期的儿童文学作品所传达的价值观也大抵如是。

　　1865 年，作为西方儿童文学历史转折点的《爱丽丝漫游奇境记》（刘易斯·卡洛尔）第一次将纯粹的幻想和语言的游戏作为儿童文学表现的第一要素凸显了出来，但其幻想和语言事实上并非单纯的游戏，它的游戏的形式中还包含了颇具分量的文化寓意。对于这部主要被界定为现代童话的作品中那些单纯而又复义的语言游戏的解读，不但构成了儿童文学研究史上一个引人注目的阐释现象，也激发着成人文学研究者的好奇。尽管这两类游戏在儿童故事中的作用很快被发展中的童书业所察觉并加以运用，但卡洛尔式的复义游戏显然并不适合后来逐渐兴起的娱乐文化。20 世纪20 年代，迪斯尼公司从这部经典小说中借取题材制作无声动画短片"爱丽丝"系列时，放弃了原作的基本情节，而仅仅采用了其中的一些幻想游戏元素来设计爱丽丝的冒险。这一处理固然有着技术上的原因，却并非技术所能解释，因为不久之后为电影行业带来巨大变革的声音技术的发明和运用，并未将那些被去除的文化内容交还给它的电影版本。1951 年出品的迪斯尼配音动画《爱丽丝漫游奇境记》，在全力演绎原著中那部分最具可视性的幻想游戏内容的同时，其对话的改编也像今天的大量动画影视作品一样，突出了角色之间的语言游戏调侃意味。至 2010 年，迪斯尼再次推出 3D 真人版《爱丽丝漫游奇境记》，在这里，卡洛尔式的幻想和语言游戏的文化内涵几乎被筛除干净，爱丽丝的漫游故事变成了一场从幻想

──────────

① ［美］比尔·布莱森：《趣味生活简史》，严维明译，接力出版社 2011 年版，第 422—423 页。

（包括技术的幻想）到对话的典型大片游戏。

这类欢快的游戏体验商品换来了不菲的经济回报。近年以幻想和语言游戏作为主要卖点的影视作品，其票房和收视率是人们有目共睹的。影视之外，儿童文学的出版也以前所未有的销售业绩朝前进发，而在其市场板块中占据主导位置的，基本上是那些以轻快的游戏体验为卖点的作品。很多时候，一部作品的故事、人物、情感、题旨等所有元素都围绕着这两种游戏组织起来，作家不妨在其他地方掉以轻心，但一定要在游戏的设计上加重分量。今天，卡洛尔式的童年艺术游戏无疑已经成为过去，一种浅俚轻松的游戏美学占据了儿童游戏体验的基本内容。

对于长期以来在我们的文化中备受压抑的儿童游戏冲动而言，当前蓬勃发展的游戏体验经济是一种特殊的"恶补"。这种"恶补"是有理由的。游戏的砖瓦并不能用来建造成人生活的整座大厦，但对儿童来说，一种游戏化的生活恰恰是十分合适的。如果说有什么材料可以用来组建童年的全部生活，那么它无疑正是游戏。"孩子们通过游戏，被包容在巨大的世界之中，把世界缩小到合适自己的尺寸的规模。……难以忍受的生活在游戏中变得轻松起来。"① 问题在于，我们怎么理解童年的"游戏"？游戏仅仅是一种娱乐的体验吗？这种娱乐可以用来建构儿童的生活吗？回答这些问题，我们需要越过教育实践意义上的儿童游戏研究，来探问游戏作为一种人类活动的内在精神。毫无疑问，在现代美学和文化传统中受到格外器重的"游戏"一词，很容易使我们对游戏这一名称生出自然的好感；不过也正是对这一传统的重新回溯和清理，可以为我们反思当前童年游戏消费的问题提供最为可靠的依据。不可否认，消费时代的到来为儿童提供了空前丰富的游戏体验，但这些体验却消磨着游戏的真正精神。

二　游戏传统与文化精神

在多个语言体系中，游戏都是一个指涉范围十分宽泛的词语。因此，赫伊津哈在其《游戏的人》一书自序中指出："古老的智慧把人的一切活

---

① 《本雅明论教育：儿童·青春·教育》，徐维东译，吉林出版集团有限责任公司 2011 年版，第 65—66 页。

动都叫做'游戏',但那难免有点滥用。"① 在该书第一章为游戏划定范围时,他再次强调:"如果我们过分泛化游戏的概念,那就是在玩文字游戏。"② 不过,可以肯定的是,所有关于游戏意义的理解,其最初的模本都是作为一种人类活动的具体的游戏行为,而这一游戏的源头又可以追溯至儿童的游戏。

最早将游戏范畴从现实的物质生活领域带入审美精神领域的是康德。在康德的美学思想中,游戏从一种不无幼稚的玩乐活动升格为了一种意义不凡的人类文化现象。在《判断力批判》中,为了说明艺术的自由特征,康德提出了艺术与游戏之间的著名譬喻,即将艺术"看作好像它只能作为游戏、即一种本身就使人快适的事情而得出合乎目的的结果"③。需要指出的是,在康德的自由论美学中,游戏只是作为喻体而存在之物,在这一比喻关系内,它与作为本体的艺术之间所建立起来的并非等同关系——我们不妨循着康德的思路称艺术如同游戏,但却不能反过来说游戏即是艺术。因此,上述引文中的"看作好像"(sieht so on...als ob)等字很值得琢磨。同时,康德对于作为喻体的"游戏"一词的使用也并不是精确的。他有时将艺术整个地比作"单纯的游戏";有时又只以游戏譬喻一部分艺术,比如当他为了说明"快适的艺术"而将这类艺术比作游戏时,他所强调的是一种仅仅具有欢娱消遣功能的游戏,它"并不带有别的兴趣,而只是使时间不知不觉地过去",在这里,游戏作为"快适的艺术"的象征,还未到达他所说的"美的艺术"的层次④;而当他说人的"每一种活动不是一种劳作(有目的的活动),就是一种游戏(有意图而无目的的活动)"⑤ 时,他笔下的游戏又似乎指向着比艺术更广泛的生命自由意义。显然,在谈论艺术与游戏之间的类比关系时,康德所关注的其实是艺术而非游戏,后者只是用来呈现艺术的"无目的之合目的性"特征的一个形象。然而,康德在其美学体系中对于游戏意象的拮取,却在事实上促发了后人对于游戏的文化精神和意义的思考。

──────────────

① ［荷兰］约翰·赫伊津哈:《游戏的人:文化中游戏成分的研究》作者自序,何道宽译,花城出版社 2007 年版。

② 同上书,第 19 页。

③ ［德］康德:《判断力批判》,邓晓芒译,杨祖陶校,人民出版社 2002 年版,第 147 页。

④ 同上书,第 148—149 页。

⑤ 参见曹俊锋《康德美学引论》,天津教育出版社 1999 年版,第 420 页。

发端于康德的对于游戏的精神关注，在他的继承者席勒那里得到了进一步的重要发扬。出现在《审美教育书简》中的这句名言虽非就一般游戏的现象而发，却为游戏在整个人类文化格局中的地位攀升，起到了奠基性的作用："说到底，只有当人是完全意义上的人，他才游戏；只有当人游戏时，他才完全是人。"① 尽管席勒这样说的时候，同样是在譬喻的意义上使用游戏一词的，与康德一样，他也未就游戏的确切内涵作出任何相对自足的内涵界定，但他却在康德思想的基础上，将游戏的意义从艺术领域进一步拓展开去，使之成为了人的理想生命实现的一种象征。这一思想正式启动了一个流播广远的审美游戏论的文化传统。从席勒使用"游戏"一词的语境来看，他实际上是以游戏的意象来说明审美活动的一个基本特征，亦即一种没有强迫的精神自由状态，它其实就是康德所说的"无目的之合目的性"状态。由于这一界说剥去了游戏活动的其他一切性质，而一意强调其被理想化的"自由"特征，这无异于是向原本不无下里巴人之感的游戏行为颁发了通往高雅艺术殿堂的身份证明。"将艺术与游戏混为一谈，这对于游戏多少有点蓬荜生辉的意思，有助于提高游戏的层次、丰富内涵增添意味。"② 虽然柏拉图也曾在《法律篇》中使用过游戏与人类生活的譬喻，但他明确指出，人的一生应该献给那"最高尚的游戏"，亦即扮演好神所分配给每个人的角色的游戏③，它绝不是一般的嬉戏行为。与此相比，从康德到席勒的比喻所取用的，则恰恰是一般游戏行为的精神特征。从艺术的譬喻中回转身来，游戏不再只是一种普通的玩乐行为，它的意义由形而下的生活世界转向了形而上的艺术世界。

从游戏的视角来看，席勒的审美游戏理论是对于游戏的理想化。而当我们考虑到那些真实、具体的人类游戏现象时，相比于席勒有关游戏的诗性阐说，19 世纪后期德国哲学家弗里德利希·克尔希纳在其《哲学基本概念词典》中对于该词所作的朴素解释显得更为公允："游戏（Spiel）是精神或身体的一种自由、放松的活动，它没有严肃的目的。

---

① ［德］弗里德里希·席勒：《审美教育书简》，冯至、范大灿译，上海人民出版社 2003 年版，第 124 页。

② 徐岱：《基础诗学》，浙江大学出版社 2005 年版，第 260 页。

③ *The Laws of Plato*. Trans. Thomas L. Pangle. Chicago and London：The University of Chicago Press，1980，p. 193.

人的自我保存本能使人努力要保持一种持续行动的状态，当他无须为物质的需要而奔忙时，他就寻求这样一种行动，它使他充实，却又不使他辛劳。……由于艺术也使人的身体和想象力充实起来，从这个意义上说，我们也可以称它为审美的游戏。实际上，对于完人而言，每一件工作都能成为游戏，正如席勒的精辟之言：只有当人是完整意义上的人时，他才游戏；只有当人游戏的时候，他才完全是人。"① 克尔希纳的解释揭示了席勒在其理论中不曾阐明的一个重要的意思，即游戏与审美之间并不能全然画上等号，它们之间的精神关联是有前提的：只有当我们从游戏对于人的身体和精神的自由充实意义来看待游戏时，游戏与审美活动之间乃至游戏与一种审美的生活之间的类比关系，才能得以正当地建立起来。

这一理解的补充意味着，反过来，当我们把游戏的范畴置于这一美学传统之下进行理解时，我们也不应当再从日常生活的意义上解读游戏的概念。显然，席勒关于"完整的人是游戏的人"的说法，已经将游戏从普通的日常生活语境中抽离出来，而使之成为了一个精神性的范畴。

1938 年，当荷兰历史学家赫伊津哈在其专论"游戏"的《游戏的人》一书中提出将游戏作为文化的一种性质来理解时，他所使用的"游戏"概念实际上正是从康德、席勒的审美游戏思想衍生而来的一个精神范畴。他在该书起首便提出了游戏的首要属性是一种"深刻的审美属性"②，在他看来，这种属性贯穿于人类的一切文化之中。游戏不仅仅存在于文化的现象之中，它本身就是文化的一个性质。伽达默尔在《美的现实性》一文中呼应了赫伊津哈的观点："游戏乃是人类生活的一种基本职能，因此人类文化要是没有游戏因素是完全不可想象的。"③ 从赫伊津哈本人的反复强调来看，《游戏的人》的副标题"The Play Element of Cul-

---

① "Spiel", in Friedrich Kirchner. *Wörterbuch der philosophischen Grundbegriffe.* Zweite Auflage. Heidelberg: Georg Weiss, Verlag, 1890, p. 409.

② [荷兰] 约翰·赫伊津哈：《游戏的人：文化中游戏成分的研究》，何道宽译，花城出版社 2007 年版，第 4 页。

③ [德] H. G. 伽达默尔：《美的现实性：作为游戏、象征、节日的艺术》，张志扬等译，生活·读书·新知三联书店 1991 年版，第 34 页。

ture"最贴切的中文译法应该是"文化的游戏性"。[①] 也就是说，赫伊津哈此书并不是把文化当作游戏来解读，而是致力于从文化中揭示其所蕴含的游戏的精神。"如果你承认游戏，你同时就承认了精神。"[②] 游戏的精神来自于游戏的现实，但却并非游戏本身，它是从游戏的现象中反射出来的人类精神的影像。

我们可以从四个方面来理解这一游戏精神的内涵。

第一是愉悦性。能够愉悦人是一切游戏在其最基本的生活意义上的首要功能，也是游戏精神的首要特征。赫伊津哈曾这样定义游戏："游戏是在特定的时间和空间中展开的活动，游戏呈现明显的秩序，遵循广泛接受的规则，没有时势的必需和物质的功利。游戏的情绪是欢天喜地、热情高涨的，随情景而定，或神圣，或喜庆。兴奋和紧张的情绪伴随着手舞足蹈的动作，欢声笑语、心旷神怡随之而起。"[③] 我们从中可以感受到游戏活动所带来的一种强烈的欢愉气氛。它也是赫伊津哈所说的"欢笑和乐趣"的属性。在康德以降的游戏美学的传统中，游戏的这种直接作用于身心的快感特征也得到了基本的肯定，尽管作为艺术的游戏显然远不止于快感的满足，但它是艺术展开的基础。在根本的审美意义上，游戏的精神指向一种感性解放的愉悦。

第二是超物质性。游戏精神的超物质性是指游戏本身是对于当下物质生活世界的某种超越，在游戏的情境中，平时束缚着人的物质价值与生活法则暂时失去效力，取而代之的是游戏自己为自己制定的价值与法则。超物质性并不意味着游戏对于物质的排斥，相反地，儿童与成人的大多数游

---

① 赫伊津哈在本书自序中提到他以这一题目在苏黎世、维也纳、伦敦等地讲演时，东道主总想把"The Play Element of Culture"改成"The Play Element in Culture"，为此，他每次都提出抗辩，并坚持用"of"。"这是因为我的目的不是界定游戏在一切文化表现形式中的地位，我是想断言，文化本身在很大程度上打上了游戏的烙印，带有游戏的性质。"见［荷兰］约翰·赫伊津哈：《游戏的人：文化中游戏成分的研究》作者自序，何道宽译，花城出版社 2007 年版。国内目前已出的三种中文译本分别将副标题"The Play Element of Culture"译作"关于文化的游戏成分的研究"（多人译，1996 年）、"对文化中游戏因素的研究"（成穷译，1998 年）、"文化中游戏成分的研究"（何道宽译，2007 年），其中的"成分""因素"等译法，所传达的仍然是"in"而非"of"的意思。实际上，英语 element 一词也并不仅仅只有一般意义上的"因素""成分"的意思，也指一个整体中具有"基础性、本质性、不可化约性"的内容。

② ［荷兰］约翰·赫伊津哈：《游戏的人：文化中游戏成分的研究》，何道宽译，花城出版社 2007 年版，第 5 页。

③ 同上书，史丹纳序。

戏都需要借助物质的媒介来完成，但这些游戏的真实对象却不是物质事物。游戏在某种程度上具有开辟生活之外的另外一个世界的功能，这一世界既与物质生活紧相连接，又超越了物质生活的限制。"在游戏时，有一种东西在起作用，它超越了眼前生活的需要，它给行动注入了特定的意义。……这个事实隐含着游戏本身的非物质属性。"① "无论游戏是什么，它总不是物质的东西。"② 游戏的非物质性也是对于游戏作为一种人类文化现象的根本精神属性的肯定。

第三是非功利性。游戏的非功利性最容易让我们联想到康德拿它来譬喻艺术的"无目的的合目的性"。虽然从古至今，我们可以很方便地搜罗到关于游戏的仪式、宣泄、娱乐、教育、成长、治疗等各种功用的阐说，但所有这些都应该属于对于游戏的文化运用，而不能被直接定义为游戏自身的精神旨归。游戏的非功利性不意味着游戏不能用作这一切用途，但对于游戏来说，抛开其内在的精神逻辑而一味致力于寻找其外在的功用，是一种舍本逐末的行为。游戏有它自己的目的，它的目的就是它自身。一旦游戏完全脱离了它自身的目的，游戏作为它自身的趣味和意义也就终止了。"比如打扑克和玩象棋，虽说属于通常的游戏形态，但如果游戏者本身并不自愿因而也没有乐趣，只是当作一种养家糊口的职业或者为了进行生死一搏的较量而进行，这就谈不上是在游戏。"③ 在非功利性的意义上，如果说游戏本身有任何功用的话，那就是人的生命力的一种自我实现与证明。游戏的一切外在的功用，都应该首先服从于这一内在的精神要求。

第四是庄重性（seriousness）。在一般的语境中，我们总是倾向于把游戏的行为首先与一种轻松的消遣联系在一起，它对立于任何严肃的知识说教或板着脸的道德训诫。但这并不意味着游戏带来的只是轻佻的玩乐精神。相反，游戏的庄重性不只表现在游戏有它自己不容打破的规则，也表现在游戏中个体对于游戏世界的庄重态度。真正游戏的儿童不是以嬉笑的态度进入游戏，而是以他所可以支配的认真和负责全身心地投入其中。真

① ［荷兰］约翰·赫伊津哈：《游戏的人：文化中游戏成分的研究》，何道宽译，花城出版社 2007 年版，第 3 页。
② 同上书，第 3—5 页。
③ 徐岱：《基础诗学》，浙江大学出版社 2005 年版，第 255 页。

正的成人游戏也是如此。"一切游戏包括儿童和成人的游戏都可能在最严肃的态度中进行"，我们也不难观察到，即使最幼稚的儿童游戏也常为一种庄重和严肃的情绪所充满，"这是不是意味着，游戏仍然和神圣典礼中神圣的感情纠缠在一起呢？"①赫伊津哈对此的回答虽然谨慎，但却是肯定的。因此，他把仪式也看作一种游戏。这当然也有泛化游戏概念的嫌疑，但它指出了游戏与仪式之间的某种共通的精神关系。从这个意义上说，巴赫金笔下古老的狂欢节要成为一种真正的游戏，必须具有严肃的生命精神支撑，缺乏它，这种狂欢就仅仅是一场想象性的革命闹剧，而不具有巴赫金所试图从中发现的那些积极而深刻的文化意义。纯粹滑稽的调笑只是游戏的皮相，它不是真正的游戏，也不代表游戏的精神。

　　因此，理解游戏的庄重性，尤其是理解这种庄重性是如何与它的愉悦性完好地统一在一起的，对于我们完整地游戏精神来说显得格外重要。在这一点上，对于席勒有关游戏的诗性比喻的回顾是必要的："当我们怀着情欲去拥抱一个理应被鄙视的人，我们痛苦地感到自然的强制；当我们敌视一个我们不得不尊敬的人，我们就痛苦地感到理性的强制。但是如果一个人既赢得我们的爱慕，又博得我们的尊敬，感觉的强迫以及理性的强迫就消失了，我们就开始爱他。也就是说，同时既与我们的爱慕也与我们的尊敬一起游戏。"②它意味着，游戏的精神指向着一种同时包含了"爱慕"和"尊敬"的情感，前者使我们自然地感到愉悦；后者则在我们心里引发一种自觉的庄重感。在这里，愉悦改变了庄重的性质，反之亦然。因此，游戏的庄重感不同于其他活动的庄重感，它是一种呈现为轻扬的愉悦面貌的奇特的严肃。当然，席勒的这一比喻本来是就艺术的对象而发的。乍看之下，愉悦感和庄重感的这种结合在一般游戏中似乎是难以想象的；但仔细观察，我们便会发现，任何一种微小的游戏实际上都向我们要求着一种郑重的参与精神，这精神实际上是我们生命力的自我显现要求。柏拉图在《法律篇》中将支配着人类游戏的精神界定为神的精神，认为游戏之物乃是为了侍奉于神的神圣之物："神的本性是一种完整、神圣的庄

---

① ［荷兰］约翰·赫伊津哈：《游戏的人：文化中游戏成分的研究》，何道宽译，花城出版社 2007 年版，第 18 页。

② ［德］弗里德里希·席勒：《审美教育书简》，冯至、范大灿译，上海人民出版社 2003 年版，第 114 页。

严，人类的本性则被造就为神的玩具，……世间男女应当在最高尚的游戏中度过他们的生活。"① 如果把柏拉图所说的"神"理解为生命的最高精神，那么真正的游戏也应当体现这种精神。在这里，生命的庄重感是游戏的庄重精神的根本源头。只要人的游戏是以生命为目的的，它就具有一种特殊的"高尚性"；而当我们丢弃游戏的这种内在的庄重精神时，我们已经把真正的游戏给败坏了。

三　失落的游戏精神

游戏的愉悦性、超物质性、非功利性和庄重性，共同指向着人类游戏文化最初的基本精神。它也是一切儿童游戏在其自发之初所显现出的精神雏形。然而，我们会很容易地发现，当代童年文化经济对于童年游戏体验的开发看似是对于童年游戏文化的倡导，实则伤害着这一文化的内在精神。

如前所述，在很长时间里，儿童游戏自身的精神价值并未获得社会的认可。随着现代童年观的确立，现代审美文化对于游戏的关注也改变着人们对儿童游戏的看法。主要来自艺术领域的审美游戏说的传统虽未直接影响儿童游戏文化的建构，但它却在更为深刻的哲学和美学思考层面上提升了儿童游戏在儿童生活乃至全部人类文化中的特殊地位。20 世纪以来的儿童研究者们兴高采烈地接受了这一传统中所隐含的对于儿童游戏现象的某种肯定乃至恭维。如果说游戏是艺术，那么儿童的游戏也可以相应地被理解为一种艺术的活动（这其中，最著名的是弗洛伊德将儿童游戏比作艺术行为的观点）；如果说游戏代表了审美的自由，那么儿童的游戏同样也分享了这种自由的创造和体验。在儿童心理学、教育学和消费经济的共同推动下，充分给予儿童游戏的自由，以及为儿童创造各种游戏的条件，成为了 20 世纪后半叶至 21 世纪育儿理念的核心之一。

然而，与当代儿童所表现出的游戏激情和当代社会对于这一激情的积极回应形成对比的，是游戏的完整精神在这一童年游戏消费大潮中的日益失落。我们不难看到，今天，我们的社会提供给儿童的大量游戏仅仅落实了一种愉悦性的功能，而且越来越强调和突出这一功能。在这个

---

① *The Laws of Plato.* Trans. Thomas L. Pangle. Chicago and London: The University of Chicago Press, 1980, p. 193.

过程中，丰富的游戏精神逐渐被转化为了单一的娱乐精神，儿童的游戏则越来越等同于一般的玩乐。这使得童年的游戏在不知不觉中沦落至游戏一词最为市侩的一种含义，即视游戏为生活的恣意放纵。与此同时，受到今天全球化的功利教育观的影响，儿童游戏的自由被日益排挤出教育的实践领域，这一现实有时使当代儿童的生活显得不堪重负。"现在的很多孩子，童年不过是一堆精心计划好的日程……这样的孩子的父母们得小心，当你们成绩斐然的孩子们长大，走出课堂之后，就是天降大雨的时候了。十多岁的少年反抗压迫的程度，将和童年时强加在他们身上的限制和操纵程度相当。"① 这使得当前风行的游戏消费文化看上去仿佛是对儿童所身受的上述压迫的有益补偿，它也助长了社会对于这一文化的纵容。但是问题非但没有得到缓解，反而变得更为复杂。如同今天的教育给予儿童的伤害很可能要远远多于对他们的培育，当代游戏体验的过度消费对儿童所造成的身心损害，也有可能远远大于它所提供的娱乐价值。

　　它首先表现为消费时代的童年游戏体验越来越失去它相对于物质生活的超越性。从儿童游戏生活的历史来看，商业玩具的普及不过是近几十年间的事情。在过去的千百年间，儿童的游戏对于物质的"道具"并无特别的要求，一支竹竿、一片木瓦，乃至徒手赤身，都足以为游戏的展开提供充分的条件。因为游戏的关注原不在于物质对象，而是游戏所再造的那个假想的世界，制约这个世界的并非物质的内容，而是游戏的逻辑。19世纪英国作家罗伯特·斯蒂文森在他的诗歌中这样写道：Happy hearts and happy faces，/Happy play in grassy places，/That was how，in ancient ages，/Children grew to kings and sages。② 在这里，除了孩子的身体和心灵，还有身边的自然世界，童年游戏的实现并不需要借助于更多的物质通道。在古老的手指游戏、跳绳游戏、谜语游戏中，物质的因素几乎可以忽略不计。而在"办家家"之类的假装游戏中，物质的媒介也并不在游戏的进行中具有决定性的作用。

---

　　① ［美］迈克尔·弗洛克：《享乐主义手册——掌握丢失的休闲和幸福艺术》，小意译，南京大学出版社 2011 年版，第 105—106 页。

　　② 这四行诗大致可译为：快活的心儿，快活的脸，/快活地游戏在草地间，/古老的岁月里，就是这样，/孩子长成了国王和圣贤。

当代的情形恰好相反，物质器物在儿童的游戏生活中扮演着越来越必要的角色，并在很大程度上决定着游戏乐趣的等级。消费经济训练孩子们以游戏的名义来索求各种物质的玩具，孩子们显然也越来越精于此道。随着这一消费循环的推进，玩具不再只是游戏的中介，倒是游戏成为了玩具的中介。原本超越物质性束缚的游戏体验在这里恰恰被物质化了。加里·克罗斯针对玩具变迁史的研究表明，随着玩具的制作工艺变得越来越精细，玩具所包含的体验内容则变得越来越贫乏，如果说早期游戏包含了丰富的广义教育内容，那么像芭比娃娃这样的当代游戏就纯粹是一种"消费教育"，它所传递给孩子的是关于如何成为一个自由的、永无止境的消费者的讯息。"玩具是孩子们脱离父母监控的自由的表达。孩子们应该从过去学习并为他们的未来做准备是陈旧的观点，它们不可避免地为消费文化所占用。而记忆与希望就在不断变化的消费文化的迷雾中迷失了。"① 1997年，波兰籍法国童书作家艾姿碧塔在她的创作谈中这样写道："今天的孩子的卧室真是一个可怕的地方，就像一个恐怖剧场。孩子们生活在一堆塑料制品当中，周遭充斥着山一样的绒毛玩偶、各种器具、各式各样的录音机、录影机及教育器材、玩具架、半导体飞机，荧幕上不断播放着许许多多只有瞬间视觉效果的节目。我童年时代那些具有创造性的思考，也就是所谓的'心灵器材'，已经被湮没、扼杀了。从前在孩子内心里酝酿创作的，今天可能已经变成外放的、委由他人制作的形式。"② 在一个商业时代里，儿童玩具的商业化不应该成为它受责备的理由，但是，如果商业玩具不断以游戏的名义将一种无穷的物质欲望移植到儿童消费者的身上，进而剥夺了儿童原本可能从真正的游戏中所获得的超越性的精神意义，那么它显然已经越过了童年文化的某些危险的门槛。

童年游戏体验的这种物质异化不但体现在以身体游戏体验为推销对象的儿童玩具行业，也体现在以虚拟游戏体验为商品的视觉和电子媒介领域。在儿童电视广告中，这一行业借以向儿童推销或宣传商品的主要形式

---

① ［美］加里·克罗斯：《小玩意——玩具与美国人童年世界的变迁》，郭圣莉译，上海译文出版社2010年版，第280、302页。

② ［法］艾姿碧塔：《艺术的童年》，林微玲译，安徽教育出版社2005年版，第11页。

之一，便是将商品的使用过程呈现为一种儿童游戏的形式。① 这样，不论儿童观众最后是否购买广告所宣传的商品，他都已经先消费了广告所提供的这场视觉游戏。考虑到低龄儿童通常是将广告作为真实的叙事作品直接加以接受的②，这类虚拟的游戏体验就更容易内化为儿童对于游戏的物质性的体认。

与广告相比，由大量以儿童为对象的影视作品和电子游戏所提供的幻想世界，从形式上来看的确为儿童提供了超出物质世界的游戏空间，同时也为他们提供了超越日常生活的角色体验，这种体验对于童年生活来说是必不可少的。然而近年来，随着所谓的儿童文化产业的崛起，许多作品仅仅是以自由幻想的虚拟形式复制着消费生活的欲望逻辑。从作品的内部来看，今天，主宰着大量幻想题材影视作品的是一种"技术的欲望"。它集中表现为作品对于幻想技术（包括想象的技术和视觉技术）的迷恋，与此相比，幻想本身的艺术质量则显得越来越不重要。在这类影视作品的制作中，起着决定性作用的是技术的游戏，而技术又有赖于物质的投入。这期间，总是被制作方所大肆宣传的有关这些游戏体验制作的巨额成本，不断地提醒着我们与物质消费有关的消息。值得玩味的是，这些物质化的数字的确大大增强了人们（包括儿童和成人）一睹为快的欲望。这与当代儿童玩具的技术化是同一个道理。从作品的外部来看，"今天，针对儿童的电影从一开始就是为了尽可能地打开商业销售机会而投入生产的，其销售对象包括玩具（玩偶、模型等）、个人用品（文具盒、用餐盒、服装等等）以及网站和电子游戏"③，"大多数新的儿童电视动画的生产公然以一

---

① 根据相关研究，儿童对电视广告的注意受到两个重要因素的影响，一是个人因素；二是刺激物因素。电视广告的游戏呈现方式可以同时从这两个因素上激发儿童的注意，从而成功地使孩子们"把广告当成了娱乐的一部分"。参见詹姆斯·U. 麦克尼尔、张红霞《儿童市场营销》，华夏出版社2003年版，第92—96页。

② 研究显示，年龄越小的儿童，越倾向于将广告接受为一种与普通故事一样具有高可信度的叙事。一项1972年开展的美国儿童广告接受调查表明，"年龄大约在5—8岁之间的年幼儿童对电视的注意状况在电视广告出现时没有出现增加或减少的现象。"见［美］桑德拉·L. 卡尔弗特《信息时代的儿童发展》，张莉、杨帆译，傅小兰、严正审校，商务印书馆2007年版，第194页。另一项由北京师范大学儿童心理研究所教授、博士生导师陈会昌主持的针对北京市200多名4—5岁儿童进行的抽样调查显示，90%以上的孩子最喜欢看的电视节目，首先是电视广告，其次才是动画片和少儿节目。该调查数据曾被国内相关研究者和媒体多次转引。

③ Sue Palmer. *Toxic Childhood*: *How the Modern World is Damaging Our Children and What We Can Do About It*. London：Orion Books Lmt. ，2007，p. 229.

系列新商品的销售为目的。因此，某个项目仅仅受到孩子的欢迎是不够的，它还得在孩子们身上注入关于一个想象世界的承诺，要进入这个世界，孩子们不但可以通过观看电视的方式，还可以通过拥有一个特定的玩具系列并与之相游戏的途径"。①

而在这些后续产品中，不但充满了技术的欲望，也充满了直接的物质欲望。以电子游戏为例，除了购买游戏的中介道具所需要的物质基础之外，游戏过程中，随着游戏等级的推进而从系统中换取（常常是购取）的无止境的奖赏，也成为其幻想游戏展开的永动机，它基本上就是现实生活中无止境的消费欲望的投射。从这个意义上说，这类作品借游戏的体验所真正生产的其实是消费的欲望。这样，童年的游戏原本是要从物质生活的束缚中超越出来，却在幻想的虚像中重新跌落于物质欲望的尘埃里。

其次，游戏体验的商业化使童年的游戏不再单纯，而是带上了显在的物质功利目的，同时，为了进一步促进童年游戏体验的当代消费，生产商又发现了另一个有效的迂回路径，即利用游戏所具有的文化资本潜能，将游戏的娱乐消费与教育消费结合在一起。这使得童年的游戏常常又与教育的功利目的捆绑在一起。不久之前，教育还是儿童娱乐业小心翼翼地想要避免触怒并努力讨好的对象，但在今天，它们之间已经默契地完成了彼此间的磨合，并实现了或许令双方都颇为满意的合作。

应该说，利用娱乐性的游戏来促进儿童的教育一向是儿童游戏文化传统的一部分，也有其不可替代的文化价值。伊藤瑞子在其针对儿童软件中游戏与教育元素的研究中谈到了 20 世纪 70 年代末的电子技术革新带给美国儿童教育发展的娱乐性契机："伴随着这些技术变革的发生，国内一些教育研究的小团体开始尝试将个人电脑用于创造一种双向互动、激励儿童、并且具有娱乐性和开放性的学习环境，这一环境不同于传统学校教学中自上而下的说教主义。一种更快乐、更以儿童为中心，同时更少等级意味的儿童教育和养育方法的发展趋向，从那些比传统的学校教育媒介更方便使用者控制和操作的技术中找到了其物质的形式。"② 新的媒介平台开

---

① Stephen Kline. *Out of the Garden*: *Toys*, *TV*, *and Children's Culture in the Age of Marketing.* London & New York: Verso, 1993, p. 280.

② Mizuko Ito. "Mobilizing Fun in the Production and Consumption of Children's Software", *Annals of the American Academy of Political and Social Science*, Vol. 597, Jan. 2005, p. 83.

启了当代儿童娱乐教育的经济。20世纪最著名的儿童娱乐教育节目、1969年开播的《芝麻街》在教育和娱乐儿童的双重效用上所取得的成功，有力地证实了这一合作的可能与价值。早期《芝麻街》是完全公益性的儿童节目，它在将儿童教育的科学与游戏的娱乐相结合方面堪称为同类节目树立了榜样，同时也开创了大众化的学前教育节目的先河，但它的商业效益最初并不明显。20世纪70年代末，美国官方停止了对《芝麻街》节目的资助，它开始通过与各种儿童用品企业建立业务关系来筹措经费，在这一过程中，这类节目的商业价值也逐渐显现出来。1997年，英国BBC公司斥巨资推出了以1—4岁儿童为对象的电视益智节目"天线宝宝"并取得了巨大的商业成功。几乎在同一时间，全球市场上出现了大量以早期教育的名义和娱乐游戏的形式被快速生产出来并推向销售领域的教育游戏软件。大卫·帕金翰在其《这就是寓教于乐》一文中谈到当前风行的教育娱乐现象，特别提到了一款在近年英国早教市场处于领头位置的名为"宝贝爱因斯坦"的婴儿游戏教育DVD系列，该品牌的商业成功目前已衍生出"宝贝莎士比亚""宝贝牛顿""宝贝莫扎特""宝贝凡高"等一系列子品牌。①

　　大概从世纪之交开始，类似的益智娱乐产品所包含的文化资本讯息被国内儿童经济产业迅速接收，同类软件的引进和生产也开始风行起来。国内市场看到了教育与娱乐的上述结合所产生的可观的商业效益。大量以教育游戏的名义推出的文化制品和体验服务在以大都市为中心的文化带兴盛起来。除了"天线宝宝"（英国）、"花园宝宝"（英国）、"巧虎"（日本）、"米卡"（美国）等引进的早教产品外，各类国产的早教视频、玩具等也不甘在这场童年经济的角逐中落后，其喷薄的态势令年轻的父母们一时感到无所适从。近两年间频繁出现在国内各个电视频道和儿童节目中的某点读机广告，以夸张的游戏形式来呈现点读机的使用功能，广告词中最打动成人的那句"妈妈再也不用担心我的学习"，或许道出了所有游戏类儿童教育产品所赖以繁荣的功利基础。无论如何，对于父母们来说，把孩子的闲暇时间交给这样一些以教育的名义生产出来的文化产品，总是更容

---

　　① David Buckingham. "That's Edutainment", Karin M. Ekström & Birgitte Tufte. *Children, Media and Consumption：On the Front Edge.* Göteborg：The International Clearinghouse on Children, Youth and Media，2007，p. 33.

易让他们放心的。与此同时，主要针对低龄儿童的亲子类游戏体验消费成为了都市体验经济的一个新生力量。对于年龄稍长的幼儿来说，另一类原本应该属于儿童游戏内容的艺术活动，被全面转化为了以教育的名义推出的各类艺术培训的有偿服务。在这里，童年的游戏精神被狭隘的教育意图所绑架，它的功利性坠沉了童年精神在游戏中飞扬的翅膀。

因此，在现代教育的盲目压迫之下，不仅仅是童年总体上所拥有的游戏时间在减少，这一游戏时间的性质也在发生变化。随着童年的游戏越来越为生活的功利考虑所挟持，它自身也越来越成为儿童生活运转的其中一个固定的零件。这是一个很需要反思的当代童年文化现象。尽管出于安全和控制的考虑，童年游戏持续的"场地化"和"规范化"一直是现代童年文化发展的基本趋向。然而，儿童的游戏体验在今天以如此自然的方式成为"精心计划"的童年的一部分，细细想来，不免令人感到惊心。所有的游戏产品或服务仍然保留着一般的娱乐效果，但也仅仅是一般性的娱乐而已。在这场对于童年游戏的规范运动中，我们也许将为此付出沉重的精神代价。

最后，消费时代的童年游戏体验经济也取消着游戏内在的庄重精神。在赫伊津哈看来，游戏中的庄重情感最终是一种超出一般逻辑理解的体验，它从我们存在感的深处升起，是个体生命的尊严在游戏中的确证，这尊严感与人身上的某种"神性"相连接。与此相伴而生的生命的愉悦感，是"最高尚的情感的流露"①。由于这种庄重的精神是源自情感而非逻辑，因此也能以一种自然的方式存在于儿童的游戏生活中。只要观察一个孩子认真的游戏，我们就能从这个游戏着的小人身上体察到这种生命的庄重意味。在某种意义上，正是孩子而非成人最懂得认真地对待那无所功利的游戏生活。

然而，消费时代的儿童越来越知道如何以一种轻慢的游戏态度来对待提供给他们的一切游戏商品。在游戏体验商业化和娱乐化的今天，孩子们不再倾向于把游戏当作严肃的生活来体验，而是把生活视为一场玩乐的游戏。或者说，他们从娱乐的世界里提前习得了一种享乐主义的游戏人生的态度。消费经济则致力于通过强化这种态度，来推进儿童的各种游戏消

---

① ［荷兰］约翰·赫伊津哈：《游戏的人：文化中游戏成分的研究》，何道宽译，花城出版社 2007 年版，第 27 页。

费。如今的一切可以给感官带来愉悦的东西都被用来装点儿童的游戏体验。儿童品牌的营销专家们认为，"建立品牌的关键在于吸引各种感官。你能吸引的感官越多，你在这些感官之间所创造的协合作用就越强，你在消费者的脑海中所建立的品牌印象就越深刻"，因此，未来的儿童品牌公式是："听觉＋嗅觉＋视觉＋味觉＋触觉＝品牌"。① 在这场游戏体验经济的狂欢中，童年的一切感官都得到了前所未有的照看，唯独童年的灵魂被遗忘在了娱乐的身心之后。

这并不是说，所有的童年游戏都变得不庄重了，而是指在当代童年游戏的消费中，儿童投注在游戏中的庄重的生命感觉正在褪去。在当前的大量儿童文学、漫画、电影、电视剧、娱乐节目等作品中，消遣性的游戏元素是第一位的。被许多作品引以为卖点的那些具有标志性的滑稽、搞笑的童年语言游戏，其语言的交流没有其他的内涵，而只指向着语词意义最表层的娱乐游戏指涉，这其中所透露出的对于一切人事的肆意鄙薄和取笑，以及被当作表演的资本加以炫耀的浅薄的自恋，以娱乐的名义传递着一种对待生活的庸俗的游戏态度。在一些儿童参与的电视游戏类节目中，童年的游戏本身成为了一种哗众取宠的娱乐表演。

当代人对于儿童游戏快感的纵容使这一切都显得太过顺理成章。这么说并不是要否定任何追求轻松和欢乐的童年游戏美学。现代童年文化从沉重的现实向着轻盈的欢乐飞升的过程代表了童年文化自身的一种重要的进步。但我们不应该把童年轻盈的生命感觉与一种失去重心的随波逐流混为一谈。诚如卡尔维诺在其《未来千年文学备忘录》中引述保尔·瓦莱里所说："应该像一只鸟儿那样轻，而不是像一根羽毛。"② 如飞鸟翅膀般的轻逸意味着反抗地面生活的重力和穿越现实空气的阻力，使生命在更高远的世界里获得自我实现的欢乐。这才是童年的游戏美学所蕴含的独特的生命精神。因此，游戏的庄重并不意味着不要幽默，甚至也不意味着排斥滑稽，但它向一切幽默和滑稽要求一种内在的庄重。这庄重在最根本的意义上指向着对于生命和人生的敬畏而非骄矜之情。

① ［美］马丁·林斯特龙、帕特里夏·西博尔德：《人小钱大吞世代》，于婷译，机械工业出版社 2004 年版，第 10、79 页。
② ［意］卡尔维诺：《未来千年文学备忘录》，杨德友译，辽宁教育出版社 1997 年版，第 12 页。

在童年的天真心性中原本天然地植有这一敬畏感的种子，但在当代游戏体验的挥霍消费中，这粒种子尚未来得及正常发芽，就开始在童年的心中枯萎死去。儿童的教育如今已经不屑于培育这种"无用"的敬畏感，而在教育之外填满儿童闲暇时间的各种游戏体验，也越来越无关乎生命内在的庄重感。

超物质性、非功利性和庄重性的游戏精神的失落，不可避免地使童年游戏的愉悦性质也发生了异化。完整的游戏精神指向着一种积极的生命欢乐精神，然而，在物质化、功利化和娱乐化的游戏消费体验中，游戏的愉悦不再指向生命的任何自我扩容和提升，而是成为了力比多的一种无序的自我挥霍和损耗。"对游戏世界的心甘情愿的臣服并不是自我的丧失，也不是自我摒弃，它意在逃避责任，但却又不放弃'自我'这个用于控制和操纵的器官"①，或者说，这些狭隘的游戏正不断将童年推向一种狭隘的自恋境地。今天，"日益变得狭小的情感和心灵空间包围了成长中的儿童"②，在娱人和自娱的快感消费中，童年对于世界的精神体验早早地就失去了飞翔的自由。

第二节　虚幻的权力体验

消费文化对于童年游戏体验需求的尽力迎合，实际上已经触及另一种童年体验经济的形式，亦即童年权力的体验消费。近年来，权力一词常被用作当前消费文化强调其童年文化促进意义的关键词之一；而作为当代童年文化基本特征之一的"童年赋权"（childhood empowerment）进程，在很大程度上也的确与现代消费经济的盛兴有着密切的关联。"消费文化为儿童提供了他们过去所不可能拥有的机会和体验"，在消费时代，"儿童成为了消费中的一个更为重要的聚焦点，与此同时，他们在家庭决策中也有了更多的发言权"。③ 正是伴随着这一儿童权力提升的事实，一种意在

① ［新西兰］肖恩·库比特：《数字美学》，赵文书、王玉括译，商务印书馆2007年版，第37页。

② ［美］拉塞尔·雅各比：《不完美的图像：反乌托邦时代的乌托邦思想》，姚建彬等译，新星出版社2007年版，第35页。

③ David Buckingham. *The Material Child：Growing Up in Consumer Culture.* Cambridge：Polity, 2011, p. 5, 150.

迎合童年权力体验的文化经济，开始日渐影响并主宰了当代童年审美文化的基本趣味。

一 消费经济与童年自决的美学

自决（autonomy）是贯穿现代童年文化发展历史的关键词之一。某种程度上，现代童年文化迄今为止的发展过程可以看作是作为一个群体的儿童逐步争取其文化自决权的过程。在这里，"自决"所指向的是儿童的文化相对于成人文化的独立性和平等性，它不仅是指儿童文化独立的身份，也是指其独特的文化价值。毫无疑问，对于儿童文化的现代关注便起始于人们对其特殊身份的认知，但在这一早期关注的框架中，一种由成人决定的文化观占据了毋庸置疑的主导地位，儿童与成人之间有着明确的文化上下位关系。这一关系构成了现代儿童文化发展的基本现实。在此过程中，对于儿童视角的自觉尊重以及对于儿童自身文化言说权力的认同，是在较为晚近的阶段才逐渐发展起来的现象。

一部现代西方儿童文学史以特殊的方式记录和反映了上述文化权力关系的演进。早期儿童文学创作很自然地表现出了对于成人与儿童之间既成的权力高下关系的绝对服膺。这一文类最初在十七八世纪欧洲的自觉萌生是出于教育儿童的需要，而这里所说的教育，仅仅是使儿童顺从地接受成人世界向他们提出的各种道德、礼仪和生活方式的律令。美国学者杰克·齐普斯在其有关儿童童话源起的研究中指出，文学童话从一种属于成人的沙龙游戏演变为儿童的文学读物，其社会功能也相应地发生了变化，后者旨在以一种寓教于乐的方式向儿童传递上层社会的礼仪。[1] 而这种针对儿童的文学教化潮流显然远不仅仅止于上层社会。安德鲁·奥梅利的研究指出，在 18 世纪英国社会的中产阶层中，"人们对于童年的兴趣，尤其是对于如何更好地教育、管控和促进儿童发展的兴趣急剧增加"。[2] 这一现象的背后存在着复杂的意识形态原因，但也反映了一种具有普遍性的现代童年文化观念，它一方面意识到了童年文化的特殊性；另一方面又不假思

---

① ［美］杰克·齐普斯：《作为神话的童话/作为童话的神话》，赵霞译，少年儿童出版社 2008 年版，第 5—16 页。

② Andrew O'Malley. *The Making of the Modern Child*：*Children's Literature and Childhood in the Late Eighteenth Century*. 2003，p. 6.

索地将这一文化置于成人文化的等级之下；一方面给予儿童的文化以自觉的关注；另一方面则完全认可以成人的标准来塑造和控制儿童的正当性。"18 世纪后期为孩子写作或者选择儿童题材的作家都认同理性是人类活动的指导原则，而不论是从儿童的界定还是从他们'白板'式的精神性质（即易于接受任何形式的影响）来看，这一群体在此核心和正常的理性机制方面都是存在缺陷的。"① 在这里，儿童被认定为福柯所说的"他者"，"为了使儿童成为完全和理性之人，其'他者性'必须被容纳和控制在各种各样的话语之内"。② 早期儿童文学正是这一童年规训话语的构件之一。因此，在早期的儿童文学作品中，儿童主要是以受教人（不论是作为作品中的角色还是作品的隐含读者）的身份参与到文学的叙事进程当中的。在很长一段时期的儿童文学创作中，成人与儿童之间的权力高下是不言而喻的，儿童文学从内到外的言说内容和方式，也很自然地由成人完全掌控。

当然，文学的创作本身即包含了以情感的自由反抗现实规训的潜能，即便是处于文学边缘的早期儿童文学也不例外。尽管这一时期的许多作品都表露出了明显的俯视儿童的成人姿态，但从文学书写的字里行间也常常可以读出对于儿童及其文化的真诚同情。这造成了相应时期儿童文学创作的一种特殊的艺术现象。芭芭拉·沃尔从叙事学的角度指出，十八九世纪的儿童文学作品往往不自觉地使用了"双受述"的叙述手法，即同一个文本有时以儿童为受述者，有时又以成人为受述者，并且在两者之间摇摆不定。当它面向儿童受述者直接叙述时，它显然更关注儿童自身的情感体验需求，当它将目光移向成人受述者时，它又开始自觉地认同一种成人对儿童的监护和审查目光。至 19 世纪，这种"双受述"的叙述手法仍然在儿童文学的写作中占据着主流。19 世纪的西方儿童文学作家们"遵奉'为儿童写作'的原则，同时却也不得不考虑'满足成人对于儿童文学的标准'。这就导致了他们或者只能以'双受述'的方式轮流称谓儿童和成人，或者以儿童为受述者，但对他们的态度总是免不了严师式的训诫，或

---

① Andrew O'Malley. *The Making of the Modern Child*: *Children's Literature and Childhood in the Late Eighteenth Century*. 2003, pp. 11 – 12.

② Andrew O'Malley. *The Making of the Modern Child*: *Children's Literature and Childhood in the Late Eighteenth Century*. 2003, p. 12.

者表面上看似与儿童言，实际却是与成人言，但不管怎样，都绝少将焦点始终如一地置放在儿童受述者身上。即便当时最经典的作品也无法摆脱娱乐与教化之间的左右颠簸"。①

这种面向取悦儿童和取悦成人的需求之间的左右犹豫，显然不仅是在童书领域，也体现在提供给儿童的其他一切文化服务中，包括儿童的玩具、游戏等。它一方面承认了童年获得它自己的文化满足权的合理性，同时又严格地遵循着以下原则：我们给予童年的满足的快乐应该保持在成人许可的范围内。但这一现象在 20 世纪开始发生转变。芭芭拉·沃尔的考察发现，至 20 世纪，儿童文学作家们在秉承"为儿童写作"（write for children）的古典传统的同时，也开启了一种专注于儿童自身的"对儿童写作"（writing to children）的创作实践。隐在的成人不再直接参与到儿童文学叙事的进程中，而是远远地退到了叙事的外围，如果他愿意的话，尽可以做一个旁观者，但却不再被允许以成人的权威来干预童年叙事的方向。它意味着，写给儿童的文学读物开始脱出成人的严厉控制，更注重甚至只注重与儿童读者之间的交流。从这一时期起，儿童自身的感受、愿望和需求在儿童文学的艺术创作中占据了越来越显眼的位置。相似的变化也在另一些儿童文化的领域悄然发生。加里·克罗斯的研究表明，早期的玩具是以父母为中介的，且在游戏的乐趣中包含了训练儿童为未来生活作准备的意图，而到了后来（大约在 19 世纪末 20 世纪初），玩具商家们发现了直接与孩子打交道和做买卖的方法。这样，玩具的购买和使用就成为了儿童自己可以决定的一种消费行为；在这一过程中，"父母成为旁观者而不再是参与者"②。

这一童年文化的新趋势在西方社会的发生与儿童消费经济在西方的初步兴起和渐成规模在相近的时期出现并非巧合。本书第三章曾论及 19 世纪末 20 世纪初的西方社会，伴随着儿童经济的发展而得到扩张儿童的消费权利带给童年的某种解放意义。值得注意的是，19 世纪及之前，成人对于童年文化的控制权在很大程度上源自于成人对于儿童生活的现实经济

---

① 钟宇：《关于"说"的困惑：儿童文学叙述之难——评芭芭拉·沃尔〈叙述者的声音：儿童虚构文学的两难〉》，方卫平主编《中国儿童文化》（第五辑），浙江少年儿童出版社 2009 年版。

② ［美］加里·克罗斯：《小玩意——玩具与美国人童年世界的变迁》，郭圣莉译，上海译文出版社 2010 年版，第 13 页。

控制。比尔·布莱森在其关于现代日常生活的简史研究中提到，在维多利亚时代，"父母保留替子女选择配偶、职业、生活方式、政治派别、服装款式的权利，决定能决定的几乎任何别的事。要是子女们不听他们的指挥，父母们经常在经济上做出强烈反应"。这里所说的"强烈反应"，实际上就是指剥夺子女的经济来源和继承权。[①] 而至 20 世纪，这种成人对于儿童的控制权的松动，同样与经济的原因密切相关，但这一次，情况似乎反了过来——尽管儿童的一切生活仍然依赖于成人世界的经济支持，但这一依赖者群体却对成人日益造成了现实上的经济控制。如果说在现代社会早期，经济的束缚在根本上压制了儿童文化的自决权，那么到了 20 世纪，也正是经济的因素赋予了童年以空前的文化自由。随着儿童在家庭内特殊的经济地位日益得到凸显，消费社会得以将童年产品的生产和消费直接迎向儿童自己的需求，同时，它也致力于通过强化儿童的文化权力来间接地促进其消费权力的增强。

因此，在当代儿童文化权力的攀升过程中，除了社会家庭结构、童年观变迁等方面的内在原因外，消费经济的努力同样功不可没。帕金翰的研究显示，早在 20 世纪 20 年代，零售商和广告商们就致力于鼓吹儿童消费者的权力。[②] 丹尼尔·库克针对 20 世纪以来有关市场调研的各类文献的考察表明，近一个世纪以来，儿童被持续地描述成为富于个性和自我决断能力的消费者，儿童对于消费商品的欲望则被看作是儿童"自我表达"的形式。20 世纪 80 年代至 90 年代，市场形成了对于儿童消费者的如下看法："具有自决能力的孩子；能够影响家庭内的决定；在产品方面知识渊博；高深难测；自主作出购物的决定和采取购物行动。"[③] 这一看法既强调了儿童自身的文化权力，也高度肯定了儿童的文化判断能力。于是，对于相应商品的购买不再只是一种社会行为，也被赋予了特殊的文化意

---

① ［英］比尔·布莱森：《趣味生活简史》，严维明译，接力出版社 2011 年版，第 422 页。

② 需要强调，这里所说的是权力（power），而非权利（right），前者是完全主动态的名词；后者则包含了显在的受动意义。儿童权利是从现代儿童观诞生伊始就开始得到人们关注的对象，但儿童的权力则是至当代社会才开始出现的童年文化范畴。对于营销行业来说，从儿童权利向儿童权力的注意力转移意味着其营销途径从诉诸成人代理人（如父母）向直接诉诸儿童的根本转变。

③ Daniel Thomas Cook. "The Other 'Child Study': Figuring Children as Consumers in Market Research, 1910s—1990s", *The Sociological Quarterly*, Vol. 41, No. 3 (Summer, 2000), pp. 487 – 507.

义，它通过提供童年权力的体验，肯定了儿童的文化身份和地位。由于某类产品"是'专供孩子'而非大人的，它能够使儿童在对于一种反成人的产品的使用中，从压迫下获得解放"①。

在具体的童年文化生产领域，一种童年自决的美学与儿童消费的自决权呈现出同步增长的态势。它表现为提供给童年的各类审美文化产品越来越凸显了对于儿童文化权力的肯定和张扬。

首先，有关儿童的各类叙事作品开始格外注意文本内儿童与成人之间权力分配的问题，分配给儿童的文化决定权开始显著增长。整个 20 世纪，一种脆弱的传统浪漫主义童年形象在中西方童年文学中逐渐让位于另一种在社会文化事务中拥有判断力和决断权的儿童形象。20 世纪 60 年代的西方儿童文学界还曾发起一场名义上反浪漫主义的创作运动，反对以浪漫主义虚幻的文学想象剥夺儿童的文化权力，倡导告别"哄人"式的写作，在文学中给予儿童应有的知情权、参与权。② 在儿童影视领域，儿童电影和电视剧开始给予儿童的"声音"以充分的关注。例如，20 世纪 80 年代起名噪一时的美国情景喜剧《成长的烦恼》以及 20 世纪 90 年代至 21 世纪初先后出现在中国电视屏幕上的本土情景喜剧《我爱我家》《家有儿女》等作品中涉及儿童生活的片断，以大众文化的有效方式高调宣告了日常生活中一种正当的儿童文化自决权的合法性。

下面这段摘自一部当代英国儿童小说的少年自述，典型地代表了当代儿童迫切的文化自决愿望，以及儿童文化生产者对这一愿望的积极认同：

> 到底父母这种角色的作用是什么呢？这可不是另一个笑话的开头，而是我最近一直在思考的一个问题。我后来想通了：我们的确需要父母提供食物、衣服和睡觉的地方，此外，父母还可以开车载我们到想去的地方，还有给我们零用钱。如此而已，这些就是父母的主要功能。
>
> 我想如果有紧急事件发生时，有他们在身边也很有用，所以，有

---

① Sarah Banet-Weiser. *Kids Rule*：*Nickelodeon and Consumer Citizenship*. Durham，NC：Duke University Press. 2007，p. 91.

② Zhao Xia. "The Alienated Childhood：A Comparison Between Childhood Represented in English and Chinese Children's Literature of the Late 20th Century"，*History of Education and Children's Literature*，Vo. 1，June，2010，pp. 65 – 66.

父母在身边随时待命好像也不错。但是除此之外，他们应该全都退居幕后，待在我们看不到的地方就好。①

小说中少年主角"我"对于父母角色的某种"没心没肺"的"功能"式解读，强化了前面所说的成人作为儿童文化"旁观者"的身份在儿童视角下的理所当然；而透过这一叙述声音所表达出来的隐含作者的态度，则体现了成人作者对于儿童在自己文化问题上的主位身份的显在认同。

其次，社会提供给童年的审美文化产品也越来越将儿童作为消费者的权力列入作品生产的第一考虑。这一考虑进一步演变为在一个由儿童自主掌握消费权力的时代，"只要商品对孩子来说具有足够的吸引力，它可以不必再满足父母们的特定要求"。② 它使得各类童年文化产品纷纷表现出对于儿童的某种逢迎姿态。显然，如果你想要在当代童年文化市场有所立足之地，那么你一定得十分在意孩子们自己的态度。

当代童年的自决美学是对于长久以来由成人价值观主导的童年美学传统的有力反拨，它拓展了现代童年美学的文化边界，更为贴近地体现了儿童自身的文化诉求。但我们也很快看到，在消费经济的推动下，这一对于童年文化权力的正当宣扬开始迅速转变为一场以童年权力为卖点的审美消费狂欢，后者在着力渲染童年权力体验的审美价值的同时，也在这一体验的滥用中迅速吞噬着它的积极意义。

二　儿童与成人：消费时代的权利倒置

在日常生活中，儿童的权利总是相对于成人的统辖而言的，它在形式上的扩张通常来自于成人领域的权力让渡，不论这种让渡所采取的是自愿还是被迫的形式。情况似乎是这样：在"儿童—成人"的权力天平上，一方分量的加重总是意味着另一方权重的减轻。因此，在谈论童年权力的时候，儿童与成人的世界总会不可避免地被对立起来。艾伦·赛特在

---

① ［英］彼得·约翰森：《爸妈太过分》，李宇美译，安徽少年儿童出版社 2011 年版，第 68 页。

② Mary M. Doyle Roche. *Children*, *Consumerism and the Common Good*. Lexington Books, 2009, p. 33.

《消费文化中的儿童与父母》一书中引述了英国人类学家艾立森·詹姆斯在其关于便士糖（penny candy）① 的研究中提出的观点："通过反抗成人的秩序，儿童在成人强加给他们的各种限制之内为自己创造出了一个可观的行动空间。从成人视角的偏移对于儿童文化的维持和发展，以及对于个体儿童自我概念的成长来说，都是十分关键的。进入社会的过程涉及'自我'与'他者'的概念区分，这个过程通常被命之以'社会化'之名，该模式强调的是对于他者的消极模仿。然而我认为，从一种积极性的对立体验——通常是与成人世界的对立——的角度来理解这一进程会更好。如此一来，在成人世界中被瞧不起并被认为是肮脏和不可食用的东西在儿童的世界里被当作一种尤其令人称心的食物形式，这一现象就显得意义重大。"②

詹姆斯的观点很值得商榷，但它指出了历史上童年亚文化发展的一个事实，即张扬童年权力的基本途径之一，是以童年的文化来有效地对抗成人的世界及其文化。对于童年权力的认可强调的是儿童对于"自己"的世界的认同感与自豪感，如同一切与权力有关的运动一样，它需要一个相对的权力施用对象，很自然地，与儿童相对的成人就成为了这一权力"战争"的基本对象。今天的童年文化生产为了取悦儿童，越来越倾向于强化这一带有文化"复仇"意味的童年权力感觉。

童年赋权是当代消费经济将其营销和说服的对象从父母完全转向儿童时所使用的一个重要策略，不可否认，这一策略有其积极的文化意义。在当代童年生活中，一个独立于成人的儿童亚文化圈对于儿童来说越来越具有身份认同的重要意义，而在今天的"泛解放"话语语境下，这一站在童年立场上的权力姿态更被赋予了特殊的文化政治意涵。它为儿童从成人长期以来的严厉管制下解放出来，实践其自身的文化梦想提供了前所未有的契机。

从童年文化发展的历史来看，这一文化的儿童视角从未像在今天这样受到人们的重视。莎拉·班尼特—瓦尔舍关于美国主营儿童节目的尼可有

---

① 一种廉价的颗粒单售糖果，区别于整包出售的糖果，因其廉价、单售等原因受到孩子们的青睐，但通常被大人们视为不洁食品。

② Ellen Seite. *Sold Separately*：*Parents and Children in Consumer Culture*. New Brunswick，NJ：Rutgers University Press，1995，pp. 116 – 117.

线电视频道①的研究显示，在 20 世纪 80 年代初，该电视频道开播初期，其宣传广告还是面向父母而制作的。广告的目的是告知父母们，在目前纷乱嘈杂的电视市场中，尼可台的节目是专为儿童而作、适合儿童观看，而且受到儿童专家好评的，因此值得父母们为孩子作出选择。这一广告的策略显示，直至这一时期，儿童的文化选择代理权仍然掌握在成人手中。但至 20 世纪 80 年代后期，制作方开始转移上述策略的方向，明确将其品牌身份建立在被称为"我们—他们"（Us vs. Them）的核心理念之上。该频道的员工手册上如是写道："外面是成人的世界，他们居高临下地和儿童说话，任何年长者都拥有相对于儿童的威权。对于儿童来说，成人世界就是'我们—他们'的较量，你要么站在儿童一边，要么反对儿童……我们就站在儿童一边，我们要孩子们明白这一点。"②

　　这一文化认同的姿态在当代儿童电视节目制作中的决定性地位很快得到了巩固并加速拓展。2008 年 6 月 1 日起，中国中央电视台少儿频道经历了开播五年来的正式改版，并明确将"去成人化"作为改版的主要手段之一，倡导"贴近儿童生活""贴近儿童情趣""贴近儿童市场"，以提升节目"收视率""品牌竞争力"和"社会影响力"。③ 这一举措的火药味儿虽然远比不上尼可频道那么浓烈，但对于央视这样一个标志性的官方频道而言，也已经是一个意味深长的姿态。显然，在一个儿童做主的童年文化时代里，少儿频道"收视率""品牌竞争力"和"社会影响力"的提升，主要有赖于儿童的收视支持，因此，"贴近儿童生活""贴近儿童情趣"和"贴近儿童市场"，也就相应地意味着贴近儿童自己的要求，从这里面可以解读出对于过去在儿童文化生产领域占主导性的成人立场的显在疏离。

　　以"我们—他们"理念为代表的童年文化制作和营销策略的关键在于，通过突出儿童的世界与另一个属于成人的世界的彼此对立，继而明确表达对于儿童世界的全力声援，相关的产品以及品牌能够直接博取儿童消

---

　　① 尼可（Nickelodeon）是美国最成功的儿童节目有线电视频道，曾制作了"海绵宝宝""爱探险的朵拉"等著名儿童电视作品。目前，它与迪斯尼共同占据着美国儿童电视市场的主要份额。

　　② Sarah Banet-Weiser. *Kids Rule!*: *Nickelodeon and Consumer Citizenship*. Durham，NC：Duke University Press. 2007，p. 84.

　　③ http：//media. people. com. cn/GB/40606/7349032. html.

费者的好感与信任。这一策略取用的经济目标是明白无误的，但其文化立场也强调了一种对于儿童世界的倾情理解和细致关照，特别是对于儿童意志的充分尊重。在积极的一面，这一立场可以促使我们进入和理解童年文化时，能够有效地反思自己的成人视角和偏见，从而更加靠近儿童自己的文化世界。例如，美国儿童研究者、《儿童与后殖民主义》一书的作者之一 G. S. 凯内拉指出了"有关童年和儿童中心的教育学话语如何限制着我们对于儿童的理解，它生产着比儿童更有特权也更具权力的成人"[1]。在最为激进的一些研究中，研究者甚至倾向于通过对于成人立场在进入儿童世界时的有效性的彻底否认，来强化儿童自己的文化主动权。例如，杰奎琳·罗斯的激进著作《彼得·潘案例，或论儿童小说的不可能性》，从解构主义立场进入儿童小说的分析，认为儿童小说中的孩子不过是成人"性幻想"的对象，而永远无法抵达儿童自己的世界。[2] 罗斯后来成为了活跃而激进的女性主义批评家，她的这一儿童小说批判理论，可以视作她的激进女性主义批评的前奏。正如激进的女性主义将女性文化归为仅属女性的自主领地，对于儿童文化中成人主导位置的拒斥也意味着，只有儿童自己才是儿童文化的合法掌有者。

基于此，美国电视动画领军人物之一、曾就职于尼可电视台的林达·西蒙斯基在言及儿童节目的制作时谈道，要"尊重儿童"，而且不妨"过分尊重"（over-respecting）他们。显然，这里的"过分尊重"有着丰富的潜台词意义，它在很大程度上是针对过去成人世界对于儿童世界"不够尊重"的现实而发，而这一声援儿童的过激姿态又暗含了对于成人文化的有意抵制。莎拉·班尼特—瓦尔舍将尼可频道在面向儿童观众的节目和宣传中所使用的"黏土"意象与艾立森·詹姆斯所论的便士糖归为一类，认为它们都以只属于儿童的文化意象的形式，表达了儿童对于成人权威的反抗。总的来说，这是一个儿童自己说了算的世界。因此，班尼特—瓦尔舍以醒目的"儿童统治"（Kids Rule!）作为她这一研究的书名。

从"过分尊重"到"儿童统治"，反映的是一种具有文化战争意味的

---

[1]　Glenda Mac Naughton. *Doing Foucault in Early Childhood Studies: Applying Poststructural Ideas.* London & New York: Routledge, 2005, p. 7.

[2]　Jacqueline Rose. *The Case of Peter Pan, or the Impossibility of Children's Fiction.* London: Macmillan, 1984.

童年文化观，它强调了儿童与成人之间的文化对峙，突出了儿童相对于成人的文化夺权。这一现象实际上可以看作是 20 世纪 60 年代以来从西方世界迅速蔓延至全球范围的大文化战争的一个部分，是在性别、种族、民族、阶层等领域的文化之争外的又一个与弱势群体文化抗争有关的故事。从这一特定的视角来看，儿童与女性、少数族裔、底层阶级等处于传统文化权力天平的同一个弱势秤盘上。按照文化战争的逻辑，长期以来，这些群体在自己和公共的文化事务上所拥有的发言权一直以各种显性或隐性的方式被剥夺、压制或代言。因此，美国文化研究学者约翰·费斯克将儿童也纳入到了他所描绘的文化反抗政治图谱中。他站在儿童的立场这样批判成人文化的压迫："无论如何，当成人和孩子们的文化趣味发生冲突时，成人的权力就被用来'证明'成人的趣味永远是更好的（就如同父权制力量'证明'男人的趣味优于女人的趣味一样）。"① 更早些时候，福柯在其访谈中将儿童的名字与精神病人、囚犯同列为社会权力控制和再生产的对象。② 从福柯的理论反过来看，儿童便有可能成为我们用以揭露不公正的社会和文化权力关系的一个新的维度。"在这样的语境中，童年本身处于一种受害（victimization）的状态，因此也成为了当代解放事业的一部分，在这里，解放（广义地说是公民权）主要是以身份地位或身份政治的方式得到理解的。"③ 童年文化的解放由此成为了整个人类文化解放事业的一部分。

正是在这一有关童年权力的文化战争语境下，儿童的文化消费权力作为童年文化权力的一种有效表达方式，获得了儿童与成人的共同关注。受到成人消费文化理论影响的新式观点"认为儿童是能动者，他们积极地建构着自我的世界，而消费商品也是这个世界的一部分"。④ 尽管对于儿童商业消费的批评一直存在，但它似乎越来越被视为与一种对待童年的保

---

① ［美］约翰·费斯克：《理解大众文化》，王晓珏、宋伟杰译，中央编译出版社 2001 年版，第 183 页。

② "THE EYE OF POWER：A conversation with Jean-Pierre Barou and Michelle Perrot", Michel Foucault. *POWER/KNOWLEDGE：Selected Interviews and Other Writings 1972—1977*. Ed. Colin Gordon. New York：Pantheon Books，1980.

③ Sarah Banet-Weiser. *Kids Rule*！：*Nickelodeon and Consumer Citizenship*. Durham，NC：Duke University Press. 2007，p. 91.

④ Daniel Thomas Cook. "The Other 'Child Study'：Figuring Children as Consumers in Market Research，1910s—1990s", *The Sociological Quarterly*，Vol. 41，No. 3，2000，p. 503.

守主义态度联系在一起的过时看法。例如，丹尼尔·库克这样总结这两种不同的视点："那些视商业文化为童年之敌的人们倾向于从天真或至少是感伤的视角看待孩子，而那些将儿童理解为自我世界的主动创造者的人们则倾向于忽略有关商业剥削的忧虑。"这一总结里隐含着这样的意思，即对于童年消费的不信任指向着对于儿童自主判断力的不信任，或者说，成人不愿意放弃儿童的文化代理权。这给了童年商业以足够的理由来借儿童权力的名义推行各种儿童消费名目。正如库克所说，"视儿童为有主见、有识见、有欲望的主体，认为他们通过商品的形式中介作出自己的决定，实践自我表达，这一观点无疑受到了那些儿童产业领域的从业者和盈利者的欢迎"。① 通过渲染儿童文化商品中的童年权力因素，消费社会制造了有关儿童权力实现的当代神话，并以此神话推进着童年消费的持续循环。在这里，童年的消费变成了一项与儿童解放有关的重要事业。正如约翰·费斯克针对儿童电视消费所言："凭着对电视的使用，孩子们不仅可以颠覆或嘲弄成人的规训，还可以对之加以逃避；他们建构一个幻想世界，在那里，他们免于像在学校和家庭中受成人的控制。"②

　　从童年艺术表现的视角来看，对于童年权力的张扬并不是一个新的美学现象。早在 20 世纪初，J. M. 巴里写作《彼得·潘》的童话时，成人相对于儿童的文化优势就遭到了明显的降格。童话中以温蒂、彼得为代表的孩子们显得天真而又能干，倒是作为父亲的达林先生被描述成一个颇为庸俗、狭隘、可笑的成年男子；同样，永无岛上彼得·潘与胡克船长之间的较量，代表成人的胡克船长所带领的成人海盗队伍，永远都逊色于彼得·潘所带领的孩子们。20 世纪中期，林格伦笔下的童话人物长袜子皮皮是成人们永远也驯服不了的孩子，大人们不但对她感到无可奈何，而且常常被她轻而易举地制服。20 世纪后期，这方面最值得一提的作品之一，或许是英国作家罗尔德·达尔初版于 1988 年的《玛蒂尔达》。在这部幻想体的儿童小说中，达尔以夸张的笔法对庸俗、丑陋的成人世界极尽嘲讽，并安排小女孩玛蒂尔达在痛快地惩治了这些大人之后，快快活活地告

<hr>

① Daniel Thomas Cook. "The Other 'Child Study': Figuring Children as Consumers in Market Research, 1910s—1990s", *The Sociological Quarterly*, Vol. 41, No. 3, 2000, p. 503.

② ［美］约翰·费斯克：《理解大众文化》，王晓珏、宋伟杰译，中央编译出版社 2001 年版，第 186 页。

别了她的自私狡诈、唯利是图的父母，跟随亨尼小姐——一位尚未远离她的童年期的年轻老师——开始了新的生活。小说最后走向了孩子与父母之间彻底的对立和决裂，尽管是以童话化的手法，作者达尔仍然触犯了此前一般儿童文学写作中一个默认的禁忌。但是无妨，这是在 20 世纪 80 年代末，对于已经在与成人的文化角逐中掌握初步主动权儿童读者来说，这一禁忌的破除并不妨碍《玛蒂尔达》成为他们自己的选择。

像想象中的成人那样掌握生活的权力，是童年梦想的源泉之一。因此，20 世纪越来越多的儿童文学作品中出现的儿童与成人之间的权力翻转现象，事实上正当地表现了儿童梦想的狂欢。但它还不只是梦想那么简单，而是同时包含了对于成人文化现实的批判。从《彼得·潘》到《玛蒂尔达》的童年权力演进中有一个显在和统一的精神脉络，即对于日益被它自身所创造的物质文明圈束在狭小的精神空间之内的成人文化的批判。通过表现儿童不仅在精神上比腐坏了的成人更加优胜，而且可以运用这些精神来对抗和驾驭成人的世界，这些作品提出了比浪漫主义的诗意批判更具现实针对性的文化批评。

这一童年批判的转向也体现在整个 20 世纪的文学和艺术传统中。与 19 世纪浪漫主义诗人笔下圣婴般纯洁而又柔弱的儿童形象不同，至 20 世纪，儿童作为主动的文化行动者和掌控者的形象同样在成人文学表现中得到了重视。我们不难注意到，在雨果和狄更斯的传统中，儿童还是以柔弱的社会受害者的形象出现在读者面前；而到了《铁皮鼓》这样的作品中，那个敲着铁皮鼓拒绝长大的主角，比故事里的成人们更加清楚地看见了历史的来龙去脉，并有力地掌控着生活的走向。在这方面，对我们而言最具冲击力的或许是匈牙利作家雅歌塔·克里斯多夫出版于 1986 年的"恶童三部曲"第一部《恶童日记》。小说中的双胞胎男孩颠覆了我们过去有关纯真童年的一切想象。生活在战乱时代的他们见证了文化和人性的一切丑陋，而且比成人更为娴熟地掌握了丑陋的法则。但他们大概也是故事中唯一还保留着人性的痕迹之人。为了存活下来，他们以加倍的坚忍、狡黠和残酷对待那些企图利用或伤害他们的成人，包括他们自己的父亲，但也没有人像他们那样愿意无条件地帮助"小兔子"这样完完全全的弱者。《恶童日记》显然不是一个关于童年的寓言，但它通过借用童年的形象达到了其深刻的社会和文化批判目的。整个 20 世纪一方面见证了现代文明自工业革命以来空前迅速的发展；另一方面也见证了启蒙运动以降人类对于自己所创造的这一现代文明的空前怀疑和不信任。就此而言，童年是成人文化用来表达对于自我的嘲讽和否定的一个符号。面对现代文明的种种恶果与缺陷，这样的嘲讽和否定在积极的意义上可以成为一种刮骨式的精神疗伤，在消极的意义上则可能成为一种逃避式的精神麻醉。

　　这一对应于当代童年文化赋权现实的艺术表现传统，在消费经济时代得到了前所未有的器重和发挥，并在当代文化生产流水线的处理下迅速转化为相应的文化商品。在许多供给孩子（或包括儿童在内的家庭受众）的当代文学、影视和电子产品中，过去长期以来处于文化优势位置的成人开始理所当然地被儿童玩得团团转，正如在那出经典的"猫和老鼠"动画系列中，汤米猫始终被小小的杰瑞鼠玩弄于股掌之间。与动画版的《猫和老鼠》形成呼应的是，20 世纪 90 年代直至 2012 年，由 20 世纪福克斯公司连续出品的《小鬼当家》（*Home Alone*）系列电影，表现了发生在一个具有成人般的智慧、耐性和勇气的孩子与几个如同孩子般冒失、笨拙和丑态百出的成年窃贼之间的喜剧故事。这一"儿童当家"的电影故事模式换来了令人瞩目的商业成功，并在全球范围内引发了大量后续仿作。显然，成人从这样的权力翻转中获得了一种伴随着精神上的自我"脱冕"而来的卸下责任的轻松快感，儿童则从中体验到了一种形式上被"加冕"的快意。20 世纪 80 年代初，美国知名幽默杂志 Mad 的主编艾尔·费尔德斯坦在一次访谈中宣称，"我们要做的就是揭示成人世界的荒唐，让孩子们看到，大人们并不是全能的"①，这段话更进一步的潜台词是，孩子完全可以取代大人成为文化的掌权者。事实上，这也是今天的大量儿童文化产品向其儿童消费者"示好"的重要策略。我们于是看到，在一个儿童崛起的消费时代里，从童年的日常生活到艺术文化，无不洋溢着上述童年权利狂欢的气氛。

三　童年与文化：超越权力政治

　　在经历了漫长的文化压迫之后，对于儿童来说，这一自我文化权力的张扬无疑是值得欢庆的。于是，我们看到，在消费时代提供给儿童的许多文学、影视和游戏作品中，儿童无须成长就能成为自己世界里的"神"；实际上，正因为他们是区别于大人的孩子，他们才被赋予了这样一种特

----

　　①　Maria Winn. *Children Without Childhood*. New York：Penguin，1984，p.64.

权。有关这一特权的体验被迅速转化入相应的童年文化产品，它所产生的巨大利润又反过来重新刺激着上述体验的生产。当然，消费经济没有必要也没有闲暇去深究这一权力反转关系的文化蕴涵，只要这一文化的资本与经济资本之间的转换一切顺利，消费经济别无他求。

于是，对成人而言，这些快感所提供的文化消遣意义越来越超过其积极的文化批判意义，对于儿童来说，它所提供的则是一种日趋平面化的权力幻象。在这里，儿童与成人之间的权力倒置已经无关乎任何文化批判的内在思考，而就是一场滑稽的游戏狂欢：被"脱冕"的成人仅仅扮演了文化中的小丑角色，被"加冕"的儿童也没有因此成为真正的英雄。在同类文化商品的营销中，这类作品往往被冠以极具吸引力的"冒险"之名，但我们只需拿它与几个世纪以来的童年历险艺术传统相比，便会注意到，由消费经济所生产的这类儿童历险故事大多只关心身体冒险的经历，而很少拨出余暇来关照童年心灵的真正"冒险"。这一童年文化生产的自我循环顺理成章地切断了儿童与成人之间的文化交通，与此相应地，那些事实上主要由历史上的成人们创造的最优秀的思想和文化，越来越难以进入儿童文化的领地，因为它显然并不怎么受到"有主见"的孩子们待见。当代童年媒介产品中，"20世纪初顽皮、淘气的孩子逐渐被今天那些目中无人、叛逆反动的'酷孩子'所取代"[1]；除了物质上的照料之外，儿童在文化上不再需要成人的照管，他所想要的是属于他自己的纯粹的快乐。

面对这样的权力体验狂欢，我们不禁要思考，这究竟是给予儿童的文化赋权，还是对于其文化权力的剥夺？如果给予童年文化权力的结果，实际上是剥夺了其未来时间的发展可能，那么这一权力体验本身是否也只是一种虚假的幸福承诺？这个权力除了用来捍卫童年自己的欲望合理性之外，不再具有其他更高的精神生产能力。在虚幻的娱乐世界里，儿童毫不费力地扮演着"大人"的角色，在现实的生活中，他的自治权力显然也在不断扩大，但这种权力只是相对于一种平面的消费生活而言。在生产和出售儿童权力体验的同时，消费文化并没有能够把一种真正有益于儿童胜任未来世界与生活的"权力"交授给他们，这"权力"包括深入结交和认识世界的力量，深入体察和领会人生的力量，以及在迷乱的物质生活和

动荡的精神冒险中把握生命方向的力量。这些权力不是来自于儿童文化对成人文化的简单反抗或否定，而恰恰需要前者从后者身上汲取营养。如果说文化上的"弑父"情结是人类历史上一个永恒的话题，那么这一文化现象的深刻意义从来不在于"弑"的行为本身，而在于一种有见识的新文化自身如何通过突破旧传统的限制而独立起来，在这个过程中，传统的文化是被"弑"去的那一层"蚕蜕"，它虽然在形式上似乎已被抛弃，却曾经滋养过这个新的身体，如今，它的营养也已经完全地融入这个身体之内。对于童年来说，过早地抛掉那个既约束着它却也育养着它的成人文化的躯体，等于过早地抛弃了把握文化的真正"权力"。

毫无疑问，《小鬼当家》之类的喜剧电影作为一种文化产品的价值是不容抹杀的，但它所指向的这场儿童赋权狂欢在当代童年文化消费中逐渐成为主流，则是亟须我们予以注意和反思的。在当代童年文化消费的狂欢中，为了吸引儿童的消费兴趣，制作方和市场齐心致力于打造一个由童年掌权的乌托邦世界，从而为孩子提供"关于一个'儿童统治'的世界的迷人想象"①。为了完成这一目的，儿童商业不可避免地要强化儿童与成人之间的文化对立，继而突出儿童相对于成人的文化优势。"商业界致力于通过将儿童的零食、玩具等从成人主宰的世界里区分开来，并且通过呈现这些产品与成人世界的格格不入，将它界定为公共儿童文化的一部分"，在商业广告中，"反权威被诠释为小丑般的父亲、滑稽和屈尊的教师等形象。家庭民主的意义被诠释为一个由孩子统治的世界，在这里，同龄人文化就是一切"。②

与此形成呼应的是，在当代儿童文学写作中格外流行两种成人形象的塑造模式，一类是因遵从儿童的各种愿望而被理想化的成人；另一类则是因违背儿童的各种愿望被矮化或丑化的成人。面对随着儿童自主消费能力的增强而迅速提升的童书市场销售额，大量作品直奔儿童赋权的噱头而去，"只为儿童写作"的口号造成了"儿童就是一切"的艺术价值观。在这一基本框架规定下的艺术表现逻辑中，儿童的话语权力日益扩大，成人

---

①　Ellen Seite. *Sold Separately*：*Parents and Children in Consumer Culture.* New Brunswick，NJ：Rutgers University Press，1995，p. 115.

②　Ellen Seite. *Sold Separately*：*Parents and Children in Consumer Culture.* New Brunswick，NJ：Rutgers University Press，1995，pp. 117 – 118.

的话语身份则日趋萎缩，许多写作都不由自主地呈现出一种讨好儿童的文化姿态。同时，各式儿童真人秀的电视舞台上，制作方也竭力突出儿童与成人（包括主持人、现场嘉宾、观众等）之间针锋相对的文化"比赛"，并通过有意安排成人在交锋中的不时落败，来迎合成人与儿童消费者各自的情感需求。

对于儿童文化权力的尊奉进一步导致了当代童年文化生产的"快乐伦理"（fun morality）。根据这一文化伦理的要求，一切提供给儿童的文化产品务必要带给儿童快乐，也只有快乐才合乎儿童文化的生产伦理。2009 年，迪斯尼公司对 2200 名美国学龄前儿童家长作了一个调查，当被问及"什么是你们最希望孩子获得的东西"的时候，回答最多的便是"快乐"。① 然而，怎样使儿童快乐？消费经济的答案趋于简单：娱乐。通过迎合儿童的各种趣味，为儿童提供让他们感到快乐的文化产品，消费社会以儿童赋权的名义打开了童年娱乐消费的大门。然而，一味取悦于儿童的文化娱乐消费却也取消着成人在儿童文化建构中所负有的责任；或者说，它反映了消费时代的特殊语境下，成人世界在儿童文化的问题上所表现出的某种的放任自流或不负责任。就连作为当代西方儿童营销理论领衔者之一的麦克尼尔也指出，今天，借助娱乐的名义，"坏的东西、坏的价值、坏的观念被当作'快乐'售卖给了孩子"。② 这种责任感的缺失既反映了当前童年文化消费经济的失控，更反映了这一经济背后的成人大众对于自身文化的不自信。显然，如果成人自己也沉浸在消费社会的娱乐狂欢中，那么将这一娱乐的权利开放给儿童，反而是减轻其文化内疚感的一种途径。

从这个意义上说，在各类童年文化产品中被降格的成人形象，恰恰也是现实生活中成人文化位置的某种真实反映。在 20 世纪的童年文学传统中，借童年的形象对成人文化展开的批判还包含了以此改进成人文化的目的，而在当前的童年娱乐消费中，这种表面上的批判仅仅是为了制造一种娱乐儿童的喜剧效果。同样，即便是在《恶童日记》这样的作品中，儿

---

① 宋磊：《迪斯尼和尼可罗丁争夺美国儿童电视市场》，《中国文化报》2010 年 12 月 1 日第 8 版。

② Joel Bakan. *Childhood Under Siege*：*How Big Business Ruthlessly Targets Children*. London：The Bodley Head，2011，p. 50.

童也以特殊的方式从自我反思的成人文化中吸收着成长的营养，但在今天的儿童娱乐消费大潮中，这种来自成人文化深处的意义充实和提升则越来越趋于缺席。这一切意味着，不论是在现实还是虚构的世界里，成人文化可以给予儿童的营养都越来越少。在这场童年权力体验消费的狂欢中，唯一没有被同化的是学校教育领域，但这并不是由于它在信念上坚持着成人相对于儿童的文化优势，而是因为它在制度上必须维持这一文化的权力关系。今天的学校教育并没有能够很好地承担起将一种深厚的文化遗产传授给儿童的责任，相反地，它的技术性的知识压制进一步导致了儿童在情感上远离人类文化的真正精髓，转而从娱乐的欢快世界里去寻求生命力量的虚幻满足。现实的情形越是如此，童年权力体验作为一种文化商品的价值，就越是激起儿童的消费欲求。在畸形的现代教育体制中所承受的权力压制，在娱乐的世界里似乎得到了替代性的补偿。这一虚幻的权力体验造成了儿童娱乐消费持续的恶性循环。

对于当代童年娱乐文化来说，这样一种"权力"的讨论显然太过沉重，它所需要的只是一种有关支配的想象快感而已。如今的童年娱乐经济呼应着功利化的教育，从不同的方向培育着同一种成人化的孩子，这个孩子不是波特莱尔所说的"大小孩"（un homme-enfant），即"对他来说生命的任何棱角都尚未变得迟钝的一种天才"[①]，而是尼尔·波兹曼所说的"成人化的儿童"，即"一个在知识和情感能力上还没有完全发育成熟的成年人"[②]。对于这样的孩子来说，年龄的增长仅仅意味着形体和闻见的增长，而并不必然伴随着心智的真正成熟。娱乐时代的儿童可以在形式上比之前任何时代的孩子都更为迅速地长成大人，而它所导致的一个文化结果恰恰是，娱乐时代的许多成人在实质上仍然还是孩子。于是，文化的时间在娱乐的喧嚣里停滞了下来，不再向前。

童年最根本的文化意义决定了童年文化的本质应该是生长性的，而能够为其提供最重要的精神营养的，正是那始终与它在一定程度上形成对抗的成人文化。我们不妨说，这种"对抗"是童年文化的基本生存状态，

[①]　参见蔡淑惠、刘凤芯主编《在生命无限绵延之间：童年·记忆·想象》，书林 2012 年版，第 126 页。

[②]　［美］尼尔·波兹曼：《童年的消逝》，吴燕莛译，广西师范大学出版社 2004 年版，第 141 页。

但它不应被理解为儿童与成人之间在文化上的隔绝对峙，而应被视为一种富于张力的文化交流和对话关系，通过它，儿童从"异质"的成人文化的镜子里，逐渐建构着他自身的文化映像。然而，从"儿童—成人"的权力政治立场出发建立起来的童年文化观念恰恰剥夺了它的生长性，并造成了另一种自我独断的童年文化观念。显然，在抽掉了成人文化的镜子之后，无论是成人还是儿童，都从中感到了一种轻松的释然，但与此同时，文化的真正意义也在这样的释然中被轻易忘却了。当代消费经济致力于为儿童建造一个只属于他们自己的文化世界，这个世界宣称以儿童为尊，并抗拒任何不服膺于儿童权力的成人因素，但这一姿态却在事实上剥夺着童年真正的文化能力。今天，"散漫、冷漠、玩世不恭成为了儿童用以对抗现代成人生活之艰难的合法武器，然而这些语词不正与童年自身相悖吗？"① 当代童年文化要在解放中求得更进一步的发展，必须超越任何权力的政治，转而恢复童年与人类文化之间的有机关联，后者不只是为当前童年文化消费现实中缺席的文化精神招魂，更向童年文化的成人生产者要求着一种严肃的文化责任意识。

本章小结

对于童年而言，游戏体验和权力体验是两种重要的审美体验，儿童个体可以从这样的体验中获得关于自我身份意义与价值的精神确证。这也是消费时代的童年审美解放应该得到认定的价值。但是如果童年文化想要成为一种有价值的文化，它所提供的这种体验就应该是建构而非解构性的，应该是现代而非后现代的。这里，不论是建构还是现代，其根本的意义都指向着时间。童年的审美本质在于时间，而时间的审美本质在于记忆。当前童年体验消费最大的问题，就是以童年的欢乐取消了童年的时间，同时也取消着童年的记忆。对于沉浸在娱乐体验之中的童年个体来说，机械的时间仍在流逝，但文化的时间却不再向前。无止歇地供给童年的娱乐体验只是带来了快感的抚慰，而并不能留下任何深刻的记忆，因为记忆需要时间的沉积，而娱乐经济恰恰付不起这样的时间。本雅明于 20 世纪初在《柏林童年》中对于他童年时代种种声音、色彩、时间、空间等的特殊敏

---

① Maria Winn. *Children Without Childhood*. New York：Penguin, 1984, p. 4.

感所留下的记忆镜像，总是与"思量""苦思冥想""寻见""发现""注视"等富于时间感的动作相连。而在消费社会所制造的游戏狂欢中，在无止歇的娱乐快感的重复中，没有任何"思量""苦思冥想""寻见""发现"和"注视"的位置，所有的欢乐只是排着队一闪而过。孩子们再没有时间停下来搜集和回味自己对于世界的感觉，实际上似乎也没有必要，因为在它之前和之后，无非都是同样的快感。

　　如此"丰富"的体验带来的很可能是记忆的枯萎。它并不意味着我们将不再拥有童年的记忆，而是指那些与童年联系在一起的珍贵的记忆感觉，将在童年权力和娱乐的狂欢中逐渐逝去。这不是童年消费经济发展的必然产物，却是消费娱乐文化全面侵入童年生活之后必然会导致的结果。对于童年来说，太过庞杂的娱乐体验不可避免地减轻了这些体验在童年记忆中的精神分量，正如艾姿碧塔在回忆自己小时候听故事的经验时所说，"就听这么有限的几个故事（大约只有七个），我一点也不觉得有什么缺憾。我反倒觉得，如果数量太多、太复杂，就会减低故事本身的分量"。①因此，童年娱乐体验的问题并不在于它的娱乐性质，而在于它失去了体验应有的生命重量。一位当代成年人这样描述自己对于儿时玩具的回忆："玩具是不可替代的所有物：一件玩具和我们相处的时间不过几年，但它们在我们心里留下的爱的记忆却将陪伴我们一生。我记得自己如何想象我就是公民凯恩，躺在临终的床上喃喃道：'米奇'（指她的玩具米奇鼠）②。我的米奇就是凯恩的玫瑰花蕾，他象征着每一个成年人都渴望回去的时光，不论他们后来成了什么样的人。"③显然，"米奇鼠"也是当代童年消费经济的产物，当它以玩具的单纯身份出现在儿童的生活世界中时，它像所有童年时代珍贵的事物一样，成为了童年情感的深挚寄托。但是今天，无数与"米奇鼠"一样的童年玩具符号承担着远比普通玩具更

---

　　① ［法］艾姿碧塔：《艺术的童年》，林徽玲译，安徽教育出版社 2005 年版，第 8 页。

　　② 孩子在这里所模仿的是电影《公民凯恩》开片的一个场景：病榻上的报业大亨凯恩喃喃吐出一个词的遗嘱"玫瑰花蕾"（rosebud）之后便告别人世。影片中，为了调查这个词的含义，记者走访了与凯恩生前有交往的各色人等，又查阅了大量凯恩的生平资料，还原了凯恩的一生，却仍未能解出这个词的意思。电影最后，人们清点了凯恩留下的万贯家财，而将无用的家具丢进火炉焚烧。正是在被扔进火炉的一架凯恩幼年时代的雪橇上，我们看到了"玫瑰花蕾"的刻字。富于讽刺意味的是，在影片中，显然没有任何人注意到它的存在。

　　③ Karin M. Ekström & Birgitte Tufte. *Children*, *Media and Consumption*: *On the Front Edge.* Göteborg: The International Clearinghouse on Children, Youth and Media, 2007, p.298.

广泛的职能——它们是儿童文化产业化的时代里童年消费欲望必要的催化剂，其目的不是使童年的目光或情感长久地停留在它们身上，而是促使它们从一个符号开始，不断地搜寻其新的欲望变体。罗杰·伊伯特这样解读电影《公民凯恩》中"玫瑰花蕾"的含义："'玫瑰花蕾'象征着童年的纯真、希望与安全感，这些东西值得一个人花一辈子的时间去寻找，但往往再也找不回来。"① 然而，对于娱乐时代的童年来说，或许再也不会有像玫瑰花蕾如此深刻的记忆。

---

① ［美］罗杰·伊伯特：《伟大的电影》，殷宴、周博群译，广西师范大学出版社 2012 年版，第 143 页。

第 五 章
从身体意识到身体景观：童年身体的消费

> 资本变成为一个影像，当积累达到如此程度时，景观也就是资本。
>
> ——居伊·德波

> 童年成为了一种景观———一个资本积累和商业化的场所——许多事情借它的名义得以展开。
>
> ——Cindi Katz

如果说千百年来，人的"身体"是我们的文化中一个备受压抑的对象，那么我们或许可以说，童年的身体既以其最为天然的方式体现了身体本身的不可化约性，也以最为生动的方式体现了人们对这个身体展开严厉规训与驯服的过程。对于童年身体特殊性的意识存在于一切人类文化的群落之中，不过是自现代童年观开始发生以来，有关童年身体的普遍意识才在一个更为广泛的西方文化圈逐渐得到确立，并随着西方文化的强势传播而成为全球范围内人们理解童年身体的基础模式。现代社会的童年身体是一个由医学、药学、教育学、心理学、人类学、社会学等范畴交相作用、共同建构的概念，它带来了对于童年而言意义非凡的身体解放，但也对这一童年身体造成了各种新的压迫，这其中，有关童年身体的解放和规训的各种信息复杂地交缠在一起，构成了真实的童年生活于其中的意义语境。所有这些最终生产出一个符合现代标准的健康、美丽的童年身体的理想。促成这一理想身体的建构既是成人相对于儿童的期待和义务，也日渐成为了儿童对于自己的镜像认同。

这一童年的身体在消费时代成为了一个引人注目的审美经济符号。该现象的基本背景是，随着儿童在当代家庭和社会生活中被派给的身份意义的迅速增殖，他在社会价值分层结构中所占据的位置也迅速得到提升，敏感的商界旋即嗅出了从这一群体身上所散发出的经济盈利的诱人气息。一方面，消费文化很容易地在一个富于审美意义的童年身体与一种持续的经济投入之间建立起了密切的关联。通过将童年的身体展示为一种美好而悦目的审美形象，消费社会也以极富说服力的方式召唤着相应的经济资本参与到这样一个形象的塑造中来。另一方面，在一个至少在形式上日益以儿童为中心的时代，童年身体纯粹的观赏意义也显示出了某种不菲的经济价值。如今，童年身体的影像消费正在愈益成为紧继如火如荼的女性影像消费热潮之后的又一次消费方式的翻新与猎奇。人们几乎无须过多留意就能感受到，儿童的身体影像从未以如此密集的频度和聚焦度出现在近年来的各类视像媒介上，从影视、广告到各式综艺娱乐节目，童年的身体成为了当代消费文化在其不断追逐新变的旅途上为自己配制的又一帖兴奋的药剂。在这个过程中，童年也"从一个有着特殊需求的独一无二的人生阶段，变成了由市场以及为了市场组建而成的一种景观"①。

第一节　童年身体与童年景观

进入现代社会以来，童年的身体由一个总体上不被关注的文化对象逐渐成为家庭和社会生活关注的中心之一，进而又发展成为消费时代的文化景观，这其中所包含的积极的文化意义，首先是不应该被忽视的。我们可以毫不犹豫地断言，童年的身体在当代社会所得到的照看与关怀，以及由此带来的这一身体的解放程度，是任何其他时代所远不能比拟的。深刻地理解这一点，有助于我们从一个更为公允和全面的视角来看待并进入对于当前童年身体景观现象的思考。

一　童年身体的塑造

人的身体首先是一个生物学事实，但其意义从一开始就远远超出了生物学的范畴，它不但提供了生命的物质载体，也是我们与包括自己在内的整个存在世界交往的基础媒介。然而，与身体的这一朴素的文化功

---

① Patricia Crain. "Childhood as Spectacle", *American Literary History*, Vol. 11, No. 3, 1999, p. 545.

能事实构成鲜明对比的，是人类身体长期以来所遭受的普遍的文化贬低。在已知的所有生物中，人是唯一一种会有意识地抗拒和违拗其身体性的生命体。这一自我抵抗的冲动指向着往往与身体相对的人的另一属性——精神，它是人从生命体的一般属性中挣脱出来、确立其独一无二的自我价值的源头。对于"躯体"的鄙视表达了人想要脱出物质欲望的限制去寻求更为永恒之物的另一种"本能"，它对人的存在而言是一件与上帝创世同等重要的事情，在最根本的意义上，我们可以说这一本能标志着"人"与"人性"的诞生。正是对于"精神"之物的这种追寻与想象的冲动，使得长期以来我们关于物质身体的意识总是自觉或不自觉地与一种卑琐的形而下意象联系在一起。"由于身体最清晰地表达了人类的道德、不完整性和弱点（包括道德过失），因此，对于我们大多数人来说，身体意识主要意味着不完备的各种感情，意味着我们缺乏关于美、健康和成就的主导理想。"[1] "理想"意味着超越身体限制并追寻身体现实的完满性，意味着人的生命仿佛具有比人此刻所"是"之物更为高远的目的。然而，我们的身体却牵绊着"理想"，在与"理想"相反的方向，"肉身化暗示着令人不安的弱点或罪恶"[2]。因此，古老的精神修炼传统总是要求人们在精神与身体的两难选择中通过放弃后者来靠近"神"，不论这个"神"是纯粹精神意义上的哲思，还是一般宗教意义上的偶像。

　　处于这一文化传统中的童年的身体是一个矛盾的存在。一方面，人的身体属性以其最为鲜活的方式体现在童年的身体之上。在幼小的孩子身上，身体的各种欲望保持着它们自然的强度与激情，在不受外在压抑的情况下，儿童生活的第一目标便是寻求这些身体欲望的满足。对于幼儿来说，身体即是一切。所以尼采要以"小孩子"的譬喻来提醒我们身体的本体性存在。[3] 相比于成人，人们更倾向于认可和宽容人在童年早期所受到的某些身体性的支配。圣·奥古斯丁在《忏悔录》中提到了幼儿在吃奶时表现出的妒忌如何为人们所宽容，他自己虽承认人"在胚胎中就有

---

　　① ［美］理查德·舒斯特曼：《身体意识与身体美学》前言，程相占译，商务印书馆 2011年版，第 3—4 页。

　　② 同上书，第 4 页。

　　③ "'我是身体也是灵魂'——小孩子说。为什么人们不能像小孩子一样来说话呢？"见［德］尼采《查拉图斯特拉如是说》，孙周兴译，商务印书馆 2010 年版，第 44 页。

了罪",但仍然满怀深情地赞扬孩子的身体:"我的天主,你给孩子生命和肉体……你使肉体具有官能、四肢、美丽的容貌,又渗入生命的全部力量,使之保持全身的和谐。"① 这个美的身体是上帝(或天神)的赐予,于是,维持和满足它的各种欲求以促进身体的成长,也成为了一桩自然的义务。在童年文化的历史上,童年的身体远比童年的精神更早受到人们的关注。有关儿童身体的保育知识在各民族都拥有一个绵长的传统,至十七八世纪的欧洲,围绕着儿童的身体已经建立起了一套比较完整的保育知识体系。洛克在《教育漫话》中将主要以促进儿童身体健康为目标的教育列为儿童教育的起点,并就此提出了关于儿童的运动、衣着、饮食、睡眠、排泄、用药等方面的指导建议。在洛克之后进一步兴起的儿童医药学研究,极大地促进了人们对于儿童身体的认识。"回顾过去的儿科学手册,我们会发现,这些手册一直对婴儿和儿童的身体需要给予了比其他需要多得多的关注。这里的'其他需要',最初被指称为'精神'的需要,至 19 世纪后期又聚焦于'心理'的需要,一般认为,这些需要在很长时间里都是被人们忽视的。"②

但另一方面,童年的身体也是人们对身体实行严格控制和规训的起点。对于幼儿身体欢乐的纵容转瞬即逝,取而代之的是严厉的身体约束和身体禁锢。我们不妨说,针对儿童身体的种种关注,其归根结底的目的正在于对这一身体的管束。在西方社会,来自宗教的原罪说认为儿童身上附有撒旦的恶灵,因此,对于这个群体来说,最重要的一件事情便是在其尚未长大成人之前,将罪恶的灵魂从他们的身体里驱赶出去。在罪感影响并不如此明显的文化中,比如中国社会,来自家族和社会的成人要求同样首先落实在对于儿童身体的驯服和管制上。社会对于幼儿身体本能的某些宽容只是严苛管控的前奏,"人们对此都迁就容忍,并非因为这是小事或不以为事,而是因为这一切将随年龄长大而消失。这是唯一的理由,因为如果在年龄较大的孩子身上发现同样的情况,人们决不会熟视无睹"。③

几乎所有情形下,"不会熟视无睹"的结果只有一个:"体罚"(cor-

① [古罗马]圣·奥古斯丁:《忏悔录》,周士良译,商务印书馆 1996 年版,第 10—11 页。

② André Turmel. *A Historical Sociology of Childhood*:*Developmental Thinking*,*Categorization and Graphic Visualization*. Cambridge:Cambridge University Press,2008,p.219.

③ [古罗马]圣·奥古斯丁:《忏悔录》,周士良译,商务印书馆 1996 年版,第 10 页。

poral punishment）。如果要为儿童的身体书写一部历史，那么体罚无疑是几千年来一切文化中最为普遍和重要的儿童身体感受与记忆的来源。古往今来，无数的回忆录中记下了不同时代、不同文化的孩子所承受的各种身体惩罚。成年后的卢梭始终记得自己小时因为被大人们误认为毁坏了一把拢梳又拒不承认错误而受到的暴力惩罚，"我从这次残酷的遭遇逃脱出来以后，已被折磨得不像人样了"。大人们用"魔鬼般的倔强"来形容不肯认错的卢梭，这一用词生动地反映了有关童年身体的原罪观念在 18 世纪欧洲社会的影响。① 狄更斯在他的自传体小说《大卫·科波菲尔》中描写了童年时代的大卫由于未能通过家庭功课的考察而遭受继父的一场名正言顺的毒打。体罚的"仪式"过后，"我从地板上爬起来，照了照镜子，脸肿得那么厉害，那么红，那么难看，连我自己都几乎吓了一跳。身上挨了打的地方，又肿又疼，一挪动，就忍不住又哭起来"。② 及至后来被送入寄宿学校，接受先生的各种敲打对这里的所有学生来说都是家常便饭。

这同一种童年身体的记忆不但越过时间的绵远间隔，从圣·奥古斯丁生活的公元三四世纪一直延续到狄更斯成长的 19 世纪，也越过地域空间的漫长距离，同时与西方和东方的童年生活如影随形。在中国，"历代多半的幼教专家，赞成走严格的路线……用严厉的方法，鞭策体罚，管到孩子够格为止"③。古代私塾常见的打罚方式包括以戒尺等工具"打头""打手心""打屁股""隔着衣裳的乱打"等，"打破打肿，都是司空见惯的事"，民间因此有俗谚云："《中庸》《中庸》，打得屁股鲜红。"④ 对于儿童身体的规训是一切行为规训的基础，它常被寄予了超出儿童自身的文化期望。不论在西方还是东方，儿童的身体在很长时间内都不被认为是一个独立的身体。现代社会之前的更早时期，个人的身体连同生命仅仅被视为是集体身体的一部分，"在有关生命与身体的上述观念中，儿童是社会

---

① ［法］卢梭：《忏悔录》（第一部），黎星译，商务印书馆 1986 年版，第 19 页。
② ［英］狄更斯：《大卫·科波菲尔》，庄绎传译，人民文学出版社 2003 年版，第 56—60 页。
③ 熊秉真：《童年忆往：中国孩子的历史》，广西师范大学出版社 2008 年版，第 58 页。
④ 张倩仪：《另一种童年的告别：消逝的人文世界最后回眸》，商务印书馆 2001 年版，第 34—39 页。

群体的一个分支，是越过时间代代相传的集体身体的其中一个片断"①。因此，依照集体身体自我发展的意志和需求对童年的身体加以规训，也就成了社会文化延续的一种自然途径和基本方式。

上述对于童年身体的照料和规训的传统，构成了现代童年身体境遇的两条基本线索。随着现代文明的推进，一方面是童年身体得到了持续细化的照料；另一方面这一身体所经受的文化规训也在不断加强。就前者而言，整个 20 世纪，人们对于童年身体需要（包括物质需要和与童年的身体福利密切相关的各种社会性需求）的关注、研究以及为满足这些需求而付出的努力，无疑是前所未见的。在这一过程中，我们的社会越来越倾向于将童年真实的身体视为拥有独立尊严的生命对象来看待，与此相应的，针对童年身体的体罚也逐渐被视为一种否定性的教育手段而遭到公共范围内的批评和弃置。但这并不意味着童年身体规训的退场。相反，与显而易见的童年身体惩罚传统的没落同时发生的，是包括大量倡导"以儿童为本位"的医学、心理学、教育学知识和实践在内的话语网络施加于童年身体之上的各种隐性规训。这个潜在的网络代表了一种沉默无形却又无处不在的身体规训系统，它远不像体罚规训现象那样边界清楚、易于察断，因而也难以给出简单的批判。从更为开阔的背景来看，它是现代性对于现代身体日益增强的控制的一部分。安德兰·特梅尔在其以现代童年为对象的社会学研究中，指出了现代社会加诸童年之上的种种普遍的文化标准如何塑造出了"正常儿童"（the normal child）的观念，又如何以此实施着对于儿童的控制。这里的"正常"主要表现为三种形态："符合常规的""健康的"和"可接受的"。② 20 世纪以来，童年的身体从普遍的体罚痛楚中有效地解脱出来，却也更为完全地落入到了这一"正常化"的文化规训体系之中。

在消费时代，对于童年身体的上述照料和规训的传统同时得到了空前的发展与强化。没有一个时代像今天这样无微不至地关心着童年的身体，也没有一个时代像今天这样无所不至地管理着童年的身体。消费社会对于

---

① Jacques Célis. "The Evolution of the States of the Child in Western Europe：From the Collective Body to the Private Body", trans. Frankin Philip, *Social Research*, Vol. 53, No. 4 （WINTER 1986）, pp. 692 – 693.

② André Turmel. *A Historical Sociology of Childhood：Developmental Thinking, Categorization and Graphic Visualization.* Cambridge：Cambridge University Press, 2008, pp. 182 – 247.

童年身体的兴趣首先是消费文化自身的某种"身体中心"性质的表征之一。波德里亚在其《消费社会》一书中确认了身体在消费时代的中心位置："在消费的全套装备中，有一种比其他一切都更美丽、更珍贵、更光彩夺目的物品……这便是身体。"① "可以略为夸张地说，消费社会中的文化就是身体文化，消费文化中的经济是身体经济，而消费社会中的美学是身体美学。"② 消费社会对于人的"身体"的全面照看与不断提升的儿童身体的情感、文化和资本价值相结合，促成了当代儿童身体消费的勃兴，它使得童年的身体成为了消费文化中的一个重要资本符号。

我们须得承认，尽管面向儿童的消费经济本身有着明确的盈利目的，但它对于童年身体的细致照看的确在事实上促进了儿童身体福利的当代事业。从这个意义上说，消费经济与童年身体的发展之间存在着某种积极的互利关系。然而，童年的身体在消费时代所获得的解放一方面极大地唤醒了童年身体的自我意识；另一方面却也强化了现代文明对于童年身体的压迫，后者指向着一种特殊的童年身体规训现象。与过去的一切规训形式（尤其是体罚）不同，由消费文化所施加的这一身体规训的特殊性在于，它能够使对于童年身体的压迫以一种表面上十分怡人的方式呈现出来。当代童年身体的景观化现象，便是这一规训的基本表征之一。

二　童年身体的景观

在居伊·德波的《景观社会》（1967）一书出版之前，"景观"（spectacle）一词主要是一个用来指称一种具有特殊欣赏价值的观看物的视觉名词③，而这一对象本身被创造或安排出来的目的，也是为了观看。英语spectacle的古词根"spek–"，意思即为观看。因此，景观首先是一个中性词，它在传统的高雅和通俗文化中被同时用来指称那些具有观赏性的活动，包括电影、戏剧以及大众性的广场表演。④ 对于景观的观看行为将观看者与被看物关联在一起，景观的概念因而包括三个基本要素：景观对

---

① ［法］让·波德里亚：《消费社会》，刘成富、全志钢译，南京大学出版社2001年版，第139页。

② 陶东风：《消费文化语境中的身体研究热》，《当代文坛》2007年第5期。

③ "spectacle." *The American Heritage Dictionary of the English Language.* 3rd edition. Boston：Houghton-Mifflin，1992.

④ http：//en. wikipedia. org/wiki/Spectacle.

象、景观观者以及观看景观的行为。

　　景观对象是指展开为景观的那个物事，它有别于一般事物或事件的地方在于，景观对象对于自身之为景观的身份具有明确而强烈的意识，因而往往具有鲜明的展出或表演的性质。一般的生活现象不足以构成景观，在寻常的语境下，只有当特定的生活事件从它的日常生活情境中脱离出来而具有了不同寻常的展示意义（不论这意义是褒是贬）时，人们才称为"spectacle"。景观观者是相对于景观而言的观看者，他是观看行为的发出者，但与一般的行动者相比，他的观看行为往往包含了一种沉默而显在的娱乐意图。① 当观看者将一个特定的对象视为景观进行观看时，他在意识或潜意识中是将它作为一个轻松怡人的观看对象进行接纳的。这一景观心理在很大程度上牵制着观看者的感官运作，并以一种潜隐的方式影响着观看者的精神。因此，表面上是观者在观看景观，但与此同时，景观也在塑造着它的观看者。在这个过程中，连接景观对象与其观看者的观看行为，也具有了不同于一般观看的特殊性。"我们从不单单注视一件东西；总是在审度物我之间的关系"②，从这个意义上说，景观观看同样开启了一种特殊的"物我关系"。当居伊·德波称"景观是对话的反面"③ 时，他提出了有关景观观看中的"物我关系"的一种激进而深刻的见解。断言景观取消对话或许是偏激的，但不可否认，在景观事件所引发的主客体关系中，的确隐含了对于对话精神的内在压制。

　　历史上，童年的身体是从何时开始成为一种景观性的对象的？这个问题的准确答案已经难以溯源。我们可以确定的是，对于儿童身体的观赏文化由来已久。菲利帕·艾里耶在其《童年的世纪》一书中结合西方儿童影像史的考察指出，自 14 世纪末起，一种以意大利语 putto 命名的裸体小天使装饰像在欧洲风行，它最初是作为纯粹的室内装饰物出现的，继而影响到了宗教画像中的圣婴形象，最后进入到了生活儿童的画像中，其风尚的持久性要远远超过同一时期的人们对于成人裸体画的热情。艾里耶把它

　　① 作为景观一词发源地的古罗马竞技场，便是罗马统治者以竞技景观来娱悦城民的手段之一，它是古罗马时期被称为"面包与马戏"（Bread and Circuses）的执政手段的主要内容之一。

　　② ［英］约翰·伯杰：《观看之道》，戴行钺译，广西师范大学出版社 2005 年版，第 2 页。

　　③ ［法］居伊·德波：《景观社会》，王昭风译，南京大学出版社 2006 年版，第 6 页。

称为古希腊爱神厄罗斯（Hellenistic Eros）的一种变体。① 然而，西方文化对于儿童身体的兴趣显然还可以追溯至更早的时期。例如，艾达·科恩等人针对古希腊和古意大利时期的祭祀浮雕、陶器、宫廷艺术、镶嵌装饰、壁画、墓雕、墓志铭等艺术以及相关文献，寻索、考察了其中出现的各种儿童形象。② 尽管我们很难说儿童身体在古代文化中的这些存在形态意味着这一形象是因其独特的身份而得到人们重视的，相反，更为合理的解释是，儿童的身体是作为整个社会躯体的一个正常部分被纳入早期艺术表现的视野的，它并不比其他的身体形象更受到人们的特殊注意，但这一现象中已经包含了童年身体观赏性的某种萌芽。在另一些情况下，儿童的身体的确被赋予了献祭的神圣化等特殊功能，其独特的观赏价值也从它所为之服务的仪式价值中得到了一定的确证。

与西方古代社会相比，中国古代世俗生活题材绘画中的"婴戏图""货郎图""耕织图""百子图"③ 以及民间装饰艺术中各种取用童子嬉戏形象的场景，对于儿童身体观赏性的强调显然要更为突出。不过总体来说，古代社会对于儿童身体的观赏兴趣往往落在儿童之外的其他价值上，比如祭祀奉神、代际繁衍等，而很少关心真实的儿童身体。至于从儿童身体形象的视觉意趣本身肯定这一身体的独立价值，则是在儿童个体的价值开始受到重视的现代社会才逐渐普及的现象。例如，至十五六世纪，欧洲绘画开始表现出对于普通儿童形象的观赏趣味，它注意到了儿童身上被认为具有观赏性的、令人愉悦的特征，其中包括童年期滑稽的天真，以此增添画面的娱人效果。这一绘画的策略收效明显，以至于到了17世纪，随着儿童在家庭生活中受到关注的进一步增加，使用儿童模特一度成为肖像画博取观众和消费者的一个讨巧的手法。④ 至19世纪后期，维多利亚时代的一批英国画家甚至可以"通过绘制各种各样表现可怜的女孩卖花场

① Philippe Ariés. *Centuries of Childhood：A Social History of Family Life*. Trans. Robert Baldick. New York：Alfred A. Knopf，1962，pp. 43 – 46.

② Ada Cohen & Jeremy B. Rutter（eds.）. *Constructions of Childhood in Ancient Greece and Italy*. The American School of Classical Studies at Athens，2007.

③ 熊秉真：《童年忆往：中国孩子的历史》，广西师范大学出版社2008年版。

④ Philippe Ariés. *Centuries of Childhood：A Social History of Family Life*. Trans. Robert Baldick. New York：Alfred A. Knopf，1962，p. 17，pp. 39 – 42.

景的画像而谋得生计"。①

　　以摄影术的发明为起点的现代视觉技术革新为推进现代童年身体的景观化进程提供了重要的动力。这一技术的革新与维多利亚时代人们对于儿童的浓郁兴趣相互推动，促成了童年身体景观化的第一波浪潮。"儿童的形象在摄影中一直占有重大的比重。"② 19 世纪中期，《爱丽丝漫游奇境记》的作者、以笔名刘易斯·卡洛尔更为人所知的查尔斯·道格森，在他的个人摄影工作室留下了一批身着各种服装道具的儿童、尤其是小女孩的影像。这一现实与道格森本人对于小女孩的众所周知的暧昧兴趣有关，但它同时也是现代童年身体景观化现象的早期表征之一。随着摄影技术的迅速跟进，很快地，儿童身体景观的商业价值就得到了初步的发掘。19 世纪 70 年代，出自维多利亚时代摄影艺术家奥斯卡·雷兰德之手的名为"金克斯宝贝"（Ginx's Baby）的一张哭泣的婴儿的照片，在当时售出了 30 万帧复本。这一例子有力地证明了世纪之交维多利亚时代的人们对于儿童身体形象的兴趣以及该形象的商业化趋势。1898 年《女士之家》杂志上刊登的一则便携式新 Cyclone 相机的广告语这样写道："婴儿照片恒久珍贵"，它折射出了近一个世纪以来不断发展的视觉技术开始聚焦于其上的这一儿童观赏文化的潮流。③

　　从那时以来，摄像机的镜头与儿童的身体形象之间一直保持着某种特殊的亲近关系。据安妮·希格内特在其出版于 1998 年的《天真的图像：理想童年的历史与危机》一书中称，根据各类统计，当时美国的照相胶片约有一半用于拍摄小孩子的形象。④ 20 世纪初，在现代摄影术和现代儿童观的影响都初兴不久的中国现代都市，摄影镜头也表现出了对于儿童身体的观赏兴趣。1926 年下半年，20 世纪二三十年代风行一时的上海时尚画刊《良友》画报与宝华干牛奶公司联合举办了一次婴儿健康大赛，共设 400 元奖励前 30 名儿童，随后，"成百张的参赛照片陆续被刊登出

　　①　Hugh Cunningham. *The Invention of Childhood*. London：BBC Books，2006，p. 154.
　　②　Hugh Cunningham. *The Invention of Childhood*. London：BBC Books，2006，p. 152.
　　③　Vicky Lebeau. *Childhood and Cinema*. London：Reaktion Books Ltd，2008，pp. 9 – 10.
　　④　Anne Higgonet，*Pictures of Innocence：The History and Crisis of Ideal Childhood*. London：Thomas and Hudson Ltd.，1998，p. 87.

来"。① 同时，在该刊第 39 期发布的征稿启事中，"儿童天真"也被列为画报征集的八种主要摄影作品类别之一。②

随着移动摄影技术的发明，视觉影像突破时间的限制而获得了连续性的画面叙说和表现能力。这一革新催生出不断成熟的电影和电视技术，在后者的推动下，20 世纪童年身体的景观化进程以令人惊讶的加速度朝前行进。维姬·利伯在其针对童年与电影的研究中指出，"19 世纪末兴起的移动画片技术很快被卷入到了维多利亚时期人们对于儿童的表现热情之中"，"从 19 世纪 90 年代至 20 世纪初，新兴的移动摄影技术对准了儿童和婴孩：反映'儿童生活'的画面是维多利亚时代最受欢迎的电影类型，通过它，电影业为不断发展中的童年视像化规划，亦即儿童的影像化，作出了它最初的贡献"。③ 自此往后，儿童成为了电影视觉表现中的一个重要形象，"不论是在古典、世俗还是当代电影的屏幕上，儿童无处不在"④。

一个值得注意的现象是，在早期儿童身体的影像化过程中，童年的自然身体也表现出了对于摄像镜头的景观化意图的抗拒。维姬·利伯在《儿童与电影》一书的导言中引述了美国早期电影技术先锋和电视节目创始人之一查尔斯·弗朗西斯·詹金斯在其《动画画面：连续摄影术发展史论》（1898）一书卷首所使用的一帧照片：照片上，詹金斯手里提着个玩偶，俯下身去，正试图哄逗一个小女孩，好让她站到摄影机前。小女孩背朝观者，裸露着身体，将脸颊深埋在双臂之间，她脱下的衣服和鞋子堆在画面右角——这一刻，她显然并不情愿朝着镜头把身体转过来。利伯写道："这一张象征着情境电影危机（pro-filmic crisis）的照片——一个小女孩拒绝站在摄影机前——使我们看到了（早期）电影与儿童景观之间共谋的程度。"⑤ 镜头前的儿童对于自我身体的客体化保持着某种天然的警惕和拒斥，这意味着，早期摄影镜头还未能说服童年的身体向一种景观式

---

① 李欧梵：《上海摩登：一种新都市文化在中国（1930—1945）》，北京大学出版社 2001 年版，第 83 页。

② 吴果中：《〈良友〉画报与上海都市文化》，湖南师范大学出版社 2007 年版，第 136、107 页。

③ Vicky Lebeau. *Childhood and Cinema*. London：Reaktion Books Ltd，2008，p. 9, pp. 7 - 8.

④ Vicky Lebeau. *Childhood and Cinema*. London：Reaktion Books Ltd，2008，p. 12.

⑤ Vicky Lebeau. *Childhood and Cinema*. London：Reaktion Books Ltd，2008，pp. 7 - 8.

的视觉存在完全敞开自身。

　　但这一童年身体的矜持很快为商业的资本欲望所征服。1887 年，8 岁的美国女孩埃尔希·莱斯利在剧院的两次成功演出引发了全美范围内人们对于儿童表演的热情，一时间，大量设计有儿童戏份的新戏剧被创作出来，同时，旧有的许多作品也被改编以增加入儿童表演的戏份。尽管当时的社会围绕着雇用儿童演员的合法性争论不断，但儿童表演行业仍然在短期内得到了迅速拓展。① 由是，在舞台上被展示的童年的身体不但成为了一个富于叙事能力和情感价值的视觉符号，也越来越成为了一个富于消费价值和资本潜力的商业符号。

　　人们对于童年表演的身体的热情随着 20 世纪 30 年代美国好莱坞童星秀兰·邓波儿的出现而达到了前所未有的高峰。1934 年，五岁的秀兰·邓波儿在屏幕上的形象攫住了无数美国成年人的目光和心灵。这个浑身上下都散发着亮闪闪的希望与活力的女孩成为了大萧条时期整个美国社会大舞台上的超级明星。她的形象给落寞年代的人们带去了有关欢乐与希望的梦想，同时也展示了童年的身体所具有的无可比拟的文化和经济魅力。从秀兰·邓波儿开始，视像的屏幕与童年的身体之间建立起了亲密而默契的合作关系，作为视觉景观的童年身体也从其他形态的各种身体（包括女性身体）中日益脱颖而出，成为了一种在当代消费社会具有独特地位的视觉景观。这类景观借助于电视媒介的大众效应，甚至扩展到了最为偏远的地域。例如，临近 20 世纪末，身在中国重庆边远山城涪陵志愿支教的美国人彼得·海斯勒记录了 1997 年 6 月的某一天，他在鼻窦炎带来的悸痛中偶尔从电视上瞥见的某个歌舞表演场景："几个上着浓妆的小孩子跳起舞蹈，翻起了筋斗"，对此场景的显在不满使他忍不住接着写道："电视上总会播放这样的节目……大白天，无论何时，你总能找到这个频道，一大群小孩子面带笑容，在舞台上上蹿下跳。"②

　　整个 20 世纪，除了如不间断的烟火表演般持续升起的各种童星形象之外，以电视为代表的大众屏幕对于童年身体的运用更是日趋多样。从电影、电视剧、广告到各类综艺娱乐节目，频繁出现的各类童年身体筑成了

①　[美] 维维安娜·泽利泽：《给无价的儿童定价：变迁中的儿童社会价值》，王水雄等译，格致出版社、上海人民出版社 2008 年版，第 78—85 页。
②　[美] 彼得·海斯勒：《江城》，李雪顺译，上海译文出版社 2012 年版，第 192 页。

一道或许比女性身体更富于新奇性的消费景观。如今的公车视频上播放着童年身体在日常生活中所遭遇的各种滑稽场景，电视台也鼓励父母将年幼孩子的生活视频传给相应的节目与公众分享，自由的互联网更是成为了各式童年身体在公众面前出镜的绝佳场所。就在笔者写作本书期间，一个有关"美国 10 岁男孩领舞橄榄球啦啦队"的视频在网络上走红，旋即受到纸质、电视和电子媒介的热烈关注。视频中，一名来自佛罗里达州的小学生克里斯蒂安·波特戈以娴熟的舞姿为一支身着火红热辣舞服的橄榄球啦啦队领舞。整个过程中，小男孩的表演牢牢吸引了拍摄镜头的注意，身后的啦啦队女郎和身旁扮演球队吉祥物"飞儿船长"的另一名成人领舞者则完全成为了他个人表演的背景。2012 年 12 月 10 日的英国《每日邮报》以"十岁男孩为橄榄球啦啦队领舞抢镜"来形容克里斯蒂安的这场表演。[1] 相隔没几天，另一名来自俄亥俄州的五岁女孩莎拉·莱登自编自演、向橄榄球明星科林·凯普尼克致敬的说唱表演视频通过 YouTube 蹿红网络，随即受到福克斯体育台的赞赏，并被该台用作一场相关橄榄球赛事转播的赛前表演秀。这一事件同样得到了《每日邮报》的关注报道。[2] 通常情况下，不论是啦啦队的舞蹈演出还是个人的说唱表演，在今天的视觉消费时代都已经不足以构成引人注目的景观，但儿童身体的参与却赋予了这些普通的镜头以特殊的"魔力"，很多时候，这个小小的身体似乎具有将普通的影像点染成为"景观"的奇妙效用。这一事实使儿童的身体成为了当前影像消费中一个重要的景观因素，而克里斯蒂安和小莎拉所代表的，仅仅是当代影像消费领域持续上演着的童年身体景观潮的其中两个较为显眼的侧影而已。

第二节　景观童年的影像表征

童年身体的景观化是当代童年文化与视像媒介相互作用的产物。在视像媒介高度发展的消费社会，童年的身体成为了公众视觉消费的景观之

---

[1]　http：//www. dailymail. co. uk/news/article－2246419/Christian-Bottger－10－steals-NFL-cheerleaders-amazing-dance-moves-earns-nickname-Little-Fear. html.

[2]　http：//www. dailymail. co. uk/femail/article－2251878/Five-year-old-rapper-YouTube-hit-tribute-NFL-star-Colin-Kaepernick. html.

一。这一被景观化的童年身体构成了一个醒目的当代视觉审美符号，它既是童年身体的一种解放，也是对于它的另一种全新的规训；在消费经济的推动下，后者的影响很快越过前者，成为了主宰童年身体景观的主要因素，并以影像特有的强大力量，诠释和塑造着成人和儿童关于童年身体的理解。

一　健康的童年与"疾病"的隐喻

1895 年，一则由路易斯·卢米埃尔导演的时长不足一分钟的试验短片，呈现了一对年轻的父母与他们年幼的孩子共同进餐的场景。在这则名为"宝宝用餐"（*Repas de bébé*）的无声黑白短片中，位于画面中心的幼儿在父母的服侍和逗弄下怡然地吃着属于她的食物。悠闲的用餐场景中，孩子健康的脸蛋、身形、姿态和笑容使短短三十几秒的画面洋溢着清新而欢愉的生活气息。作为卢米埃尔早期商业电影的代表作之一，"宝宝用餐"展示了新兴的摄影镜头对于健康的儿童身体形象的一种自发的钟爱。相近时期出现在欧美的以儿童为主角的电影短片，如"玩耍的孩子"（*Babies Playing*，1895）、"洗澡的孩子"（*Washing the Baby*，1897）、"照料孩子"（*Nursing the Baby*，1897）、"吃饭的孩子"（*Baby's Meal*，1901）等，也纷纷将镜头对准了充满活力的儿童身体。在虚拟的视觉图像中，健康、敦实、生机勃勃的儿童身体代表了一种生命的新鲜力量和生活的新鲜趣味，进而向观者传递着一种令人愉悦的视觉美感。

从早期电影开始得到呈现的这一健康的童年身体形象，在当代社会的视像媒介中被推广成了一种无可比拟的身体景观。它的很大一部分景观价值毫无疑问地包含在现代社会儿童持续提升的情感价值之中，后者意味着，一个健康的儿童身体在我们的家庭和社会生活中占据着越来越高的意义比重。在这里，"健康不仅仅是指没有疾病，而是指一种生理、心理和社会性发展层面的健全状态"①。这一被广泛引用的健康定义所使用的"健全"（complete）一词是一个暧昧的限制语，它在某种程度上指向着人的一种永无止境的"健康化"过程。而在对待童年身体的问题上，该词的意义生产潜力无疑得到了更为淋漓的发挥。在这里，有关童年身体的健康概念被分解为无数细小繁复的分支：营养、睡眠、身高、体力、智力、

---

① 这是世界卫生组织（WHO）于 1946 年提出的关于"健康"的新定义。

情感，以及各种各样的环境因素，等等，而这些分支又被进一步细分为蛋白质、卵磷脂、锌、钙、铁、各种维生素和矿物质……从理想的角度来看，其中的每一个因素都是童年身体的"健全"发展不容错过的要素。

这一切促成了童年身体在当代儿童电视广告中的景观化现象。无数佩戴着健康标签的童年身体从奶粉、尿不湿、营养素、玩具、家居等各式各样的广告画面中向人们走来，每一个身体都诠释着有关童年健康的某种蕴涵。所有这些影像共同叠合成一个指向童年理想身体的虚拟符号，按照儿童广告的语法，它是所有童年的身体都应该努力靠近的那个完美的原型。这类童年身体符号的商业所指是显而易见的，它将童年的身体塑造成为一个具有无穷吸收力和容纳力的视觉对象，进入这一身体的每一个内容都意味着相应童年商品的合法性。它是通过推销一种健康的童年身体影像，来实现其推销特定物质或精神商品的目的。

但与此同时，童年身体的符号意义又在很大程度上起到了遮蔽其商业目的的作用。在凝视这些健康的童年身体的过程中，成人们获得了一种视觉享受的愉悦，它带有以 putto 为代表的早期童年身体观赏文化的遗留，不过更多地烙上了现代童年审美文化的痕迹，在后者的视野下，一个健康的童年身体往往被赋予了某种成人身体所不能相媲的完满意义。这使得一切富于美感的童年身体广告，其背后的商业动机都可以因为这种美感的拯救而得到相当程度乃至完全的谅解。健康的童年身体指向一种珍贵而美好的视觉形象，它所代表的是一个有关希望和未来的诱人承诺。如果作更进一步的文化解读，那么健康的童年身体也隐喻着家庭和社会机制的正常运转，正如卢米埃尔镜头下"宝宝用餐"的场景能够在观者心里引发一种活泼愉悦而又有条不紊的内在秩序感。显然，这样一个健康的童年身体适合被安放在从广告、电影、电视剧到一切娱乐节目的任何视觉景观位置。

出现在屏幕上的无数健康美丽的童年形象制造了一种有关理想的童年身体的幻象，对于儿童来说，这个幻象成为了他们的自我展开镜像投射的对象。广告之类的视像产品可以解读为关于童年身体的一种视觉叙事，它将童年真实的身体卷入到有关它自身的视觉叙说之中，而这种卷入对于童年身体的影响是根本性的。约翰·伯格对于"童年时听故事的经验"的生动描述从一个方面揭示了这种影响的深刻程度："你是在聆听，你处在故事当中。你处在讲故事的人的语言之中。你不再是孤零零一个人，因为故事的缘故，你已经成了与故事相关的每一个人。"① 对于儿童来说，援引童年身体的儿童广告是视像时代的一种特殊的"故事"，通过它，儿童的自我期待与屏幕上的童年形象所提供的自我想象发生重合，亦即儿童将自己的身体认同为视像景观中呈现出来的那个童年身体。考虑到"儿童倾向于先用图像进行思考，尔后才使用文字进行思考"②，这类镜像叙事对于童年身体可能产生的影响较之文字媒介或许远为深刻。由此，广义的景观意义开始退位，居伊·德波所说的景观概念则逐渐浮现出来："景观自身展现为某种不容争辩的和不可接近的事物。它发出的唯一信息是：'呈现的东西都是好的，好的东西才呈现出来。'原则上它所要求的态度是被动的接受，实际上它已通过表象的垄断，通过无需应答的炫示实现了。"③ 它意味着，从儿童将自己的身体认同为景观身体的那一刻起，他也已经接受了景观对于自我身体的"健全"定义。在消费文化的语境下，这一认同将成功地启动一个朝向"健全"的无休止的童年身体消费过程。

与儿童广告的身体语法形成对比的是任何一种偏离健康的童年身体形象。那些出现在灾难新闻中的儿童的身体，总是能够最大程度地引起我们关于悲伤、混乱、失衡等印象的不快体验。因此，在一些时候，这些身体的影像必须经过小心的处理和剪辑，以适应视觉表现的语义要求。这类与"不健康"的印象相关联的身体还包括贫穷的身体、尴尬的身体、不快乐的身体，等等。然而，在视像镜头的处理下，"不健康"的童年身体也可以成为另一种特殊的景观。

2006 年在某省级卫视开播的一档名为"变形计"的节目④，糅合纪实与真人秀的手法，其中大部分节目主要以都市和乡村少年互换角色的七天生活为题材，设计并呈现少年身体的某种"变形"过程。入选节目的城乡少年大多被赋予了模式化的身体"缺陷"：对于城市少年来说，优渥的物质生活并未带来相应的生活幸福感，反而导致了少年精神的危机；对于乡村孩子而言，束缚着他们的则是物质匮乏的重负。于是，互换角色的

① 约翰·伯格、让·摩尔：《另一种讲述的方式》，沈语冰译，广西师范大学出版社 2007年版，第 256 页。

② [美] 桑德拉·L.卡尔弗特：《信息时代的儿童发展》，张莉、杨帆译，傅小兰、严正审校，商务印书馆 2007 年版，第 48 页。

③ [法] 居伊·德波：《景观社会》，王昭风译，南京大学出版社 2006 年版，第 5 页。

④ 该栏目最初在湖南卫视开始播出，部分节目曾在央视财经频道播放。

体验和表演被有意识地设计成为少年的身体从一种"缺陷"状态回复"健康"的过程。为了完成这一过程，节目制造了两个有关"疗伤"的梦想，一个是"灰姑娘"式的；另一个是"画眉嘴国王"式的，前者将贫穷的童年身体置于实现了的物质生活梦想之中；后者则把骄傲的童年身体置于艰苦的生活考验之境。当然，变形的"魔法"只持续七天，七天之后，对于"灰姑娘"来说，午夜十二点的钟声敲响，她将从舞会的梦想重新回到厨房的灰仓；而对于骄傲的公主来说，她也将怀着对于过去骄傲的悔意告别艰难，重新回到画眉嘴国王的身边。

　　应该说，这是一个富于催泪效果却拙于伦理关怀的关于童年身体疗伤的"童话"，节目中最引人入胜的并不是真正的童年疗伤，而是童年的身体在这一"疗伤"过程中所展示的各种极具观赏性的"表演"。当一身时尚装束的城市少年在偏远的乡土世界行走和笨拙地执起劳作的物什时，他的身体本身就是一种最具观赏性的景观；同样，当贫苦的乡村少年因难以承受城市生活的冲击而放声哭泣时，他此刻的身体也成为了一种比任何表演都更具有景观性的对象。在这里，"纪实"的镜头感觉仅仅是使景观显得更为诱人的一种手段，相反，进入景观的少年身体表现出了对于那无时不在的摄影镜头的敏感，并很快适应了其中表演的语法。很难说在屏幕上被缩短了的七天时间里，这些孩子的身体可能发生多么重要的变化；但可以确定的是，这七天的景观生活的确改变了这一身体的某种性质——它完成了从平凡的生活朝向鲜丽的景观的"蜕变"。于是，这一面向全国范围招募志愿"演员"的"变形"节目顺理成章地成为了一个另类的明星梦舞台，经它塑造成为景观的少年也先后由普通的孩子成为了公众视野下的"红人"。与广告中的理想童年身体不同，这类身体得到人们视觉关注的主要原因，并不是因为它自身呈现了任何身体的理想，而仅仅是由于它被呈现为景观的缘故。在这里，我们看到了身体景观对于身体本身的另一种方式的漠不关心。

二　身体的资本与影像的奇观

　　在由童年的身体筑成的这道新奇的现代视觉审美景观中，包含了另一种与文化资本有关的重要信息。现代社会，一个健康的童年身体不仅意味着一种怡人的视觉愉悦，也加强了儿童在当下和未来的激烈生活竞争中胜出的概率。因此，今天的各种儿童广告在致力于将童年的身体呈现为一种审美景观的同时，也总在千方百计地渲染和强化这一文化资本的暗示。

事实上，在现实生活中，我们往往也的确需要一种"资本性"的符号来说明童年身体真正的价值。2007年，由印度影星阿米尔·汗自导自演的喜剧电影《心中的小星星》（*Taare Zameen Par*），表现一个患有阅读障碍症的八岁男孩艾沙如何因为学习上的问题成为被老师和父母误解乃至放弃的孩子，又如何在新来的美术老师尼康的理解和帮助下，重新激发起内在的艺术潜能。这部在某种程度上可以看作1989年彼得·威尔导演的电影《死亡诗社》的宝莱坞喜剧版本的影片，其剧情设计同样直指对于功利化、机械化的儿童教育现实的批判，但在影片的高潮也是临近结尾处，导演为艾沙的艺术才能所安排的一场"认定的仪式"，仍然是一次具有显在竞争意味的绘画比赛。只有当艾沙的绘画作品从所有同学的作品中脱颖而出，成为众望所归的冠军时，影片才真正完成了对于他的生活的最高肯定。

这一挟带着文化资本的童年身体，为视觉时代的景观消费提供了新的素材。一时间，具有各种"才艺"的童年身体成为了全球电视综艺娱乐节目的热门"景点"。对于易于疲倦的电视镜头和它的观众而言，出现在屏幕舞台上的童年身体代表了一种新鲜的景观刺激；而对于年轻的父母们来说，有机会进入景观的童年身体既意味着骄傲的展示，也意味着他们投入在这一身体之上的文化资本有可能提前兑换为相应的经济资本或者累积为更丰厚的文化资本。例如，在凭借一支啦啦队领舞获得公众关注之后，世俗生活的幸运和成功向克里斯蒂安打开了看上去充满诱惑的大门。就在表演前的一刻，他还是一个从未乘坐飞机出行的十岁男孩，而出镜不久之后，他已经和他的啦啦队一起应邀登上了前往纽约表演的班机。从这一天起，等待着他的将是一个至少在目前看来令人满怀期望的未来，以及一种准明星式的闪亮生活。

在这一点上，媒介与父母之间各取所需，一拍即合。于是，童年的身体开始频繁出现在各类专为或并不专为儿童设计的"选秀"节目中，所谓的儿童"才艺"表演也越来越呈现出成人表演的气象。在欧洲地区风行的达人秀节目中，儿童表演者的出镜已是稀松平常的事情，这些孩子更需要考虑的似乎是如何使自己的表演尽量接近成人水准且又与众不同。本土儿童参与的选秀节目以央视的"非常6＋1""星光大道""我要上春晚"等迅速崛起的品牌综艺节目以及一些实力雄厚的省级卫视推出的

"家庭秀""达人秀""梦想秀"等节目为代表。例如，2005 年，由央视知名娱乐节目主持人李咏担纲主持的"非常 6 + 1"改版升级后，即开始推出名为"阳光灿烂的日子"的专场儿童选秀表演。自 2007 年起，该栏目又利用暑期有计划地连续推出了一批以儿童为选秀对象的系列节目。2010 年年末至 2011 年年初，该节目推出连续八期"小鬼当家儿童系列节目"，每期安排四至五位儿童登台展示歌唱、舞蹈、戏曲等"才艺"，将这一儿童选秀的娱乐环节推向了高潮。相近时期，由另一位央视综艺节目名嘴毕福剑主持的招牌选秀节目《星光大道》上，也时常能看到儿童选手的身影。在儿童选秀赛事受到持续欢迎的同时，儿童的形象越来越多地与成人一道被安排在同一个 PK 舞台上，并且显示了不逊于成人的表演业绩。例如，2012 年"非常 6 + 1"年度总决赛选手十二强的名单上，即包含了一名近两年间久经"秀场"考验的 11 岁男孩的名字。这名男孩于当年夺得了年度比赛的冠军。

如果我们把观赏的目光从制作最为精良的电视节目继续往下翻寻，便会发现，从国家、省、市各级电视频道到社区、学校、企业等的各种舞台，都在上演形形色色的儿童选秀表演，用于展示的"才艺"也覆盖了各种类型的表演项目。这其中，儿童"才艺"表演的专业度往往依相应表演的层级而呈现出自然的梯级，它耐人寻味地反映了儿童身体在各个社会阶层的全面景观化趋势。我们当然可以说，长期以来，这类涉及童年"文化资本"的竞技事实上也一直以各种竞赛的名义在各级教育系统内展开，但其赛事显然从未与童年的身体发生如此直接的关联，而我们的注意力也从未如此自觉地集中在童年身体的观赏性之上。这一巨大的童年身体资本市场催生了如"儿童个性节目影视表演模特培训""儿童节目经纪网站"等奇特的社会新产业。为童年求取"文化资本"的热切之情使许多父母急于将孩子送入各种培训机构和影像镜头，而这一表演性的童年身体资源的生产又反过来助长了童年身体景观在视像媒介中的进一步扩展。

然而，在遍布媒体的儿童表演和选秀节目中，"文化资本"只是一个用来吸引和诱惑父母的噱头。娱乐镜头面对童年的身体时所显示出的巨大热情，其内在的根本驱动力在于，它需要童年的身体来为观众的消费激情提供更新奇的景观刺激。当惯于成人身体表演的情歌辣舞被转移到儿童稚气的声音和体态中时，一种独一无二的景观效应被生产了出来。童年的身体由是成为了当代消费文化为了"刺激庞大消费机器的启动"而持续制造出的视觉"奇观"之一。①

三 "性化"的身体与性别的规训

这一场由童年身体的展示与表演构成的视像奇观，也将一个历时悠远的童年身体的"性化"（sexualization）传统推向了极致。当代社会令人眼花缭乱的各种童年身体展演，其影像镜头所在意的并不仅仅是自然的儿童身体，更是一种被赋予了特殊的"性感"信息的童年身体。

在当代文化研究中，"性化"尤其是一个与女性身体相关的词语。韦氏辞典对于动词"性化"（sexualize）的解释是"赋予性的特征或样子"②，《美国传统英语辞典》将该词释为"使……在外表或特征上呈现性征"③，这两种看似中性的解释，其中暗示成人情欲的"性征"却都使我们很自然地想起那些被对象化的女性身体。长久以来，一种与女性身体有关的"性"意味也与儿童的身体之间结成了秘而不宣的隐在关联。例如，维多利亚时代的人们对于儿童身体的情欲投射，近年来已经引起不少研究者的关注。詹姆斯·金凯德在其《儿童之爱：情色儿童与维多利亚文化》一书中指出了 19 世纪英国社会的成人文化投向儿童身体的显在的情欲讯息。④ 在他出版于 1998 年的另一本著作《情色的纯真》中，金凯德集中分析了自维多利亚时代起一直寄居在我们文化中的对于儿童身体的欲望。他在该书导言中毫不客气地指出，"我们的文化一直热衷于将儿童情欲化，却又同样热衷于否认这一事实"。⑤ 凯文·欧哈在其博士学位论文《纯真与激情：唯美主义中的童年情色》中，就沃特·佩特、王尔德、亨利·詹姆斯和纳博科夫小说中富于情色蕴涵的童年形象展开了细致的解

---

① ［美］道格拉斯·凯尔纳：《媒体奇观——当代美国社会文化透视》英文版前言，史安斌译，清华大学出版社 2003 年版。这里的"奇观"（spectacle）与本书所说的景观系由同一个英文单词翻译而来。凯尔纳在该书前言的注释中也声明，书中使用的"奇观"一词直接来源于居伊·德波。

② http：//www. merriam-webster. com/dictionary/sexualize.

③ "sexualize. " *The American Heritage Dictionary of the English Language.* 3rd edition. Boston：Houghton-Mifflin，1992.

④ See Kirsten Drotner & Sonia Livingstone （eds.）. *The International Handbook of Children，Media and Culture：The Child in the Picture.* SAGE Publications Ltd，2008，p. 43.

⑤ James R. Kincaid. *Erotic Innocence：The Culture of Child Molesting.* Durham & London：Duke University Press，1998，p. 13.

读，他指出，在这四位作家的作品中，"被欲望或有欲望的孩子指向着一种经由审美形式得到传达和建构的情色内涵"。①

就此而言，童年的身体似乎以自己的方式复制了女性身体的境遇。不论从生理还是社会的因素出发，儿童的身体与女性的身体之间都存在着密切的亲缘性。除了直接的共生关系外，历史上，这两种身体都曾被认为是依附性、非理性（脆弱、不确定）、低等级的身体。1879 年，法国社会心理学家古斯塔夫·勒庞在其显然缺乏充分性的头颅测量工作中便曾武断地指出，女性的身体"更近于孩童和野人，而不是成年的、开化的男性"②。如格罗兹在《流动的身体》中所说，女性被视为"比男性更具生物性，更具肉身性，更具自然性"，也更多地属于私人而非公共生活③，那么其中的"生物性""肉身性""自然性"和"私人生活"，也同样宜于用来描述和理解儿童的身体。

但与成人世界投向女性身体的情欲目光相比，儿童的身体又蕴含了另一重特殊的"情欲"趣味，后者包含了这样一种在当代公共文化中必然会遭遇严肃伦理谴责的欲望投射：从传统的眼光来看，儿童的身体意味着某种"无性"的存在，当这个身体与来自成人的"性"目光相遇时，它便隐含了一种指向"贞洁"的情欲。考虑到"Innocence"一词在其古拉丁语的源头处即包含了"贞洁"的意思，维多利亚时期的成人们在童年的身体上寄以这样的欲望投射，或许并不令人感到意外。真正令我们感到困惑的是，当这一投向童年身体的暧昧目光经历了现代文化的反思，并在20 世纪以来的社会空间中受到严厉批判和压抑的现实之下，其显而易见的变体却在当代童年身体的影像消费中得到了极大的鼓励和纵容。在今天的各类选秀舞台上，以儿童（尤其是女孩）的身体来承担各种充满情欲象征的表演，已经成为视像镜头用以吸引观者的一道特殊而又普遍的景观。为了配合这一景观表现的需要，各类富于性感意味的拉丁舞、印度舞、现代舞等表演剧目被频繁地选为童年身体表演的中介。我们只需在各

①　Kevin Jon Hisao Ohi. *Innocence and Rapture：The Erotic Childhood in Aestheticism.* Doctoral Dissertation. Cornell University，Jan. 2001，p. 10.

②　参见［英］克里斯·希林《身体与社会理论》（第二版），李康译，北京大学出版社 2010 年版，第 43 页。

③　参见［英］克里斯·希林《文化、技术与社会中的身体》，李康译，北京大学出版社 2011 年版，第 4 页。

大电视频道的知名儿童秀场随便转一圈，就能看到大量衣饰裸露、妆容成熟、劲歌热舞的儿童身体，他们纯真的脸庞与妩媚的表情、童稚的身躯与性感的动作相互映衬，构成了一道以成人身体的素材绝难实现的视觉奇观。这些充满诱惑的童年身体令查尔斯·道格森摄影镜头前那个在摄影师的安排下有意裸露出光洁的臂膀的爱丽丝显得多么微不足道！

被调戏的对象不只是女孩。那些被妆饰和镜头渲染得格外粉妆玉琢的男孩身体提供了一种与女孩相类似的景观。在央视综艺频道"非常6+1"的某一场儿童选秀表演中，一个6岁的男孩"戴"着浓艳的女妆跳起娴熟的热舞，在他的真实性别得到"揭秘"的刹那，节目的景观氛围也达到了高潮。这个小男孩的表演或许会让我们想起小说《追风筝的人》里的阿富汗男孩索拉博。读过这部小说的很多人大概难以忘掉这样一个场景：被恋童癖阿塞夫挟持的索拉博从内室走出来，他化了妆，脚戴铃铛，在阿塞夫和塔利班卫兵"淫亵"的目光下随着乐声转起圈跳舞。与索拉博不同的是，今天站在镜头前的小男孩们看上去无比欢快地享受着这一被观看的乐趣；而今天坐在屏幕前的成人则对这一童年身体的视觉调戏报以极大的热情。

这并不是说，童年的身体不应该用作任何影像的表演——我们没有任何理由反对童年身体进入表演艺术的世界。然而，在当前的许多儿童真人秀节目中，这种表演的目的根本不在于艺术，而只是一种奇观式的身体展示。许多参与选秀的孩子（尤其是年幼的孩子）所展示的并非专业性的舞蹈表演，他们的身体显然也难以到位地呈现热舞中各种性感撩人的动作。但与艺术演出不同，在这里，由儿童身体发育的限制所导致的某种表演的拙感非但不影响其演出的效果，反而为其增添了别样的观赏情趣，它使观者从艺术欣赏的某种超越现实的美感经验束缚中解脱出来，心安理得地将观赏心态下降至对于童年身体的"视觉猥亵"。娱乐景观的镜头以大众文化的名义调戏了童年的身体，而所有参与这一娱乐游戏的成员，不论是被调戏的儿童还是沉浸于调戏的成人，仿佛都从中获得了极大的满足。

"性化"概念的另一个意义，是指个体对于某种固定的性征角色的认同。它与上文所说的"性感化"并不完全是同一个概念，但两者之间常常有着十分紧密的联系。美国心理学家莎娜·厄夫曼主编的《童年的性化》一书从各个视角探讨了当代文化环境中的女童性化问题。厄夫曼在该书导论中指出，通过衣着、妆容等途径加诸儿童的性成熟假象以及这一现象所强化的文化价值观导致了"童年的性化"现象。这里的"性化"是指女孩对于一种成熟的"性"身份的过早认同，而这一身份的核心符号即为"性感"（sexy）。[①] 从这一视角来看，当代童年身体的影像消费也涉及了另一个性别规训的问题。这一问题主要是就女性儿童来说的，它是指呈现为景观的女性儿童身体为现实儿童的性别认同提供了一种标本的模式。由于视像镜头所呈现的"性化"的女性童年身体并不涉及完整的女性性别模式获得，因而只是一种狭义的性别规训，它仅仅意味着女性儿童的身体对于一种狭隘的"性感"性征的认同。从譬喻的意义上说，这是一种被"行过割礼"后的残缺的性别身份。

第三节　景观童年的文化辨析

消费时代童年身体的景观化现象对于童年文化来说意味着什么？这是一个值得进一步追问的话题。在一个实际上愈来愈倾向于围绕着童年的身体展开运转的当代社会里，一种对待童年身体的景观态度是如何顺利通过父母和公共伦理的多重审查，堂而皇之地进入到合法的审美文化领域的？同时，如果说在整个现代文化的传统中，童年身体的景观化存在也以其特殊的方式促成了人们对于童年身体的关注，那么在今天，这一景观的积极意义是否也不应该被完全抹杀？在我们对于消费时代童年身体景观化现象的批判性思考中，对于以上两个问题的辨析是无法轻易绕开的。

一　童年身体景观：客体化与主体性的悖论

童年的身体是一种古老的"景观"。在历时悠久的民间杂耍文化中，参与演出的儿童表演者一直是早期景观经济的看点之一。19 世纪英国作家海丝芭·斯特莱顿的著名儿童小说《杰茜卡的第一次祈祷》，其主角小女孩杰茜卡便曾经是一名哑剧演员。小说讲述了可怜的杰茜卡在历经苦难之后如何得救的过程，作品的成功引发了一大批同类题材的仿作。莫妮卡·弗里戈指出，该风尚的出现与同时期英国社会剧院行业的发展以及随之而来的底层儿童表演者增加的现实有关。在这些小说中，服役于马戏

---

① Sharna Olfman（ed.）. *The Sexualization of Childhood.* Westport，Connecticut，London：Praeger，2009，p.2.

团、剧院等场所的儿童表演者是一些面临危险和剥削的可怜孩子，而通过小说揭示这些危险和剥削的存在，以便让现实中热衷于观看表演的孩子们认清这些儿童表演的真相，则成为了小说作者试图达到的目的之一。①

　　想到人们曾经多么努力地要把儿童的身体从这样的景观经济中拯救出来，但如今又同样努力地要把这个身体送回到景观表演的舞台上，大概令人感到有些纳闷。当然，出现在当代景观影像中的大量童年身体在根本上有别于过去剧院或马戏表演中那些被征用的童年身体——这一区别也是消费社会带给儿童的身份变迁之一：在古老的景观经济中被展示的童年身体是生产的身体，它具有直接而明确的货币价值生产目的，童年的身体仅仅是通往这一目的中介之一。因此，在童年权利的问题持续得到关注的现代社会，这一现象因其被视为对于童年身体的一种剥削而被逐渐清出历史的视野。但在当代童年景观经济中得到展示的童年身体则主要是消费的身体。出现在影视屏幕上的那些健康、活泼、充满竞争力的童年身体，是一个累积了从物质到文化的庞大消费信息的身体，它所呈现出的富于景观欣赏价值的形体、表情、动作、反应等等，无不让我们联想到其背后滋养了这一切的巨大消费投入，这一投入象征着童年的身体在家庭和社会中所获得的从情感到事实的全面重视。对于这一童年身体的展示由此也具有了与过去相比全然不同的意义。显然，当童年被呈现为一种为了获取经济价值而"劳作"的身体时，这一身体在无形中被贬低为了一般的器物；而当它被呈现为一种消耗经济价值的"消费"的身体时，这一事实则彰显了这个身体的显要地位。我们不妨说，在前一种情况下，童年的身体只是货币价值生产的某一客体中介，而在后一种情况下，这个身体则一跃而居于经济活动的主导位置，并在很大程度上支配着货币消费的方向。

　　在现代资本主义经济的语法中，生产意味着服务，而消费意味着被服务，后者是当代社会个体身份地位的重要象征。从这个意义上看，以消费的童年身体为中心的当代童年身体景观首先反映了整个社会对于儿童"主体"地位的认可。虽然这一"主体"的确切内涵仍然是很值得商榷的，因为在这里，将富于"消费"信息的儿童身体推向景观表演的主要是一种带有炫耀性的消费心理，换句话说，童年的身体是以消费主体的身

　　① Monica Flegel. *Conceptualizing Cruelty to Children in Nineteenth-Century England*：*Literature*，*Representation*，*and the NSPCC*. Farnham：Ashgate，2009，pp. 98 – 99.

份承担着代理夸示的符号功能。但它的确在客观上造成了人们对于童年身体的积极关注。美国经济学家凡勃伦在其《有闲阶级论》一书中指出，欧洲社会经济发展导致的阶级分层在有闲阶层中催生出一种夸示性的心理和文化需求，而首先成为夸示对象的，便是上层阶级的妇女与儿童。为了对外显示男主人的身份与地位，家庭内的妇女与儿童从具体的生产过程中脱离出来，代表男主人实行各种具有夸示和炫耀色彩的消费行为，成为凡勃伦所说的"代理性的有闲阶级"。尽管作为夸示的儿童远不是因其自身的特殊性获得关注，但它却在客观上为童年的身体提供了一个更具发展性的空间。按照凡勃伦的观点，早期夸示文化使有闲阶层的子女首先从生产劳动中解脱出来，对于这部分儿童，"父母鼓励他们在非生产性、非营利性活动中展示自身的智慧和体能"[1]，"小学教育当初也主要是一种有闲阶级商品"[2]。随着中产阶级在十六七世纪的迅速崛起，这一夸示文化的潮流也很快影响到中产阶层家庭的童年，不论它作为一种文化心理本身多么需要反思，童年的身体的确从中获得了关怀的受益。

当前视像媒介所制造的这场童年景观并不缺乏对于童年身体的关切，从许多方面来看，这种关切的程度都超过了此前任何一个时代。在这里，童年的身体是作为消费文化注视和期待的中心，并以一种骄傲的姿态出现在人们面前的。他的各种需要、趣味、力量和潜能，也从未像现在这样得到消费社会普遍的认可与关注。从这个意义上说，作为景观的童年身体的确以消费主体的身份强化了他在总体社会生活中的主体地位。

然而，我们也不能不看到，尽管当代童年景观有效地塑造和宣传了一种健康、美丽的童年身体理想，但这个身体毫无疑问是虚幻的，它的虚幻并不在于其理想性本身，而在于这一理想最终仅仅落实在另一种景观式的可看性之中。当这个处于观赏目光之下的虚幻而美好的身体日渐左右了我们对于童年身体的理解，并以此反过来对真实的童年身体造成压迫时，消费实践的主体便让位给了消费文化中的客体。随着人们不断地试图通过各种消费实践以使童年的身体符合景观的要求，它越来越证明了"所谓消

---

① ［法］尼古拉·埃尔潘：《消费社会学》，孙沛东译，社会科学文献出版社 2005 年版，第 25 页。

② ［美］凡勃伦：《有闲阶级论》，蔡受百译，商务印书馆 2005 年版，第 300 页。

费者的主权不过是一种反讽而已"①。针对消费经济以"自我"的名义展开的对于身体的剥削,约翰·奥尼尔这样写道:"经济是身体的各种技巧(通过这些技巧身体展示了年轻、进取、活力、社交等文化价值)中主要的社会化力量。同样,它还必须掩藏男人、女人和儿童的真实状态。"②这里的"掩藏"是以表面上的美化形式展开的,因而很容易使我们忽视其中的压迫问题,忽视它对于"真实状态"下的身体的狭隘规训。事实上,我们的社会正在见证当代童年身体在景观压迫下的不堪重负。依照所属阶层的不同,童年的身体被送入各类不同的消费机构,以便使它们更好地接近或符合景观要求所给出的标准。在这里,景观垄断了人们有关身体文化资本的全部想象,童年身体的景观化潮流也正是从这里获得了它最重要的合法性。

当然,即便是在童年的身体被客体化的情况下,有关这一身体的景观意识也并不必然与童年身体的尊严相悖。在这方面,最为经典的例证仍然来自于刘易斯·卡洛尔。这位富于神秘性的维多利亚时代作家、学者对儿童(尤其是女童)的身体显然怀有浓厚的观赏兴趣。根据罗杰·泰勒和爱德华·沃克林在其《摄影师刘易斯·卡洛尔》一书中所作的统计,在保留下来的卡洛尔的摄影作品中,有50%是以小女孩为模特的作品。③ 林德赛·史密斯将卡洛尔在其大量摄影和日记作品中所涉及的童年身体视为这一时期女童景观化潮流的表征之一。④ 自20世纪90年代起,西方儿童文学和童年文化界有不少研究致力于揭示卡洛尔在其著名的《爱丽丝漫游奇境记》以及其他作品中表现出来的对于女性童年身体的不无情欲暗示的观看。在卡洛尔为林德尔姐妹所摄的许多相片中,我们可以明显地觉察到一种对于女童身体的景观式的凝视笼罩了整个场景,这一时刻,童年的身体成为了成人目光下的某种景观客体。

但在卡洛尔这里,童年身体的景观并没有沦落为一种带有猥亵性的视觉观赏,而是将他引向了对童年的理解和关切。在他的《爱丽丝漫游奇

---

① [美]约翰·奥尼尔:《身体形态——现代社会的五种身体》,张旭春译,春风文艺出版社1999年版,第103页。

② 同上书,第101页。

③ http://en.wikipedia.org/wiki/Lewis_ Carroll.

④ Lindsay Smith. *The Politics of Focus: Women, Children and 19th-Century Politics.* Manchester: Manchester University Press, 1998, p.95.

境记》一书中，卡洛尔使这种带有欲望的观看升华为了从那时起滋养过无数代人童年的精神营养。1862 年 6 月的一天，当卡洛尔带着林德尔一家的三姐妹（8 岁的艾迪丝、10 岁的爱丽丝和 13 岁的萝莉娜）泛舟伊希斯河上时，他显然很享受与小女孩们相伴的这个夏日时光。在船上，他应爱丽丝的要求为她们讲述了"爱丽丝漫游奇境"的故事，并在两年多后为爱丽丝将这个最初口头创作的故事付诸文字。在西方儿童文学史上，这部幻想体的儿童小说通常被认为是现代儿童文学写作从成人中心转向儿童中心、从教育统治转向游戏精神的标志性作品。仔细剖析起来，爱丽丝的漫游故事或许折射出了作者本人童年情欲的影子，但它同时也描绘出了童年心中无羁的幻想和游戏的欲望。在那样一个童年身体的内在欲望并未得到多少承认和关注的时代里，这种理解显得格外珍贵和意义重大。卡洛尔为孩子们讲述和写作的爱丽丝的故事，使童年自我的身体成为了被尊重和关切的主体。按照卡洛尔摄影作品的研究者道格拉斯·尼可所说，"相比于个体的儿童，道格森更关心童年的观念"①，或者更确切地说，卡洛尔对于儿童个体的某种不无私欲性的关注，最终导向了对于童年生命的真诚理解。

然而，从当代社会的童年身体景观消费中，我们很难看到这样的审美升华。各类仰仗童年景观的娱乐节目所真正关心的并非童年身体更好的自我实现，甚至也并不关心它真正的发展需求，而是聚焦于如何以这一身体的景观更为有效地促进和刺激相关影像的消费。在整个社会文化领域，它又延伸为当代童年文化消费行业对于童年身体的全面围攻。"如果儿童作为营销商的目标和营销业的核心形象不可避免地陷入到了消费文化之中，那么他们自身或许已经成为商品景观以及一系列消费中的成人欲望的对象物。"② 由是，童年的身体以消费主体的假象，成为了景观经济中纯粹而被动的客体。

① See Jennifer Green-Lewis. "Dreaming in Pictures：The Photography of Lewis Carroll, and Lewis Carroll, Photographer：The Princeton University Library Albums（review）", *Victorian Studies*, Volume 45, Number 4, Summer 2003, p. 730.

② Patricia Crain. "Childhood as Spectacle", *American Literary History*, Vol. 11, No. 3, 1999, p. 550.

二 童年身体展示：规训与反抗的辩证法

由当代女性主义理论衍生而来的一种观点认为，景观化的童年身体不只是消极地接受社会加诸于其上的各种规训，也可以借这一被观看的契机表达对于成人规训意图的反抗。[①] 借助于当代影像媒介的强大传播力，这种反抗的力量和效果可以得到显著的强化。例如，今天出现在各类屏幕上的从形象到言行都趋于"成熟"的儿童身体，即颠覆着成人对于童年天真的传统想象。"成熟"的身体本身指向着一种独立的要求，它"迫使"成人从童年身体对于其传统概念的反抗出发，来重新认识这一身体，以及重新考量对待他们的态度。今天的成人们大概普遍感觉到儿童越来越成为了一个难以把握和控制的群体，那些仍然倾向于以过去对待小儿的"糊弄"态度与儿童打交道的成人得格外小心，因为这种态度很可能会遭到来自儿童世界的鄙弃和反击，以至于使成人在与儿童的日常文化交锋中落败而归。在当代视像媒体网络中得到呈现的童年景观强化了儿童身体的上述反抗力。

1992 年，美国摄影艺术家赛丽·曼在其名为《家庭时刻》（*Immediate Family*）的摄影作品集中收入了 65 帧以她自己的三个未满十岁的孩子为模特的黑白摄影作品，这些作品对于儿童的裸体以及充满反面讯息（如性、伤害、死亡）的童年身体表现使它在出版时招致争议，但其先锋性的艺术尝试也获得了评论界的好评。一些评论者认为她的作品呈现了儿童真实的生活瞬间，纠正了人们关于儿童之甜美和天真的一般观念。[②] 受到这一童年文化潮流的影响，当时的一批摄影艺术家创作了不少颠覆传统童年形象的儿童身体图像，这些通常与"性"相关联的图像同时传达出了"自信、力量、想象力、美感"和"愤怒、遁世、怀疑、怨恨"等积极或消极的童年身体讯息。"艺术家们的目的并非是要将儿童对象化，而是为了赋予他们以丰富、多面的主体性。"[③] 这些形象让我们想

---

① 这方面典型的观点认为，"那些看上去穿着'性感'甚至'色情'的女孩是把这一方式当作了她们自己自由选择和自治的表达"。参见 David Buckingham. *The Material Child*：*Growing Up in Consumer Culture*. Cambridge：Polity，2011，pp. 131 - 132.

② http：//en. wikipedia. org/wiki/Sally_ Mann.

③ Paula S. Fass. （ed.）*Encyclopedia of Children and Childhood In History and Society*. Vol. 1. New York：Macmillan Reference USA，2004，p. 164.

起 20 世纪 60 年代一度流行于西方中产阶级青少年群体中的身体反抗文化[1]，但前者的目的显得更为朴素，它是为了唤起人们对于童年身体的更为完整的关注。这正如有研究者指出的，当代社会女孩的身体"在'被观看'的同时，她们也使自己的声音得到了'倾听'"[2]。从这个意义上说，当代影像景观中"出格"的童年身体以其特殊的方式表达了对于来自成人社会的规训理想的反抗。

2006 年上映的美国电影《阳光小美女》（Little Miss Sunshine）在某种程度上传达了这一童年身体反抗的信息。这部电影的一个基本背景，是在全美范围内如火如荼上演着的儿童选美比赛。影片上映之时，儿童选美在美国社会早已成为一个司空见惯的童年身体产业。这个从 20 世纪 60 年代初由模仿成人选美比赛开始兴起的儿童选美事业，最初是以年龄相对较长的青少年或少年选手为对象的，但随着报名的父母、儿童和观众热情的同时高涨，其参选对象很快就扩展到包括婴儿在内的各个年龄段孩子，从而成为每一年美国电视屏幕上的一大盛事，并为相关机构带来了每年约一百万美元的经济收益。这部影片的题名"阳光小美女"，即是片中作为情节主线索的一场以儿童为对象的美国小姐选拔赛事的名称。7 岁的小女孩奥利芙，戴着一副大眼镜，有着显眼的娃娃肚，生活在一个问题重重的家庭里。这一天，她从广播里偶尔听到了"阳光小美女"选秀比赛的消息，当即决定参选，并出人意料地顺利通过了初试。于是，买不起机票的一家人陪伴着奥利芙，驾着一辆旧车踏上了前往加州决赛现场的漫漫征途。奥利芙的决赛结果并不如人所意，与比赛现场打扮得如同瓷娃娃般精致漂亮又满身才艺的其他小选手相比，她看上去犹如落入天鹅群的一只丑小鸭。当她在舞台上以并不悦耳的嗓音和并不悦目的身体开始表演从已逝的爷爷那儿学来的摇滚乐和脱衣舞时，台下的观众一片惊愕，更有评委愤然起身拂袖而去。

----

① 20 世纪 60 年代，西方中产阶级的大学生们"不仅发现了身体，而且把身体作为革命的道具"，他们通过身体的裸露、奇装异服、狂欢放纵等方式来表达对僵化传统的反叛，"将身体暴露在公众的目光下，正如将脏话塞进正式出版物里，都是对传统道德的一次漂亮的颠覆行动。"在这里，身体被赋予了某种今天看来很值得质疑的极端的文化反抗意义。参见程巍《中产阶级的孩子们》，生活·读书·新知三联书店 2006 年版，第 357—359 页。

② Kirsten Drotner & Sonia Livingstone（eds.）. The International Handbook of Children, Media and Culture: The Child in the Picture. SAGE Publications Ltd, 2008, p. 50.

　　奥利芙最终没能赢得"阳光小美女"的比赛，但她却是所有参加比赛的选手中真正打动了我们的那个阳光小女孩。与奥利芙同台竞争的那些笑容甜美、打扮纯真的小女孩诠释了成人世界对于儿童的最为古老和美好的一种想象，但当这一形象成为孩子们为了迎合成人世界的想象趣味而有意加以修饰、表演的自我时，它已经将儿童的身体变成了某种观赏性的玩物。影片中，奥利芙上场之前的舞台上，我们看到的是儿童的身体如何在成人观赏目光的规训下成为一道怡人的视觉景观，这景观的价值并不取决于它在多大程度上表现了儿童身体的真实内容，而取决于它在多大程度上唤起了成人观者的观赏愉悦。参与比赛的小女孩们对此显然也十分熟稔，她们的妆饰、表情、言行和表演，无不有意地投合着景观所提出的要求。

　　在这样一个被刻意戴上了纯真面具的童年景观之中，奥利芙的出现打破了原本和谐的景观语法。她的看似粗鲁而破格的摇滚演唱和脱衣表演，是对于来自成人观者的规训目光的反抗，它不是依照成人给定的法则展示自身，而是遵循着它自己的思想和愿望——与其他孩子的表演不同，奥利芙的这段歌舞是她向在陪伴她前来参赛途中去世的爷爷表达纪念的最好方式，它也因此传达了只有奥利芙的家人才能完全体会和理解的复杂而温暖的亲情：尽管充满了各种各样的矛盾、误解、争执和彼此责备，一个家仍然是我们最甜美的生活体验的源泉。因此，影片最后，当一度为自己也为奥利芙感到自卑的家人们跳上舞台来，与她一齐吼唱和扭动身体时，我们从中看到了童年身体真正的力量。当然，这种反抗远不是以任何自觉的方式在奥利芙的身上发生的，而是表现为童年身体主动的自发表达，这使她的表演尽管取用了成人表演的素材，其中心却仍然是童年的身体；相比之下，与奥利芙同台竞赛的其他致力于"纯真"表演的小女孩们，恰恰使童年自我的身体变得不可见了。事实上，舞台上奥利芙的"性感"表演远比其他选手的"纯真"表演不具有一般意义上"性"的取媚意味。

　　奥利芙是真诚的，正因为这样，她的形象比影片中"纯真"的女孩们更好地诠释了童年纯真的真实意义。7岁的奥利芙并不拒绝被观看，相反，她像所有孩子一样期待着来自成人世界的认可，这也是她会怀着如此大的热情投入"阳光小美女"比赛的原因。这是属于一个7岁孩子的真实而单纯的心思。但在进入景观世界的同时，她也以一种简单的方式遵从了自己的心灵。我们可以说，这是童年以其自然的单纯对于成人规训所作出的有力反抗，这样的反抗也正因其无心的单纯，而更显出童年身体独特的审美解放意义。

可惜的是，今天在我们屏幕上频繁出现的并不是奥利芙式的童年身影，而是影片中留在舞台上的那些被成人的观赏目光所完全驯服的童年的身体，以及另一些以伪奥利芙式的反抗姿态出现在屏幕上的童年身体景观，后者尤其正在成为近年童年景观的新题材。当前以童年景观为看点的诸多娱乐节目遵循着一个共同的原则，即通过竭力从儿童身上发掘各种越出成人期待的表演元素，包括搞怪的形象、出格的言辞、成人化的表演等，以达到既令成人观众感到新鲜有趣，又令儿童观众感到认同满足的娱乐效果。一些风行一时的儿童选秀节目打出宣言，"不调皮的不要，出其不意的要；没个性的不要，搞怪拉风的要"①，这类被打上特定形式"叛逆"标签的童年形象也很快在屏幕上活跃开来。但这些形象很少致力于琢磨和表现童年丰富的身体感觉和深切的生活经验，而是常常充满了各种景观式的夸张与刻意的设计。为了使儿童的表演更好地达到景观应有的效果，父母和节目制作方纷纷致力于为儿童表演者"打造"各种"别出心裁"的言辞和举动，这更使得表演中的儿童身体在表面上看似打破了成人世界的某些生活规训，实际上却落入了另一种性质相同的景观规训之中。在这里，"反抗"变成了一种观赏性的仪式，"个性"也变成了一种景观化的展演，童年身体的表演因此越来越远离童年身体的真实感觉。在屏幕上，难以抑制的童年天真有时也会冲破景观的面具一闪而过，但这一被压制在重重景观因素之下的童年身体本真之美的些微痕迹，在某种程度上更加重了童年景观的现实悲哀。毫无疑问，童年的身体从没有像现在这样被许以"出格"的自由，但童年的身体也没有像现在这样被消费时代的景观文化所牢牢控制。

第四节　景观童年的美学批判

当居伊·德波在《景观社会》中将当代社会文化的各个方面纳入他所提出的"景观"体系批判时，他以形象的"景观"一词揭示了20世纪以来全球文化发展的一个基本趋向和显在症结："在现代生产条件无所不

---

①　《"绝对小孩"搜索个性小孩》，《北京青年报》2007年9月23日B7版。

在的社会，生活本身展现为景观的庞大堆聚……在其全部特有的形式——新闻、宣传、广告、娱乐表演中，景观成为主导性的生活模式。"① 童年的景观化也可以被视为景观社会发展起来的新的分支表征之一，但它不仅仅是一个简单的景观文化扩容的问题，而是意味着，当代社会的景观逻辑不但持续地横向扩张和据有着我们越来越多的生活空间，而且开始纵向控制我们的时间。

一　拟象景观与平面童年

　　如前所述，景观的第一要素是作为景观的对象。显然，景观本身是一个抽象的名词，它需要附着在具体的对象之上，才能获得切实的显形。而一旦景观据有了某一事物或现象，该对象便逐渐脱开它原有的生活语境，进入到景观自身的逻辑之中。景观逻辑的中心是一种视觉成像机制，它导引我们的目光离开真实的对象广延，投向景观透镜另一侧形成的拟象，这个拟象因其与日常生活保持着微妙的距离而具有了特殊的光环色彩。它也是景观对我们构成的最大魅力所在。

　　在当代视像媒介中，当童年的身体以景观的形式呈现在人们面前时，它也被赋予了上述拟象式的光环。今天在景观屏幕上占据要位的是各种光鲜熠熠的童年身体，它们透着童年理想化的健康、才华和灼目的美丽。与所有景观一样，童年的景观也总是热衷于渲染身体之美，但这种美的印象往往只局限于视觉观赏效果，与此相应，它所宣扬的美感也总是外观的、暂时的、突出视觉刺激性的。"景观权力在本质上就像个彻头彻尾的暴君，常常对外观进行百般挑剔。"② 即便是为景观现实辩护的约翰·费斯克也承认，"奇观夸大了因观看而带来的快感。它对那些可见之物夸大其辞，吹捧、凸显那些浮面的表象，并拒绝意义或深度"③。在对于童年身体的展示中，景观不愿也无暇关心这一身体内在的任何话题，相反，它需要把这种内在屏蔽起来，以达到景观所需要的一目了然的展示意图。景观也乐于运用有关童年身体的叙事来增添景观效果，但这些叙事必须服从景

---

①　[法] 居伊·德波：《景观社会》，王昭风译，南京大学出版社 2006 年版，第 3 页。

②　[法] 居伊·德波：《景观社会评论》，梁虹译，广西师范大学出版社 2001 年版，第 4 页。

③　[美] 约翰·费斯克：《理解大众文化》，王晓珏、宋伟杰译，中央编译出版社 2001 年版，第 102 页。

观表现的目的，它应该是短小的（适合现场短时间内讲述），具有搞笑或煽情的效果（适合渲染景观氛围），其叙事意义可以在景观呈现的时间内被消费完毕。总体上看，它所呈现的是一种平面的童年身体景观。

这一童年景观存在两个明显的问题。其一，它对景观效应的唯一关注，使它相应地缺乏对于景观对象本身的价值关注。换句话说，在景观的运行体系内，价值的维度是缺失的。这种价值不在场的突出表现之一，是对于童年身体景观的不加甄别的呈现。这又表现在两个方面。一是以景观的法则漠视基本的童年身体保护伦理。前面提到的童年身体的过度"性化"呈现，是其中一个典型的例子。近年来，随着童年身体景观的媒介效应进一步凸显，一些原本主要借重女性身体景观资源的宣传行业开始将新的景观开发点放在童年身上，从而使得儿童模特作为一个特殊的行业在全球范围内迅速兴起。2012 年，湖北武汉某汽车文化节上，与性感的女车模们同场表演的几位年龄约四五岁、身着比基尼的儿童模特吸引了整个车展的目光。尽管在遭到公众纷议和谴责之后，主办方试图出来澄清童模表演"是亲子赛而非商演"，相关参办机构也表示，参赛儿童是该公司的"童模培训学员"①，但这些解释根本没有落在问题的关键处，即为什么如此大尺度的儿童车模可以出现在这样一个显而易见地带有成人情欲观赏色彩的公共景观场合？

事实上，这远不是低龄儿童模特首次被用作车展的景观，此前也时有车展中借用儿童车模的情况发生，但它无疑是国内车展启用儿童车模尺度最大的一次，也是造成景观效应最为强烈的一次。如果不是因为它触碰到了公共伦理的某个底线，类似的展示显然还将继续下去。而车模事件只是当下童年身体景观的冰山一角，在其他许多影像消费的场合，启用童年身体的景观资源已经成为最常见的方式之一，而相应的景观生产机构也一直在试图探测公众在这方面的承受底线。它进一步证实了在不触怒大部分观众的情况下，景观本身是不考虑伦理价值的问题的。

价值判断缺失的另一个表现，是以景观的权力漠视基本的童年生活价值引导。诚然，用"引导"这样古旧的教育用词来谈论当下的娱乐现实，难免透着些迂腐的道学家嫌疑。但当前童年景观展演的某些症结或可清楚

---

①　此次儿童车模事件的照片首先在网络上广为传播并引发热议。事件发生的具体过程可见 http://baike.baidu.com/view/9624069.htm。

地表明，人文价值在这里恰恰是一个不容忽视的问题。从景观的本质而言，它向对象所要求的是一种在视觉上富于冲击力的"景观性"，至于这种景观性通过何种方式得以实现，则并不是它真正关心的问题。于是，我们看到，大量以童年身体为景观对象的娱乐节目通过突出和强化童年身体的各种过分自恋的表现，来营造特殊的景观效果。孩子与孩子之间、孩子与成人之间的相互责备、奚落、取笑乃至欺辱，成了景观屏幕上最引人注目的场景，而那些最擅长在镜头前以任何方式表现自我的孩子，也自然而然成为了景观关注的中心。

我们或许记得直至若干年前还在许多城市、郊区的角落里流动的景观帐篷，它是古老的马戏团的一种变体。观者在付费后被允许进入帐篷内观看各种静止或动作性的景观演示，为了达到震撼性的景观效果，其演示的内容往往包括一些先天或后天的畸形身体表演。这一畸形的身体景观并不局限于粗鄙的民间，在高贵的宫廷里，同样"豢养"着王尔德在他的童话《西班牙公主的生日》中写过的那个逗乐了小公主的畸形小丑。我们或许很难把当代屏幕上那些光芒四射的童年身体与这些古老而粗陋的景观身体联系在一起，但如果我们就景观性的问题仔细考量起来，这两者之间实在并没有太大不同：如果说后者的景观性主要来源于一种身体外形上的畸形展示，那么今天的许多童年景观制造者和参与者则不惜以童年言行上的各种"精神畸形"表演，来强化相应节目的景观性能。

王尔德的那则童话提供了关于这一景观性的一个意味深长的隐喻。他笔下为公主表演的小丑在明白自己是因为畸形好笑的身体而得到公主喜欢的一刹那，悲伤地伏在地上死去了。御用大臣向公主禀告，小丑再也不能跳舞了，因为"他的心碎了"，公主听罢，皱着眉头道："今后让那些来陪我玩的人都不带心才行。"① 这一隐喻突出地表明，景观本身是唯视觉主义的，它与一种"带心"的自省性自我无关，反而需要有意割开景观身体与自我心灵的关联。一旦唤起哪怕是基本的自我省思，景观就有可能在这一时刻"死去"。这或许是景观权力运作的核心秘密所在。某种程度上，今天施加在童年身上的景观权力也倾向于使其下辖的童年身体成为某种"不带心"的对象，以方便将他们驯服为各式各样的景观。

---

① Oscar Wilde. "The Birthday of the Infanta", Oscar Wilde. *A House of Pomegranates*, *The Happy Prince and Other Tales*. London: Methuen and Co., 1908, p. 64.

　　其二，比价值问题更进一步的症结在于，景观本身既是价值缺失的，但又力图将自己呈现为某种身体价值的理想。如前所述，景观能够赋予身体以一种"拟象"的光环，但这并不意味着景观所选用的身体本身即是理想化的，而是由于景观具有将对象美化的功能和需要。即便最普通的身体，在经过景观的镜头转换之后，也能获得一种特殊的景观光华。正是这一点使得童年身体的景观对于普通生活中的成人和儿童来说具有了难以抗拒的吸引力，它使得许多父母都急于将孩子送入景观机制的场域，许多儿童自己也乐于投入景观权力的怀抱。景观提供了一种关于更美好的童年身体的幻象，它因卸去了现实生活和价值的重负而呈现为某个理想的形象，这一形象不但隔离了现实，而且试图替代和取消现实。"影像不再能让人想象现实，因为它就是现实。影像也不再能让人幻想实在的东西，因为它就是其虚拟的实在。"① "在真实的世界变成纯粹影像之时，纯粹影像就变成真实的存在。"② 它意味着，景观童年在获得其作为景观的权力之后，进一步向我们提出了统治现实童年的要求，这一要求被落实在了对于景观的观看行为之中。

二　景观观看的交往隐喻

　　景观是向着"观看"而生的，它内含了观看的行为，同时，也只有通过将被看对象与观看者关联在一起的观看行为，景观作为一个事件的发生才能得以基本完成。正是观看赋予了景观以自我实现的契机。因此，当居伊·德波在对于景观社会的批评中指出"景观话语没有给回应留下任何余地"③ 时，他的论断无疑显得过于偏激。当代社会的景观话语至少在一个方面十分看重观者的回应，即景观对象是否能够激发起人们的观看欲望或热情。在竞争激烈的当下娱乐产业中，这种热情最为典型的对应物是娱乐节目的收视率，它决定着节目本身的命运。因此，至少表面看来，是观看者的愿望而非制作方的教条决定着景观的生产。从这个意义上说，针对景观的观看也指向着一种双向的交往关系。

---

　　① ［德］让·博德里亚尔：《完美的罪行》，王为民译，商务印书馆2000年版，第8页。

　　② ［法］居伊·德波：《景观社会》，王昭风译，南京大学出版社2006年版，第6页。

　　③ ［法］居伊·德波：《景观社会评论》，梁虹译，广西师范大学出版社2001年版，第16—17页。

费斯克因此而对当代景观的观看者寄予厚望。按照他的理论，景观文本的正负效应取决于观者使用这一文本的方式，而积极的景观观看可以使文化接受者抛开僵化的社会规则、专注自我身体的体验，也因此提供了对于来自上层体制的社会规则的反抗。当他说"当对象是一个纯粹的奇观时，它只对生理感觉（即观众的身体）有作用，而不影响主体的建构"① 时，他是从积极的角度来肯定这种纯粹的生理体验的，因为它巧妙地绕过了个体对于被形塑的主体自我的服从，从而使之回归到最原初性的肉身体验中。这在费斯克看来是一个重要的精神反叛的举动。所以他说，"使规范奇观化，而不是将规范自然化，这本身就是一个具有潜在颠覆性的符号学实践"②。从费斯克的视角，我们须得承认，对于当代童年景观的大众观看的确以一种前所未有的方式拓展甚至摧毁着我们传统的童年理解。

然而，这种拓展或反抗的积极意义是十分有限的，因为景观观看所指向的交往关系，本身就是一种较为狭隘的意义沟通关联。一种景观性的观看意味着我们并不把这一观看视为一件多么严肃的事情，这一轻佻的态度决定了对象与其观看者之间所建立起来的交往关系的基本性质。在童年景观现象中，作为景观讯息的发出方，它所传达的交往消息首先就缺乏对于童年生命的基本尊重。正如某儿童秀娱乐节目制片人所言明的，在节目里，"完全是孩子本来一套就没有意思了"，"儿童是载体，是作为一个工具、道具来展现成人世界一些东西"，"孩子是工具，我们所有一切展现手段都是工具，为的就是可以得到更好的收视率"。③ 在这样的景观生产逻辑下，对于童年身体的许多观看行为也是对这一身体的工具化运用的认同。

很多时候，我们被上述景观态度所控制的程度，或许超出了我们自己的预期。在上文提到的"儿童车模"事件中，身着比基尼亮相的幼儿车模照片在网络上被迅速转帖的同时，也引发了国内媒体的一片责备声。几乎所有的批评都一致将矛头指向了"比基尼"。但在这里，根本问题并不

---

① ［美］约翰·费斯克：《理解大众文化》，王晓珏、宋伟杰译，中央编译出版社 2001 年版，第 102 页。

② 同上书，第 114 页。

③ 相关采访材料参见嵇君《电视娱乐节目中的儿童——一份基于儿童社会学的研究报告》，硕士学位论文，南京师范大学，2007 年，第 10、11 页。

在于儿童车模穿着的"露点度"问题，而是将儿童身体景观化现象本身的伦理问题。相近的时期，在广西柳州，上演过另一场同样由儿童出任车模的更具民间性的车展，有好事者为儿童车模拍下照片并上传网络，但它显然由于缺乏"比基尼"之类的过火元素而没有引起人们的太多关注。贴上网络的儿童车模照片说明文字云："这场儿童车模秀，显露了孩子们的天然率真落落大方，她们的一举手，一投足，一个媚眼，都惊艳得让人屏息。"① 如果我们在网络上稍加搜索，便会发现，该段说明文字完全复制自 2007 年另一场在浙江温州举办的儿童车模比赛报道的用语。值得注意的是，2007 年的这场儿童车模赛事作为地方文化事件还受到了当地官方、企业与民间媒体的积极介入和正面报道。② 这样看来，针对"比基尼"的批评是不是意味着，如果展示为景观的是被公众认可为打扮合适的童年身体，我们就可以对此表示欣然接受？无怪乎卷入 2012 年"比基尼"事件的相关儿童车模培训机构负责人要为自己叫屈："在很多秀场上，儿童穿比基尼是很常见的，正规的少儿模特比赛中，没有不穿泳装的。"③ 当前童年景观行业所依赖和使用的正是这一逻辑。然而，如果针对童年身体景观的批评只是出于"比基尼"的区分，那么这种批判的有效性和说服力，显然是令人生疑的。只要我们所处的景观社会还热衷于将儿童的身体资源开发为相应的观赏景观，"比基尼"就只是被当前的舆论伦理暂时压制于其下的对于儿童身体的欲望，随着景观社会的进一步发展，这一欲望随时可能被重新点燃。

当然，景观所发出的信息并不必然为其观看者所消极全盘地接受，后者还可以通过自行采取观看的方式而创造出属于自己的新意义。这在费斯克看来是大众文化发挥其积极功能的契机所在："如果只接受现成的意义，无论这些意义多么关键，也没有什么快感可言"，"快感来自于利用资源创造意义的力量和过程"。④ 问题是，第一，在指向纯粹娱乐的景观观看之中，创造的力量从何而来？第二，被创造的意义自身又具有什么意

① 该车展儿童车模的照片也曾被若干博客、网站转载，如 http：//blog. sina. com. cn/s/blog_474863c70101a5il. html；http：//blog. 10jqka. com. cn/56848164/8124266. shtml.

② 相关消息可参见 http：//auto. 66wz. com/system/2007/07/02/100342511. shtml.

③ http：//baobao. sohu. com/20121119/n357963401. shtml.

④ ［美］约翰·费斯克：《理解大众文化》，王晓珏、宋伟杰译，中央编译出版社 2001 年版，第 153 页。

义？第一个问题关系到观看者本人对于景观信息的解读和处理能力。在经历了几千年的身体压制文化之后，我们当然不妨把童年景观所带来的身体欢乐视为一种重要的生产性意义，但该意义本身是模糊且捉摸不定的，"身体虽然是解放的终点，可是，身体无法承担解放赖以修正的全部社会关系"①。更何况在消费社会对于肉身的过度观照之下，这一生产性的意义正不断退化为对身体欲望的简单沉溺。我们当然也可以从儿童观看者的身上发现费斯克所热衷于谈论的某些文化反抗的意义，但我们要追问的是，如果说"否定一种标准并不比肯定一种标准更能使人成为独立的个体"②，那么反抗本身的意义又在哪里？也就是说，上面的第二个问题涉及对于意义本身的更进一步反思。那些活跃于景观世界的童年身影的确在一定程度上构成了对于传统童年观的反叛，但是，假使刻意违拗传统就是童年文化"反抗"成人文化的全部意义所在，那么我们大概会承认，它本身也并不具有多么值得肯定的价值。

总体上说，景观的观看所指向的是景观对象与其观看者之间的这样一种交往关系：前者既带有取悦后者的显在目的，又以这一取悦的面目实施着对于后者的同化。景观向其观者表露出的讨好的表情和娱人的面目，往往使其同化的控制显得充满诱惑而又难以抵制。表面上看，是观者的趣味决定了景观的内容，实际的情形中，则往往是景观的叙事左右着观者的自我。因此，童年的景观化不只是一个轻巧的娱乐问题，它也通过塑造其观看者而对童年生活的现实构成了深刻的影响。

三 景观生活与童年剥夺

美国学者罗伯特·哈里森这样感叹"观看"作为一门艺术在当代生活中的衰落："在当今这个时代，人的目光所及主要是影像，而非现象。……现象与影像之别在于前者满含暗示，而后者一目了然。"③ 这里所谈论的童年景观指向的正是一个主要由影像而非现象构成的世界。在景观中得到呈现的童年身体是平面的，交往关系则是贫乏的，从景观自身的

① 南帆：《身体的叙事》，《天涯》2000 年第 6 期。
② ［挪威］拉斯·史文德森：《时尚的哲学》，李漫译，北京大学出版社 2010 年版，第 157 页。
③ ［美］罗伯特·波格·哈里森：《花园：谈人之为人》，苏薇星译，生活·读书·新知三联书店 2011 年版，第 118—119 页。

语法来说，它必须使自己成为"一目了然"的影像，以适合景观消费的一次性需求。这样，当我们与景观中的童年身体相遇时，这个身体本身已经被剥去了现象的丰富内涵。就文化的生态而言，这类"影像"式景观的出现显然是无可厚非的。但当这一影像的景观试图全面占有原本属于现象的领域，或者说，当景观日益成为当代童年的一种生活方式时，它实际上是将童年的身体从丰富的现象生活世界中割除了下来，进而剥夺了这一身体现在和未来的发展权利。

首先，景观化生活导致了童年生活意义的贫瘠和生活感觉的萎缩。它主要表现为儿童将景观童年作为真实生活的标本，并倾向于在现实中认同、模仿和寻求一种景观式的生活方式，在这一过程中，景观影像的逻辑逐渐渗入童年生活的各个方面，并在很大程度上决定了其意义的构成。童年生活屈从于景观逻辑的结果，是童年主体在尚未完成基本的自我建构之前，就已经迷失在景观的异化之中。"屈从于预设对象的观众的异化，以下面的方式表现出来：他预期得越多，他生活得就越少；他将自己认同为需求的主导影像越多，他对自己的生存和欲望就理解得越少。景观与积极主动的主体的疏离，通过以下事实呈现出来：个人的姿势不再是他自己的；他们是另外一个人的，而后者又将这些姿势展示给他看。"①

对于儿童个体来说，这一景观影响对于其生活意义的剥夺尤其体现在以下方面：在童年个体尚未形成任何相对固定的主体角色之前，景观影像为其提供了一种看似理想性的角色扮演，而这种扮演越来越无关现实生活真正的丰富性。当这种扮演成为儿童日常生活的主导体验时，它也将对儿童的心性发生根本的影响。德波这样描述景观思想对于成长中的个体的影响："与成长经历的其他任何方面相比，贫乏而空洞的景观思想在个体身上留下了更深的印记，这使他从一开始就对已有秩序俯首帖耳，尽管从主观上来说，他或许本来有着完全相反的意愿。他会自发地使用景观的语言，因为这是他唯一熟悉的语言：是他学着用来言说的语言。"② 德波从作为其景观理论核心的社会批判立场出发，强调景观认同导致个体对于秩序的消极服从；但对于童年主体的建构来说，景观生活更为根本的危害还

---

① ［法］居伊·德波：《景观社会》，王昭风译，南京大学出版社 2006 年版，第 10 页。
② ［法］居伊·德波：《景观社会评论》，梁虹译，广西师范大学出版社 2001 年版，第 17—18 页。着重号系原文所加。

在于，它使得个体在童年时代就无从发展起一种与现象世界之间的自然关联，而这种关联曾经是童年的身体引以为傲的文化能力。童年从现象中看见的是世界，从影像中望见的则只是自我，这样，童年的生命感觉未及打开，便缩退在了有限的景观影像之内。

景观生活使儿童倾向于将身体的景观化视为自我实现的第一要素。英国当代作家安德鲁·奥哈甘在其 2007 年的一篇文章谈到了这一现象：他曾让一个班级的女孩们在白纸上写下长大后的理想，却惊讶地发现有四分之三的学生只写了一个词："出名"。①这一现实可以视作当代童年景观效应的典型显现。然而，对于真实的童年来说，成为景观的结果或许比观看景观更为糟糕。在针对儿童明星现象的批评中，经常被用作举例的是在 1939 年米高梅公司的著名电影《绿野仙踪》中扮演多萝茜而名噪一时的朱迪·嘉兰。这位 7 岁开始进入影视表演领域、12 岁开始服用减肥药以保持身材的女星并未从令人炫目的景观生活中获得真正的生命充实感；相反，从成为景观的那一刻起，她的身体的发展就被限制在了视觉化和平面化的景观权力之下。身形光鲜而精神贫乏的景观生活对于朱迪·嘉兰的伤害不只是身体上的。景观化的生活美化了嘉兰屏幕上的身体，却掏空了她的灵魂。不堪精神问题困扰的朱迪·嘉兰曾对她的治疗师说："当掌声停止，心中的噪声汹涌而来。"②从景观生活中生长起来的童年身体十分擅长与影像的形体打交道，却没有时间和机会学习与自我更深处的灵魂相交流。对于个体而言，这种童年期的精神免疫缺陷将是永久性的。因此，屏幕上那些成为景观的孩子，通常也是景观文化最直接的受害者。

其次，景观化生活也取消着童年生活时间的丰富内涵。现代童年的概念代表了一种清晰的时间意识，它在过去、当下和未来的时间之间确立起了一种线性的关联。这种富于现代感的线性时间本身是可以批判和反思的，但它所包含的那样一种紧相勾连的历史意识和清新蓬勃的进取精神，对于人类生命和文化的建构而言具有本质性的意义。这样一种时间观是反景观的，它要求个体越过生活的表象，与横向的现象和纵向的时间建立起丰富的联系。也就是说，它指向一种具有深度和反思的生活，而这恰恰是

---

① Andrew O'Hagan. "Celebrity is the Death of Childhood", *The Telegraph*. 19 Jun 2007. http：// www. telegraph. co. uk/comment/personal-view/3640731/Celebrity-is-the-death-of-childhood. html.

② Ibid. .

景观生活的敌人，因为在它看来，单纯的景观不过是一种浅薄的视觉对象物。为此，景观必须使自己远离历史和时间层面的上述限制——它也是这么做的。景观倾向于"把外显的一切与其语境、历史、意识及影响都分离开来"①，在童年的问题上，它致力于将童年的身体"去语境化"和"去时间化"，前者表现为景观下的童年身体日益脱离生活的真实语境而呈现为一种同一性的完美幻象；后者则表现为这一身体日益失去其时间发展的暗示而呈现出成人化的趋势。在过去的几百年间，我们的文明通过向成人提出更高的要求，由此"拉大了成年人与儿童在行为和心理结构方面的差距"②，这一差距越是明显，儿童需要通过学习以缩短差距的时间就越长。它意味着，童年是一个文明模式的习得过程，由于这一模式本身"是在历史的进程中非常缓慢地发展形成的"③，因此，童年的身体也需要为获得它而付出必要的时间代价。

　　然而，景观之下的童年身体似乎越来越不受到这一文化区隔的时间限制。我们看到，除了形体上的实际大小之外，作为景观的儿童和成人身体越来越不存在任何更多的区别。在各类节目中，儿童与成人同台竞技逐渐成为司空见惯的观赏画面，很多时候，儿童的表现常常也并不逊色于成人。例如，在 2012 年央视综艺频道热门选秀节目"非常 6＋1"年度决赛中，一位入围决赛的 11 岁男孩便成功击败其余十一位成人选手，顺利夺得年赛冠军。从这位小选手的参赛表演来看，其扮相、造型、嗓音、歌风、姿势、表情，等等，无不使他看上去具备了一位成年表演者所具有的一切特点。景观的学习所需要的时间是有限的，于是，随着童年在景观世界里日益赶上成年人的步伐，冗长的文化习得过程被抛到了一边，取而代之的是另一场童年成人化的狂欢。景观化的童年生活空前突出了童年当下时间的意义，它主宰了过去和未来的发展时间，从而使原本线性蔓延的童年时间呈现出一种无变化的凝滞状态。它完美地符合了景观之"当下就

---

① ［法］居伊·德波：《景观社会评论》，梁虹译，广西师范大学出版社 2001 年版，第 16 页。

② ［德］诺贝特·埃利亚斯：《文明的进程》，王佩莉、袁志英译，上海译文出版社 2009 年版，第 150 页。

③ 同上书，第 147 页。

是想要忘记过去，同时似乎对未来不再抱有幻想"① 的要求，几个世纪以来建构起来的现代童年的文化意义，也在这一过程中被解构殆尽。

本章小结

　　本章追溯了童年身体的景观化历史与当代童年身体的景观化现实，并致力于从审美的角度对这一景观现象展开批判性思考。今天出现在屏幕上的各类童年身体展示和表演，以一种特殊的方式汇聚了现代社会以降关于童年的各种审美讯息：对于成人观者而言，它提供了有关童年纯真和自由美学的娱乐展示，对于儿童观者来说，它则提供了有关童年游戏和权力体验的娱乐标本。这使得景观童年很自然地成为了消费时代令人难以抗拒的一种娱乐方式，但其景观语法也对现代童年的文化、生活和精神现实造成了全面的压迫、侵蚀乃至消解。

　　面对来自文化更深层面的追问和责备，我们是否可以轻松地弹指道，这一切不过是娱乐而已？然而，正如 T. S. 艾略特就文学的事情曾告诫过我们的，"正唯我们这种为了'娱乐'或是'纯然为了快乐'而阅读的文学可以对我们发生最大的和最无可置疑的影响"，"我们最不必费力去读的文学，最容易在不知不觉之中对我们发生影响"②，当代社会对于童年身体的看似娱乐性的景观观看，也有可能对我们（包括成人和儿童）的文化产生根本性的影响。

---

① ［法］居伊·德波：《景观社会评论》，梁虹译，广西师范大学出版社 2001 年版，第 7 页。

② 《艾略特诗学文集》，王恩衷编译，樊心民校，国际文化出版公司 1989 年版，第 134 页。

第 六 章
童年之死与文明之殇：
消费社会的童年文化危机

至于童年的概念，我相信，长远来看它一定会成为当今科技发展的牺牲品。

——尼尔·波兹曼

拥有童年是儿童最基本的人权。

——David Elkind

在当代社会对于童年精神、童年体验和童年身体的消费狂欢中，作为一个文化范畴的童年危机重重。想到我们身处其中的是一个多么倾向于以儿童为尊的时代，以及大量社会资源如何围绕着儿童的中心被组织和调度起来，有关童年危机的说法或许令人感到困惑。实际上，童年的精神、体验和身体在今天受到消费社会的如此器重，不也正是当代社会格外看重童年的一种标志？同时，正如此前每一章中都曾得到强调的那样，我们也不能否认，借助于童年得以运转的各类消费实践，的确在很大程度上促进了现实童年的生存福利。

然而，当代社会对于童年文化的过度消费带给童年的伤害，与它带给童年的福利或许是等量的。在承认童年文化消费的合理性的同时，我们更需要关注的是，在这一童年消费的现实中，我们失去了什么？显然，童年的身份价值的确在消费实践中得到了日益凸显，但童年所代表的文明精神却在同样的消费实践中日渐逝去。"童年之死"不是指童年概念的消亡，而是指童年文明的消逝，后者与整个现代文明的命运紧相关联。本章所要谈论的消费社会的童年危机，正在于此。毫无疑问，人的生命本身即是一个"消费"的过程，随着时间的推移，我们每个人都将不可避免地走向生命的消亡；但生命同时也是一个抵抗"消费"的过程，它在本质上反抗时间的清洗，并执意要在不断被冲刷的生命河滩上留下可见的痕迹——这是一种充满乌托邦性的文明追寻，它也是人类文明的根本意义所在。而当前童年文化消费的最大症结正在于，它通过损耗现代童年文化所内含的乌托邦冲动，侵蚀着现代文明的这一根本精神。

第一节　当代童年的文化危机

20世纪80年代起开始引起人们广泛关注、讨论的"童年之死"的命题，是相近时期在文化界逐渐蔓延的"死亡病灶"的表征之一。从上帝之死、自我之死、历史之死到意识形态之死、文学艺术之死、乌托邦之死，近一个世纪以来在现代文化的各个领域先后兴起的"死亡"学说，代表了弥漫于当前社会的一种紧迫的文化变革意识——不论我们对于这变革的判断是积极还是消极，是正面还是负面，人们都深切地意识到，现代文化很可能正在经历又一次意义重大的转折。正如一位童年研究者所说，"童年危机的存在反映了成人身处'新时代'的焦虑与不安"。①

这种焦虑感尤其与新的媒介技术变革密切相关。"几乎每一次包括信息和传播媒介在内的新技术浪潮，都会带来关于终结的宣言。"②"童年之死"是有关这一文化转折的言说话语之一，它所针对的不仅是童年自身的文化危机，也是整个现代文化的内在问题。有关"童年消亡"现象最著名的论断来自一位传媒与文化研究学者而非童年研究者，这一事实或许直观不过地揭示了童年危机与整个大文化危机之间的内在联系。

一　当代文化与童年的消逝

1982年，美国学者尼尔·波兹曼出版了《童年的消逝》一书。对于许多并非相关专业领域的读者来说，该书提供了一次关于现代童年历史的生动而又富于创见的梳理，同时也提出了一个具有足够震撼力的观点：从

---

① Mary Jane Kehily. "Childhood in Crisis? Tracing the Contours of 'Crisis' and Its Impact Upon Contemporary Parenting Practices", *Media*, *Culture & Society*, 32 (2), 2010, p. 183.

② ［加］文森特·莫斯可：《数字化崇拜——迷思、权力与赛博空间》，黄典林译，曹进校，北京大学出版社2010年版，第109页。

现代社会开始确立起来的童年概念，在今天已经濒临消亡。波兹曼的论述十分清晰：《童年的消逝》一书由简洁的两大部分构成，前半部分是"童年的发明"；后半部分是"童年的消逝"。这一从童年的诞生到消逝的历史，充满了一个时代行将结束的挽歌色调。而波兹曼似乎有意要突出这一挽歌式的情绪，他借用马歇尔·麦克卢汉的话道："当一种社会产物行将被淘汰时，它就变成了人们怀旧和研究的对象。"① 这一引用中所暗示的"行将被淘汰"之物，正是童年。20 世纪后半叶是童年研究作为一个方向开始在学术领域得到重视的时代，也是普通大众对于童年的热情开始被全面点燃的时代，当这种旷世的热情被波兹曼拿来论证其对象正在"消逝"的现实时，它所激起的反响之强烈是可以想见的。

有关童年的"现代发明"的说法并不是波兹曼的首创，它在 1960 年艾里耶那部知名的童年史学著作《童年的世纪》中就已初露端倪。从该书前半篇的文献引用来看，艾里耶的著作也在很大程度上启迪了波兹曼的思考。同时，波兹曼也不是最早指出当代童年的"消逝"危机的学者。就在《童年的消逝》出版前一年，美国儿童心理学家、与波兹曼同年的大卫·艾尔金德的《拔苗助长的童年》一书问世。这本著作从儿童蒙养和教育的视角批评了当时美国社会普遍存在的对于儿童的"拔苗助长"（the hurried child）现象。作者认为，在本应享受童年游戏和欢乐的年纪，儿童被过早地推入到成人生活的准备之中，由此导致了当代童年生活的危机。当代社会的儿童不但在穿着打扮、举止言行上过早地靠近成人，而且在情感和能力上也被要求尽快走向成年。艾尔金德从儿童教育实践的立场出发，将论述的焦点集中在一个拔苗助长的社会对于生活在其中的儿童所施加的巨大压力及其所带来的伤害性后果上，并对这一儿童教育的现实表达了由衷的忧虑和变革的呼吁。"儿童需要时间来成长、学习和发展。把儿童区别于成人来对待，不是歧视他们而是认识到他们的特殊状态。"② 在童年危机的问题上，艾尔金德与波兹曼的论说理路差异显示了一个儿童心理学家与一位传媒文化学者之间存在的学科距离，从波兹曼所援引的文

---

① ［美］尼尔·波兹曼：《童年的消逝》，吴燕莚译，广西师范大学出版社 2004 年版，第 6 页。

② ［美］David Elkind：《还孩子幸福童年：揠苗助长的危机》，陈会昌等译校，中国轻工业出版社 2009 年版，第 27 页。

献来看，他在完成《童年的消逝》一书之前，似乎也未及读到艾尔金德的著作。但艾氏在其著作中作出的不少分析，如童年时间的缩短、儿童的成人化、电视讯息对儿童成长的影响等，都在波兹曼的论述中得到了一定程度的呼应。

这一事实促使我们思考，在 20 世纪下半叶以来陆续出现的有关童年历史和命运的各种思考中，使波兹曼的童年消逝说显得如此重要和不可替代的究竟是什么？应该说，以上三位学者对于童年问题的关注各有其侧重。作为一名历史学家，艾里耶的关切落在童年发生的历史事实之上，作为一名儿童心理学家，艾尔金德的关切落在儿童生活的现实问题上。而作为一名传媒文化学家，波兹曼在有关童年历史和现实的论说方面都不及前两者专业；但或许也正得益于他的这一偏离童年研究的局外人身份，使他所提出的童年话题超越了艾里耶与艾尔金德的学科边界，进入到了童年与人类文明的关系深处。

《童年的消逝》一书所提出的创见正在于此。与艾里耶笔下客观的史实梳理相比，在论证"童年发明"的相关篇章中，波兹曼提出了有关童年如何被发明的独到见解：印刷技术的发展（实际上是书籍和阅读的普及）以及在这一过程中得到培育的人类理性文化（现代文明的象征），促成了童年的诞生。这一观点构成了该书论证的一个至为重要的大前提，也统摄着整部著作的论证过程演绎，它意味着，波兹曼有关童年现状的批判不只是要解决童年自身的问题。与此相应地，尽管波兹曼和艾尔金德的论证有着同一个潜在的起点，即充分肯定童年在人类文化中的特殊而又重要的价值，但他们论证的终点却有所不同，如果说艾尔金德的目光始终停留在对于童年成长的关注上，波兹曼的关切则最终落在对于文明成长的关注上。换句话说，《童年的消逝》不只是一部有关童年命运的著作，更是一部叩问文化命运的著作。在此前提下，当波兹曼从童年的消逝现象来推演其消逝的原因时，他所要触动的就不仅仅是一个简单的童年生存话题了。

《童年的消逝》出版于波兹曼另两部代表性的学术著作《娱乐至死》（1985）和《技术垄断》（1992）之前，但它已经显在地包含了后两本著作中的两个基本批判范畴。从全书后半部的论述来看，作者为童年的消逝开出的基本病因诊断有二，一即"娱乐"；二即"技术"，前者指以大众文化工业为主要代表的娱乐产业；后者指以电视为主要代表的新媒介。这两者又是合二为一的，娱乐业是以新媒介的途径建立和扩展自身的娱乐业，新媒介也是以娱乐业的实体呈现和展示自身的新媒介。在这两者的交互作用之下，曾经孕生了童年的现代文化氛围逐渐退去，促使童年消逝的另一种文化则开始疾速兴起和铺开，在后一种情形中，将儿童与成人隔离开来的传统文化屏障消失了，传统的童年概念也随着这一屏障的消失，逐渐退到了历史帷幕的背后。

波兹曼的"童年消逝说"由三个关键概念构成，它们分别指向他在《童年的消逝》《娱乐至死》和《技术垄断》中着意批判到的三种文化问题；这三者之间又密切关联，彼此衔接，构成一个以童年范畴为基本立足点的文化批判体系。

第一是"读写能力"的概念，它所针对的是现代新媒介的视像语法危机所导致的童年问题。在波兹曼看来，建立在印刷技术的发明普及基础上的读写能力的发展，是现代童年概念诞生的一个基本的媒介和文化语境。而今天，随着以电视为代表的视像媒介逐渐取代了印刷媒介的统治地位，由一个需要一定长度的书面知识习得过程圈围起来的童年概念，也开始变得模糊起来。由于视像媒介主要是以直观的图像而非象征的文字作为言说方式的，它就不像印刷媒介那样向其读者要求一种只有经过时间的浸淫才能获得的特殊读写能力。读写能力的获得在形式上与童年教育的时间密切相关，在实质上则与童年教育的文化目标内在相关，它在根本上指向着由读写文化培育起来的人的一种成熟的思想能力。

第二是"秘密"的概念，它又分为两类。一类是与读写能力的概念紧密相关联的那些知识"秘密"（这里的知识是指广义上的人类精神成果，而非僵化的书本教条）。在识字文化的框架里，儿童和成人之间除了生理分野之外，更存在着重要的文化分野，后者不是指两种文化之间简单的面貌差异，而是它们之间内在的价值层递关系。然而，视像媒介的语法恰恰取消了这一文化分野的必要。基本上，儿童无须通过复杂的学习来理解电视的内容，与此相应地，这些内容本身也无须任何复杂的理解，"理解电视的形式不需要任何训练"，"无论对头脑还是行为，电视都没有复杂的要求"。① 这就使得它所呈现的一切内容对儿童来说变得全无"秘密"可言。这样，现代社会努力在成人和儿童之间建立起来的文化差异，也在

---

① ［美］尼尔·波兹曼：《童年的消逝》，吴燕莛译，广西师范大学出版社 2004 年版，第115 页。

平面化的视像生活中迅速缩小。

另一类是与一个社会的伦理自省意识相关的那些生活"秘密",它所针对的是呈现出整体娱乐化趋势的当代文化"自由化"趋势所导致的童年危机。这些"秘密"是指被现代社会认定为暂时不适宜于童年(事实上也不那么适宜于成人)接触的文化讯息,比如情色、暴力等内容。在童年的生活中注意屏蔽这些讯息的行为,代表了现代文化在面对儿童群体时的一种伦理自觉。然而,在不断侵占人们日常生活的视像媒介消费(尤其是娱乐消费)中,面对童年,文化的这一伦理标准常常被远远地抛到了身后。随着童年越来越身处于一个与成人一般无二的文化环境之下,它原有的文化边界也趋于消失。电视文化敢于以大众文化的名义当着童年展示一切,实际上,这种展示也成为了它借以吸引观众的一个重要噱头,在这样的景观性展示中,对于童年的文化保护责任被丢弃了。波兹曼所忧虑的是,"曾经是可耻的事情现在变成了一个'社会问题'或'政治问题'或'心理现象'","在这个过程中,它一定会失去其阴暗和难以捉摸的性质,同时也会失去一些道德力量"。① 在社会"秘密"的问题上,波兹曼并非如他的有些文字所显示的那样是一位道德清教主义者,② 但在童年"秘密"的问题上,他以明确无误的立场强调了文化自我伦理约束的必要性。

第三是童年"纯真"的概念。在波兹曼看来,纯真童年的"消逝"是一个轻视读写能力、放弃文化秘密的社会对于儿童生命的直接戕害。他在《童年的消逝》一书引言中说道,"不得不眼睁睁地看着儿童的天真无邪、可塑性和好奇心逐渐退化,然后扭曲成为伪成人的劣等面目,这是令人痛心和尴尬的"。③ 相比于"读写能力"和"秘密"的话题,在谈论纯

---

① 〔美〕尼尔·波兹曼:《童年的消逝》,吴燕莛译,广西师范大学出版社 2004 年版,第 124 页。

② "主张一个健康的社会把死亡、精神病和同性恋当作阴暗和神秘的秘密,这是没有多少理由的。要求成人只能在很局限的情况下讨论这些话题,更是没有道理。"〔美〕尼尔·波兹曼:《童年的消逝》,吴燕莛译,广西师范大学出版社 2004 年版,第 125 页。如果我们注意到波兹曼行文中不时出现的这样一些补充意思,那么我们也会看到,他所反对的不是一种健康的文化开放性,而是以这一开放的名义大行其道的文化自由化现象,正是后者使文化失去了内在的价值秩序。

③ 〔美〕尼尔·波兹曼:《童年的消逝》引言,吴燕莛译,广西师范大学出版社 2004 年版,第 3—4 页。

真童年在视像媒介和娱乐消费时代所遭遇的困境时，波兹曼似乎是以常识而非学理的论证来作出判断的。或者说，他并未就童年生命应然的"纯真"状态展开任何具体的阐说或论证，而是意随笔到地指出了当代文化中日益告别纯真的"成人化"儿童在各种场合留下的庸俗身影。

概括地说，在波兹曼看来，由印刷时代转入视像时代、由读写文化转入娱乐文化的现实导致了童年纯真世界的不复存在，进而导致了童年在我们文化中的消逝。从波兹曼的著作出版起，"童年的消逝"成为了20世纪后期至今有关现代童年命运的一个基本命题，其理论影响同时以常识和学术研究的方式在世界范围内传播开来，并且引发了一批积极的研究回应。

1983年，紧继艾尔金德和波兹曼之后，另一位美学学者玛丽亚·温恩出版了《没有童年的儿童》一书。该书通过对于电视、电影、童书、杂志、游戏、家庭结构变迁等多个童年文化环境要素的考察，再度呼应了"童年正在消逝"的观点，并且强调这是一场真正具有普遍性的童年危机。波兹曼著作中的一个中心观点，即不可控的讯息世界对于童年文化边界的肆意冲撞，在温恩的著作中也得到了进一步的演绎。在温恩看来，今天的孩子们不可避免地暴露在"各种成人性行为、人类残酷与暴力的排列组合、各式的疾病和痛苦、由于天灾人祸引发的每一种令人恐惧的可能"之中，而这一切无不"对那个纯真和无忧无虑的童年造成冲击"。[1]与此相对应的则是成人面对这一切时的某种消极作为："过去，父母们努力想要保持儿童的纯真，让童年成为一个无忧无虑的黄金时代，并且保护孩子免受生活无常之苦。而当今时代的运作则遵循着以下信念：孩子们必须尽早地被暴露于成人经验之下，以便在一个持续复杂化和不可控的世界中得以生存。于是，'保护的时代'（Age of Protection）过去了，'准备的时代'（Age of Preparation）随之到来"，[2]当然，在温恩看来，后者仅仅是一种无奈而又短视的被动"准备"行为。

温恩对于童年文化的熟悉看上去远甚于波兹曼，某种程度上，我们可以说她的著作弥补了波兹曼著作中的童年文化内容缺失，但它在基本性质上却更接近艾尔金德的著作——温恩对于童年文化的批判主要集中在性、

---

① Maria Winn. *Children Without Childhood.* New York：Penguin，1984，p. 42.

② 同上书，p. 5.

毒品等与儿童成长密切相关的话题上，她所关注的重点与艾尔金德一样，是儿童的现实生存。当然，这一话题不可能从它的大文化语境中完全脱离开来。在温恩的著作中，对于成人文化失职的批判要比艾尔金德的著作严厉得多，就这一点来说，它又体现出了朝向波兹曼的某种靠拢。临近 20 世纪之末，有关"童年的消逝"的观点伴随着某种世纪末情绪的氤氲，在童年文化界播撒着它的影响，并呼应着整个文化界的某种集体怀旧氛围。1993 年，斯蒂芬·克莱恩出版了延续同一话题的《走出花园：营销时代的玩具、电视和儿童文化》一书。在该书开卷的致谢中，克莱恩以一种"压倒性的沮丧感"来描述当前以电子媒介消费为代表的童年文化带给人们的总体印象。① 在一个世纪的太阳即将落下的时刻，童年文化仿佛与成人文化一道处于沉沦的边缘。

二 "消逝"抑或"再生"：有关童年文化命运的争论

在这一现实下，英国童年研究者大卫·帕金翰的《童年之死——在电子媒体时代成长的儿童》一书于 2000 年的出版，似乎代表了一个特别的征兆。伴随着新千年的曙光，一股有关童年文化命运的乐观主义气息朝我们扑面而来。在这部著作中，帕金翰提出了与波兹曼针锋相对的观点：童年并没有死亡，相反，在新的文化环境下，它以新的方式存在于我们的社会和文化之中。该书标题中的"之后"一词，指向着一种新的童年文化观的言说策略，它不是直接与以波兹曼为代表的童年消逝说形成正面的对抗，而是绕到了消逝中的童年的背后，去探问在坦率地承认一种"消逝"语境的前提下，在童年的文化范畴中究竟还剩下什么。② 帕金翰是一位地道的童年文化研究者，他的论述对象也是单纯的童年文化，因此，他并没有将《童年的消逝》与其他相近观点的童年文化研究著作有意识地区别开来，而是将这些著作集中在一起，并从中总结出了"童年之死"理论的基本观点及其存在的问题。针对这一理论，帕金翰最后评点道："最终，'童年之死'的理论为积极介入或转变提供了非常有限的理论基

---

① Stephen Kline. *Out of the Garden：Toys，TV，and Children's Culture in the Age of Marketing.* London & New York：Verso，1993.

② 该书英文正题名为 "*After the Death of Childhood*"，直译作"童年死亡之后"；中译本大概出于书名效果的考虑，将"之后"二字去掉，译作"童年之死"，倒容易使不知情者将帕金翰的这部著作误认为《童年的消逝》的后继之作。

础。尤其是波兹曼和桑德斯，似乎陷入了一种对于未来夸大的宿命论中去了。"①

帕金翰用以批判童年消逝说的一个重要理论武器，是 20 世纪末 21 世纪初在童年研究界得到热议和追捧的童年建构论。在童年文化的问题上，以帕氏为代表的一批研究者持一种明确的建构主义立场（"'童年'应该被看作是一种社会性的建构"②），并试图以这一立场取代波兹曼式的对于一种普遍童年本质的认定。③ 站在这一立场上，他们的发问逻辑是：既然童年从一开始就是文化建构的产物，那么为什么随着文化的变迁，它只能趋于消亡，而不是被重新建构？可以想见，从帕金翰的立场推演下去，有关童年的现代发生的看法，同样值得怀疑。

当然，帕金翰所关心的并非童年的历史，而是它的当下："作为一个特殊的社会群体，儿童的地位与经验在过去二三十年间已经发生了重大的变化"，④ 由这一变化的事实，他认为我们对于童年的看法也不可能停留在同一个标准上："'童年'是一个变化的、相对的词汇，它的意义主要是通过它与另一个变化的词汇——'成年'——之间的比较而被定义的"，"成人与儿童之间的界限必须没完没了地被一划再划；而且，它们必须经历一个持续不断的协商过程"。⑤ "协商"（negotiation）意味着童年概念边界动摇的可能，它导引我们从另一个角度来看待童年的各个要素在当代所发生的变化。帕金翰的意思很明白：一时代有一时代之童年，不能将时代的变化和随之而来的童年的变化，等同于童年消失的症状。

在这一观念的基础上，帕金翰将童年的内涵及其文化都变成了一个建构中的概念，由此便避开了波兹曼所面临的对于童年文化特征的描述难

---

① ［英］大卫·帕金翰：《童年之死》，张建中译，华夏出版社 2005 年版，第 39 页。

② 同上书，第 113 页。

③ 在童年研究领域，波兹曼的童年观常被不公正地贴上"本质主义"的标签。作为童年研究术语的本质主义（essentialism）和建构主义（constructionism）是 20 世纪后期西方社会—文化理论在童年研究领域留下的鲜明烙印。与文化研究的背景相呼应，20 世纪末以来的童年研究更倾向于认同一种建构主义的童年观立场，即将童年的观念及其文化视为特定社会、历史阶段文化建构的产物；更重要的是，建构主义童年观承认童年建构进程的无限性，也就是承认每一时代童年文化建构（包括重构）事实的合理性。这一理论在其根柢处所仰仗的实际上是一种庸俗的文化决定论思想，尽管持有这一观点的研究者往往不大情愿承认这一点。

④ ［英］大卫·帕金翰：《童年之死》，张建中译，华夏出版社 2005 年版，第 78 页。

⑤ 同上书，第 6、81 页。

题。波兹曼的著作始终包含了一个十分明确的有关"童年是什么"的看法，尽管他并未清楚地阐明这里的"什么"究竟包含哪些具体的要素；而在帕金翰的论说中，波兹曼式的令人头疼的本质追问被轻而易举地替换成了另一个"童年现在是什么"的建构性命题。他从作为受众的儿童身份出发，提出了当前社会有关童年的一组矛盾的看法："一方面，有一种传统的观念，认为儿童是纯真而易受影响的；另一方面，有一种同样感情用事的观念，认为儿童是老练的、见过世面的，在某种程度上天生便具有个人能力与批判力。这两种论述都是对于童年的建构，并且两者都有真诚的情感诉求……不过最终，这两种论述好像都过度简化了儿童与媒体关系的复杂性与多样性。"① 表面上看，帕金翰的论说棒打两头，走的是折中的路线，但他实际上倾向于摒弃前一种观念而认同后一种看法，只是将其中的"天生"改换成了"教育"，主张通过成人界"连贯一致的创始行动"，将儿童塑形为媒体文化中"见多识广的、具有批判力的参与者"。②

这种态度集中表现在帕金翰等人对波兹曼"童年消逝说"的三个关键概念的批判上。

首先，他们认为，"童年消逝说"制造了一个有关印刷媒介和"读写能力"的"神话"，也就是说，通过强调印刷媒介及其文化相对于新兴的电子媒介和文化的优越性，波兹曼把读写能力的意义"神化"了，它实际上是对于一个由印刷时代的文化精英掌握文化权力的时代的"神化"。这样，波兹曼对于印刷媒介与"阐释年代"的格外钟爱，就被诠释为了一种媒介和文化上的精英主义姿态。与《童年之死》同年出版的另一部理论著作《偷走纯真》的作者亨利·吉罗克斯这样说道："与其说波兹曼的叹惋表达了对于保存童年纯真的忧虑，不如说它表达了这样一种呼吁，即一个流行文化威胁到高雅文化，以及印刷文化失去其对读写能力和公民教育的限制与统治观念的控制的时代，应该尽快过去。"③ 这里的"控制"是波兹曼在行文中频繁使用的原词，当它被他的批判者挑拣出来加以突出和放大时，有关波兹曼的一个保守的媒介控制论者形象的轮廓被进一步加

---

① ［英］大卫·帕金翰：《童年之死》，张建中译，华夏出版社 2005 年版，第 131 页。

② 同上书，第 158 页。

③ Henry A. Giroux. *Stealing Innocence*: *Youth*, *Corporate Power*, *and the Politics of Culture*. New York：St. Martin's Press，2000，p. 40.

粗了。同时，也有研究者争辩道，回顾历史，因社会文化变迁（包括媒介变迁）而引发的童年文化转折一直存在。例如，19 世纪末 20 世纪初，当视觉和商业文化的最初兴起使得青少年和儿童开始能够借助它们越过成人文化管制的藩篱时，也曾引发人们对于其负面影响的忧虑。① 从这样的视角来看，今天有关童年消逝的论断似乎同样只是一种文化上的杞人忧天，或者说，一种历史变革期特有的思虑过度。

其次，紧继"读写能力"的话题，在童年"秘密"的问题上，童年消逝说的批评者们同样认为，文化的秘密在这里被用作了等级化读写能力的一个手段，在比较温和的层面上，它属于一种可以理解的"道德保守主义"，② 而在更为激烈的层面上，它则与另一种隐秘的文化权力诉求联系在一起。这么一来，"秘密"似乎成为了成人世界用以维持对儿童的权力的一个重要手段。在乐观的建构论者们看来，正是这一"秘密"的隔离造成了成人对儿童的文化控制，如今，秘密的篱墙在新媒介的介入下被不断拆除，在短暂的"道德恐慌"之后，童年或将迎来另一个新的文化发展契机。"我们再也不能让儿童回到童年的秘密花园里了……儿童溜入了广阔的成人世界——一个充满了危险与机会的世界"，③ 既然"危险"已成事实，那么更好的选择或许是将我们的目光投放到它所带来的"机会"之上。

看得出来，20 世纪后期兴起的大众文化理论在很大程度上启发了帕金翰等研究者的思路。"波兹曼与其他学者的断言依赖于这样一个观点：就是将媒体受众看作是一群毫无区别的大众。"④ 反过来，这些研究者从儿童作为消费者的受众身份提升中看出了"解放性"的内容。⑤ 吉罗克斯从受众的视角为波兹曼所反对的那个流行文化作辩护，他认为，在对童年的捍卫中，"波兹曼忽视了这样一个事实：流行文化不只是一个巨大的矛盾场域，它也是儿童少有的协商场所之一，在其中，儿童可以为自己说

---

① See Hugh Cunningham. *Children and Childhood in Western Society since 1500*. London：Longman，1995. Lisa Jacobson（ed.）. *Children and Consumerism in American Society*. Westport：Praeger Publishers，2008，pp. 29 – 31.

② ［英］大卫·帕金翰：《童年之死》，张建中译，华夏出版社 2005 年版，第 26 页。

③ 同上书，第 225 页。

④ 同上书，第 38 页。

⑤ Roger Smith. *A Universal Child*？. Hampshire & New York：Palgrave Macmillan，2010，p. 17.

话、创造另外可供选择的公共空间，以及表达他们自己的志趣"。① 在这里，我们再次看到了"协商"这个熟悉的关键词，它也是有关童年的一切建构主义言说的关键词之一。建构论者们主张放弃对童年文化的本质追问，而来关心当下儿童最真实、具体的生存现状，以帮助童年个体应对生活中的各种现实问题。某种程度上，大家所关心的并不是童年的观念在今天是否还存在着，而是儿童个体在今天应该如何生存，我们也可以说，在这一逻辑框架内，关心儿童（一个被理解为主要反映儿童自身文化权益的名称）比关心童年（一个被界定为主要由成人文化"殖民"的范畴）重要得多。

最后，结合以上两个方面的批判，针对波兹曼所哀叹的那个"纯真"童年的消逝，批评者们认为，传统的对于童年的"纯真"理解实际上将儿童从生活的现实中隔离了出去，也相应地降低了儿童处理生活的能力。他们"倾向于质疑这一与童年纯真的历史'黄金时期'相连的、关于童年的被理想化了的成见的价值（或者说准确性）"。② 在帕金翰等人看来，"童年纯真的神话是否定真实社会问题施加于儿童之影响的途径"，③以纯真来定义童年的方式本身即掩盖了童年生活所需要面对的各种复杂的现实问题，这是一种"真空"的童年观，它的退场反而可能给童年生活带来某种解放。因此，有关纯真童年及其危机的看法，不过是一种文化保守主义的幻象。正如吉罗克斯所说，"童年纯真的逝去代表了一个历史和政治时代的过去，在这个时代里，童年处在家庭、学校和教堂等主流管制机构的警惕监护之下，并在其中被社会化"。④ 如今，这一紧密看护的时代过去了，我们不得不把生活的开阔广场交还给儿童自己。按照这一推论的逻辑，传统的纯真童年观念主要反映了成人的愿望（包括欲望），它在主张保护儿童的同时，也损害了儿童的文化自主权力。当代文化要求我们把这一文化的权力交还给儿童，因此，它所导致的"童年的消逝"，可能包含了更为积极的童年建构潜能。

---

① Henry A. Giroux. *Stealing Innocence*：*Youth*，*Corporate Power*，*and the Politics of Culture*. New York：St. Martin's Press，2000，p. 6、13.

② Roger Smith. *A Universal Child？*. Hampshire & New York：Palgrave Macmillan，2010，p. 17.

③ Henry A. Giroux. *Stealing Innocence*：*Youth*，*Corporate Power*，*and the Politics of Culture*. New York：St. Martin's Press，2000，p. 5.

④ 同上书，p. 40.

　　下面这段评说传达了童年研究界对于消逝说的典型质疑："以如此之多的当代版本呈现在我们面前的童年危机究竟是真实的情形，还是更多地暗示了我们对于自身所处境地的媒介恐慌？同时，假使我们承认这一危机的其中一些方面是对于儿童生活的准确表现，这就必然意味着童年灾难性的终结和未来一代的遭劫吗？"① 针对童年正在消逝的观点，持有异见的童年研究者们致力于证明，这种消逝并不是真正的消失，而是一次童年文化的转折，它所带来的可能是童年从概念到内涵的全面"重生"。这一观点要求我们调整童年考察的视点，以更为乐观的姿态来看待童年文化在今天发生的各种新变。

　　在今天的童年文化研究界，以帕金翰为代表的建构说逐渐占据着主导性的理论位置，人们认为，"过去的许多研究将儿童描述为信息技术迷宫中被动的游戏者。随着儿童逐渐学会控制自己与媒体的互动过程，在这些符号化的互动过程中儿童进行主动的选择和做出自己的决定的现象将变得越来越普遍"② 卡宁翰则认为，"我们太过习惯于给我们的孩子一个长久和快乐的童年，以至于我们轻视了他们的能力和韧性。视儿童为需要保护的潜在受害者的观点只是一种相当现代的看法，它可能对谁都没有好处"③ 于是，有关童年消逝的"危言"似乎也随着时间的移易而逐渐淡去。从情感上来说，童年研究界对于消逝说的辩驳，也许令许多关心童年命运的人们长呼了一口气。毕竟，童年没有消亡，它只是以新的面貌出现在新的文化背景之上。虽然有关童年生存现状的争论依然存在，但有关童年之死的焦虑情绪，则仿佛随着新世纪的轻云，逐渐飘散在了辽远的天边。

三　重辨"童年消逝说"

　　然而，在波兹曼的"童年消逝说"与其后出现的"童年再生观"的对峙中，有一个话题始终没有得到很好的回应和对接。我们甚至可以说，它完全没有引起人们应有的注意，那就是关于童年与它所诞生于其中的那

---

　　① Mary Jane Kehily. "Childhood in crisis? Tracing the contours of 'crisis' and its impact upon contemporary parenting practices", *Media, Culture & Society*, 32 (2), 2010, p.175.

　　② ［美］桑德拉·L.卡尔弗特：《信息时代的儿童发展》，张莉、杨帆译，傅小兰、严正审校，商务印书馆2007年版，第8页。

　　③ Hugh Cunningham. *The Invention of Childhood*. London：BBC Books, 2006, p.245.

个大文化之间的命运联结。就童年自身的历史来看，它的被建构性可以一直延续下去；但就作为文明一部分的童年范畴而言，我们还要进一步追问的是，这一延续自身的文化意义又在哪里？换句话说，我们如何理解波兹曼选择以童年作为入口来谈论当代文化的危机？如何理解"童年的消逝"在波兹曼的笔下会与文化的"普遍衰落"联系在一起？

帕金翰显然看到了波兹曼式的童年观背后的那个文化情结，因此，他以嘲讽的笔法这样写道："文化——就像是童年——在这儿典型地被定义为一个纯洁的、像伊甸园似的地方，是正面的道德与艺术价值的源泉，是充满了'想像'与'纯真'的地方，现在却被商业的死亡之手逐渐侵入，而遭到毁坏了。"① 在帕金翰看来，这样一种天真而保守的文化观本身即是需要质疑的。文化的伊甸园，正如童年的伊甸园一样，只是保守主义者们一厢情愿的想象，它既不曾真实地存在过，也无关"消逝"的危险。显然，以帕金翰为代表的童年建构论者对于文化的理解和对于童年的理解是一致的。因此，归根结底有关童年消逝与否的不同判断所反映的是文化观的问题。

必须承认，作为文化学者的波兹曼在由文化进入童年的话题时，显然缺乏童年文化领域一些专业研究者的驾轻就熟，在谈论儿童生存的现实语境时，他也缺乏后来不断科学化的童年研究有关当代童年生活现实的系统考察。整部《童年的消逝》译成中文不过十余万字，其中却有泰半实际上是在讨论童年背后的文化和历史因素，如果从一般的儿童文化研究视角来看，它所提供的童年知识似乎是比较有限的。因此，挪威学者让－罗尔·布约克沃尔德对波兹曼提出了这样的批评："波斯特曼是作为大众传媒的研究者，而不是儿童文化（的研究者），卷入这场辩论的。他并没有科学、系统的关于美国儿童文化的数据来支持他的诊断。他的论点仅仅是建立在轶事的叙述和主观印象之上的，并不实在。"②

然而，正是这类科学主义的态度在很大程度上限制了童年文化界对波兹曼"童年消逝说"遗产的真正领会和继承。波兹曼的确不是一个童年文化研究者，但也正因为这样，在从童年进入文化的话题时，他的研究恰

---

① ［英］大卫·帕金翰：《童年之死》，张建中译，华夏出版社 2005 年版，175 页。

② ［挪威］让－罗尔·布约克沃尔德：《本能的缪斯》，王毅等译，上海人民出版社 1997 年版，第 99 页。

恰显示了当代童年文化界正在日益失去的一种重要的人文视野和文化精神，它所关心的不只是童年文化的生存价值，更是这一文化根本的人文价值。相比于帕金翰等功利性的"现实主义"策略，在波兹曼关于童年的理解中，包含了一种在今天的功利社会或许显得不合时宜的浪漫主义精神，它指向着对于文化的理想精神的一种认可和坚执。人类的文化与其理想同在，一旦这一精神的根基开始动摇，文化自身也就变得引人质疑了。在波兹曼的体系中，童年的消逝正代表了上述文化理想的消逝。

结合具体的童年文化对象，我们可以很清楚地看到这两种观念的区分。例如，针对影视屏幕上的"不良"讯息（如恐怖、暴力内容）对儿童的影响，帕金翰指出，没有充分的证据表明，这类讯息必然会造成儿童领域的道德恐慌。他的支撑论点如下：第一，儿童接受特定文化讯息的过程是复杂的，例如，恐怖片之类的文化产品也可能包含了对他们来说有意义的审美愉悦，因此，不能简单地将这些讯息界定为负面的。第二，与成人一样，儿童的接受能力会随着接受对象的变化而发生相应的调整。比如，随着恐怖美学在文学、电影、电视作品中的普及，儿童对它的接受底线也在持续上升，如今的孩子能够坦然观看的恐怖故事，较之过去显然要开放许多。第三，基于此，结合对儿童的教育，我们可以帮助他们胜任当代文化带来的各种冲击。[①]

但这些都不是波兹曼最关心的事情。或者说，他并不想论证儿童在现实生活中能否令人欣慰地辨识出某个电视广告的真伪性质，抑或他们能否有效地认清现实世界与虚构世界之间的区别；也就是说，他所关心的不是任何简单的文化讯息承受和处理能力的问题。在他看来，当代童年最显著的危机，首先是童年所面对和身处的文化本身出了问题。不注意到这一根本性的问题，而仅仅谈论儿童对于具体文化的接受能力，是舍本逐末的行为。从这一认识回过头来看他的"童年消逝说"的三个核心概念，我们会注意到，这里的每一个概念都在社会话题的表象之下包含了文化精神的深意。正是这些文化深处的内涵，而非被其反对者常常断章取义地拈出来加以指责和批评的术语，才构成了波兹曼"童年消逝说"的真正深度。

第一，读写能力表面上只是一个有关媒介变迁的话题，但波兹曼要谈的远不只是一种主流媒介及其话语方式的历史变迁。在这里，代表印刷媒

① ［英］大卫·帕金翰：《童年之死》，张建中译，华夏出版社 2005 年版，第 135—158 页。

介的 "书籍" 是一个具有特殊内涵的隐喻符号，它的根本所指实际上是人的一种深度思维能力，进而也是指一种有深度的个体和自我。[①] 在波兹曼笔下，成熟的读写能力代表了 "所有成熟话语所拥有的特征"："富有逻辑的复杂思维，高度的理性和秩序，对于自相矛盾的憎恶，超常的冷静和客观以及等待受众反应的耐心"，"一个识字的人必须学会反省和分析，有耐心和自信"。[②] 玛雅内·沃尔夫在其阅读生理学研究中延续了波兹曼的观点："阅读最核心的秘密就在于可以让读者的大脑获得自由思考的时间，而这种思考所得远远超过他们在阅读之前所拥有的认识。"[③] 因此，在波兹曼这里，视像媒介的根本问题不在于它以图像的媒介取代了文字的媒介，而在于它把深度的 "阅读" 变成了简单的 "观看"。正是在这个意义上，童年的消逝，亦即儿童与成人之间界限的消失，意味着一种具有深度的文化精神的消失——这才是波兹曼关于 "读写能力" 的阐说所包含的那个最终意图。"随着印刷术影响的减退，政治、宗教、教育和任何其他构成公共事务的领域都要改变其内容，并且用最适用于电视的表达方式去重新定义。"[④] 这意味着，一种普遍的文化精神和深度的衰退，正随着视像观看和消费的普及以相同的速度发生。在这里，童年的消逝乃是上述文化精神消失的一种显在表征。

因此，当波兹曼以一个看上去十分激进的媒介决定论者姿态作出以下论断时，他并不是在认同一种简单的技术决定论思想，而是深刻地指出了我们文化中某种日趋失控的危险动向："任何认识论都是某个媒介发展阶段的认识论"，"我相信电视创造出来的认识论不仅劣于以铅字为基础的认识论，而且是危险和荒诞的"。[⑤] 面对视像媒介和娱乐文化的强势影响，任何选择退缩的躲避或乐观的自欺的鸵鸟政策，都是一种对于文化的不负责任。反过来，像英国作家尼古拉斯·卡尔那样，敢于坦率地承认 "现

---

① 2013 年 3 月 4 日，徐岱先生在其研究生课程 "文学思想与批评：小说理论研究" 上，细致地推演并探讨了作为印刷媒介时代重要文化产物的小说阅读与个人主义传统之间的精神血缘，他指出，"小说兴起的一个重要背景是现代个人主义"，它所要求和培育的是 "真正有自我意识的人"。

② ［美］尼尔·波兹曼：《童年的消逝》，吴燕莛译，广西师范大学出版社 2004 年版，第 84、110 页。

③ ［德］弗兰克·施尔玛赫：《网络至死》，邱袁炜译，龙门书局 2011 年版，第 25 页。

④ ［美］尼尔·波兹曼：《娱乐至死》，章艳译，北京大学出版社 2007 年版，第 10 页。

⑤ 同上书，第 29、33 页。

代媒介技术使人变笨"的现实，承认"我老是觉得有什么东西在玩弄我的大脑"，"我已经无法像过去那样思考"，① 进而反思它对文化和人的深刻影响，才是波兹曼想要以其著作来提醒人们关注的问题。

第二，波兹曼主张在童年面前维持一些文化"秘密"的观点很容易造成这样的成见，即他的目的是要控制讯息从成人向儿童世界的流通，这一观点也因此受到了许多开明的当代童年研究者的诟病。但我们同样应该看到，波兹曼对于电视媒介的批判并没有停留在单向的媒介影响之上，在他的论述中，童年消逝最根本的病因不在于我们把一个没有秘密的世界开放给了儿童，而在于我们的文化已经越来越不看重"秘密"的价值。在这里，"秘密"代表的并非文化中不可言传之物，而是我们的文化需要儿童花费时间来学习和吸收的那些重要的内容，比如人的成熟的理性。"秘密"的缺失透露出了整个现代文明（或者说现代理性文明）衰退的病灶，在这一情形下，从成人传向儿童的文化讯息在其源头处就出了问题。

与此同时，由"秘密"所造成的成人与儿童之间的文化分野事实，也不像波兹曼的批评者所说的那样，只是一种童年文化控制的手段——虽然由于针对"秘密"的相关论述未能充分展开的缘故，波兹曼的立场容易被误读作一种简单的童年文化控制论。深入地看，针对成人与儿童之间等级分野的认识，代表了我们对于一种"更好"和"应有"的文化的主动判断、认同、靠近和求取的意图。通过教育使儿童逐渐获得文化的"秘密"，走向成熟的较高文化等级的过程，正指向着上述意图的实践。它包含了现代文化自身的这样一种积极的自信和理想：通过"更好"的文化来促使儿童成为一种"更好"的个体，并通过童年使这些"好"的文化得以保存、延续和进一步发展。但在当代社会，由于文化自身价值感的衰落，这样一种鲜明的价值判断的自信和责任感，也在逐渐淡去。这正是文化的"秘密"在童年面前消失的最终原因。反过来，那些努力想要通过秘密开放之后的童年赋权为这一现实进行辩护的人们，恰恰落入了一种缺乏洞见或操守的文化相对主义之中。

第三，在上述两个层面的基础上，波兹曼笔下反复出现的那个传统意义上的纯真童年形象，并非是对于童年的一种保守理解，而是对那个以童年作为文化符号之一的现代文明的理解。"现代童年的范例也是现代成人

---

① ［德］弗兰克·施尔玛赫：《网络至死》，邱袁炜译，龙门书局 2011 年版，第 43 页。

的范例。当我们谈论我们希望孩子成为什么的时候，我们其实是在说我们自己是什么。"① 因此，当他说"儿童天真可爱、好奇，充满活力，这些都不应该被扼杀；如果真被扼杀，则有可能失去成熟的成年的危险"②时，这里的"天真""好奇"和"活力"，不是任何只具有观赏性的审美对象，而是我们自己以及我们的文化从中生长起来的那片最初的人性土壤。在波兹曼的语境中，只有在这片土壤得以保存的前提下，与"秘密"有关的文化价值和与"读写能力"有关的文化深度，才有可能获得实现。如果对波兹曼笔下的纯真童年作进一步的解读，那么在这里，"纯真"并非浅薄的无知，而是指生命新鲜的活力和天真的精神，这份"纯真"是我们应该在童年的身上致力于保存的一种质素，也是值得我们的文化永远去爱护和追寻的一种精神。

在童年文化界（包括认同"消逝说"的研究者）迄今为止对于《童年的消逝》的解读中，绝大多数人都漏读了波兹曼的童年意象背后的这些属于大文化的重要讯息，这又进一步导致了人们从一般童年文化的论域出发对波兹曼各种观点的误读。但我要说的是，正是在这样的误读或漏读中，我们开始倾向于过早地抛掉波兹曼的传统。不论《童年的消逝》在其关于童年文化的具体论述中存在着哪些可以指摘的偏颇之处，它关于童年与现代文明之间、童年危机与现代文明危机之间关系的初步清理，无疑为我们指出了解读当前童年文化问题的一个重要的视角：一种文化，如果失去了某些根本的文化精神支撑，不论它看上去多么适宜生存，也不能真正成为我们居住的家园。童年文化也是如此。这里面包含了对于文化的一种鲜明的价值姿态。

这一姿态正在今天的童年文化研究中日益消逝。在当代儿童文化界，波兹曼式的文化控制论看上去毫无引人入胜的新意，也越来越不具有实际操作的价值。如今占据着主导方法论位置的是以帕金翰等为代表的调和式的童年建构论，它既批判保守的文化控制论，也与对待童年文化的完全乐观主义态度保持着必要的距离。在相关问题的分析和阐说中，这一折中的理论姿态意味着一种显而易见的论述安全。于是，在承认我们今天所面

---

① ［美］尼尔·波兹曼：《童年的消逝》，吴燕莛译，广西师范大学出版社 2004 年版，第92 页。

② 同上书，第91—92 页。

临的是一种变化而非消逝的童年文化现实的前提下，研究界越来越倾向于对正在变革中的童年文化现实采取价值中立的态度。在缺乏洞见的情况下，这种中立态度进一步发展为一种模棱两可的圆滑，它使相关的论说不但避免了在两种矛盾的姿态之间作出选择，而且可以通过对这两者的同时批评，彰显它自身在学理上的优越性。这一态度使得相关研究者们倾向于从相对主义的立场来理解童年文化在今天发生的各种变迁，而有关这一切"变化"的价值洞察和判断，则被悬置在了"中立"性的学术论说背后。

正因为这样，重温波兹曼的传统在今天显得意义重大。在童年文化事实上不断遭遇困境的当代社会，我们有必要重提在《童年的消逝》中尚未能得到充分展开的那个文化话题，亦即童年与人类文明之间的血缘关系，以及童年的困境与文化的困境之间的内在联结。同时，在今天这样一个崇尚技术主义的学术时代，波兹曼明确的立场也代表了一种正在失落的文化责任感、判断力和自信心。自《童年的消逝》出版以来，人们的关注始终集中在有关童年自身命运的讨论和思考中，以至于这个话题在童年文化界寻找到抵抗童年消逝的话语武器之后，被过快地遗忘了。时至今日，我们可以肯定地说，童年作为一个已经被确立起来的现代文化概念，的确没有消失，它或许永远也不会消失；但随着童年的"发明"而得到传递和建构的现代文化精神，却在今天的童年文化中不断流逝。这才是"童年消逝说"应该引起我们警惕的最重要的原因。

当代社会对于童年文化的消费集中体现了这一消逝的文化精神。这种消逝并不像波兹曼所说的那样，只以一种单一的儿童成人化的趋势展开——从童年文化的专业角度来看，这一论据还缺乏足够的说服力。① 本书第四章至第六章的论述试图揭示，当代童年文化在消费时代所面临的危机，不是童年概念在形式上的消逝，而是童年所蕴含的文化精神不断遭遇销蚀。这一文化精神的解构是全方位的。在童年诗学的层面上，从现代文化中建构起来、并被寄寓了现代性的审美理想的童年纯真和自由的诗学精

---

① 例如，在想当然地对儿童成人化现象表示反对的同时，我们如何理解埋藏在每个儿童心中的"成人化"的愿望，以及作为童年生命本质之一的某种"成人化"趋向？因此，如果要使童年消逝的命题引起文化的真正警醒，我们就必须从年龄、外形等一般的"成人化"表象中继续挖掘下去，进入童年精神和生命的深处。

神，在消费时代日渐失去了它们最初被赋予的超越性的审美意义。与浪漫的童年联系在一起的纯真和自由的生命精神，象征着对现代工业人来说充满诱惑的一种审美解放，从而为相应的童年文化商品提供了重要的文化资本依托。这使得我们整个社会的文化从未像今天这样在形式上看重和强调童年纯真与自由的价值。但消费经济对于童年纯真和自由的援引并不关心任何真正意义上的审美解放，而是借此来为消费社会的物质生活打开另一个新奇而令人愉悦的新空间，在这里，纯真和自由的童年精神沾染上了沉重的物欲气息。生活在一个空前物化时代的人们是如此需要童年的意象给予我们的那样一种澄净而自由的审美感觉，但这个时代对于童年精神的商业化攫取，却空前吞噬着现代文化赋予童年的这一精神。它意味着，童年作为现代文化的一个精神范畴，正在不断失去它对于文化的真正意义。

在童年体验的层面上，消费经济对于童年文化的开发从面向所有消费者的文化商品生产延伸到了主要面向儿童消费者的审美体验生产。面对持续扩大的儿童消费者群体，消费社会致力于通过在儿童文化产品中提供童年游戏和权力的审美体验，进一步打开儿童审美经济的广阔市场。当代童年体验的经济利用并强化了童年之为童年的身份和感觉体验，从这个意义上说，它为身处童年的儿童个体提供了审美解放的机缘。但与此同时，我们也看到，消费经济对于童年游戏和权力的看重除了进一步迎合童年自身的消费欲求之外，并未使儿童获得更多的文化自主和文化参与能力。相反，现代消费经济对于童年游戏文化的全面侵占，造成了童年游戏体验朝向娱乐消费狂欢的全面异化；同时，现代消费经济对于童年权力的一味张扬，则造成了童年文化与人类文化之间内在统一性的断裂。由是，童年的身份及其体验的独立价值在得到持续强化的同时，其独特的文化价值和内在的发展潜能反而被取消了。

在童年身体的层面上，消费时代充分利用建立在自然和文化的双重因素之上的童年身体观赏性，发展起了一种童年身体的景观文化。作为景观社会全面扩展的表征之一，景观化的童年身体进一步切断了童年生活深入文化的通道。景观的逻辑使童年在一种景观化的总体语境中告别了这一概念最根本的生长精神，它曾经是现代文化将童年从一个寻常的社会现象提升至一个独特的文化范畴的重要初衷，这其中蕴含了现代性在其发轫之初就怀有的一种对于人类文化促进的浪漫而又务实、天真而又殷切的期望。在这里，我们又回到了尼尔·波兹曼的警世之言："童年是文化需要传播的功能以及文化得以传播的方式"，"当我们希望孩子成为什么的时候，我们其实是在说我们自己是什么"。① 在一种景观化的童年现实中，这一文化的意义恰恰不见了。

　　从童年的诗学、体验到童年的身体，现代文明赋予童年的文化精神在消费时代既得到了空前的凸显，又面临着空前的危机。这是一个只有在今天才会出现的奇怪的童年文化悖论，而造成这一切的根源，是一种并不必然表现为自觉状态的对待童年文化的消费主义态度。波兹曼将"童年消逝"的发生时间划定在 20 世纪后半叶，而这一时期正是一般认为西方社会由生产主导时代向消费主导时代转变的交接口，这显然并非巧合。波兹曼为他眼中"童年消逝"的文化病灶所开出的零散诊断，同样包含在童年的诗学、体验和身体消费三个方面的问题之中。消费主义对于童年文化的全面侵蚀意味着消费经济再度攻占了现代文明的一个重要领地；就此而言，童年的消逝乃是整个消费时代文化危机的表征之一。

第二节　童年消逝的文明之痛

　　尽管与宗教、历史、艺术等领域的同类话题相比，童年的消逝看上去只是文明机体上最小的那部分组织出了问题，它的感染无疑会造成机体的某种局部而短暂的疼痛或不适，但它似乎并不以任何决定性的方式影响到机体的健康。然而，事情并非这么简单。自童年从现代文化中得到其精神的赋形开始，它所牵动的就是整个现代文明的命运。在消逝的童年文化镜像之中，映照出了整个现代文明的某种精神疮痛。

一　消逝的童年 消逝的时间

　　童年文化精神在消费时代的消逝，反映了与童年内在相连的现代时间观的某种深刻变化。消费生活突出了对于当下童年生存每一片刻的关怀，但这种关怀恰恰取消着对现代童年来说至为重要的时间维度。表面看来，在童年个体的当下生存福利与童年文化的时间绵延性质之间，我们很难作出一时的得与失的权衡。但如果我们看到后者的断裂是如何内在地损害着

---

　　① ［美］尼尔·波兹曼：《童年的消逝》，吴燕莛译，广西师范大学出版社 2004 年版，第172、92 页。

前者的实现，那么对于童年时间性的关注，显然并不只是一个过于宏大的文化道义问题。

毫无疑问，童年首先是在时间性的维度上得到凸显的一个"群体"概念，在最为基础的层面上，它是从个体的生命过程中划出的某个生理时间的段落。但现代童年尤其是一个与现代性时间相连的概念，这意味着，童年的时间远不仅仅是一种生理的现象，更是一个被赋予了现代性的特殊文化内涵的范畴。在现代性的时间框架内，童年的确立意味着由过去、现在和未来构成的一种清晰的历史时间意识的形成。与古代社会的各种时间观相比，现代性时间空前显著地突出了一种线性发展的客观时间观念，与此相对应的是另一种被赋予了显在价值判断的文化进程意识。① 在现代启蒙事业启动之初，这一进步性的时间观念生动地传递出了当时社会文化的某种意气风发的志向和情绪，但也很快将现代文化带入到了某种社会达尔文主义式的单一论和独断论的泥淖之中。尽管作为其标志的钟表时间一直持续深入地影响着现代人的全部生活，但人们对待它的态度却随着文化风向的总体变化急转直下。特别是在针对现代性的批判成为一种学术时尚的今天，这一因其缺乏温度而多少显得令人厌憎的时间观念更是历经弹劾。

然而，如果我们放下对于那在理论的演绎中被过度观念化了的现代性时间的成见，转而将这一被剥去生动性的现代时间恢复到日常生活的语境中，我们或许也将从这一无止息地由过去、现在走向未来的时间秩序里，体验到某种蕴藏于我们灵魂深处的存在慰藉。在这里，延续向前的时间代表了延续向前的生命，旧的时间流逝过去，新的生命孕育起来，续续无终，连绵不绝。同时，它更对时间本身提出了"有所作为"的要求。现代时间里包含了一种明确的信念和期望，它相信生活是这样一个过程：它应当从一种尚未令人满意的当下状态，走向另一种可能比当下更优越的未来。这其中蕴含了对于生活本身的价值判断，这种判断在前现代生活中是缺失的。奈杰尔·思里夫特的研究表明，在中世纪的乡村，"人们对过去

① 诺贝特·埃里亚斯曾论及时间范畴的社会发展，其中涉及了现代时间与人的个体意识发展之间的关联，"只有在高度个人化的社会，个人才能够把自己的生命看作是标准的连续统一体从而给事件定时"。埃利亚斯在这里所说的"定时"概念，即内在地包含了人的一种历史和价值把握意识。参见［德］诺贝特·埃里亚斯《论文明、权力与知识》，刘佳林译，南京大学出版社2005年版，第234—264页。有关古代时间观与现代时间观的比较，也可参见尤西林《现代性与时间》，《学术月刊》2003年第8期。

和未来的感知是残缺的、模糊的……它们并不是想象不到未来，而是想象到的未来还和过去一样。每天计划的目标只是简单的再生产"①。相比之下，现代时间突出了未来相对于过去和现在的某种优越性，它甚至不惜以否定传统为代价来换取一种新的未来可能。

但与此同时，与"进步"观念相关联的现代时间"不仅仅意味着保护进步的内在逻辑，维护其不可逆转性，它还意味着重拾无限开放的未来，将其纳入生命时间之中"②。正是在这样一种新的时间序列里，童年的时间意义得到了空前的凸显。现代童年的概念指向着一种重要的时间美学。"童年一直是我们建造成年生活的基石。"③ 作为生命起始的阶段，童年的时间充满了希望以及实践这些希望的动力，由此，"成长"或者说"发展"，成为了童年生活的核心意象。

这一"发展"的意识同时向成人和儿童提出了时间维度的要求。"创造，即文化的创生，需要的不仅仅是空间，还有时间。"④ 对前者来说，成人需要在时间的延展中使文化自身得到更进一步的丰富和发展；对后者来说，儿童同样需要花费时间来接受这些文化的成果，从而为延续上述文化的进程做好准备。为此，有必要在个体的童年时期，将我们迄今为止所取得的文化成就中那些值得持有的内容，有效地传授给儿童。这种"文化传授"的意识促成了 20 世纪德国社会学家诺贝特·埃利亚斯所说的"文明的进程"。埃利亚斯的《文明的进程》在很大程度上启迪了波兹曼《童年的消逝》的写作。尽管在埃氏的著作中，我们显然看不到像波兹曼这样鲜明的文化价值判断的姿态，但它的论述已经暗含了一个在波兹曼的论说中具有基础性意义的命题：儿童对于文化的"感觉与水准并非与生俱来"；⑤ 而通过童年的准备使孩子习得文化的准则，介入文明的进程，

---

① 见约翰·哈萨德：《时间社会学》，朱红文、李捷译，北京师范大学出版社 2009 年版，第 98 页。

② Hans Blumenberg 语。转引自赫尔嘉·诺沃特尼《时间：现代与后现代经验》，金梦兰、张网成译，北京师范大学出版社 2011 年版，第 33 页。

③ Karen Brooks. *Consuming Innocence：Popular Culture and Our Children.* Queensland：University of Queensland Press，2008，p. 33.

④ 赫尔嘉·诺沃特尼：《时间：现代与后现代经验》，金梦兰、张网成译，北京师范大学出版社 2011 年版，第 118 页。

⑤ ［德］诺贝特·埃利亚斯：《文明的进程》，王佩莉、袁志英译，上海译文出版社 2009 年版，第 134 页。

正是童年生活的使命之一。

更进一步说，现代文明拉开了儿童与成人之间的距离，但它最初并非起因于成人的权威，而是由于发展的文化向人提出了更高的理性要求。"随着成人所践行的自我控制程度增加，孩子也不得不学习更多的东西，才能发展出文明化的身体，成为完整的、可被接受的社会成员。"① 埃利亚斯笔下的文明进程主要集中在特定的文化礼仪和规则上，这很容易招致人们从文化压迫的角度来解读他的著作，但他所关心的实际上是人类自我的"文明化"过程，这其中包括人的"理性思维"和"道德良心"的发展。② 这一观点经过波兹曼的发挥，成为了对于一种健康的人类理性发展过程的信仰和期待。在这里，童年的范畴代表了对于人的生命的更完善状态的一种期望和许诺。

这种与青春和希望有关的发展期待，是童年时间美学的一个重要向度。此外，现代童年既传达了一种对未来的信仰，同时也寄托着一种对过去的"怀旧"。某种程度上，现代童年正是在现代人的"怀旧"目光下被发现出来的——在现代时间之前，童年所代表的"过去"从未如此受到人们的普遍关注和怀恋，并被寄予如此丰富的情感内涵。这里，童年又以其独特的时间美学体现了现代性的另一面——"浪漫的现代性，希望描绘它的时间，同时又与这个时间的技术和人们称为'进步'的东西产生冲突。"③ 与童年有关的怀旧感同样来自现代文化的机体内部，它对于过往时间的审美肯定体现了生命自身对于日趋控制着它的现代技术时间的反抗。从这个意义上说，童年也是一个"反时间性"的概念，它通过对逝去时光的追怀和强调，在情感上阻遏着单向变化和流逝的线性历史逻辑。一种有关未来的时间意识，其根本目的是为了促进生命的更高实现，但它也很容易造成生命因过度沉溺于对未来的追寻而迷失在有关时间的信仰之中。显然，指向未来的时间虽然承载了生命的期望，却并无自有的目的，它的目的需要生命来赋予。当生命开始遗忘这件事情时，通过否定线性时

---

① ［英］克里斯·希林：《身体与社会理论》（第二版），李康译，北京大学出版社 2010 年版，第 153 页。

② ［德］诺贝特·埃利亚斯：《文明的进程》序言，王佩莉、袁志英译，上海译文出版社 2009 年版，第 35 页。

③ ［法］西尔维娅·阿加辛斯基：《时间的摆渡者》，吴云凤译，中信出版社 2003 年版，第 73 页。

间的逻辑，可以肯定生命自身的意义。关于逝去的童年的怀恋使我们看
到，生活世界中，有一种比流逝的时间表象更重要、更永恒和更为根本之
物，那就是生命内在的幸福。个体从童年所体验到的纯真和自由的快乐，
代表了一种生命的审美理想。生存的务实总是倾向于磨灭这些幻象般的幸
福，但真正的文化恰恰在于保存而不是抛弃这些理想。

　　因此，我们也可以说，怀旧的童年代表了现代人试图从流逝的历史中
寻找和发现永恒之物的冲动。"怀旧，就像进步一样，依赖于不可重复的
和不可逆转的时间这一现代概念。"① 永恒童年的观念代表了一种能够抵
抗时间之损耗的珍贵事物，也即一种持久的生命品质，它超越了变幻的历
史，也超越了时空的阻隔。"这些孩子属于过去，或者说，属于永恒，他
们不指向现实的时间，而指向一个没有时间的乌托邦。"② 应该这样理解
这句话的意思：在这里，"不指向现实"并非与现实无涉，而是一种超越
了现实的"真实"；"没有时间"也并非与时间无关，而是相对于时间的
变化而能保持不变，从而超越了时间。对于现代文化来说，怀旧的童年意
象有其文化上的深意，它反抗一种进步主义的文化独断倾向，反抗速度，
反抗对过去的遗忘，反抗时间的流逝。归根结底，它反抗任何文化对于那
孕育了它的人的生命的反噬。"怀旧/恋乡是蕴含意义的，为否则将会家
园荒弃的现代性构筑了家园。"③

　　然而，在当代社会的童年文化消费中，现代童年所蕴含的上述两种时
间美学的隐喻，都在急骤地逝去。一方面，如今的消费经济对于童年文化
的兴趣越来越无关乎生命内在的"发展"。童年不再被理解为一个与人的
"文明化"有关的过程，亦即在儿童个体与人类文化之间建立精神关联的
过程，而是越来越被理解为一个单纯地供给儿童欢乐的过程，后者又经消
费文化诠释为一种狭隘的娱乐至上主义。于是，从童年到成年的生命过程
变成了一个均质的娱乐消费过程，在这一过程中，自然的时间仍在不断消
逝，生命的时间却似乎停滞不前。尼尔·波兹曼所说的"成人化的儿

---

　　① ［美］斯维特兰娜·博伊姆：《怀旧的未来》，杨德友译，译林出版社 2010 年版，第 14
页。

　　② Anne Higonnet. *Pictures of Innocence：The History and Crisis of Ideal Childhood*. London：
Thames and Hudson Ltd. ，1998，p. 77.

　　③ ［英］基思·特斯特：《后现代性下的生命与多重时间》，李康译，北京大学出版社 2010
年版，第 73 页。

童"，贴切地传达出了消费时代童年文化时间的这种悖论。

但消费时代对此早有准备，它显然并不需要儿童个体发展起更高的文化能力，相反地，对消费经济的扩张最为有利的，无疑正是从娱乐化的童年文化惯习中直接迈入成年生活的"儿童化的成人"。其结果是，儿童与成人之间的区别越来越局限在了生理以及与此直接相关的一般文化行为层面，而不再关系到任何深层的文化内涵和文化精神。

另一方面，随着过去、现在和未来之间积极的时间关联的消解，童年所代表的往昔乌托邦也失去了它的文化价值和批判意义。怀旧童年的"反时间性"是相对于它所要抵抗的那个"时间性"而存在的。现代时间介入一种文化期望规划的程度越高，它对于我们生活的控制也就越深，相应地，我们就越是需要回到童年的乡愁隐喻之中，来不断地提醒自己有关生命家园的本真消息。但一种失去内在变化的生存时间过程无疑取缔了这一回归的必要。不论我们将目光转向过去、现在还是未来，在任何一个时间的节点上，等待着我们的都是同一种简单的当下满足意义。"现在自身连续不断地萎缩成霎时"，它造成了生活的"去历史化"，"在这个去历史化中，事件都被消费为彼此相互独立没有任何叙事关联的意象"①。告别变化之后，现在即是过去，即是未来。在这里，童年既不是时间性的，也不是反时间性的，而是取消时间性的。

童年文化的生长停滞代表了文明自身的停滞。现代童年观肇始于人们对于一个"区别于成年期"的童年时间阶段的认定，而消费文化环境下的童年所呈现出的一个主要病灶，便是由于消费文化的覆盖和同化所导致的童年与成年世界之间文化界限的日益消失，也就是说，童年阶段的时间及其文化的特殊性被取消了。这一现象蕴含着一个危险的讯号，那就是人们对于非当下时间的信仰以及那与时间密切相关的"可能性"的期待的丧失。在被消费文化均质化了的时间之流中，童年"消失"了，它既用不着怀念过去，也无须思慕未来，而只关心当下片刻的消费快感。在这里，"消失"的意思并不是判定其不存在，而是根本没有人关心它是否存在的问题。它透露了现世生活中一种文化价值感的彻底失落。

---

① ［英］彼得·奥斯本：《时间的政治——现代性与先锋》，王志宏译，商务印书馆2004年版，第277页。

二　童年消逝：一种乌托邦精神的告别

现代童年的双重时间美学与人类的两种基本乌托邦冲动有关。"人类梦想天堂。这梦想是双重的：它朝后追溯一个自时间初开始失落的国度，朝前瞄住一个幸福的乌托邦新国家，一个穿过人类历史，有待实现的新天堂。"① 从现实的情形来看，有关这两种梦想的叙述都是比喻意义上的，不论是关于失落的国度还是未来的天堂的想象，均非字面意义的实指，而是传达了人类生命中某种与希望和期待有关的乌托邦本质。有研究者指出，"在许多方面，童年的形象扮演了乌托邦精神的一个普遍的或身体性的容器"②。本书绪言中也曾指出，现代童年的范畴在两个方面体现了现代文化的乌托邦追寻，一是有关一种更美好的个体存在状态的想象；二是有关一个更美好的人类文化未来的想象。我们看到，在现代文化中得到确立的童年"纯真"和"自由"的诗学范畴，寄托了现代人对于一种本真和自由的生命存在状态的渴慕；现代文化对于童年体验和童年身体的关切，则既传递了对儿童个体生存现实的关怀，也反映了从童年出发促进人类文化的良好愿望。

现代童年所代表的这两种乌托邦精神的矛盾与统一，反映了人之为人的根本生存境况。从法国哲学家让－弗朗索瓦·利奥塔有关童年与成年之间文化悖论的描述中，我们看到了对于这一境况的哲学思考："儿童是完全的人，因为他有苦恼就说，有可能就做。他在人文方面的原初滞后使他成为成人社群的人质，也使他向成人社群展现人类为之痛苦的人文缺失，而这又呼请他变得更加人文。但是，成人被赋予了认知和使人认知，行动和使人行动，以及将文化关怀和价值内在化的手段；成年人也能够追求完全的人文文化，有效地实现思想如意识、认识和意志。他只能在不断地履行其诺言的同时，摆脱童年蒙昧的野蛮。这就是人的状况。"③

这意味着，人类的文化本身是一个复杂的过程：一方面，它要走出一

---

① ［德］沃尔夫冈·韦尔施：《重构美学》，陆扬、张岩冰译，上海译文出版社 2006 年版，第 193 页。

② Peter Kraftl. Utopia, "Childhood and Intention", *Journal for Cultural Research*, 13（1），2009，p. 83.

③ ［法］让－弗朗索瓦·利奥塔：《非人——时间漫谈》，罗国祥译，商务印书馆 2000 年版，第 4 页。

种"完全"却又"蒙昧"的童年状态，从文化的构建中寻求人的生存的更高实现；另一方面，它这样做的时候，又不可避免地造成了对于完全之人自身的压制。在这里，解放也是一种限制，而限制又是一种解放，这两者之间的复杂合力，推动着人类文化在审慎反思中的积极前行。从这一点来看，现代童年的概念正标示出了这一文化进程的基本结点，它所象征的两种乌托邦追寻，构成了一种健康的现代文化的精神。

　　然而，从童年诗学到童年的体验再到童年的身体，消费文化的侵蚀渗透入几个世纪以来童年符号之上所积淀下来的文化精神，不但解构着童年范畴的诗学意义，也在导致一种对待童年的文化关切感和责任感的消失。这种责任感曾经是现代童年观的重要精神内核。现代人对于童年的精神珍爱和审美想象不只是出于对孩童生命的护爱和欣赏之情，更包含了对建基于这一生命阶段之上的一种更美好的人类生命状态的信念和向往。这一由童年的文化符号发散开来的文化希望感既是审美的，也富于现实改良的意义。显然，肇始于 17 世纪欧洲的现代童年观，不仅反映了人类对于童年这一精神领域的特殊关注，其中更安放着启蒙时代试图借助童年来改进现代文明的积极设想。这种面向童年的责任意识和寄托在童年身上的希望精神，从一开始就是现代童年文化的一个基本内容。

　　这样一种与乌托邦精神有关的内在责任感和希望意识，正在童年及其文化的当代消费狂欢中日渐退去。这倒不是说人们全然放弃了对于童年的责任——至少就中国的境况而言，家长们对孩子的期望几十年间一直有增无减——而是这种责任感不再指向人类精神和文化的未来。当代人大多不再信任启蒙时代思想家们关于人的"成长"和"成熟"的精神定义。在消费主义文化的氛围之下，有关童年养育的一种希望仅仅意味着孩子们在未来能够获得更高的消费能力，也即实现更优越的享乐生活。换句话说，以各种消费滋养儿童的目的，乃是为了使他将来能够成为一个更称职的"消费的人"。由是，"我们变成了比以往任何时候都要狭隘的功利主义者，专注于对此时此刻的调整，而不是去重新创造"①。

　　罗伯特·哈里森用十分形象的语言来譬喻当今社会的这一境况：在这

---

① ［美］拉塞尔·雅各比：《不完美的图像：反乌托邦时代的乌托邦思想》，姚建彬等译，新星出版社 2007 年版，第 1 页。

里，"消费至上的原则"取代了"栽培至上的原则"。① 的确，在当代的童年蒙养和教育体制中，耐心的栽培精神越来越看不到了，取而代之的是迫不及待的消费精神。在消费之物的包围下，最初寄寓在现代童年之上的那个关于人的实现的乌托邦梦想，正在逐渐淡出人们的视线。"倘若无拘无束的童年滋养了想象力，想象力又滋养了乌托邦思想，那么，第一个环节的黯然失色必然会损害最后一个环节——乌托邦思想。……对儿童的空间和时间进行殖民化，似乎的确破坏了他们自由无羁的想象力。孩子们有越来越多的事情要应付；对他们来说，做得越多，他们也就更少地倾向于乌托邦的梦想，可供乌托邦梦想驰骋的资源或许也就越少。"②

当然，在 21 世纪的语境下谈论与现代性有关的某种乌托邦愿景，我们需要格外小心。启蒙运动以降的历史见证了现代人付诸乌托邦的深重的信任、憧憬和急于实践的冲动，如何一次又一次地撞碎在与现代性的乌托邦规划有着千丝万缕关联的极权、独裁和种族屠戮的现实之墙上。对于从这样的现实中艰难地奔逃出来的现代人而言，乌托邦很可能是一个臭名昭著的语词。鲍曼在其《现代性与大屠杀》一书中曾这样描述现代乌托邦规划的极权性质："现代文化是一种园艺文化。它把自己定义为是对理想生活和人类生存环境完美安排的设计。……现代的种族灭绝总的来说就像现代文化一样，是园丁的工作。"③ 这与哈里森有关"花园"和"栽培"的理论形成了尖锐的矛盾和反讽。情况似乎是这样：当现代人怀着对于更美好的未来时间的信仰而试图在现代时间的当下节点上实施一种乌托邦的理想规划时，它所带来的并非社会的改善，而是现实的堕落。乌托邦在 20 世纪所遭受的诸多质疑和否定，在很大程度上与它所许诺之希望的持续落空以及被证伪的现实有关。

然而，我们不能将园艺师的过错归结为花园自身的过错。有关乌托邦的具体规划的失败，并不能用来指证乌托邦精神本身的虚假性。这是美国当代思想家拉塞尔·雅各比在其《不完美的图像——反乌托邦时代的乌

① ［美］罗伯特·波格·哈里森：《花园：谈人之为人》，苏薇星译，生活·读书·新知三联书店 2011 年版，第 80 页。

② ［美］拉塞尔·雅各比：《不完美的图像：反乌托邦时代的乌托邦思想》，姚建彬等译，新星出版社 2007 年版，第 42—43 页。

③ ［英］鲍曼：《现代性与大屠杀》，杨渝东、史建华译，彭刚校，译林出版社 2002 年版，第 124 页。

托邦思想》一书中致力于阐明的一个问题。雅各比以"蓝图派的乌托邦主义传统"和"反偶像派的乌托邦主义传统"来分别指代人类历史上的两种乌托邦传统，前者指向着乌托邦的具体规划；后者则指向乌托邦的本质精神。他在批判"蓝图派的乌托邦主义传统"的同时，肯定了"反偶像派的乌托邦主义传统"所传达的乌托邦精神对于人类文化的必要意义："我认为传统的蓝图派乌托邦主义也许会被耗尽，而反偶像崇拜的乌托邦主义则是不可或缺的。"① 恩斯特·布洛赫在其以乌托邦精神为核心的《希望的原理》中表达过同样的意思："对于抽象无节制的、恶劣中介的乌托邦尽可提出异议"，但是，只要现实还存在着未完结的"可能性"，"我们就不能从单纯的事实性的现实出发对乌托邦横加指责，提出绝对异议。"② 从这个意义上说，20 世纪后期遭到波普尔、阿伦特等人严词批判的那个"乌托邦"，乃是一种以乌托邦的伪装推行自我的伪乌托邦思想，或者说，是一种如今已被证伪的虚假乌托邦。

与此相反，作为对于一种优于现状的人类存在境况的永恒希望，真正的乌托邦精神指向的是一个与人类文化的本质内在相连的纯粹理想范畴，正如乔·奥·赫茨勒所言，"即使我们拿不出证据表明理想总有一天会实现，但纯粹理想的本身对我们也是有价值的。"③ 这样的"纯粹理想"具有一种超越性，它不但超越当下的时间，而且超越未来的现实。它使我们的生命哪怕仅仅从关于理想本身的某种可能性的想望中，也能够获得一种深深的慰藉和温暖。"就像在理想国中，柏拉图精心构造、设计了一个令人神往的乌托邦世界；但直到书的结尾他才意外地告诉我们：这个理想之地在现实世界里永远难以存在。……对于柏拉图来说，这样一个完美世界最后是否能成为事实、在现实世界里实际出现这并不重要。重要的是承认它作为一种理想范式，在人们的心灵世界里永远存在。其意义也就在于为身处现实世界的我们，提供一种去设法接近和模仿的对象。"④

---

① 〔美〕拉塞尔·雅各比：《不完美的图像：反乌托邦时代的乌托邦思想》，姚建彬等译，新星出版社 2007 年版，第 9—10 页。

② 〔德〕恩斯特·布洛赫：《希望的原理》（第一卷），梦海译，上海译文出版社 2012 年版，第 230 页。

③ 〔美〕乔·奥·赫茨勒：《乌托邦思想史》，张兆麟等译，商务印书馆 1990 年版，第 266 页。

④ 徐岱：《感悟存在》，山东友谊出版社 2002 年版，第 108 页。

但这样的一种"纯粹理想"，如今正在离我们远去，其远去的踪迹与消费主义文化侵占我们日常生活的路径形成了鲜明的对应。如果说现代童年自其诞生时便带有的乌托邦性质使它成为了安放这一乌托邦梦想的天然土壤，那么当代消费社会对于既有童年文化资本的肆意挥霍，或许正在将乌托邦精神驱逐出这片珍贵的栖息地。值得注意的是，其驱逐的方式不是剥夺，而是无止歇的"给予"，是通过把无价的童年文化持续地转化为可以定价的消费产品，将人们对于这一文化的情感和信仰转换成相应分量的消费快感。这是一种令人不易觉察而又难以抗拒的"驱逐"，因为很显然，"许多人对于消费带来的巨大成就感和安逸感是没有免疫力的"。① 在这样的消费游戏中，我们丢失的不只是现代童年文化的内在精神，也是与童年的命运联结在一起的现代文化的未来。

作为一种积极的人类理想精神的乌托邦的消失，在最终意义上指向着人的生命对于现实之超越性的消失，它代表了生命自身的一种退化。如果承认"人类生命中包含有某种重要的超越因素"②，那么，正如卡尔·曼海姆所说："从我们这个世界中完全消除各种超越现实的成分，就会使我们面临某种'事实性'，而这种'事实性'最终将意味着人类意志的衰落。……乌托邦成分在人类思想和人类行动之中的完全消失意味着，人类的本性和发展将会呈现出某种全新的特征。乌托邦的消失会导致某种静态的事态——就这种事态而言，人本身将会变得与事物没有什么不同。而我们在这种情况下就会面对我们所能够想象的最大的悖论——也就是说，已经对生存达到了最高程度的理性控制的人，却变得没有任何理想，变成纯粹由各种冲动组成的动物了。"③ 从曼海姆的论说进一步推衍下去，我们可以说，乌托邦的有无对于人类的存在而言，意味着后者作为一种"文化现实"或"生物事实"之间的区别，实际上也就是人与一般生物的区别。

20 世纪以来，一种有关人类命运的乌托邦想象所拥有的文化地盘一直在不断缩小。在被各种虚假的乌托邦承诺骗取过太多的信任和牺牲之

---

① ［美］麦克林、赫德、罗杰斯编著：《现代社会游憩与休闲》，中国旅游出版社 2010 年版，第 34 页。

② ［英］凯伦·阿姆斯特朗：《神的历史》，蔡昌雄译，沈清松校订，海南出版社 2001 年版，第 51 页。

③ ［德］卡尔·曼海姆：《意识形态与乌托邦》，艾彦译，华夏出版社 2001 年版，第 302 页。

后，人们不再愿意将这一天真的冲动轻易交付给任何以乌托邦面目出现的话语，这是可以理解的。"关于乌托邦，我们真的不再天真了"①，或者说，我们不再轻易相信有关乌托邦的期待可以改变我们的命运。然而，这一具有超越性的理想冲动本身的日趋没落，却反映了我们的社会和文化正在陷入的某种精神上的深渊。当代人前所未有地怀疑"人类的进步是一个连续不断的故事"②，与此相应地，对于这一连续性的信仰也越来越为当下时间的优越性所取代。消费时代的盛兴极大地凸显了这一当下时间的优先权。由消费社会致力于供给的"单纯的娱乐的一个最愉快的方面就是它允许我们完全地活在现在之中，对流逝的时间的体验暂时停止了"③。尽管在极有可能导致对于个体当下生命之轻视的现代时间之流中，这种逆向的"停止"可以被赋予重要的生命解放意义，然而，如果这一"停止"完全取代历史的流动而成为人类全部生活的基本内容和方式，它的解放意义也将迅速转化为对于生命自身的桎梏。"一个能持存的对象才是文化的，……当所有现在和过去创造出来的世界对象或物都被纯粹功能性地用来满足社会生命需求，仿佛它们只是为了满足某种需求而存在的时候，文化就岌岌可危了。"④

在沉迷于当下快感的"后现代"生活对于乌托邦精神的全面围攻中，我们或许可以说，唯有在儿童的身上，还可能保留着这一对于历史时间的天真的希望精神；也唯有在面对童年时，我们还会不由自主地生出不论是关于过去还是未来时间的某些淹没不了的自然记忆和文化期待。而如今，随着消费经济对于童年世界的持续攻陷，这个现代文化留下来的最后的乌托邦花园，也正在朝我们阖上大门。通过将一种消费主义的态度引入童年文化的消费领域，消费时代把一种浅薄的当下意识注入到了现代童年的文化脉搏之中。与成人世界一样，童年也渐渐不再关心任何与当下无关的时间，而只专注于此时此刻的快感。童年的陷落造成了现代文化的河流在其

① ［德］约恩·吕森：《思考乌托邦》，张文涛等译，山东大学出版社 2010 年版，第 182 页。

② ［美］尼尔·波兹曼：《技术垄断》，何道宽译，北京大学出版社 2007 年版，第 187 页。

③ 约翰·哈萨德：《时间社会学》，朱红文、李捷译，北京师范大学出版社 2009 年版，第 71 页。

④ ［美］汉娜·阿伦特：《过去与未来之间》，王寅丽、张立立译，译林出版社 2011 年版，第 192—193 页。

至深处的全面凝滞。从这个意义上说，思考这样一个范畴的精神失陷意味着什么，也是在思考一种乌托邦信仰的消逝对于我们的文化来说意味着什么。

三　"童年之死"与消费时代的文化危机

"童年之死"指向的是作为一个现代文化范畴的童年乌托邦精神的消逝，在最终意义上，它所反映的是我们文化中一种超越当下的乌托邦冲动的死亡。要证明这种死亡对于当代文化的致命影响，我们还需要就童年乌托邦精神本身的价值作出更进一步的辩护。显然，与现代童年相关联的乌托邦本身不应该成为任何一种具有文化上的强制或压迫性的道德范畴，换句话说，它的价值无论如何都不应该越过每一个体真实的幸福。以一种理所当然地要求个体牺牲的宏大规划的方式谈论乌托邦的时代已经过去。时至今日，我们不再能够以任何外在的道德规约或文化训示的口吻向他人要求一种对于乌托邦的教条式敬重，相反，只有当我们的身体和心灵自最真实的生活体验中感到对于乌托邦的需求时，它的存在价值才能得到真正有说服力的证明。

就此而言，对于"童年之死"现象的批判面临着这样一个终极之问：假使一种专注于当下性的消费生活的确给童年个体的生存带来了前所未有的快乐，那么，没有乌托邦又如何？

这一发问的立场有其合理性的诉求。我们知道，乌托邦所指代的"乌有之乡"指出了一个并不存在的时间和空间的广延，在乌托邦的概念诞生之初，这一虚想的时空概念所传达的即是对当下现实的不满和对另一种更令人满意的生活的期望。在早期乌托邦思想中，这种期望总是与物质生活的丰裕密切相关——一种流溢于社会生活各个方面的"丰盈"，曾经是古老的乌托邦梦想期望已久的图景。因此，乍看之下，消费社会似乎比以往每一个社会阶段都更代表了某种接近"乌托邦"的社会状态。表面上看，消费时代最强调的生活关键词是"满足"，而且是当下时刻的满足，它强调不把任何有关"快乐"的追寻推迟到遥远的"将来"，它也因此格外关心"此刻"以及"私己"状态下人们的各种身体需求。在这一点上，古往今来，似乎还没有一个时代像消费社会这样对普通个体最卑微的感受和欲求给予如此普遍的关切。

对童年来说更是这样。长期以来，童年一直是一个最容易被用作特定理念的牺牲和献祭对象的范畴——它也是现代社会以各种乌托邦规划的名义最常施予压迫的对象。在直至20世纪中期的现代历史中，童年自身的幸福与寄托在童年之上的各式规划目标相比，始终是一种微不足道的考虑。而与过去任何一个时代相比，儿童当下生活的欢乐好像从未像今天这样受到消费社会的普遍认可与关照。在当代市场对于儿童消费者的百般迎合中，越来越多的儿童需求被发现和发掘了出来。它造成了这样一种印象：今天，童年不再因其在现代技术时间序列中的预备性位置而受到轻慢或压抑，也没有一种外在于童年的目的有理由抑制童年个体追寻自我满足的自由。

但问题是，消费带来的满足是否真的能够提供给个体（包括成人和儿童）生存所需求的真正快乐？消费社会里，消费从生活的中介一跃而成为了生活的目的。"对于古典消费者而言，消费是一种手段，而对于后现代消费者而言，消费就是生活的一个目的。"① 这个目的是诱人的，因为它使生活对我们来说变得格外平易而且宜人；但这目的也是虚假的，因为它并不能将我们带向真正的快乐。挪威哲学家拉斯·史文德森指出了现代消费与人的快乐之间无法消弭的距离："'我们消费了又消费，现在该干什么呢？'这实际上是一个我们必须问自己的问题。它也清楚地表明，消费仅仅在表面上是其自身的目的。它伪装成其自身的目的，但却是功能失调、无法成功的。为什么它是功能失调、无法成功的？因为我们不能变得快乐。"②

美国当代经济学家提勃尔·西托夫斯基在其《无快乐的经济》一书中，从心理学的分析机制出发，揭示了消费的满足与人的快乐体验之间表面上的相互促进与实质上的彼此违背关系。"当一个有机体的所有需求都得到满足、所有不适都被消除后，它会做什么？最初的回答是：'什么也不做'，而这个回答现在被公认是错误的。""完全的舒适和刺激的缺失在一开始是闲适的，但马上就会变得无聊，进而变得令人困扰。"③ 他的分析与史文德森从哲学视角提出的结论殊途同归：

① ［挪威］拉斯·史文德森：《时尚的哲学》，李漫译，北京大学出版社2010年版，第134页。

② 同上书，第135页。

③ ［美］提勃尔·西托夫斯基：《无快乐的经济》，高永平译，中国人民大学出版社2008年版，第25页。

消费社会对于人的生活的诸种关照，并没有能够将一种充实的意义赋予生活。尽管今天的消费社会看起来正像现代人曾经想要追寻的那个"什么也不缺"的"乌托邦"，但这只是表象，"消费不能将我们正在需求的意义给予我们"①。因此，由消费带来的暂时的欲望满足，只会使我们在对于更多和更高的"满足"的追寻中，陷入一个永无止境的消费的幻梦。

这并不意味着当下的满足毫不重要，而是说，生活的意义不会仅仅停留在这样一种满足的状态。"在弗洛伊德所指出的'快乐原则'的后面，主体生命结构还存在着更深一层的'意义原则'，它构成了人类生命最根本的驱动力，对于'人'而言，只有拥有这种'意义'才能体验到真正的愉悦。"②尽管予取予求的消费生活伴随着各方面的丰饶，但"丰饶本身却不能解释紧随拥有之后而来的快乐的萎缩"③，这里面包含了有关人之存在的某种本质讯息。事实上，"一旦基本需要获得满足之后，我们很可能不会由任何程度的物质舒适中获得长期的，且在程度上显著地高于其他层面的满足感"④。

人始终在寻求一种超出人自身之"有机体"局限的意义，或者说，他的存在所需要的不只是一种寻求迎合自我的"为己"的满足，也包括一种寻求扩充自我的"非己"的满足，这两者的统一才赋予了人的生命以完全的快乐。这里所说的"非己"与"为己"的区别，也可以理解为汉娜·阿伦特所说的"文化"和"娱乐"的区别："文化关联着对象，是一个属于世界的现象；娱乐关联着人，是一个属于生命的现象。"⑤对人而言，世界和生命一样重要：只有世界而不关心生命的文化是专断的文化；同样，只有生命而不关心世界的娱乐，也是狭隘的娱乐。在现代性进程的早期，我们曾深刻地体验过前一个阶段的痛楚，而在当前的消费社

---

① ［挪威］拉斯·史文德森：《时尚的哲学》，李漫译，北京大学出版社 2010 年版，第 135 页。

② 徐岱：《体验自由》，浙江大学出版社 1999 年版，第 9 页。

③ ［美］理查德·桑内特：《新资本主义的文化》，李继宏译，上海译文出版社 2010 年版，第 107 页。

④ ［澳］彼得·辛格：《生命，如何作答》，周家麒译，北京大学出版社 2012 年版，第 55 页。

⑤ ［美］汉娜·阿伦特：《过去与未来之间》，王寅丽、张立立译，译林出版社 2011 年版，第 192—193 页。

会，我们则正在经历后一个阶段的转变。

在这一转变的趋势中，"童年之死"代表了消费文化在人的自我维度内的彻底封闭，它切除了人类生活中一种重要意义的实现，长远来看，它也扼杀着人类文化的生命力。消费与经济在当代社会发展起来的亲密关系容易使我们忘记，前者最初是一个生理上的用词。消费是一种消耗，在词源学上，它所指的首先是一个从有到无的损耗过程，尤其是身体和生命的损耗。在古英语中，消费（consumption）一词曾被用来指称早期致命的肺结核病症，因其生动地概括了结核病如何将其宿主的生命逐渐消耗殆尽的过程，它也由此成为了一个与死亡相关的语词。

某种意义上，消费（或者说死亡）也是生命存在的本质之一。"死亡是我们生存确定的、永恒的结局"，是人在他的生命中不断走向的那个终点。[1] 死亡给生命的展开确定了事实上的限度，但也必须看到，正是这种限度促使我们意识到生命存在的价值。"唯一性、语言，任何能使生命不可比拟地讲话的东西，正是因为生命中有了消亡才会涌现出来"，因此，死亡"如同我们生命中的一些有限部分，在终结生命本身时使生命对自身保持清醒的认识"[2]。生命的过程不在于否定这种死亡，而是在深切体认到萨特所说的"死亡使生命变成命运"的事实的同时，转回身来认真面对那只有一次的生活。

然而，在消费时代，有关"损耗"的寓言并未将我们带向对于生活之唯一性的认识，而是使我们日益受限于一种狭窄的生命保存意识，即不断地试图通过消费外物来弥补这种身心的"损耗"。以消费为中心的生活前所未有地受到死亡本能的驱动，却越来越缺乏对于这种死亡冲动的超越。"遵循享乐主义，追逐眼前的快感，培养自我表现的生活方式，发展自恋和自私的人格类型，这一切，都是消费文化所强调的内容。"[3] "轻松、无痛苦的消费不会改变生物生命的吞噬性质，反而强化了这一吞噬性质。……假如世界和世界的物性要经受这个彻底机动化的生命过程的无情运转，那么不管有多少东西在这个社会生命过程的每一天、每小时的出现

---

① ［美］托马斯·内格尔：《人的问题》，上海译文出版社 2000 年版，第 1 页。

② ［法］贝尔特朗·维尔热里：《论痛苦——追寻失去的意义》，浙江人民出版社 2003 年版，第 176 页。

③ ［英］迈克·费瑟斯通：《消费文化与后现代主义》，刘精明译，译林出版社 2000 年版，第 165 页。

和消失，对于世界来说都无足轻重。"① 在这一过程中，"生活被平庸化和狭隘化，与之相关联的是变态的和可悲的自我专注"②。

如果说作为结核病的"消费"所损耗的是人的生命力量，那么今天弥漫于社会上下的"消费"狂热则指向着文化的某种内在的结核病症，它所消耗和吞噬的是文明机体的生命力。令人怅然的是，这一"消耗"的隐喻自 20 世纪以来成为了社会生产的最大动力。"消耗"意味着补充的需要，只要消耗的进程本身永无止境，为了补充消耗的生产也将无休止地延续下去。童年文化的消费也是作为这一消费动力构成的一部分，才在短时间内得以迅速发展和勃兴，在这一消费潮流中，我们所消耗的是几个世纪以来逐渐凝聚在童年符号之上的文化精神。

现代童年曾经是消费在文化上的反义范畴。与消费所代表的损耗和死亡意义相比，童年代表了生长和创造的要求。它是哈里森所说的文化"栽培"精神的一个基本符号。然而，时移世易，损耗性的消费吞噬了栽培性的童年。在消费的目的支配一切的文化逻辑之下，不但童年的日常生活和文化被消费主义的光芒所笼罩，童年的教育也日渐退化为了以未来消费生活为服务对象的职业功利教育。而这一切并未换来童年真正的快乐，毋宁说，在明白什么是真正的生活的快乐之前，童年已经失去了享有这种快乐的机会。而如果一个时代的童年在文化上不再需要成长，那么这个时代的文化也将深陷囹圄。因此，童年文化在消费社会所面临的危机，也揭示了消费时代自身的文化危机。

本章小结

本章主要探讨消费社会语境下"童年消逝"的文化危机以及这一危机与现代文化命运之间的内在关联。本章试图阐明，"童年的消逝"不是指现代童年概念的消失，而是指童年文化精神的消亡，后者应该被放置到人类文化的大语境中进行考察，它反映了消费时代现代文明自身所面临的危机。"童年的消逝"代表了现代文化中一种超越当下的乌托邦精神的消逝，它切断了文化时间的流动，阻遏了文化变革的可能，而这种常常以当

---

① ［美］汉娜·阿伦特：《人的境况》，王寅丽译，上海人民出版社 2009 年版，第 94 页。

② ［加］查尔斯·泰勒：《本真性的伦理》，程炼译，上海三联书店 2012 年版，第 5 页。

下关切的面貌出现的消费关怀，事实上也并未满足童年个体当下生存的真实需要。

可以肯定的是，不论消费的自由在当代成人文化中获得多么了不起的称颂，其消耗性的语法始终不适合主宰童年的文化与生活。现实情形与这一立场之间的悖反提醒我们，从消费主义的语法中拯救童年文化，恢复这一文化的审美本质，对于现代人的生存和现代文明的延续，具有举足轻重的意义。

第 七 章

童年的未来:关于消费时代
童年文化命运的思考

　　我们的文化会忘记它需要儿童的存在,这是不可想象的。但是,它已经快要忘记儿童需要童年了。那些坚持记住童年的人将完成一个崇高的使命。

——尼尔·波兹曼

　　再没有比一个社会对待它的孩子的方式,更鲜明地反映了这个社会的灵魂。

——纳尔逊·曼德拉

　　消费社会的资本逻辑具有一种强大的同化力和裹挟力,依照这一逻辑,只要童年的文化资本仍被允许随意用作消费机器运转的燃料,针对童年的文化消费必然也将毫无阻碍地持续运作下去。随着消费主义的语法全面侵占了童年的现实生活,也侵蚀了现代人付诸童年的各种审美想象,我们最后将得到的不是一个没有童年的时代,而是童年作为一种文化存在变得无甚价值的时代。在一个赫胥黎式的丰衣足食的"美丽新时代",等待着儿童和成人、现在和未来的,是一种集体性的平庸生存。

　　显然,对于童年文化在消费时代所面临的深重危机,指望以理论的方式提出一种解决问题的途径,这一做法或许仅仅加剧了理论天生的某种不切实际的弊病;同样,对于显现在童年之上的消费时代的文化症结,是不可能开出三言两语的药方的。虽然一种批判通常都包含着解决问题的野心,但它并不能证明从批判导向方案的正当性。实际上,批判一种文化的现象,进而给定一种出路的设计,这种简单的取径显然容易招致人们的反感。因此,本章并不企图提出有关童年文化未来的任何具体规划,而是在强调童年超越消费主义的某种精神本质的基础上，试图就童年文化以及与此相关的现代文化的当代命运，展开一种实践方向性的思考。尽管在今天的文化语境下，我们更需要的可能是偏激的批判，而非软弱的建议，但这并不意味着我们应该放下关于文化未来的遐想。如果说童年代表了现代文化的其中一个重要的精神根基，而其价值却正在消费文化的侵蚀下不断消逝，那么通过重建童年作为一个审美符号在我们日常生活中的积极意义和功能，我们是否也有可能得到有关消费社会文化未来的一些正面的消息？

第一节　童年：一个超越消费的文化概念

对于消费社会而言，童年代表了文化自身的一种底线。在现代童年的概念中包含了文化的某种核心精神，这一精神是不能用来消费的，或者说，它在本质上抵抗着消费与死亡的自然逻辑。长久以来，童年的存在代表了文化以及人类自身的某种自我延续和发扬光大的梦想。因此，童年，正如文化，在本质上是一个超越消费的概念。

一　童年与消费时代的文化底线

在当代童年文化消费所导致的"童年之死"现象中，消失的不是作为一个生理阶段的童年，甚至也不是作为一个广义文化概念的童年，而是童年所承载的那些珍贵的文化精神。几个世纪以来，现代童年已经成为我们的文化用以检视自身良知和价值的一个基本范畴，虽然它所关切和在意的对象主要是儿童群体，但这种关切却牵连着我们的社会、历史、文化以及人性的某个核心范畴。这一核心的其中一种表述，是由埃利亚斯主要提出、并在波兹曼这里得到进一步明确和强调的"羞耻感"（sense of shame）问题。在埃利亚斯笔下，羞耻感不是一个纯粹心理学意义上的情绪范畴。它是随着文明的发展，相应的社会和文化在某些特定的事务上形成的"羞耻"意识，这种意识构成了对于社会机制、文化惯例以及个体行为的一些不可打破的"禁忌"，并逐渐内化为特定文化自身的一种要求。"羞耻感的产生是由于违犯了自我和社会的禁律。"[1] 因此，埃利亚斯

---

① ［德］诺贝特·埃利亚斯：《文明的进程》，王佩莉、袁志英译，上海译文出版社2009年版，第500页。

的"羞耻感"主要是一个社会学层面上的概念，尽管它在最具象的层面上仍然表现为作用于个体的一种情绪体验，但这种情绪不仅仅是个人性的，更代表了文化的某种审查和自省机制。有关"羞耻"的共识构成了文化对自身、对生活在其中的个体的要求，简单地说，它定义了有些事情是文化所不允许的。

值得注意的是，尽管埃利亚斯充分肯定了外在的社会规则对于确立个体羞耻感的基本功能，然而，在文明之"羞耻"的问题上，他更强调的是一种经由个体内化而形成的自觉的羞耻情感，而不只是单纯被体制化了的羞耻规则——前者与文化和人的自我要求有关，后者则是一种越来越趋向强制的文化命令。人类羞耻感的发展促成了人的"心灵结构的演变"，这一演变也正是文明自身的进程。[①]"要是没有由人所制造的恐惧为杠杆，人这一动物也永远不会长大成为不愧为人的人；人性也不会完全发育成熟，也正是这种人性使人的生活充满喜悦和乐趣。"[②] 然而，有关羞耻的道德命令取代了自发的道德羞耻感而成为社会生活的主要规则，是埃利亚斯并不倾向于肯定的一种现象。"埃利亚斯出奇的才华和洞见将他带向了关于我们文明深处的这一进程的分析，而这种分析对于他的听众来说，无疑是太过超前了。正如他所指出的，在西方社会，几百年来，羞耻的门槛一直在不断加高，然而与此同时，对于这一情绪的意识却在不断衰退。就像他自己的研究可能已经预见到的那样，在我们的时代，羞耻感的水平是如此之低，以至于只有那些经过教导而能够辨识那未被意识到的羞耻感的人们，才能明白他所说的究竟是什么。"[③]

这一羞耻感的机制化进程带给现代生活的一个隐在伦理后果是，在消费主义伦理甚嚣尘上的社会，在解构一切规则、张扬私己利欲的"后现代"生活中，随着各种羞耻规则的不断退位或失效，我们发现，在现代文化中普遍发展起来的"有所为、有所不为"的文化羞耻感，在个体的身上可以如此轻易地被加以清除。然而，如果说对于一切过于体制化和非身体化的羞耻规则的反抗也体现了人性的某种审美解放，那么，

---

　　① ［德］诺贝特·埃利亚斯：《文明的进程》，王佩莉、袁志英译，上海译文出版社2009年版，第503页。

　　② 同上书，第527页。

　　③ Tomas Salumets（ed.）. *Norbert Elias and Human Interdependencies*. Montreal and Kingston：McGill-Queen's University，2001，p. 111.

作为一种文化和人性操守的羞耻感的消失，则意味着现代文化和现代人正在陷入某种无所顾惜和避忌的集体心理状态。而这正是消费主义社会鼓励人们持有的一种文化态度。显然，唯有消除了文化内在的那些不可触碰的敬畏物和操守感，以现时生存欲望的满足为动力的消费循环才有可能顺利成为一切社会生活的主宰，从而使消费社会的经济机器无止歇地运转下去。

童年代表了这种文化羞耻感的底线。在埃利亚斯的论述中，儿童有时被看作是一个社会羞耻感的某种门槛。① 它意味着，不论是出于自我控制还是社会的强制，在文明化的社会里，有些事情是我们不应该当着孩子的面随便施行的，也是不应该在孩子的生活中被随便对待的。与此相应地，如果一种文化已经不屑于当着童年的面有所忌讳，从而在对待童年的问题上有所坚持，那么，这一文化或许不再有任何它可以为之再感到羞耻的事情。

因此，当波兹曼接过羞耻感的话题，并将它与当代文化在童年面前缺乏羞耻感的各种表现相关联时，他的论述进一步强化了童年范畴作为消费时代文化底线的性质。"羞耻感的无可估量的价值构成了儿童正规或非正规教育中珍贵而微妙的一部分。"② 需要强调的是，童年作为文化羞耻感的底线的意义，决不仅仅是指对某些新兴文化内容进入童年疆域的保守警惕甚至僵化拒斥，亦即不是任何狭隘形式上的保护主义，而是对文化中存在着某些不能伤害之物的承认，后者关联着处于文化核心的那个脆弱而又伟大的人文精神。从这个意义上说，文化的羞耻感不只是一个社会学的概念，更是一个本质上的人性概念。这样，童年在消费时代的精神失陷就意味着文化自身的某种失陷，"童年之死"则意味着文化向消费逻辑的彻底臣服。考虑到这一现实的严峻性，以下发问并非任何形式的危言耸听：在现代童年所指向的文化和人性的羞耻感消失之后，"能取代孩子而成为人

---

① 埃利亚斯的分析显示，中世纪以后，随着人类社会文明羞耻感的前移，大人们越来越意识到有些事情是不应该当着孩子的面谈论和作为的，人们在处理孩子的问题时也越来越表现出一种审慎的道德态度。尽管他的论说并未有意识地强化文明自身在儿童问题上的羞耻自觉，而是以儿童的例子来客观地陈述一种社会理性情感的发展，但其中显然可以看到儿童在文明羞耻感的形成中所具有的特殊位置。

② ［美］尼尔·波兹曼：《童年的消逝》，吴燕莛译，广西师范大学出版社2004年版，第123页。

类社会道义资源的将是什么？换句话说，有什么是可以让人类社会有所顾忌、自设底线的？当'孩子'真的消失的时候，成年人既不必承担什么天然职责，也不必为什么'未来'担忧，那么还有什么是人们必须得承担的？有什么是人们无法承受的？"①

有关童年与文化守护的意象会让我们想起美国作家塞林格在他的著名小说《麦田里的守望者》中借男孩霍尔顿之口道出的那个有关麦田守望者的譬喻："我老是在想象，有那么一群小孩子在一大块麦田里做游戏。几千几万个小孩子，附近没有一个人——没有一个大人，我是说——除了我。我呢，就在那混账的悬崖边。我的职务是在那儿守望，要是有哪个孩子往悬崖边奔来，我就把他捉住——我是说孩子们都在狂奔，也不知道自己是在往哪儿跑。我得从什么地方出来，把他们捉住。我整天就干这样的事。我只想当个麦田里的守望者。"② 从艰难的生活中一路跌跌撞撞、没头没脑地长成青少年的霍尔顿，以切身体验说出了他自己不想从"混账的悬崖边"掉落下去的内心愿望，也以这样一种方式提醒着我们文化对童年应该负有的守望责任。在整个世界都不可避免地趋于腐坏和堕落的现实下，对孩子的守护承诺成为了文化自身的希望所在，它也是文化不能放弃的职责。"不让一个孩子落入悬崖"的梦想，代表了文化的一种高贵的许诺。我们可以说人类的文化中天然地包含了这样的许诺，但或许更准确的说法是，文化自身的核心意义和价值，正是由这样一些高贵的许诺支撑而成。

因此，从童年的角度谈论消费时代的文化操守意味着，在童年面前，消费文化有必要守住某种应有的文化羞耻感的底线。这一羞耻感的根本所指在于，文化的某些方面是不能用来消费的，譬如对于童年的尊重和珍爱之情，或者说，对于人的生命和文化中那些脆弱而珍贵的情感的守护。如果任由童年的麦田被消费主义文化的洪流冲刷干净，我们的文化或许也就失去了它对消费时代最基本的反思和反抗的冲动。

二　童年与一种"反消费主义"的文化精神

反过来看，童年作为一个现代文化精神和伦理范畴的存在，也为消费

① 陈映芳：《图像中的孩子——社会学的分析》，山东画报出版社2003年版，第130页。
② ［美］J. D. 塞林格：《麦田里的守望者》，施咸荣译，译林出版社2010年版，第188页。

主义时代的文化突围提供了一个重要的实践场域。现代童年的概念蕴含了一种"反消费主义"的文化审美精神。这并不是说，童年文化与现代消费生活之间是相互对立或彼此排斥的——我们不能将童年文化在今天面临的危机完全简单地归咎于消费生活的问题，也不应将童年文化的发展与现代消费生活完全对立起来。然而，童年作为现代文化的一个价值范畴，的确具有消费的逻辑所不能取代的一些根本价值，它代表了文化自身的内在精神。这一精神在消费文化试图以消费彻底同化文化的逻辑之时，便构成了对于这一消费主义潮流的一种有力的抵抗。

第一，现代童年的概念代表了一种文化记忆和保存的需要，它对抗着消费主义时代典型的文化"遗忘症"。在现代文化中，记忆是童年的一个重要的审美属性和一种独特的文化价值。指向记忆的童年证实了那在当代生活中常常被用滥了的"传统"一词的深厚意义。对于个体来说，童年的记忆使生命呈现为一种具有历史连续性的存在，同时，它也为展开着的生活提供了一个可以不断回归的家园。"我们每一个大人的生命，都受到那所谓的'失落的童年'的滋养"[①]，在这里，童年时代的记忆扮演了某种母体性的角色，它使我们每个人的生命成为一个可以溯源的连续过程。与记忆相连的童年是普鲁斯特笔下神奇的玛德琳娜小点心，也是本雅明关于柏林童年的回忆中那些独一无二的声音、气味和氛围。在审美的意义上，隐藏在童年里的记忆不断提醒我们寻找和回归内心深处那个属于自我的"传统"，这种属于个人的"传统感"代表了消费文化中片断化、割裂化的个体经验的反面。

对于人类群体而言，童年是我们用来安放每一时代文化传统记忆的场所，是文化的漫长进程中的交接点。童年在我们文化中的存在指向着汉娜·阿伦特所说的一种文化"保存"意识。"对我来说保守主义（conservatism）是教育的本质，是就保存（conservation）的意义而言的，它的任务总是珍视和保护什么东西：保护孩子以防世界的伤害，保护世界以防孩子的侵犯，抵御旧的来保护新的，抵御新的来保护旧的。"[②] 阿伦特所说的"珍视和保护"，正是童年文化与消费逻辑形成对

----

① ［法］艾姿碧塔：《艺术的童年》，林薇玲译，安徽教育出版社 2005 年版，第 62 页。

② ［美］汉娜·阿伦特：《过去与未来之间》，王寅丽、张立立译，译林出版社 2011 年版，第 178 页。

抗的一种重要精神。众所周知，主宰消费社会的是一种持续的消费欲望和激情。在文化消费的问题上，"由于娱乐工业造出来的玩意儿瞬间就被消费所吞噬，它的庞大胃口就不停地需要新商品来满足"①，于是，不断的消费总是与持续的遗忘和丢弃循环发生，在新旧文化消费品的交替中，似乎再没有什么值得永久珍惜之物。然而，童年的存在提醒我们，有些文化的记忆是不能被轻易打断和忘却的。童年意味着储存记忆的时光，也意味着储存文化的时光，没有这一首先指向"珍视和保护"的储存阶段，人类的文化传统也将像一切消费品那样，耗散在生产和消耗的无尽循环中。

第二，现代童年的概念蕴含了一种寻求整合世界的青春精神，它对立于消费主义时代的某种过于碎片化、无序化的文化病症。德国哲学家鲁道夫·奥伊肯曾经批评过的文化症结，在今天的消费时代变得格外严重："经过许多收集、编撰、研究、重构，我们的文化整个地变得太散漫太混乱。它把伟大与渺小、生机勃勃与死气沉沉混作一堆；它没法区别短暂与永恒；它不能在无限多样的历史遗产中发现简单的指导原则，从而把我们的努力引向一个确定的目标。"② 消费时代典型的"后现代"文化反对这种"简单的指导原则"和"确定的目标"，它最初的人文动机也有其积极的意义；但当它并未能从生活的混乱中重新清理出自身的价值，而是沉溺于这样一种没有原则和目标的混乱状态时，它最初的解放意义也越来越转变为一种消极的文化放任态度。这进一步导致了碎片化的消费生活中人的主体性的分裂，"它是一种由现代商品形式和当代消费模式的流变所提供的物质和文化机遇导致的当代社会分裂、多元文化主义和文化杂交性的产物。这是一种典型的社会意识，它产生于一种本体缺失的感受；当文化身份从原先固定的，或者说至少是相对稳定的阶级、种族、性别、宗教和其他在传统中赋予个体的时空体验以意义的社会构成部件中脱缰而出时，这样的感受便产生了。同时，它也是社会本根丢失和通常塑造着身份和自我概念的公共文化遗产消逝的产物，就此而言，它是一种充分凸显的主体性

---

① ［美］汉娜·阿伦特：《过去与未来之间》，王寅丽、张立立译，译林出版社 2011 年版，第 192 页。

② 同上书，第 102 页。

未能得到保存的结果。"①

　　现代童年的概念天然地抵抗这种解构性的生活。面对世界和生活，它表现出一种单纯然而充满活力的青春气象。这是一种既承认世界的无限对于自我的拓展，同时又想要将这无限的世界纳入人的价值体系以赋予它秩序、把握其方向的生命冲动。在童年身上，这一想要通过意义综合世界的愿望以一种充满天真却又无比严肃的方式得到了践行。未经文化的挫折磨砺的孩子身上带有一种天然的生活信仰，即相信世界应该而且可以以某种有意义的方式被理解和把握，在这种孩子气（或者说少年气）的试图整合世界的乌托邦努力中，我们隐约看到了印刻在人类生命深处的崇高精神的最初影子。"世界统一意味着人的自我属于世界，而世界的价值则意味着人的自我分享着世界崇高的地位。"② 这样的孩子气在生命的未来时间里一定会经历反思和批判，但在老熟得有些油滑的当代文化中，我们却空前地需要这样一种仿佛不谙世事的"鲁莽"来抵抗一种过于世故的精明，需要它新鲜的思想和行动的果决，来搅动日益僵化的消费生活，为文化的身体注入生命的活泼力量。这样的综合感和相应的方向感，也是生命自我实现的要求。"我们要获得满足和快乐，必须从生活的真正本质中发现一种综合"，"我们对幸福的向往要求这样，这乃是有理性的人的渴望，他不能完全沉湎于流逝的瞬间，而必须追求某种包罗一切的目标"③。

　　第三，现代童年的精神中也天然蕴含了将一种明确的方向性赋予人的生命和文化过程的生长美学，这种生长（培育）的美学与消费（消耗）的语法之间形成了鲜明的对照。如前一章所提到的，现代童年的概念包含了未来时间的范畴，后者又指向一个超越当下的乌托邦维度。在积极的意义上，这个超越不是抛弃当下，而是将一种更丰富的时间意识和生活期待注入当下的生命之中。这里面有一种对于当下文化来说格外重要的成长精神。它是谦逊的，由于领会到自身的不足，因而倾向于更积极地打开自我，并且乐于吸收各种外来的营养；但它同时又是有野心的，它期待在一个更完善的层面上实现人和人的文化的价值。这种精神在马修·阿诺德笔

　　① Martyn J. Lee. *Consumer Culture Reborn*：*The Cultural Politics of Consumption*. London and New York：Routledge，1993，p. 160.

　　② ［美］休斯顿·史密斯：《人的宗教》，海南出版社 2001 年版，第 419 页。

　　③ ［德］鲁道夫·奥伊肯：《生活的意义与价值》，万以译，上海译文出版社 1997 年版，第 102、2 页。

下得到过这样的表述："相信健全理智，相信我们不但应该，而且可能提炼出最优秀的自我并提高其地位，相信人类会朝着完美前进。"① 在更为朴素的层面上，它也是雅克·巴尔赞所说的"自我修养的努力"②。这一努力的实践总是与童年的成长、教育和梦想不可避免地结合在一起。童年内含了文化实现的可能，也内含了文化实现的方式，"正是这种中间性、可变性和潜力性成为'儿童'这个概念的文化价值来源"③。这样一种对于文化之意义的单纯而积极的信仰，恰恰是专注于当下快感的消费生活所欠缺的。

第四，现代童年的意义在根本上指向着一种希望的精神，它与消费主义文化特有的自私和短视构成了抵抗的关系。作为一个哲学范畴的"希望"（hope），在德国哲学家恩斯特·布洛赫出版于1954—1959年间的三卷本《希望的原理》一书中得到过系统的阐说。在这部最初定名为《更美好生活的梦想》的著作中，布洛赫将"希望"的精神集中在一种永无止歇的"尚未完成性"（Noch-Nicht）之上。"直呼'尚付阙如'的事物之名，就是打破现存事物的迷惑；另外，它是事物另一秩序对现存秩序的闯入——'一个世界的诞生'。"④ 需要强调的是，正如布洛赫所说，希望精神的本质不是作为客体对象的一种特定的乌托邦愿望，而是那遍布日常生活各处、却永远也不会落实到某个具体事物之上的"对于希望的希望"（Hoping Hope）。也就是说，希望的根本精神并不是指任何被希望的具体对象，而意味着我们对生活有所期望这一事实，后者驱使我们从变动不居的生活中寻找一种可以依托的价值对象。"虽然未来拒斥表述，然而它并没有蔑视希望"⑤，这句话的意思是，为人的未来生活划定唯一的蓝图无疑是危险的和需要加以避免的，但对于生活本身的一种更高的价值实现的期望，却是不可或缺的。有关个体体验的心理研究也证明，日常生活中，

---

① ［英］马修·阿诺德《文化与无政府状态》，韩敏中译，生活·读书·新知三联书店2008年版，第172页。

② ［美］雅克·巴尔赞：《我们应有的文化》，严忠志、马驷骅译，浙江大学出版社2009年版，第2页。

③ 参见徐兰君、安德鲁·琼斯主编《儿童的发现：现代中国文学及文化中的儿童问题》，北京大学出版社2011年版，第3页。

④ ［美］赫伯特·马尔库塞：《审美之维》，广西师范大学出版社2001年版，第70页。

⑤ ［美］拉塞尔·雅各比《不完美的图像：反乌托邦时代的乌托邦思想》，姚建彬等译，新星出版社2007年版，第12页。

是这一充满希望的"未完成性"而非简单的"满足",更能带给我们持久、深刻的幸福体验。因此,这里的"希望"既意味着一种坚定的文化价值追寻方向,也指向着一个持续的文化价值追寻过程,它实际上是对于一种克服狭隘的私己和当下欲望的生命价值与意义的寻求。

现代童年的概念传神地表达了人类的这种"对于希望的希望",因此,恩斯特把希望称为"照亮一切童年"的"家园"①。而消费主义文化恰恰不关心任何越出自我和当下的"希望",它所在意的仅仅是人的现世欲望的满足。希望精神的阙如造成了享乐主义态度在当代文化和日常生活中的横行,也造成了这一文化自身的某种致命的短视以及缺乏生产力的迟暮气息。就此而言,童年的希望精神也反抗着消费主义文化的自我中心和当下中心的弊病。

现代童年范畴所指向的上述"反消费"的审美精神意味着,在消费社会致力于保存童年的文化精神,这一实践本身即是对于消费主义文化潮流的一种有力的抵制。这一抵制中同时也包含了从童年的渠道改善和促进消费时代文化发展的可能。

第二节　童年的保存与文化的未来

意大利著名教育家蒙台梭利曾这样写道:"儿童不仅作为一种物体的存在,更作为一种精神的存在,它能给人类的改善提供一个强有力的刺激。正是儿童的精神可以决定人类进步的进程,它还能引导人类进入更高形式的一种文明。"② 如果说这样的表述在今天看来未免带有过于乐观的理想主义色彩,那么通过在童年身上坚持文化的某种核心精神和责任,来寻求文化自身的一种有意义的延续,至少不是一个虚妄的想法。而在童年内在的文化意义得以保存和发扬的前提下,童年自身也构成了对于文化的一种价值反哺。

在童年的范畴从精神到身体被日益同化入消费主义文化逻辑的今天,上述观念指向着以下两个问题的思考:第一,在一个消费吞噬童年的时代

---

① Ernst Bloch. *The Principle of Hope.* New York, Massachusetts: MIT Press, 1986, p.1376.

② [意] 玛丽亚·蒙台梭利:《童年的秘密》,马荣根译,单中惠校,人民教育出版社2004年版,第23页。

里，我们能为童年做些什么？第二，在一个消费吞噬人的时代里，童年能
为我们做些什么？关于这两个问题的思索，将把我们带向消费时代童年文
化何为的可能解答中。

一　童年经验的审美复归

对于当代童年文化消费现象的批判不是一个简单的怀旧姿态，也不是
要主张童年文化回归我们想象中（实际上并不存在）的那个"单纯"面
目。相反地，我们必须承认，在一个相对富足的现代消费社会，儿童作为
社会生活中一向以来的弱势群体所得到的物质和精神照看，其广度是此前
任何一个时代所不可比拟的。至于这一积极的童年文化发展趋势如何在消
费经济和文化的运作下构成了对童年自身的文化伤害，是另一个需要在更
广泛的文化层面上加以仔细剖析的问题。因此，消费时代童年文化的出路
不在于从消费生活的场域中屏蔽童年的身影，或者说从童年的生活中消除
消费的影响——在今天，这一狭隘的保护主义对童年来说既不现实，也不
必要——而是思考在儿童与成人越来越"共处一室"的消费时代生活现
实之下，如何使童年的文化能够更好地促进童年的生存。

在这一文化理解的框架内，对于童年的保护，正如对于文化自身的保
护一样，毫无疑问仍然是一个不可绕开的话题。但这种保护的关注点不是
外在于童年的任何文化目的，而首先应该落在童年自己的生活之上。正如
卡伦·布鲁克斯在《消费纯真》一书中所说，今天，"我们知道重视儿童
和童年、保护他们的天真很重要，但不是以浪漫主义时代的那种敏感脆弱
的方式，也不是以一种缺乏尊敬和了解的非现实态度，而是通过一种明智
和负责的方式，将儿童的权利、认知和身体发展考虑在内"①。

与此同时，在注重个体体验的消费时代，这种促进不再是像过去那
样，将童年仅仅视为文化未来的某个特殊介质来加以管理、督促和培育，
而是应该倾力关注童年自身的当下幸福。有关消费时代童年文化未来的思
考凸显了以下意思："只要儿童在研究（以及生活）中的价值仅仅局限于
他们将来能成为什么（即一种'非儿童'的状态），童年就处于被降位的

---

① 　Karen Brooks. *Consuming Innocence*：*Popular Culture and Our Children*. Queensland：University
of Queensland Press，2008. p. 34.

状态，它被剥夺了它自身的契机。"① 这里的"契机"即是指童年生命在当下时刻的自我实现，它在根本上是一个有关个体生命审美实现的概念。这一实现并非与将来全无相干，但它强调在童年的问题上，对未来的希望不是以牺牲此一时刻的生命幸福为代价的，而恰恰寄寓于童年生命的当下实现中。在这一点上，近一个世纪之前，现代学者严既澄所说的"当儿童的时候，是一个完全的儿童，到了成人，便是一个完全的成人了"②，今天看来更有另一番深远的意义。我们或许可以说，这一与"完全的成人"相对等的"完全的儿童"，其实是指儿童生命的一种充分实现状态，根本上，它是童年生活的一种审美的实现。如果从美国学者埃伦·迪萨纳亚克所说的"审美的人"的角度来理解严既澄所说的"完全的儿童"，那么后者所指，也可以理解为童年的审美化。

借助于当代社会生活和新媒介的力量，当代童年文化将有可能为促进这一童年的审美化生存提供前所未有的契机。它集中表现为童年文化在现代童年经验的发掘、呈现和恢复进程中所发挥的作用上。现代消费主义文化侵入童年生活的各个方面，导致了童年经验的迅速萎缩，而这些经验乃是童年全部审美体验的起点。通过在童年文化的文本中恢复这些经验的位置，展示这些经验的价值，当代童年文化能够在一个更为广泛、普及和深入的层面上促成当代童年生存经验的审美复归。

这里所使用的"经验"是一个美学意义上的概念，它特指个体与世界、个体与个体之间建立起来的直接而生动的经验关联，其根本内容是本雅明在《经验与贫乏》一文中曾提及的"在毁灭和爆炸的洪流般的力场中""微小、脆弱的人类的身体"③。广义的审美经验是人的身体（包含灵魂的身体）对于生命存在的生动体验，"人类在体验中生活，人性在体验中存在，意义在体验中呈现，体验构成了生活世界的实质"④。这类经验对于人类生活的基础意义在于，它是一切事物与人的生命之间真正发生

---

① Nancy Scheper-Hughes & Carolyn Sargent. （eds.）*Small Wars: The Cultural Politics of Childhood.* Berkeley, Los Angeles, London: University of California Press, 1998, p. 14.

② 严既澄：《儿童文学在儿童教育上之价值》，张心科编著《民国儿童文学教育文论辑笺》，海豚出版社2012年版，第23页。

③ 参见［意］吉奥乔·阿甘本《幼年与历史：经验的毁灭》，尹星译，陈永国校，河南大学出版社2011年版，第146页。

④ 徐岱：《基础诗学》，浙江大学出版社2005年版，第418页。

关联的方式。现代以降，人类在知识、技术等领域取得的成就尽管伟大，然而，"如果没有经验使我们与之相联系，那么所有这些知识财富又有什么价值呢？"① 本雅明以"经验"的命题来质问现代技术的意义，在他看来，现代社会的技术进步反过来导致了经验的贫乏。

意大利思想家吉奥乔·阿甘本延续了本雅明的这一经验话题，他指出，"今天，我们看到经验的毁灭不再是巨大灾难的后果，任何城市中单调的日常生活就足够了。现代人的日常生活再也没有可以转化为经验的东西了。翻开报纸，那目不暇接的新闻与他的生活毫不相干，在交通堵塞时，他坐在车中无限期地等待。乘坐地铁在地下世界旅行，突然间阻塞了整个街区的示威游行；弥漫在市中心楼宇间的催泪瓦斯，不知何处响起的阵阵急促的枪声；商场柜台前长长的人流，超市中让人流连忘返的乐土；电梯和公车里夹杂在陌生人中间那永恒的沉默时刻，所有这些都不是现代人的经验了。现代人晚上回归家门，杂七杂八的事情已经把他搞得疲惫不堪，但这些事情娱乐也好、单调也好、特殊也好、寻常也好、苦恼也好、愉快也好，没有一件是可以变成经验的"，"正是这种不可转化为经验的事实使得日常生活前所未有地无法忍受，而不是所谓的生活质量低下或相比过去缺乏意义造成的（相反，日常生活中或许从未像现在发生如此意义丰富的众多事件）"②。

就此而言，当前童年文化消费带给童年生存的一个根本问题，便是童年日常生活对于儿童来说越来越"不可转化为经验的事实"。以消费为中心的生活倾向于以消费世界的镜像来代替儿童所需要的那个生活世界，儿童在生活中所需求的一切都可以在这个镜像世界里找到相应的对象。于是，一方面，当代童年所处的经验世界似乎变得越来越丰富了；在消费经济的推助下，今天的孩子们拥有了一个与成人几乎一样庞大的生活世界，他们对这个世界的了解程度也变得越来越接近成人。这是过去几百年间的孩子从未做到过的。但另一方面，童年与世界之间内在的经验和交流关系，却并未因经验对象的增加而相应地变得丰富起来。相反，童年越是被

---

① ［德］本雅明：《经验与贫乏》，王炳钧、杨劲译，百花文艺出版社1999年版，第253页。

② ［意］吉奥乔·阿甘本：《幼年与历史》，尹星译，陈永国校，河南大学出版社2011年版，第2—3页。

消费世界的经验镜像所包围,其经验世界的能力便越是趋于下降和萎缩。这里所说的经验能力,是指将世界体验成为一个与"我"内在相关的对象的能力,包括对世界的真诚的同情、健康的敏感以及对于自我和世界之间有机关联的体验。它有别于我们对待任何消费物的体验,而是将世界和生活体验作一种与"我"息息相关的生动对象的能力。

在一个尤其以电子文化产品消费的急剧扩展为特征的时代,童年与世界之间的上述经验关联显然在不断退化。针对北欧儿童电子产品使用情况的调查显示,"在对于电子技术的各类使用中,电脑游戏似乎是最流行的活动,而家里则成为了这类儿童游戏的主要场所"①,于是,"越来越多的儿童和青少年宁愿参加虚拟现实中的活动也不愿花时间进行体育锻炼"②。这一虚拟视像的世界将童年进一步从经验的世界里隔离了出去。它让我们想起英国作家阿瑟·克拉克在其科幻小说《童年的终结》中所描绘的地球上最后一代孩子的身影:紧闭双眼,一动不动,在同一个意念的控制下进行毫无自觉性的思维游戏,他们与世界的有机关联已经被完全切断,他们的身躯最终也将消失,而作为一个种群的人类从此将不复存在。克拉克的小说并不是针对消费社会的现实而作的,但它却为我们理解现代社会童年经验的命运及其意义,提供了某种深刻的警示。

那么,在具体的文本层面上,当代童年文化可以为童年经验的恢复做些什么?

首先是自然经验的审美复归。对于自然的审美经验是现代社会、尤其是消费时代流失最为严重的一种童年经验。没有一种现代童年研究会否认,自然世界是儿童生活中不可或缺的一种经验。"在自然中发现到的事物,能使家的定义更清楚,也能滋养一个人的自尊。回溯一下你孩提时代的感觉:你在闲荡中找到惊喜的事物,辨识它们,带回房里,向朋友炫耀,保护它们。没有人拥有和你一样的海螺贝壳、零碎的黑曜石、一小段干蛇皮、栗子、一小节鹿的叉角。你拥有的是独一无二的;因而,你也是

---

① See Karin M. Ekström & Birgitte Tufte. *Children*, *Media and Consumption*: *On the Front Edge*. Göteborg: The International Clearinghouse on Children, Youth and Media, 2007, p. 48.

② [美] 麦克林、赫德、罗杰斯编著:《现代社会游憩与休闲》,中国旅游出版社 2010 年版,第 303 页。

独特的。"① 自然也是童年游戏最适合的场所,甚至可以说是儿童游戏的一种"权利"。然而,现代生活却在总体上剥夺着童年的这一权利。今天,不但童年周边的自然场域在不断缩小,童年与自然相处的闲暇时间在不断减少,童年对于自然的主观经验愿望也在不断下降。消费生活日益侵占童年世界的事实,加剧了这一自然经验的缺席状态。"假设这样一个不可剥夺的游戏权利,需要适当的旷野场所让它可以展露、休憩,我们就不免怀疑,我们是不是已将亲密的空间、学习的场地毁坏殆尽。"②

一些献给童年的当代文学和艺术作品,召唤着这一自然经验在童年世界里的复归。美国当代儿童文学作家、1998 年国际安徒生奖得主凯瑟琳·帕特森创作的儿童小说《通往特雷比西亚的桥》,便讲述了一个有关自然经验的童年故事。十岁的男孩杰斯是学校五年级的田径好手,但他的冠军之梦却被新转学来的女孩莱斯莉打破。两个孩子从竞争对手成为好朋友的转折点,是在莱斯莉与吉斯分享并共同建立了"特雷比西亚"的秘密之后。特雷比西亚是莱斯莉为他们在树林里发现的"秘密王国"所取的名字。当杰斯第一次跟随莱斯莉进入这里时,看到的是这样一个自然的世界:"山茱萸和紫荆在橡树和常青树之间玩着躲猫猫的游戏,太阳的金色流光从树丛间热烈地投下,在他们脚下温暖地溅开。"③ 在这里,起初"无法领会树林的诗意"的杰斯,逐渐学会了像莱斯莉那样,凭想象力与这里的一切对话,并使它们成为自己想象中的王国的一部分。小说在2007 年被改编成电影,由嘉柏·丘波导演,迪士尼与华登公司联合出品。这是一部在一定程度上运用了迪士尼式的动画特技、却并不全以技术取胜的影片,生动的影像赋予了杰斯和莱斯莉的"特雷比西亚"以一种令人难忘的视觉印象,点到为止的特技运用则巧妙地配合了童年想象力打开时世界所发生的奇妙变化。

然而,"特雷比西亚"不只是一个关于自然和童年想象力的故事,它也是关于童年如何倾听自己的心灵,并与之相处和交流的故事。这就涉及了童年经验复归的第二个方面,即童年内心经验的审美复归。《通往特雷

---

① Gary Paul Nabhan, Stephen Trimble:《童年沃野》,陈阿月译,新苗文化1998 年版,第37页。

② 同上书,第18 页。

③ Katherine Paterson. *Bridge to Terabithia*. New York:HarperCollins, 1977, pp. 51 – 52.

比西亚的桥》处理童年的"友谊"和"死亡"的方式，越过了当前大量儿童小说和电影、动画作品中流行的调笑态度，而进入到了童年心灵的深处。杰斯和莱斯莉之间的友谊普通而又寻常，但它见证了两个孩子之间最真诚的交往和最为朴素的相互温暖。在与自然和与莱斯利的相处中，杰斯开始明白自己的心里藏着一个多么奇妙的世界，以及一个多么美丽的梦想。从自己暗暗爱慕的音乐老师爱德蒙得小姐那儿接到参观画展的邀请，杰斯在一转念间没有想到叫上莱斯莉，而当天下午，莱斯莉在单独前往"特雷比西亚"的途中意外跌落溪谷溺亡。杰斯的悲伤无可名说。莱斯莉的死亡对他来说意味着什么？小说中和影片里，没有人道出答案，但我们明白，从今往后，有一样东西是杰斯永远不会忘记的，那就是他和莱斯莉共同拥有过的那个关于"特雷比西亚"的梦想，在这里，莱斯莉让杰斯看到了他心中饱满的创造力，而杰斯则给予了莱斯莉从未有过的真诚友情。生活是充满偶然的，生命甚至也是偶然的，但这偶然中却包含了永恒的故事，它穿透我们的灵魂，温暖着我们的生命，使川流不息的生活有所依靠和着落。因此，杰斯最后勇敢地选择了把"特雷比西亚"的梦想延续下去。"特雷比西亚"是属于童年的纯真世界，它代表了童年的身体和心灵朝着世界、他人和自我打开感官、尽情吸纳的姿态，也代表了童年生命的深度。

毫无疑问，自然世界为童年的这一经验方式提供了最佳的背景。因此，2012 年韦斯·安德森执导的电影《月升王国》（*Moonrise Kingdom*）同样选择了自然作为童年故事展开的主要背景。影片中，从缺乏温暖的成人世界里暂时出逃的山姆和苏西名之为"月升王国"的海岛一角，很自然地会让我们联想起帕特森笔下的"特雷比西亚"。《月升王国》是一部童年题材的喜剧，在情感处理的深度上，它显然逊于《通往特雷比西亚之桥》，不过，这两部影片对于童年心灵的关注却是相近的。对于被幽闭或囚禁的童年来说，自然似乎是最好的疗伤场所，在这里，童年听从心灵的召唤，寻求没有羁绊的飞翔，哪怕仅仅是以一种想象的方式。显然，这里的自然其实是一个隐喻，它所指代的是童年身体和精神的一种审美解放状态。这一"自然化"隐喻的目的，是将童年新鲜的感觉能力还给孩子，将童年率真的心灵状态还给孩子，也将童年辽阔的精神世界还给孩子。在消费时代的童年生存现实下，这一"归还"的意义是显而易见的。

以自然、开放的身体和心灵投入童年生活的现实，也将影响到第三个方面的童年经验——童年生活经验的审美复归。在消费社会里，这一经验的复归意味着把童年从一种消费中介的生活中拯救出来，恢复童年个体对于生活的直接经验，它旨在使生活对象对童年来说变得富于意义和价值。当儿童直觉地经验到生活的这一意义或价值时，他就会懂得以一种认真、庄重的方式来对待它。这里的认真和庄重不是规束下的一本正经，而是一种对待生活的真诚投入态度。

英国作家萨莉·尼科尔斯的儿童小说《男孩的最后 8 个愿望》，讲述一名 11 岁的白血病少年在生命即将走向终点时刻的生活。在生命的最后一年里，萨姆想要实现 8 个愿望：他想弄明白鬼魂是否存在、UFO 到底是什么东西；他想看那些大人不让看的恐怖片、想从上行的自动扶梯向下跑一次、再从下行的自动扶梯往上跑一回；他想打破一项世界纪录、想坐飞艇、想飞上太空看地球；还有，作为一个男生，他还想体验一下恋爱的感觉。① 这些愿望透着一个普通的 11 岁男孩自然的孩童稚气和清新的少年意气，同时又因其与少年生命期限之间的暗示性关联而充满了言外之意的张力。透过萨姆平实而又不失幽默的自述，我们看到了童年生命从"活着"这样一件平凡的事情上所体验到的充实和欢乐，以及从最普通的日常生活中感受到的意义。这是一些现实生活中常常被我们忽视的意义：爱、友情、生命的活力与梦想、青春的好奇和探求……或许，只有在即将离去的生命的凝视下，生活内在的这些美丽的纹理才会向我们充分展露出来。

当代童年文学和艺术可以借给孩子们这样一双观看生活的眼睛。通过揭示高速运转的现代童年生活（包括消费生活）表象中蕴藏着的那些平缓、真实而又恒久的意义，当代童年文化可以引领孩子们去发现和寻回童年生活中那些真正富于意义的经验。

从当代童年生活的时间之流中恢复童年生命的上述真实经验，是童年审美文化在一个受到消费至上氛围显在影响的时代里能够为儿童承担起的最重要的一件任务。这一经验的拯救所针对的不仅仅是消费主义文化对童年生活经验的吞噬，也是包括现代教育在内的整个文化体制对童年经验的

———————————

① ［英］萨莉·尼科尔斯：《男孩的最后 8 个愿望》，安徽少年儿童出版社 2011 年版。小说正题名为 *Ways to Live Forever*（永远活着），于 2010 年被改编成同名电影，由西班牙导演 Gustavo Ron 执导。

压迫。在愈演愈烈的消费社会里，吉奥乔·阿甘本所说的下述现象或许正在成为现实："成年一代破坏了所有可能性的真实经验，把自己的贫乏放到了丧失经验能力的年轻一代的门口。"① 那么，如何在童年时代补救这种经验的贫乏，就不只是一个简单的儿童教育的问题。"人类的早年生命是天赋的存在根基，所谓成长，不是'抛弃'这个生存存在根基，而是在幼年、童年、少年、青年、壮年等成长的各个阶段上，不断地把新的具有价值的东西充实进这个生命根基里面。真正的健康的成长，'放弃'的只是作为生命形态的表面的东西，保存的则是对人性来说不可欠缺的本质的东西。"② 因此，在童年阶段培育和保存这些"对人性来说不可或缺的本质的东西"，是文化向它自己提出的一种要求。

二 童年与人性的审美复归

在实现其恢复童年经验、促进儿童生存的现实意义的同时，审美化的童年也有可能成为消费时代人性审美复归的契机之一。这一审美化的童年代表了一种文化的精神。我们大概不难注意到，历史上每一个时代有关文化变革的企图，总会不由自主地诉诸一种"童年"或"类童年"的文化溯源意识，即通过朝向历史的"童年时代"的回归，来重新清理文化的路径去向。这一取径总是指向一个远古的理想时代，它所代表的则往往是人性的一种"未被污染"的理想状态。现代社会以降，这一文化溯源的取径又与现实童年密切结合在一起。18世纪，卢梭有关自然人优于社会人、儿童优于成人的激进论断，其目的就是想要从人性的恢复中启动现代理性文化的自我救赎。"随着科学与艺术的光芒在我们的地平线上升起，德行也就消逝了"③，这一诗意而激进的表达传递了对于发生在科学与艺术之先的那个"清白而有德"④ 的人类早期存在状态的深切追怀，以及从本根处重塑人性和人类历史的愿望。这一思想与《爱弥儿》中的有关

① ［意］吉奥乔·阿甘本：《幼年与历史》，尹星译，陈永国校，河南大学出版社2011年版，第5页。
② 朱自强：《儿童文学的本质》，少年儿童出版社1997年版，第200—201页。
③ ［法］卢梭：《论科学与艺术》，何兆武译，上海人民出版社2007年版，第26页。
④ 同上书，第47—48页。

"自然的人"的教育观互相照应①，呼唤着一个从譬喻和现实意义上的双重"童年"启动现代文化之变革与复兴的伟大进程。

这种与文化的实践革新紧密相关的童年意识，在现代文明的一些转折期总会得到格外强烈的表达。童年的文化意象在这里代表了一种重启历史的信仰与雄心。尼采笔下的人类"精神"最后之所以要变成孩子的模样，正是因为"小孩乃是无辜和遗忘，一个新开端，一种游戏，一个自转的轮子，一种原初的运动，一种神圣的肯定"。② 本雅明这样评说身处19世纪俄国的陀思妥耶夫斯基如何将一种儿童式的精神气质视为整个民族文化救赎与重生的契机："孩子乃是青年及其祖国唯一的救赎。……孩子式的单纯具有无限的疗救的力量，……年轻的一代正在承受由于童年的残缺而带来的痛苦：正是残缺的童年使得俄罗斯和俄罗斯人丧失了活力。而在陀思妥耶夫斯基的作品中，有一点从来就是十分明确的：只有处在儿童的精神状态之中，人类的生命才能从普通人的精神之中求得高贵的发展。……由于自然和童年的阙如，除非经过自我毁灭的灾难性过程，不足以达到人性。"③ 相近的思路在20世纪初的中国得到重演。19世纪末，青年鲁迅提出要从"本根剥丧"的文化回溯至"古民白心"的原初，"按照这个思路，希望所在，是没有经过传统污染的东西"。④ 也就是说，通过回到"人心"的"童年"，来启动文化的新生。20世纪中国思想界对于现实童年的关切在同一时期发生，显然并不是巧合。在这里，童年不仅是一种实体性的存在，更是"一个方法论上的概念"⑤。

这一童年复归的文化情结在不同的时代和环境下各有其侧重的蕴含，

---

① 卢梭批判教育对儿童的摧残："当这个既是奴隶又是暴君的儿童，这个充满学问但缺乏理性、身心都脆弱的儿童投入社会，暴露其愚昧、骄傲和种种恶习的时候，大家就对人类的苦痛和邪恶感到悲哀。你们搞错了，这个人是按照我们奇异的想法培养起来的，自然的人不是这个样子的"，进而倡导对儿童的自然教育："要是你希望保持他原来的样子，则从他来到世上的那个时刻起就保持它。"参见［法］卢梭《论科学与艺术》，何兆武译，上海人民出版社2007年版，第25页。

② ［德］尼采：《查拉图斯特拉如是说》，孙周兴译，商务印书馆2010年版，第32页。

③ ［德］瓦尔特·本雅明：《写作与救赎——本雅明文选》，李茂增、苏仲乐译，东方出版中心2009年版，第121页。

④ 张新颖：《沈从文与二十世纪中国》，《当代作家评论》2012年第6期。

⑤ ［日］柄谷行人：《日本现代文学的起源》，赵京华译，生活·读书·新知三联书店2003年版，第124页。

但都无一例外地指向两个层面的基本意思。第一，复归童年代表了一种激进的文化批判姿态。在特定的时代，一种文化因其自我迷信而出现了严重的缺陷，要弥补这一缺陷，必须回到文化的源头，清理文化的根本，重新明确文化的目的和方向，以此恢复文明机体自身的活力。在这里，童年既在比喻的意义上代表了一种尚未受到文化污染的历史性的源头时间，也指向着当下文明中未及接受文化熏染的一种"清白"的生命状态，通过它，我们有可能在当下时间里为文化的新生提供条件，开辟可能。第二，文化的缺陷归根结底表现为人自身的缺陷。诚如利奥塔所说，文化本身指向一个"非人"（从生物人的角度）的过程，这一过程同时具有积极和消极的双重意义。而当一种文化发展至某些阶段，由于过多的负累而自我缠结，困难重重，其"非人"的消极一面就被进一步凸显出来。"在一个日益都市化、技术化的社会，……人们普遍感到，某些非人的力量已经占据了我们的大地与天空、男人与女人，占据了我们的思想，这是一种比爱默生所能想到的机器更可怕的机器。"① 它造成了文化对人的身体和精神的某种毁灭性的压迫，身处这一文化中，"世界不再是温暖的、有机的'家园'，而是变成了计算和工作进取的冰冷对象，不再是爱和冥思的对象，而是计算和加工的对象"②。于是，去掉文化中那些因过分沉迷于形式而丢失了人的意义的繁文缛节，回到生动的生命本身，就成为了文化发展的一种自我要求。在这里，保持着最为新鲜的生命感觉的童年，有可能为文化人回归自我的契机。

以上两个层面的溯源复归，其根本目的是为了在迷失了的人类生活中重新定义文化与人的价值，这一价值的定位首先不在于社会的进步，而在于人性的实现。诚如李泽厚先生所言："我认为，现在要告别旧的乌托邦，这个乌托邦是社会工程的乌托邦。但是，我们可以有一个新的乌托邦，一个关于人性建设的乌托邦。这个乌托邦就是要设想一种比较好的人性，而情感在其中具有核心地位。"③ 这一人性的复归之思在消费时代有其特殊的意义。正如物质匮乏的时代往往容易造成人的情感的扭曲或变

---

① ［美］特里林：《诚与真》，刘佳林译，江苏教育出版社 2006 年版，第 124 页。
② ［德］舍勒：《死·永生·上帝》，孙周兴译，中国人民大学出版社 2003 年版，第 29 页。
③ 李泽厚、王德胜：《关于哲学、美学和审美文化研究的对话》，《文艺研究》1994 年第 6 期。

态，在消费社会，沉溺于身心之娱的生活也使生命朝着另一个不同的方向发生异化，在这里，人失去了对于自我的基本精神把握，而逐渐沦为一种灵魂上愈益空洞的存在。消费社会"被不断增长的繁殖力带来的富足搞得眼花缭乱，沉浸在一种无休止运转的平衡过程当中，它就不再能认清自身的空虚"①；"消费的人"也是如此。在这样的现实下，恢复人的情感的丰富性，恢复这一情感与世界之间的丰富关联，也是人性实现审美复归的起点。

从这个意义上说，作为文化符号的童年在消费时代所具有的审美意义，正在于它相对于一种人性重建的独特价值。"儿童是神秘的和强有力的，他内藏着人性的秘密。"② 童年代表了个体生命展开的起点，在这一时刻，生命在事实上缺乏文化的积淀与厚度，却在本质上保持着它与自身、与世界之间的活泼而丰富、生动而真诚的交流。徐岱先生以一种与人文精神内在相连的"同情心"，来概括童年精神中所包含的这种与万物之间展开平等生命对话的诗性精神："正是这种同情心，才成为雅斯贝尔斯所说的'让人成为人'的最为基础性的东西，从中孕育出能够普度众生的'人文关怀'。"③ 也正因为如此，童年才会成为现代文化中一个如此得到凸显的诗性范畴。"真正的童心是一种融自身于天地万物之中的生命感，这种感觉随着岁月的流逝而被世故意识所淘汰。"④ 消费时代对于人与商品之间关联的持续强调，与现代社会对于人与技术之间关系的不断强化重叠在一起，日益限制着生命内外层面的开阔感和自由感。在这一现实下，朝向童年的生命诗性回归便具有了一种与艺术功能相近的审美解放意义。

这一审美解放在根本上指向着加拿大学者查尔斯·泰勒所说的文化与人的内在本真状态的恢复。在这里，"本真"应被理解为一种对于自我存在感的忠实，其中心概念是特里林笔下与"机械性"相对的生命的"有机性"。它一方面意味着一种充满浪漫主义色彩的生命官能和创造力的解放；另一方面却并不使生命局限于任何狭隘的自我中心，而是凭借这一自

① ［美］汉娜·阿伦特：《人的境况》，王寅丽译，上海人民出版社 2009 年版，第 94 页。

② ［意］玛丽亚·蒙台梭利：《童年的秘密》，单中惠译，京华出版社 2002 年版，第 268 页。

③ 徐岱：《基础诗学》，浙江大学出版社 2005 年版，第 219 页。

④ 徐岱：《感悟存在》，山东友谊出版社 2002 年版，第 229 页。

由的解放，与世界建立并保持着"有机"的交流。"如果本真性就是对我们自己真实，就是找回我们自己的'存在之感受'，那么，或许我们只能整体地实现它，倘若我们认识到这个情感把我们与一个更宽广的整体连接在一起的话。"①

在一个技术控制生活的时代，这种丰富的生命"有机性"在童年的状态中得到了较为完好的保存。童年的本真精神引导我们向自然回归，这个"自然"既是指一种自然的人性，也是指一种自然的生活，它包含以下一些同时指涉身体和精神的元素：健康的欲望、自由的心灵、丰富的感觉、充沛的创造力——总而言之，一个在审美意义上获得解放的身体。因此，卡斯比特认为，儿童的"纯真、天真和自发性"使他们能够保持对于现实的新鲜的、自由的体验："无拘无束的孩子……恰好是无表现力的机器的对立面，而后者代表了社会的退步，因为它传达了一种标准化、限制性、同质性和一致性——一切似乎都是在取笑和阻碍了自由和个人自发性的发展"，因此，孩子"是激进的个性和激进的主观性的典范，尤其是因为他们似乎有超感官的（超自然的）能力——一种能够体察到平凡生活中的离奇现象的离奇天赋"。②"尽管从成人的角度看，孩子的心智也有着很多不健全的方面，但在一个错乱的世界里，重塑人们心智的唯一方法就是回到孩子气。"③ 鉴于此，他视儿童为一种"新的乌托邦——个人化的乌托邦"，一种与工业化进程相对抗的审美乌托邦范畴，并呼吁人们"关注我们每个人内心深处的孩子"④。美国学者拉塞尔·雅各比也指出了童年的想象力对于拯救技术日益控制人性的当代社会文化的终极意义。

消费时代的人们亟须这样一种意义的回归。现代消费生活将我们日益封闭在一个由物质和影像构成的狭隘世界里，遮蔽了我们对于生活意义的理解，也由此造成了对于生命经验的多重扼制。消费时代的人们正在逐渐告别传统意义上的物质生活贫乏，却不得不日益面对另一种精神上的贫乏，后者频繁地表现为一种被称为"无聊"的生存感受。"无聊"是对感觉的钝化和意义的虚空所产生的一种心理反应，也是生命能量"自我消

---

① ［加］查尔斯·泰勒：《本真性的伦理》，程炼译，上海三联书店2012年版，第111页。
② ［美］卡斯比特：《艺术的终结》，吴啸雷译，北京大学出版社2009年版，第102页。
③ 同上书，第135页。
④ 同上书，第103页。

费"的一种表现。面对这一现实，回归童年的文化姿态意味着消费之人从禁锢着他自己的文化囚笼中走出来，恢复生命和经验的"有机"状态。它意味着重新开放我们的生活感官，重新建立我们与世界之间的生动关联，以及重新开始倾听生命内在的声音。这一审美的生命回归并不是要简单地否定消费社会和与其密切相关的技术文明——正如泰勒所说，"工具理性带着其丰富的道德背景来到我们面前"①，它也是现代人自由的一个重要构成部分，因此，在批判消费时代的文化的同时，我们也应该给予这一文化的积极意义以充分的认可。换句话说，朝向童年的审美回归并不是要取消现代生活带来的一切丰足，而是主张从丰盈的生活重新回归单纯的人性，以使现代人在工业文明的所得中不是顾此失彼，而是在享用文明的成果的同时，也关心如何尽可能减少人的层面的损失（这种损失在根本上是不可避免的）。同时，也只有在一种健康的人性得到尊重和重视的社会语境下，其他一切与人性相关的社会命题，才有可能得到同样健康的关注和探讨。

童年作为一种成人可以诉诸的审美对象的意义，从其两种基本的现实存在方式中得到了进一步凸显。第一，童年是我们每个人都曾经历过，并在内心深处保留着的生命记忆。在一种审美化的童年得以实现的前提下，童年时代的审美经验将沉淀为全部人生的珍贵财富。童年时代的经验可以给予个体未来的生命以特殊的精神滋养。"心理学之所以要强调儿童经验，这并不是因为这些经验来自儿童，而是因为这些经验是决定性的经验，因为成人重复儿童，就像原始人重复自己祖先的传统一样。"② 与此同时，"成人的幸福是与他在儿童时期所过的那种生活紧密相连的"③。陀思妥耶夫斯基在他的小说中以一种近于宗教意味的语言描述童年经验对于成人生活的意义："你们要知道，一个好的回忆，特别是儿童时代，从父母家里留下来的回忆，是世上最高尚，最强烈，最健康，而且对未来的生活最为有益的东西。人们对你们讲了许多教育你们的话，但是从儿童时代保存下来的美好、神圣的回忆也许是最好的回忆。如果一个人能把许多这

---

① ［加］查尔斯·泰勒：《本真性的伦理》，程炼译，上海三联书店 2012 年版，第 126 页。

② ［法］杜夫海纳：《审美经验现象学》，韩树站译，文化艺术出版社 1992 年版，第 442 页。

③ ［意］玛丽亚·蒙台梭利：《童年的秘密》，马荣根译，单中惠校，人民教育出版社 2004 年版，第 21 页。

类的回忆带到生活里去，他就会一辈子得救。甚至即使只有一个好的回忆留在我们的心里，也许在什么时候它也能成为拯救我们的一个手段。"①陀思妥耶夫斯基对于童年的理解是充满诗性的，但它也切实地揭示了童年阶段在现实人生层面的特殊意义，即对于个体来说，发生在童年时代的审美经验将可能成为其一生的精神营养。经过成年后的经验发酵和提纯，童年时代的审美记忆具有了某种特殊的光晕。"伴随着时间的流逝，尽管很多被遗忘，很多已消失，尽管身心变得无力衰竭，但是童年永恒的歌声和游戏将永远在我们心灵深处激荡。在我们的灵魂深处，始终有一个永不枯竭的源泉。"② 20 世纪以来，有大量的回忆录见证了童年经验的这一影响。③ 这一切意味着，从童年时代获得的审美经验有可能成为人的审美体验的其中一个重要的家园。

在更深的精神层面，我们需要一个审美的童年，或许正如人类文化在其最初的创世想象中无一例外地需要一则伊甸园式的神话那样，因为童年代表了"与我们对身份感、安全感和归属感的最为深切的渴望形成共鸣的一种情感"④。随着年岁的增长，童年记忆中的伊甸园会离我们远去——更确切地说，"为了长大，我们必须离开天堂"，但我们每个人从童年这里曾得到的那些甜蜜的滋养，将赋予我们勇气和自信走进天堂陨落

---

① ［俄］陀思妥耶夫斯基：《卡拉马佐夫兄弟》，耿济之译，秦水、吴钧燮校，人民文学出版社 1994 年版，第 1166 页。

② ［挪威］让－罗尔·布约克沃尔德：《本能的缪斯》，王毅等译，上海人民出版社 1997 年版，第 327 页。

③ 例如，伊迪丝·科伯（Edith Cobb）于 1959 年针对三百名欧洲杰出人士的自传考察显示了童年时代某一阶段从自然世界获得的生动经验在个体未来生活中的长久影响；从自传来看，成年后的他们"诉诸记忆中的这些经验以重获创造的力量和冲动的源泉"，"它不仅被描述为一种与意识之光相融会的经验，而且是一种对个体与外在世界之间充满活力之联结的生动感觉"。参见 David Sobel. *Childhood and Nature*. Portland，Maine：Stenhouse Publishers，2008：13 - 14. 美籍日裔物理学家加来道雄也曾回忆童年时代在旧金山日本茶园的小池中观看鲤鱼和听老师讲一则故事的体验在他后来的人生中所扮演的角色："童年的两件趣事极大地丰富了我对世界的理解力，并且引导我走上成为一个理论物理学家的历程。"参见加来道雄《超越时空：通过平行宇宙、时间卷曲和第十维度的科学之旅》，刘玉玺、曹志良译，上海科技教育出版社 1999 年版，第 3—6 页。需要特别指出的是，这些例子所显示的并不是童年生活与个体未来成就之间的因果关联，而是一种富于审美性的童年经验与一种充实而有意义的个体生命体验之间的内在关联。

④ Joe Moran. "Childhood and Nostalgia in Contemporary Culture"，*European Journal of Cultural Studies*，5（2），2002，p. 170.

之后的人间生活，在这里开辟和建立自己的业绩。① 巴西作家若泽·毛罗·德瓦斯康塞洛斯在他的自传体小说《我亲爱的甜橙树》中，记述了五岁的男孩泽泽在艰难的生活中自己为自己构建起来的那个幻想的伊甸园，以及在所有成人几乎都无暇顾及甚至毫不在意地以冷漠、误解和责打摧毁着这个坚固却又脆弱的童年殿堂时，陌生人老葡怎样走进泽泽的世界，以那个年代少有的成人的温柔细致，陪伴并呵护着泽泽的感觉、想象、愿望和小小的尊严，教他知道这个世界还有它明亮柔和的一面。在一场车祸中，泽泽失去了老葡，也从此失去了他所有瑰丽的幻想，他的童年结束了。② 然而，与老葡相伴的童年岁月已经永远地留在了泽泽的生命里，它滋养了作家德瓦斯康塞洛斯的一生，也通过《我亲爱的甜橙树》，滋养着一代又一代后来的孩子和成人。

第二，童年既保存于我们每个人的内心，同时也是我们身边无时不展开着的一种艺术存在。某种意义上，孩子的存在就是一种审美的存在。这并不是说，现实的童年天然地是一种审美化的对象，而是指上文谈及的这一童年在成人目光的观照下被赋予的审美特质。在现代社会日常生活中，童年的上述审美化进程获得了其重要的实现契机。法籍波兰裔儿童文学作家、插画家艾姿碧塔曾说，"我庆幸自己能够生活在一个将儿童的智慧摆在明显地位的时代"③。这里的"儿童的智慧"主要并不是指一种自觉的童年智慧，而更多地是指成人从儿童的生活中所见出和得到的智慧领悟。美国哲学家马修斯在《童年哲学》中举过这样一个"儿童智慧"的例子：

> 五岁的小女孩克莉丝汀，正在学认字。她在学着辨认音节，学着把几个音节念出来像个字。她觉得很得意，坐在床上对爸爸说："有字母我真开心。"她爸爸很惊讶她为什么这么高兴。她解释说："因为如果没有字母的话，就不会有声音。如果没有声音，就不会有字。如果没有字，我们就不能想，如果我们不能想，那就没有世界了。"④

---

① 　Maria Winn. *Children Without Childhood*. New York：Penguin，1984，pp. 199 - 204.

② 　［巴西］若泽·毛罗·德瓦斯康塞洛斯：《我亲爱的甜橙树》，蔚玲译，人民文学出版社2010 年版。

③ 　［法］艾姿碧塔：《艺术的童年》，林微玲译，安徽教育出版社 2005 年版，第 183 页。

④ 　G. B. 马修斯：《童年哲学》，王灵康译，毛毛虫儿童哲学基金会 1998 年版，第 22 页。

马修斯从这个例子中看到了童年思维中的奇妙世界。而在我看来，这个成人眼中童年生活的例子对于成人世界的另一个更具启发性的意义还在于，它使成人借助于童年单纯的目光和清新的感官，重新发现了我们生命中一些朴素而又深刻的审美经验，这些经验是最容易随着年龄的增长而被充满功利的生活所淹没的。在克莉丝汀对简单的"字母"所表现出的由衷的"开心"中，在她对于"字母""声音""字""想"和"世界"的简单联结中，我们仿佛再度体验到了广义的语言世界在其诞生之初带给人类的某种神秘的力量感。"昔者苍颉作书，而天雨粟，鬼夜哭"①，是以神话的方式表达了同一种性质的人类语言体验。在上面这个例子中，孩子对于生活的诗性体验本身或许显得简单而又寻常，但当这种体验与成人的文化相碰撞，进而激发起成人对于世界的某种深刻的审美领悟时，它使现实的童年变成了一种对成人来说具有艺术性的存在。也就是说，在审美的童年得以实现的前提下，这一属于人类的文化范畴也将给予我们丰厚的生活和精神回馈。

当然，所有这一切的前提在于，童年作为一个审美化的人生阶段，作为一种审美化的文化对象，仍然得以熨帖地保存于我们社会的生活和文化之中。童年的样貌、特征、内涵、意义等毫无疑问是会随着时代的变迁而发生变化的；近一个世纪以来尤其是近二三十年来，这一变化的进程或许是此前人们难以想象的。但有一点可以肯定：对于一种现代意义上的文明而言，不论童年的生活和人们对于童年的理解如何变化，我们对待童年生命的关切和敬畏，以及对待童年文化的责任和操守，是不应该被轻易放弃的。从童年的文化镜子上映出的是关于我们自己的形象，从面向童年的姿态中现出的也是我们自己的文化侧影。从这个意义上说，不论童年生活的实际面貌在今天发生了怎样的变迁，只要对于一种审美的童年的理解、向往、渴慕和追寻仍然存在于我们的文化之中，童年也就不会消亡。

本章小结

本章探讨了童年范畴的存在对于消费时代社会文化的某种救赎意义，以及从审美化童年的角度切入消费社会童年文化未来之思考的可能。从保

─────────────

① 《淮南子·本经训》，《诸子集成》（第七册），中华书局 1954 年版，第 116 页。

存童年的需要出发，消费时代的童年文化面临着两个重要的课题：一是通过促进现实童年的审美化生存，寻求童年生活自身的一种充实、生动的实现；二是在此基础上，借助于童年审美范畴对于个体生存以及文化反思的意义，经由童年来促进人性和文化的审美回归。从这个角度来看，消费时代的某些方面也为童年文化的未来发展提供了新的契机。在消费时代保存童年的努力，无疑需要来自家庭、学校、社会等各方面力量的合作，同时也涉及特定社会经济基础和上层建筑的复杂因素。在多重因素相交织的广义童年文化网络中，审美文化只是其中一个引人注目的维度，但在我看来，正是这一审美的维度在根本上决定着当代童年文化应有的方向。

　　现实地看，童年之死的命题是难解的。只要文化的问题得不到解决，童年的问题也将持续下去，而童年的危机又加剧了文化的沉沦。文化的现状不改变，童年也无法改变，而童年的命运若不改变，文化的未来也始终堪忧。这看上去是一个难以破解的悖论循环，对于它的意识也往往容易加重我们的悲观情绪。然而，真正的人文思考和研究尽管深刻地认识到现实的难度，却从不会因此屈从于现实。正如英国作家阿兰·德波顿所言："我们可能无力改变某些事态，但还是有自由决定对待它们的态度。"[1] 这里的"态度"，本身就是一种重要的行动。在童年文化的问题上，它意味着，现实的情形越是严峻和令人失望，我们越不应该丢弃对童年的关切和思考。"对童年欠下的这种债务是还不清的。但是，只需为了抵抗，也许是为了不做不公正者而不忘记童年就可以了。这便是写作、思想、文学、艺术和为见证这些而冒险者的任务。"[2] 从这个意义上说，人文思考本身便具有一种内在的乌托邦性。更何况，我们的确看到了从童年的环节切入改善上述循环的可能，它不在于任何抽象的教条，而就在于我们自己具体的肉身：童年不仅属于一个宏大的文化梦想，也触动着我们每个人身心深处最为温柔、珍贵的情感。任何时候，这种源自人性的审美情感都有可能成为文化新生的火种。

---

① 徐岱：《艺术新概念：消费时代的人文关怀》，浙江大学出版社 2006 年版，第 29 页。
② ［法］让－弗朗索瓦·利奥塔：《非人——时间漫谈》，罗国祥译，商务印书馆 2000 年版，第 7 页。

结　　语

　　在一个事实上越来越沉浸于消费的快感、甚至越来越依赖于消费快感的时代中，我们如何思考处在这一文化中的童年的未来，进而，如何思考消费时代文化自身的未来？在理论上，这是一个可以逐步进行解答的问题；然而面对真切的现实，我们或许感到了一种前所未有的迷茫和无能为力。过去几个世纪以来逐步建立起来的那样一种在封闭的空间里规划童年的时代已经结束，今天的童年跟成年人一样，完全地进入了消费生活的各种现实之中。我们甚至可以说，今天，对童年文化产生最大影响的因素越来越不限于传统意义上的童年文化，更包括那些在消费生活中被不可控制或者不加考虑地、乃至有意呈现在童年面前的各种成人文化。在这样一个时代，试图掌控童年文化的走向，正如试图阻断流沙的努力一样，是一件不可为的事情；换句话说，即便我们可以像过去那样修筑起一个童年文化的花园，也远不意味着我们获得了对于童年未来的文化知情权。透过当代消费生活的重重帷幕，童年的文化未来正如这个时代自身的文化未来一样，难以揣测，不可预言。

　　或许，在文化的历史上，这种迷茫感并不令人陌生。当我读到华兹华斯的《写于伦敦，一八〇二年九月》，恍如置身我们这个时代的某种文化写照：

　　　　朋友，我不知道去哪里找恬适，
　　　　因为，实际上我已被逼得认为：
　　　　加于我们现在生活上的点缀
　　　　是炫耀；有如工匠、马夫或厨师
　　　　的小手艺！我们得像闪闪小河
　　　　在阳光下流淌，要不就算不幸；
　　　　我们中最富有的人才算最行——

现在，大自然和书本中的美色
难使人快乐。劫掠、贪婪、浪费
才是我们景仰和崇拜的偶像；
全完了：简朴生活和高尚思想、
心灵的平和、对做错事的恐惧、
古老而正确目标中的朴素美
以及表达出基本律法的信仰。①

两个多世纪前，从华兹华斯笔下发出的这些叹惋完全可以用来对照我们今天的生活。那么，从华兹华斯写作此诗到今天，两百多年过去了，我们现在所处的时代、我们的生活变得比 19 世纪初更糟糕了吗？答案显然并不简单。我们不妨进一步设想，从现在开始再往后推移两个世纪，这个世界以及我们的生活将发生怎样的变化？消费时代会导致现代人和现代文化可怕的堕落吗？答案同样难以给出。或许，我们就当前消费时代所作的文化批判和警示，不只是针对现实的某种谶语，更是人类文化自身忧思精神的一部分。这忧思以不同的面貌贯穿文化的历史，它代表了文化的一种自觉的责任感和反思意识，没有它来思考和指出哪里是不可靠近的悬崖，文化本身可能随时会变成一件危险的事情。

对于童年文化的关切构成了现代文化忧思精神的一个重要部分。从乐观的角度，我们也应该看到，总体上，消费社会给童年带来了一种更富足、更安定、更有保障的生活，这种生活是几个世纪以前的童年难以想象的。千百年来，"人类的任何不幸、任何苦难从来都不曾放过孩子们。孩子们无法远离病痛、穷困，以及避免遭受抛弃之苦，更无法逃避罪恶、性侵害、剥削和死亡。而且，他们往往会在沉默中直接或间接地承受种种考验。"② 相比之下，童年从未像今天这样获得自我呈现、表达、参与和建构的文化权力与能力。

然而，与童年生活的现实改善相比，今天的我们是不是也在把一种"好"的文化交给童年？对于这个问题，我们恐怕不得不保持沉默。当前童年文化消费的诸种现实意味着，在一种普遍化的童年关切表象之下，面

---

① 《华兹华斯抒情诗选》，黄杲炘译，上海译文出版社 2000 年版，第 232 页。
② ［法］艾姿碧塔：《艺术的童年》，林徽玲译，安徽教育出版社 2005 年版，第 178 页。

对童年，我们的文化正在放弃它过去致力于确立和坚持的一些基本底线。指出这个底线和越过它的危险，是文化不可推卸的责任，也是文化内在精神的要求。对于当前童年文化的现实和未来而言，假使情况正如费瑟斯通所说，"今天的消费文化既不表明某种控制出现了失控，也不表明它就是某种更为严厉的控制，而是既掌握了正式的控制又把握着解除控制，并在这两者之间轻易地转换交切的一种弹性的、潜在的生成结构"①，那么在这一同时包含了危险和契机的"生成结构"里，我们所做出的选择或许比现实本身所呈现出的境况显得更为关键。从今天的消费时代见出的童年文化命运并不意味着我们身处一个宿命主义的年代，而是意味着我们正面临一种新的抉择和行动的语境。

只是，在这样一个看上去为欢愉、富足和身体的惬意所充满的"美丽新时代"里，我们还能坚持这一选择的智慧和勇气吗？

我想起英国作家布鲁斯·查特温在他著名的行游作品《歌行》里记述过的这么一则故事：一个西方探险家来到非洲，急于赶路的他雇请了脚夫背运行李。这样匆匆赶了好几程路之后，眼看就要到目的地了，这些脚夫却放下行囊，停下脚步，不论雇佣者如何许以更高的报偿，再不肯向前迈进。他们说，他们得等着自己的灵魂追赶上来。②

在以生产、消耗、时尚和享乐的高速运转为特征的消费时代，童年或许代表了我们自己以及我们的文化所需要等待的那个"灵魂"。在这里，"等待"意味着文化对时间的某种耐性，意味着文化愿意花费时间来进行与它自身的对话和反思。而作为一个审美符号的现代童年范畴则是上述文化耐性和反思精神的一个重要象征。在快节奏的当代消费生活中，童年的概念向我们提出了生理时间上的"等待"要求："人的成长是在'缓慢的时间'中发生的。小群体、高智商的灵长动物在过去所有时代中所需要的那样一种耗费时间的旧式养育方式，也是当代儿童所需要的"③；而在快节奏的当代文化变迁中，童年的概念则向我们提出了文化时间上的"等待"要求："注意力的集中、延迟的满足、自我控制、同情以及其他

---

① ［英］迈克·费瑟斯通：《消费文化与后现代主义》，刘精明译，译林出版社 2000 年版，第 39—40 页。

② Bruce Chatwin. *The Songlines*. New York：Penguin，1987，p. 230.

③ Sue Palmer. *Toxic Childhood：How the Modern World Is Damaging Our Children and What We Can Do about It*. London：Orion Books Ltd.，2007，p. 13.

许多重要的课程，都无法在电力速度下习得。"① 它提醒我们，当整个社会的文化履带都在消费生活的轨道上疾速奔行之时，童年不应该被过早和匆忙地送入消费机器的齿舌间。对童年的眷顾提醒我们不要忘记文化"步履缓慢的灵魂"②。在疾行的当代生活中，我们应该谨慎地停下来，等一等我们（包括我们心中）的孩子，也等一等我们自己的灵魂。

今天的童年审美文化所需要和应该去做的，正是这样一件为童年而守候的事情。

---

① 　Sue Palmer. *Toxic Childhood：How the Modern World Is Damaging Our Children and What We Can Do about It.* London：Orion Books Ltd.，2007，p. 13.

② 　John Donne. *The Second Anniversarie.* See Remie Targoff. *John Donne：Body and Soul.* London：*University of Chicago Press*，2008，p. 97.

参考文献

一　中文著述

1. 爱伦·凯：《儿童的世纪》，魏肇基译，晨光书局 1936 年版。

2. 菲力浦·阿利埃斯：《儿童的世纪：旧制度下的儿童和家庭生活》，沈坚、朱晓罕译，北京大学出版社 2013 年版。

3. 柯林·黑伍德：《孩子的历史：从中世纪到现代的儿童与童年》，黄煜文译，麦田出版 2003 年版。

4. 让－皮埃尔·内罗杜：《古罗马的儿童》，张鸿、向征译，广西师范大学出版社 2005 年版。

5. 熊秉真：《童年忆往：中国孩子的历史》，广西师范大学出版社 2008 年版。

6. 张倩仪：《另一种童年的告别：消逝的人文世界最后回眸》，商务印书馆 2001 年版。

7. 泰勒·何德兰、坎贝尔·布朗士：《孩提时代——两个传教士眼中的中国儿童生活》，魏长保等译，群言出版社 2000 年版。

8. 徐兰君、安德鲁·琼斯主编：《儿童的发现：现代中国文学及文化中的儿童问题》，北京大学出版社 2011 年版。

9. 维维安娜·泽利泽：《给无价的儿童定价：变迁中的儿童社会价值》，王水雄等译，格致出版社，上海人民出版社 2008 年版。

10. 玛丽亚·蒙台梭利：《童年的秘密》，马荣根译，单中惠校，人民教育出版社 2004 年版。

11. 玛利亚·蒙台梭利：《发现孩子》，中国发展出版社 2006 年版。

12. 夏洛特·梅森：《儿童生来是人》，中国发展出版社 2003 年版。

13. 刘晓东：《儿童精神哲学》，南京师范大学出版社 2003 年版。

14. 刘晓东：《解放儿童》，新华出版社 2002 年版。

15. 黄武雄：《童年与解放》，人本教育基金会 1994 年版。

16. 丁海东：《儿童精神：一种人文的表达》，教育科学出版社 2009 年版。

17. Gary Paul Nabhan，Stephen Trimble：《童年沃野》，陈阿月译，新苗文化 1998 年版。

18. 蔡淑惠、刘凤芯主编：《在生命无限绵延之间：童年·记忆·想象》，书林 2012 年版。

19. G. B. 马修斯：《童年哲学》，王灵康译，毛毛虫儿童哲学基金会 1998 年版。

20. 马修斯：《哲学与幼童》，陈国容译，三联书店 1989 年版。

21. 皮耶罗·费鲁奇：《孩子是个哲学家》，陆妮译，海南出版社 2002 年版。

22. 詹栋梁：《儿童哲学》，广东教育出版社 2005 年版。

23. 安妮特·拉鲁：《不平等的童年》，张旭译，北京大学出版社 2010 年版。

24. 威廉·A. 科萨罗：《童年社会学》（第二版），程福财等译，上海社会科学院出版社 2014 年版。

25. 艾伦·普劳特：《童年的未来：对儿童的跨学科研究》，华桦译，上海社会科学院出版社 2014 年版。

26. 陈映芳：《图像中的孩子——社会学的分析》，山东画报出版社 2003 年版。

27. 尼尔·波兹曼：《童年的消逝》，吴燕莛译，广西师范大学出版社 2004 年版。

28. 尼尔·波兹曼：《娱乐至死》，章艳译，北京大学出版社 2007 年版。

29. 尼尔·波兹曼：《技术垄断》，何道宽译，北京大学出版社 2007 年版。

30. 大卫·帕金翰：《童年之死》，张建中译，华夏出版社 2005 年版。

31. David Elkind：《还孩子幸福童年：揠苗助长的危机》，陈会昌等译校，中国轻工业出版社 2009 年版。

32. 艾姿碧塔：《艺术的童年》，林徽玲译，安徽教育出版社 2005 年版。

33. 郭法奇：《欧美儿童研究运动：历史、比较及影响》，北京师范大学出版社 2012 年版。

34. 黄旭：《保卫童年：关注我们的现状》，福建教育出版社 2002 年版。

35. 姚伟：《儿童观及其时代性转换》，东北师范大学出版社 2007 年版。

36. 阿诺尔德·范热内普：《过渡礼仪》，张举文译，商务印书馆 2010

年版。

37. 加里·克里斯:《小玩意:玩具与美国人童年世界的变迁》,郭圣莉译,上海译文出版社 2010 年版。

38. J. 皮亚杰、B. 英海尔德:《儿童心理学》,吴福元译,商务印书馆 1980 年版。

39. 桑德拉·L. 卡尔弗特:《信息时代的儿童发展》,张莉、杨帆译,傅小兰、严正审校,商务印书馆 2007 年版。

40. Gerald S. Lesser:《儿童与电视:"芝麻街"的经验》,关尚仁译,远流出版事业股份有限公司 1994 年版。

41. 詹姆斯·U. 麦克尼尔、张红霞:《儿童市场营销》,华夏出版社 2003 年版。

42. 安妮·萨瑟兰、贝思·汤普森:《儿童经济》,中信出版社 2003 年版。

43. 马丁·林斯特龙、帕特里夏·西博尔德:《人小钱大吞世代》,于婷译,机械工业出版社 2004 年版。

44. 陈家华、麦箴时:《中国儿童与广告》,中国社会科学出版社 2004 年版。

45. 李野新:《儿童市场掘金引擎》,海天出版社 2008 年版。

46. 岑丽莹:《儿童生意经:中外儿童市场全貌及成功案例》,企业管理出版社 2010 年版。

47. 陈企华主编:《成功打开女性和儿童的腰包》,中国纺织出版社 2002 年版。

48. 让·波德里亚:《消费社会》,刘成富、全志钢译,南京大学出版社 2001 年版。

49. 尚·布希亚:《物体系》,林志明译,上海人民出版社 2001 年版。

50. 让·博德里亚尔:《完美的罪行》,王为民译,商务印书馆 2000 年版。

51. 迈克·费瑟斯通:《消费文化与后现代主义》,刘精明译,译林出版社 2000 年版。

52. 罗钢、王中忱主编:《消费文化读本》,社会科学出版社 2003 年版。

53. 西莉亚·卢瑞:《消费文化》,张萍译,南京大学出版社 2003 年版。

54. 丹尼尔·米勒:《物质文化与大众消费》,费文明、朱晓宁译,江苏美术出版社 2010 年版。

55. 凡勃伦:《有闲阶级论》,蔡受百译,商务印书馆 2005 年版。

56. 麦克林、赫德、罗杰斯编著：《现代社会游憩与休闲》，中国旅游出版社 2010 年版。

57. 奥利维耶·阿苏利：《审美资本主义：品味的工业化》，黄琰译，华东师范大学出版社 2013 年版。

58. 约翰·费斯克：《理解大众文化》，中央编译出版社 2006 年版。

59. 约翰·菲斯克：《解读大众文化》，杨全强译，南京大学出版社 2006 年版。

60. 尼古拉·埃尔潘：《消费社会学》，孙沛东译，社会科学文献出版社 2005 年版。

61. 王宁：《消费社会学——一个分析的视角》，社会科学文献出版社 2001 年版。

62. 维尔纳·桑巴特：《奢侈与资本主义》，王燕平、侯小河译，刘北成校，上海人民出版社 2005 年版。

63. 克里斯托弗·贝里：《奢侈的概念》，江红译，上海人民出版社 2005 年版。

64. 葛凯：《制造国家——消费文化与民族国家的创建》，黄振萍译，北京大学出版社 2007 年版。

65. 莎朗·佐京：《购买点：购物如何改变美国文化》，梁文敏译，上海书店出版社 2011 年版。

66. 施密特：《娱乐至上：体验经济时代的商业秀》，中国人民大学出版社 2004 年版。

67. 约瑟夫·派恩、詹姆斯·吉尔摩：《体验经济》，夏业良等译，机械工业出版社 2008 年版。

68. 徐小立：《传媒消费文化景观》，人民出版社 2010 年版。

69. 拉斯·史文德森：《时尚的哲学》，李漫译，北京大学出版社 2010 年版。

70. 迈克尔·弗洛克：《享乐主义手册——掌握丢失的休闲和幸福艺术》，小意译，南京大学出版社 2011 年版。

71. 米歇尔·昂弗莱：《享乐的艺术：论享乐唯物主义》，刘汉全译，生活·读书·新知三联书店 2003 年版。

72. 朱国华：《权力的文化逻辑》，上海三联书店 2004 年版。

73. 约翰·杰洛瑞：《文化资本——论文学经典的建构》，江宁康、高巍译，南京大学出版社 2011 年版。

74. 罗素：《西方哲学史》，马元德译，商务印书馆 1976 年版。

75. 约翰·洛克：《人类理解论》，关文运译，商务印书馆 1983 年版。

76. 约翰·洛克：《教育漫话》，徐诚、杨汉麟译，河北人民出版社 1998 年版。

77. 卢梭：《论科学与艺术》，何兆武译，上海人民出版社 2007 年版。

78. 卢梭：《爱弥儿》，李平沤译，商务印书馆 1981 年版。

79. 卢梭：《忏悔录》，黎星译，商务印书馆 1986 年版。

80. 滕大春：《卢梭教育思想述评》，人民教育出版社 1984 年版。

81. 马修·阿诺德：《文化与无政府状态》，韩敏中译，生活·读书·新知三联书店 2008 年版。

82. 加斯东·巴什拉：《梦想的诗学》，刘自强译，生活·读书·新知三联书店 1996 年版。

83. 斯维特兰娜·博伊姆：《怀旧的未来》，杨德友译，译林出版社 2010 年版。

84. 瓦尔特·本雅明：《写作与救赎——本雅明文选》，李茂增、苏仲乐译，东方出版中心 2009 年版。

85. 瓦尔特·本雅明：《驼背小人：1900 年前后柏林的童年》，徐小青译，上海文艺出版社 2003 年版。

86. 《本雅明论教育：儿童·青春·教育》，徐维东译，吉林出版集团有限责任公司 2011 年版。

87. 瓦尔特·本雅明：《经验与贫乏》，王炳钧、杨劲译，百花文艺出版社 1999 年版。

88. 吉奥乔·阿甘本：《幼年与历史：经验的毁灭》，尹星译，陈永国校，河南大学出版社 2011 年版。

89. 杜夫海纳：《审美经验现象学》，韩树站译，文化艺术出版社 1992 年版。

90. 徐岱：《体验自由》，浙江大学出版社 1999 年版。

91. 徐岱：《美学新概念》，学林出版社 2001 年版。

92. 徐岱：《感悟存在》，山东友谊出版社 2002 年版。

93. 徐岱：《基础诗学：后形而上学艺术原理》，浙江大学出版社 2005 年版。

94. 徐岱：《艺术新概念：消费时代的人文关怀》，浙江大学出版社 2006 年版。

95. 卡斯比特：《艺术的终结》，吴啸雷译，北京大学出版社 2009 年版。

96. 安东尼·吉登斯:《现代性的后果》,田禾译,译林出版社 2000 年版。

97. 特里·伊格尔顿:《后现代主义的幻象》,华明译,商务印书馆 2000 年版。

98. 阿格尼丝·赫勒:《现代性理论》,李瑞华译,商务印书馆 2005 年版。

99. 卡林内斯库:《现代性的五副面孔》,顾爱彬等译,北京:商务印书馆 2002 年版。

100. 阿尔布莱希特·维尔默:《论现代和后现代的辩证法——遵循阿多诺的理性批判》,钦文译,商务印书馆 2003 年版。

101. 马歇尔·伯曼:《一切坚固的东西都烟消云散了》,徐大建、张辑译,商务印书馆 2003 年版。

102. 斯蒂芬·贝斯特、道格拉斯·科尔纳:《后现代转向》,陈刚等译,南京大学出版社 2002 年版。

103. 特里·伊格尔顿:《理论之后》,商正译,商务印书馆 2009 年版。

104. 马克斯·霍克海默、西奥多·阿道尔诺:《启蒙辩证法》,渠敬东、曹卫东译,上海人民出版社 2006 年版。

105. 斯蒂芬·埃里克·布隆纳:《重申启蒙:论一种积极参与的政治》,殷杲译,江苏人民出版社 2006 年版。

106. 安东尼·J. 卡斯卡迪:《启蒙的结果》,严忠志译,商务印书馆 2006 年版。

107. 托马斯·奥斯本:《启蒙面面观》,郑丹丹译,商务印书馆 2007 年版。

108. 詹姆斯·施密特编:《启蒙运动与现代性:18 世纪与 20 世纪的对话》,徐向东、卢华萍译,上海人民出版社 2005 年版。

109. 让-弗朗索瓦·利奥塔尔:《后现代状况》,车槿山译,南京大学出版社 2011 年版。

110. 茨维坦·托多罗夫:《启蒙的精神》,马利红译,华东师范大学出版社 2012 年版。

111. 托马斯·莫尔:《乌托邦》,戴馏龄译,商务印书馆 1982 年版。

112. 乔·奥·赫茨勒:《乌托邦思想史》,张兆麟等译,商务印书馆 1990 年版。

113. 卡尔·曼海姆:《意识形态与乌托邦》,艾彦译,华夏出版社 2001 年版。

114. 拉塞尔·雅各比:《乌托邦之死:冷漠时代的政治与文化》,姚建彬译，新星出版社 2007 年版。

115. 拉塞尔·雅各比：《不完美的图像：反乌托邦时代的乌托邦思想》，姚建彬等译，新星出版社 2007 年版。

116. 约恩·吕森：《思考乌托邦》，张文涛等译，山东大学出版社 2010 年版。

117. 恩斯特·布洛赫：《希望的原理》，（第一卷），梦海译，上海译文出版社地 2012 年版。

118. 夏凡：《乌托邦困境中的希望——布洛赫早中期哲学的文本学解读》，中央编译出版社 2008 年版。

119. 保罗·蒂利希：《政治期望》，徐钧尧译，四川人民出版社 1989 年版。

120. 恩斯特·卡西尔：《人论》，甘阳译，上海译文出版社 1985 年版。

121. 汉娜·阿伦特：《人的境况》，王寅丽译，上海人民出版社 2009 年版。

122. 汉娜·阿伦特：《过去与未来之间》，王寅丽、张立立译，译林出版社 2011 年版。

123. 卡尔·波普尔：《二十世纪的教训》，王凌霄译，广西师范大学出版社 2004 年版。

124. 卡尔·波普尔：《通过知识获得解放》，范景中、李本正译，中国美术学院出版社 1996 年版。

125. 以赛亚·伯林：《浪漫主义的根源》，吕梁等译，译林出版社 2008 年版。

126. 雅克·巴尔赞：《我们应有的文化》，严忠志、马驭骅译，浙江大学出版社 2009 年版。

127. 雷蒙·威廉斯：《关键词：文化与社会的词汇》，刘建基译，生活·读书·新知三联书店 2005 年版。

128. 艾伦·布卢姆：《美国精神的封闭》，战旭英译，冯克利校，译林出版社 2011 年版。

129. 安吉拉·麦克罗比：《文化研究的用途》，李庆本译，北京大学出版社 2007 年版。

130. 齐格蒙特·鲍曼：《被围困的社会》，郇建立译，江苏人民出版社 2005 年版。

131. 齐格蒙特·鲍曼：《全球化：人类的后果》，郭国良、徐建华译，商务印书馆 2001 年版。

132. 齐格蒙特·鲍曼：《现代性与大屠杀》，杨渝东、史建华译，彭刚校，译林出版社 2002 年版。

133. 柄谷行人：《日本现代文学的起源》，赵京华译，生活·读书·新知三联书店 2003 年版。

134. 溝口雄三：《中国前近代思想的演变》，索介然、龚颖译，中华书局1997 年版。

135. 圣·奥古斯丁：《忏悔录》，周士良译，商务印书馆 1996 年版。

136. 维柯：《新科学》，朱光潜译，商务印书馆 1989 年版。

137. 李贽：《焚书 续焚书》，中华书局 1975 年版。

138. 刘小枫主编：《人类困境中的审美精神——哲人、诗人论美文选》，魏育青等译，东方出版中心 1994 年版。

139. 聂振斌、滕守尧、章建刚：《艺术化生存——中西审美文化比较》，四川人民出版社 1997 年版。

140. 周宪：《中国当代审美文化研究》，北京大学出版社 1997 年版。

141. 周宪：《走向创造的境界：艺术创造力的心理学探索》，南京大学出版社 2009 年版。

142. 张晶主编：《论审美文化》，北京广播学院出版社 2003 年版。

143. 姚文放：《审美文化学导论》，社会科学文献出版社 2011 年版。

144. 奥尔罕·帕慕克：《天真的和感伤的小说家》，彭发胜译，上海人民出版社 2012 年版。

145. 弗洛伊德：《精神分析引论》，高觉敷译，商务印书馆 2003 年版。

146. 弗洛伊德：《文明与缺憾》，傅雅芳等译，安徽文艺出版社 1996 年版。

147. 弗洛伊德：《性爱与文明》，滕守尧译，安徽文艺出版社 1987 年版。

148. 《弗洛伊德论美文选》，张唤民、陈伟奇译，袭小龙校，知识出版社 1987 年版。

149. 勃兰兑斯：《十九世纪文学主流》（第四分册），徐式谷等译，人民文学出版社 1984 年版。

150. 约翰·卡洛尔：《西方文化的衰落》，叶安宁译，新星出版社 2007 年版。

151. 潘一禾：《裸体的诱惑——论文学中的性与情》，海天出版社 2002 年版。

152. 《布莱克诗选》，袁可嘉、查良铮译，外语教学与研究出版社 2011 年版。

153. 《华兹华斯抒情诗选》，黄杲炘译，上海译文出版社 2000 年版。

154. 《泰戈尔散文诗全集》，华宇清编，浙江文艺出版社 1990 年版。

155. 让－保尔·萨特：《波德莱尔》，施康强译，北京燕山出版社 2006 年版。

156. 让－罗尔·布约克沃尔德：《本能的缪斯》，王毅等译，上海人民出版社 1997 年版。

157. 伊维塔·泽鲁巴维尔：《房间里的大象》，胡缠译，重庆大学出版社 2011 年版。

158. 《诸子集成》（第三册），中华书局 1954 年版。

159. 《王阳明先生传习录集评》（卷四），上海新学会社 1914 年版。

160. 柏拉图：《法律篇》，张智仁、何勤华译，上海人民出版社 2001 年版。

161. 康德：《判断力批判》，邓晓芒译，杨祖陶校，人民出版社 2002 年版。

162. 康德：《历史理性批判文集》，何兆武译，商务印书馆 1990 年版。

163. 曹俊锋：《康德美学引论》，天津：天津教育出版社 1999 年版。

164. 弗里德里希·席勒：《审美教育书简》，冯至、范大灿译，上海人民出版社 2003 年版。

165. 张玉书选编：《席勒文集·理论卷》，张佳珏等译，人民文学出版社 2005 年版。

166. 霍华德·加德纳：《艺术·心理·创造力》，齐东海、刘卉、杨光译，中国人民大学出版社 2008 年版。

167. 史蒂文森：《一个孩子的诗园》，屠岸、方谷绣译，人民文学出版社 2006 年版。

168. 弗兰克·施尔玛赫：《网络至死》，邱袁炜译，龙门书局 2011 年版。

169. 肖恩·库比特：《数字美学》，赵文书、王玉括译，商务印书馆 2007 年版。

170. 文森特·莫斯可：《数字化崇拜——迷思、权力与赛博空间》，黄典林译，曹进校，北京大学出版社 2010 年版。

171. 丹·凯利：《彼得·潘综合征》，李凤阳译，北京联合出版公司 2012 年版。

172. 罗伯特·波格·哈里森：《花园：谈人之为人》，苏薇星译，生活·读书·新知三联书店 2011 年版。

173. 阿尔弗雷德·阿德勒：《理解人性》，陈太胜、陈文颖译，国际文化出版社 2000 年版。

174. 比尔·布莱森：《趣味生活简史》，严维明译，接力出版社 2011 年版。

175. 约翰·赫伊津哈：《游戏的人：文化中游戏成分的研究》，何道宽译，花城出版社 2007 年版。

176. H. G. 伽达默尔：《美的现实性：作为游戏、象征、节日的艺术》，张志扬等译，生活·读书·新知三联书店 1991 年版。

177. 卡尔维诺：《未来千年文学备忘录》，杨德友译，辽宁教育出版社 1997 年版。

178. 罗杰·伊伯特：《伟大的电影》，殷宴、周博群译，广西师范大学出版社 2012 年版。

179. 尼采：《查拉图斯特拉如是说》，孙周兴译，商务印书馆 2010 年版。

180. 约翰·奥尼尔：《身体形态——现代社会的五种身体》，张旭春译，春风文艺出版社 1999 年版。

181. 理查德·舒斯特曼：《身体意识与身体美学》，程相占译，商务印书馆 2011 年版。

182. 狄更斯：《大卫·科波菲尔》，庄绎传译，人民文学出版社 2003 年版。

183. 约翰·伯杰：《观看之道》，戴行钺译，广西师范大学出版社 2005 年版。

184. 李欧梵：《上海摩登：一种新都市文化在中国 1930—1945》，北京大学出版社 2001 年版。

185. 吴果中：《〈良友〉画报与上海都市文化》，湖南师范大学出版社 2007 年版。

186. 彼得·海斯勒：《江城》，李雪顺译，上海译文出版社 2012 年版。

187. 约翰·伯格、让·摩尔：《另一种讲述的方式》，沈语冰译，广西师范大学出版社 2007 年版。

188. 克里斯·希林：《身体与社会理论》（第二版），李康译，北京大学出版社 2010 年版。

189. 克里斯·希林：《文化、技术与社会中的身体》，李康译，北京大学出版社 2011 年版。

190. 居伊·德波：《景观社会》，王昭风译，南京大学出版社 2006 年版。

191. 居伊·德波：《景观社会评论》，梁虹译，广西师范大学出版社 2001 年版。

192. 道格拉斯·凯尔纳：《媒体奇观——当代美国社会文化透视》，史安斌译，清华大学出版社 2003 年版。

193. 诺贝特·埃利亚斯：《文明的进程》，王佩莉、袁志英译，上海译文出版社 2009 年版。

194. 诺贝特·埃里亚斯：《论文明、权力与知识》，刘佳林译，南京大学
出版社 2005 年版。

195. 《艾略特诗学文集》，王恩衷编译，樊心民校，国际文化出版公司
1989 年版。

196. 约翰·哈萨德：《时间社会学》，朱红文、李捷译，北京师范大学出
版社 2009 年版。

197. 赫尔嘉·诺沃特尼：《时间：现代与后现代经验》，金梦兰、张网成
译，北京师范大学出版社 2011 年版。

198. 西尔维娅·阿加辛斯基：《时间的摆渡者》，吴云凤译，中信出版社
2003 年版。

199. 基思·特斯特：《后现代性下的生命与多重时间》，李康译，北京大
学出版社 2010 年版。

200. 彼得·奥斯本：《时间的政治——现代性与先锋》，王志宏译，商务
印书馆 2004 年版。

201. 让 - 弗朗索瓦·利奥塔：《非人——时间漫谈》，罗国祥译，商务印
书馆 2000 年版。

202. 凯伦·阿姆斯特朗：《神的历史》，蔡昌雄译，沈清松校订，海南出
版社 2001 年版。

203. 休斯顿·史密斯：《人的宗教》，海南出版社 2001 年版。

204. 柯拉柯夫斯基：《宗教：如果没有上帝……》，生活·读书·新知三
联书店 1997 年版。

205. 提勃尔·西托夫斯基：《无快乐的经济》，高永平译，中国人民大学
出版社 2008 年版。

206. 彼得·辛格：《生命，如何作答》，周家麒译，北京大学出版社 2012 年
版。

207. 理查德·桑内特：《新资本主义的文化》，李继宏译，上海译文出版
社 2010 年版。

208. 托马斯·内格尔：《人的问题》，上海译文出版社 2000 年版。

209. 贝尔特朗·维尔热里：《论痛苦——追寻失去的意义》，浙江人民出
版社 2003 年版。

210. 查尔斯·泰勒：《本真性的伦理》，程炼译，上海三联书店 2012 年版。

211. J. D. 塞林格：《麦田里的守望者》，施咸荣译，译林出版社 2010 年版。

212. 鲁道夫·奥伊肯：《生活的意义与价值》，万以译，上海译文出版社 1997 年版。

213. 赫伯特·马尔库塞：《审美之维》，广西师范大学出版社 2001 年版。

214. 赫伯特·马尔库塞：《单向度的人》，刘继译，上海译文出版社 2006 年版。

215. 特里林：《诚与真》，刘佳林译，江苏教育出版社 2006 年版。

216. 舍勒：《死·永生·上帝》，孙周兴译，中国人民大学出版社 2003 年版。

217. 加来道雄：《超越时空：通过平行宇宙、时间卷曲和第十维度的科学之旅》，刘玉玺、曹志良译，上海科技教育出版社 1999 年版。

218. 艾伦·杜宁：《多少算够——消费社会与地球的未来》，毕聿译，吉林人民出版社 1997。

219. E. F. 舒马赫：《小的是美好的》，李华夏译，译林出版社 2007 年版。

220. 罗伯特·弗兰克：《奢侈病——无节制挥霍时代的金钱与幸福》，蔡曙光、张杰译，中国友谊出版社 2002 年版。

221. 中野孝次：《清贫思想》，邵宇达译，生活·读书·新知 上海三联书店 1997 年版。

222. 玛莎·努斯鲍姆：《告别功利——人文教育忧思录》，肖聿译，新华出版社 2010 年版。

223. 陀思妥耶夫斯基：《卡拉马佐夫兄弟》，耿济之译，秦水、吴钧燮校，人民文学出版社 1994 年版。

224. 卜劳恩：《父与子》，洪佩奇着色、编著，译林出版社 2010 年版。

225. 任溶溶：《我小的时候》，少年儿童出版社 2011 年版。

226. 杨红樱：《淘气包马小跳·丁克舅舅》，接力出版社 2004 年版。

227. 伍美珍：《同桌冤家·一对男生女生的幽默派对》，福建少年儿童出版社 2003 年版。

228. 彼得·约翰森：《爸妈太过分》，李宇美译，安徽少年儿童出版社 2011 年版。

229. 萨莉·尼科尔斯：《男孩的最后 8 个愿望》，安徽少年儿童出版社 2011 年版。

230. 若泽·毛罗·德瓦斯康塞洛斯：《我亲爱的甜橙树》，蔚玲译，人民文学出版社 2010 年版。

231. 班马：《中国儿童文学理论批评与构想》，湖北少年儿童出版社 1990 年版。

232. 方卫平:《中国儿童文学理论批评史》,江苏少年儿童出版社 1993 年版。

233. 方卫平主编:《中国儿童文化》(第五辑),浙江少年儿童出版社 2009 年版。

234. 刘绪源:《儿童文学的三大母题》,少年儿童出版社 1995 年版。

235. 朱自强:《儿童文学的本质》,少年儿童出版社 1997 年版。

236. 朱自强:《中国儿童文学与现代化进程》,浙江少年儿童出版社 2000 年版。

237. 陈恩黎:《儿童文学中的轻逸美学》,海燕出版社 2012 年版。

238. 张心科编著:《民国儿童文学教育文论辑笺》,海豚出版社 2012 年版。

239. 约翰·史蒂芬斯:《儿童小说中的语言与意识形态》,张公善、黄慧玲译,安徽少年儿童出版社 2010 年版。

240. 彼得·亨特主编:《理解儿童文学》,郭建玲等译,少年儿童出版社 2010 年版。

241. 蒂姆·莫里斯:《你只年轻两回——儿童文学与电影》,张浩月译,少年儿童出版社 2008 年版。

242. 向向,24GE:《成长现场:电影中的童年和青春》,湖南文艺出版社 2005 年版。

243. 杰克·齐普斯:《作为神话的童话/作为童话的神话》,赵霞译,少年儿童出版社 2008 年版。

244. 王黎君:《儿童的发现与中国现代文学》,中国社会科学出版社 2009 年版。

245. 谈凤霞:《"人"与"自我"的诗性追寻——中国现代文学中的回忆性童年书写研究》(博士学位论文),南京师范大学 2007 年版。

246. 谭德生:《自由与控制——电子传媒时代的审美文化研究》(博士学位论文),山东大学 2007 年版。

247. 方卫平:《童年:儿童文学理论的逻辑起点》,《浙江师范大学学报》1990 年第 2 期。

248. 方卫平:《童年写作的厚度与重量——当代儿童文学的文化问题》,《文艺争鸣》2012 年第 10 期,《新华文摘》2013 年第 4 期。

249. 卜卫:《捍卫童年》,《读书》2000 年第 3 期。

250. 俞金尧:《儿童史研究及其方法》,《国外社会科学》2001 年第 5 期。

251. 吴其南：《20 世纪中国文学中的儿童形象》，《温州师范学院学报》2003 年第 3 期，《新华文摘》2003 年第 9 期。

252. 李伟明：《道德视域中的近代西方童年观变迁》，《江海学刊》2004 年第 6 期。

253. 施义慧：《近代西方童年史的历史变迁》，《广西社会科学》2004 年第 11 期。

254. 朱自强：《童年：一种思想的方法和资源》，《中国图书评论》2006 年第 6 期。

255. 黄进：《童年研究：一场观念和方法上的革命》载《教育研究与实验》2009 年第 5 期。

256. 郭法奇：《中世纪西欧儿童的日常生活和教育》，《首都师范大学学报》2009 年第 2 期。

257. 李伟明：《道德视域中的近代西方童年观变迁》，《江海学刊》2004 年第 6 期。

258. 大年：《乔治时代的童年》，《读书》2000 年第 8 期。

259. 布洛赫：《乌托邦是我们时代的哲学范畴》，梦海译，《现代哲学》2005 年第 4 期。

260. 布洛赫：《向乌托邦告别吗?》，梦海译，《现代哲学》2008 年第 1 期。

261. 罗桑瓦朗等：《乌托邦是否仍为可能?》，《读书》2004 年第 5 期。

262. 本·安德森：《乌托邦主义与希望精神》，乔春霞、吕增奎编译，《马克思主义与现实》2007 年第 2 期。

263. 徐岱：《超越平庸——论美学的人文诉求》，《杭州师范大学学报》（社会科学版），2012 年第 4 期。

264. 徐岱：《回归本真——生活世界的诗学问题》，《杭州师范大学学报》（社会科学版），2013 年第 1 期。

265. 李泽厚、王德胜：《关于哲学、美学和审美文化研究的对话》，《文艺研究》1994 年第 6 期。

266. 滕守尧：《大众文化不等于审美文化》，《北京社会科学》1997 年第 2 期。

267. 申扶民：《康德批判哲学中的审美与自由》，《哲学研究》2008 年第 1 期。

268. 杨春时：《审美是自由的生存方式》，《社会科学战线》2011 年第 4 期。

269. 胡建华：《布莱克的"人类灵魂的两种对立状态"——从〈天真与经验之歌〉到〈天堂与地狱结婚〉》，《外国文学》1996 年第 5 期。

270. 孔明安：《从物的消费到符号消费——鲍德里亚的消费文化理论研究》，《哲学研究》2002 年第 11 期。

271. J. 雷契：《让·鲍德里亚的符号价值》，齐鹏译，《世界哲学》2004 年第 4 期。

272. 南帆：《身体的叙事》，《天涯》2000 年第 6 期。

273. 陶东风：《消费文化语境中的身体研究热》，《当代文坛》2007 年第 5 期。

274. 皮埃尔·布迪厄：《〈区隔：趣味判断的社会批判〉引言》，朱国华译，《文化研究》第四辑，中央编译出版社 2003 年版。

275. 《文化资本与社会炼金术——布尔迪厄访谈录》，包亚明译，上海人民出版社 1997 年版。

276. 朱伟珏：《"资本"的一种非经济学解读——布迪厄"文化资本"概念》，《社会科学》2005 年第 6 期。

277. 朱伟珏：《超越社会决定论——布迪厄"文化资本"概念再考》，《社会学研究》2006 年第 3 期。

278. 罗以澄、夏倩芳、刘建明：《从儿童广告规约与网上隐私权保护规约的效果比较看自律原则对网络传播的适用性》，《新闻与传播研究》2002 年第 1 期。

279. 李思屈：《审美经济与文化创意产业的本质特征》，《西南民族大学学报》（人文社科版），2007 年第 8 期。

280. 嵇君：《电视娱乐节目中的儿童——一份基于儿童社会学的研究报告》（硕士学位论文），南京师范大学 2007 年版。

281. 周杰：《新闻媒体应对儿童广告说"不"》，《中国新闻出版报》2009 年 7 月 7 日。

282. 宋磊：《迪士尼和尼可罗丁争夺美国儿童电视市场》，《中国文化报》2010 年 12 月 1 日。

283. 王勇：《品牌栏目的延伸与创新——以深圳卫视〈饭没了秀〉和〈宝贝赖上大明星〉为样本》，《现代传播》2011 年第 1 期。

284. 零点调查：《儿童娱乐消费：寓教于乐中的商机》，《市场与人口分析》1996 年第 3 期。

285. 美兰德信息公司:《五大消费先导城市儿童消费调查》,《决策与信息》1998 年第 10 期。

286. 墨人:《美国:儿童引导消费》,《消费经济》1999 年第 2 期。

287. 《儿童消费:市场大 责任重》,《经济日报》2012 年 5 月 31 日。

288. 《广州和北京儿童人均月消费过千元》,《家教博览》2001 年第 9 期。

289. 《少年儿童消费大扫描》,《家教博览》2001 年第 11 期。

290. 刘娅静:《舍不得孩子,套不住消费者》,《大众文艺·浪漫》2010 年第 3 期。

291. 黄中文、秦雯:《我国儿童消费市场营销方略》,《商业现代化》2009 年第 8 期。

292. 田原:《中国儿童消费市场现状及投资分析》,《中国商贸》2010 年第 6 期。

293. 周杰:《新闻媒体应对儿童广告说"不"》,《中国新闻出版报》2009 年7 月 7 日。

294. 《儿童选秀:一场消费"童真"的比赛》(专版),《中国教育报》2011 年 1 月 28 日,第 4 版。

295. 《童真,在聚光灯下变异》,《文汇报》2011 年 5 月 26 日。

296. 《谁来拯救中国孩子的想象力》,《广东科技报》2011 年 1 月 8 日。

297. 陆高峰:《成人游戏中的沉默羔羊——对儿童选秀成人化现象的批判》,《社会观察》2009 年第 6 期。

298. 陆高峰:《成人视角下的儿童选秀节目》,《青年记者》2009 年第 10 期。

299. 《"绝对小孩"搜索个性小孩》,《北京青年报》2007 年 9 月 23 日。

300. 《广电总局继续严打〈绝对小孩〉承认挨批》,《东方早报》2007 年 11 月 28 日。

301. 《中国网事:谁在制造孤僻的"电子娃娃"》,http://news. xinhua-net. com/politics/2012 – 05/31/c_ 112084345. htm。

302. 关山远:《被过度消费的童年》,http://news. xinhuanet. com/mrdx/2012 – 05/25/c_ 131609496. htm。

二 外文著述

1. Philippe Ariés. *Centuries of Childhood: A Social History of Family Life*. Translated by Robert Baldick. New York: Alfred A. Knopf, 1962.

2. Ellen Key. *The Century of the Child*. New York & London: The Knickerbocker Press, 1909.

3. Maria Winn. *Children Without Childhood*. New York: Penguin, 1984.

4. Colin Heywood. *A History of Childhood: Children and Childhood in the West from Medieval to Modern Times*. Cambridge: Polity Press, 2001.

5. Ada Cohen, Jemery B. Rutter. *Constructions of Childhood in Ancient Greece and Italy*. The American School of Classical Studies at Athens, 2007.

6. James M. M. Francis. *Adults as Children: Images of Childhood in the Ancient World and the New Testament*. Bern: Peter Lang, 2006.

7. Hugh Cunningham. *The Invention of Childhood*. London: BBC Books, 2006.

8. Hugh Cunningham. *Children and Childhood in Western Society since 1500*. London: Longman, 1995.

9. Chris Jenks. *Childhood*. London & New York: Routledge, 1996.

10. Allison James & Alan Prout. *Constructing and Reconstructing Childhood*. London & Washington, D. C.: Falmer Press, 1997.

11. M. Klaas, et al. (eds.). *Kinderkultur (en)*. Wiesbaden: VS Verlag für Sozialwissenschaften, 2011.

12. Jean Mills & Richard Mills (eds.). *Childhood Studies: A Reader in Perspectives of Childhood*. London & New York: Routledge, 2000.

13. Roger Smith. *A Universal Child?* Hampshire & New York: Palgrave Macmillan, 2010.

14. Jim Goddard et al. (eds.). *The Politics of Childhood: International Perspectives, Contemporary Developments*. Hampshire & New York: Palgrave Macmillan, 2005.

15. Roni Natov. *The Poetics of Childhood*. New York: Routledge, Taylor & Francis Group, 2003.

16. Andrew O'Malley. *The Making of the Modern Child: Children's Literature and Childhood in the Late Eighteenth Century*. New York: Routledge, 2003.

17. Gail Schmunk Murray. *American Children's Literature and the Construction of Childhood*. New York: Twayne Publishers, 1998.

18. Adrienne E. Gavin & Andrew F. Humphries (eds.). *Childhood in Edwardian Fiction: Worlds Enough and Time*. Hampshire & New York: Palgrave Macmillan, 2009.

19. Allison James, Chris Jenks, Alan Prout (eds.). *Theorizing Childhood*. Cambridge: Polity Press & Oxford: Blackwell Publishers Ltd, 1998.

20. Alan Prout. *The Future of Childhood*. London & New York: Routledgefalmer, 2005.

21. M. Hoyles. *Changing Childhood*. London: Writers and Readers Pub. Coop., 1979.

22. Andre Turmel. *A Historical Sociology of Childhood*. Cambridge: Cambridge University Press, 2008.

23. Kerry H. Robinson. *Innocence, Knowledge, and the Construction of Childhood*. New York: Routledge, 2013.

24. Paula S. Fass (ed.). *Encyclopedia of Children and Childhood in History and Society*. Vol. 1. New York: Macmillan Reference USA, 2004.

25. Paula S. Fass, Marta Gutman and Ning de Coninck-Smith. (eds.) *Designing Modern Childhoods: History, Space, and the Material Culture of Children*. New Brunswick, NJ and London: Rutgers University Press, 2008.

26. Paula S. Fass & Michael Grossberg (eds.). *Reinventing Childhood After World War II*. Philadelphia: University of Pennsylvania Press, 2012.

27. Peter N. Stearns. *Childhood in World History*. New York & London: Routledge, 2006.

28. Peter N. Stearns. *Growing Up: The History of Childhood in a Global Context*. Texas: Baylor University Press, 2005.

29. Paula Zwozdiak-Mayers (ed.). *Childhood and Youth Studies*. Exeter: Learning Matters, 2007.

30. Reinhard Kuhn. *Corruption in Paradise: the Child in Western Literature*. Hanover and London: University Press of New England, 1982.

31. Gillian Avery. *Childhood's Pattern: A Study of the Heroes and Heroines of Children's Fiction 1770—1950*. London: Hodder & Stoughton, 1975.

32. Horace E. Scudder. *Childhood in Literature and Art*. Boston, New York:

Houghton, Mifflin and company, 1894.

33. Jacqueline Rose. *The Case of Peter Pan*, *or the Impossibility of Children's Fiction*. London: Macmillan, 1984.

34. James A. Schultz. *The Knowledge of Childhood in the German Middle Ages*, *1100—1350*. Philadelphia: University of Pennsylvania Press, 1995.

35. Allison Janet Pugh. *The Economy of Dignity*: *Children*, *Consumption and Inequality*. Doctoral Dissertation. University of California, Berkeley, Spring 2006.

36. Andrea Kozak. *Media Consumption and Body Image Disturbance in Late Elementary School-Age Children*. Doctoral Dissertation. Texas Woman's University, May 2001.

37. Ann Barrott Wicks (ed.) . *Children in Chinese Art*. Honolulu: University of Hawai 'i Press, 2002.

38. Carrie Hintz & Elaine Ostry. *Utopian and Dystopian Writing for Children and Young Adults*. New York & London: Routledge, 2003.

39. Claudia Mitchell and Jacqueline Reid-Walsh. *Researching Children's Popular Culture*: *The Cultural Spaces of Childhood*. London and New York: Routledge, 2002.

40. David Buckingham. *The Material Child*: *Growing Up in Consumer Culture*. Cambridge: Polity, 2011.

41. David Marshall (ed.) . *Understanding Children as Consumers*, London: SAGE, 2010.

42. Elizabeth S. Moore-Shay. *Kids' Consumption*: *How Children Perceive the Relationships between Advertisements and Products*. Doctoral Dissertation. University of Florida, 1994.

43. Elizabeth Goodenough, et al. (eds.) . *Infant Tongues*: *The Voice of the Child in Literature*. Detroit: Wayne State University Press, 1994.

44. Gernot Böhme. *Atmosphäre*: *Essays zur Neuen Ästhetik*. Frankfurt am Main: Suhrkamp Verlag, 1995.

45. K. Heid & R. John. *Transfer*: *Kunst Wirtschaft Wissenschaft*. Baden-Baden: Verlag für kritische Ästhetik, 2003.

46. James U. McNeal. *Kids as Customers*: *A Handbook of Marketing to*

Children. Lexington, MA: Lexington Books, 1992.

47. James U. McNeal. *On Becoming a Consumer: The Development of Consumer Behavior Patterns in Childhood*. Oxford & Burlington: Butterworth - Heinemann, 2007.

48. Jens Qvortrup. *Studies in Modern Childhood: Society, Agency, Culture*. Hampshire & New York: Palgrave Macmillan, 2005.

49. Karen Brooks. *Consuming Innocence: Popular Culture and Our Children*. Queensland: University of Queensland Press, 2008.

50. Kirsten Drotner & Sonia Livingstone (eds.). *The International Handbook of Children, Media and Culture: The Child in the Picture*. London: SAGE Publications Ltd., 2008.

51. James R. Kincaid. *Erotic Innocence: The Culture of Child Molesting*. Durham & London: Duke University Press, 1998.

52. Kevin Jon Hisao Ohi. *Innocence and Rapture: The Erotic Childhood in Aestheticism*. Doctoral Dissertation. Cornell University, Jan. 2001.

53. Kysa Koerner Hubbard. *Civilizing Childhood: The Rational Alienation of Adult-Child Relations*. Doctoral Dissertation. The University of Minnisoda, July, 2006.

54. Lisa Jacobson (ed.). *Children and Consumer Culture in American Society: A Historical Handbook and Guide*. Westport: Greenwood Publishing Group, 2008.

55. Liz Frost. *Childhood in Consumer Societies*. Hampshire & New York: Palgrave Macmillan, 2007.

56. Mary M. Doyle Roche. *Children, Consumerism and the Common Good*. Lanham: Lexington Books, 2009.

57. M. Lindstrom, P. B. Seybold. *BRANDchild: Remarkable Insights into the Minds of Today's Global Kids and Their Relationships with Brands*. London: Kogan Page Limited, 2003.

58. Michael Medved and Diane Medved. *Saving Childhood: Protecting Our Children from the National Assault on Innocence*. HarperCollins e-books, 1998.

59. Mizuko Ito. *Engeneering Play: Children's Software and the Productions of Everyday Life*. Doctoral Dissertation. Stanford University, Dec. 2002.

60. Gilles Deleuze. *Cinema 2*: *The Time-Image*. Trans. Hugh Tomlinson & Robert Caleta. Minneapolis: University of Minnesota Press, 1997.

61. Nancy Scheper-Hughes & Carolyn Sargent. (eds.) *Small Wars*: *The Cultural Politics of Childhood*. Berkeley, Los Angeles, London: University of California Press, 1998.

62. Paul M. Connell. *Perspectives on Childhood Consumption Memories*. Doctoral Dissertation. The University of Arizona, 2008.

63. Sharna Olfman (ed.) . *The Sexualization of Childhood*. Westport, Connecticut, London: Praeger, 2009.

64. Stephen Kline. *Out of the Garden*: *Toys, TV. And Children's Culture in the Age of Marketing*. London, New York: Verso, 1993.

65. Sue Palmer. *Toxic Childhood*: *How the Modern World Is Damaging Our Children and What We Can Do about It*. London: Orion Books Lmt. , 2007.

66. Susan Linn. *Consuming Kids*: *Protecting Our Children from the Onslaught of Marketing & Advertising*. Anchor, 2005.

67. Suzanne Kalar. *The Impact of Child-Directed Media Consumption on Consumer Intelligence*. Doctoral Dissertation. The University of Texas at Austin, Dec. 2004.

68. Steve Bruce, Steven Yearley. *The SAGE Dictionary of Sociology*. London: SAGE Publications Ltd, 2006.

69. Stuart Hampshire. *Innocence and Experience*. Cambridge, Massachusetts: Harvard University Press, 1989.

70. Susan Honeyman. *Elusive Childhood*: *Impossible Representations in Modern Fiction*. Columbus, Ohio: Ohio State UP, 2005.

71. Peter B. Pufall, Richard P. Unsworth (eds) . *Rethinking Childhood*. New Brunswick, New Jersey & London: Rutgers University Press, 2004.

72. Adrienne E. Gavin (ed.) . *The Child in British Literature*: *Literary Constructions of Childhood, Medieval to Contemporary*. Basingstoke and New York: Palgrave Macmilla, 2012.

73. G. S. Murray. *American Children's Literature and the Construction of Childhood*. New York: Twayne Publishers, 1998.

74. *The Laws of Plato*. Trans. Thomas L. Pangle. Chicago and London: The University of Chicago Press, 1980.

75. Friedrich Kirchner. *Wörterbuch der philosophischen Grundbegriffe.* Zweite Auflage. Heidelberg: Georg Weiss, Verlag, 1890.

76. Karin M. Ekström & Birgitte Tufte. *Children, Media and Consumption: On the Front Edge.* Göteborg: The International Clearinghouse on Children, Youth and Media, 2007.

77. Sarah Banet-Weiser. *Kids Rule! : Nickelodeon and Consumer Citizenship.* Durham, NC: Duke University Press. 2007.

78. Ellen Seite. *Sold Separately: Parents and Children in Consumer Culture.* New Brunswick, NJ: Rutgers University Press, 1995.

79. Glenda Mac Naughton. *Doing Foucault in Early Childhood Studies: Applying Poststructural Ideas.* London & New York: Routledge, 2005.

80. Vicky Lebeau. *Childhood and Cinema.* London: Reaktion Books Ltd, 2008.

81. Anne Higgonet, *Pictures of Innocence: The History and Crisis of Ideal Childhood.* London: Thomas and Hudson Ltd. , 1998.

82. Monica Flegel. *Conceptualizing Cruelty to Children in Nineteenth-Century England: Literature, Representation, and the NSPCC.* Farnham: Ashgate, 2009.

83. Lindsay Smith. *The Politics of Focus: Women, Children and 19th-Century Politics.* Manchester: Manchester University Press, 1998.

84. Henry A. Giroux. *Stealing Innocence: Youth, Corporate Power, and the Politics of Culture.* New York: St. Martin's Press, 2000.

85. Joel Bakan. *Childhood Under Siege: How Big Business Ruthlessly Targets Children.* London: The Bodley Head, 2011.

86. Ernst Bloch. *The Principle of Hope.* New York, Massachusetts: MIT Press, 1986.

87. John Locke. *Some Thoughts Concerning Education.* Cambridge: Cambridge University Press, 1892.

88. Tomas Salumets (ed) . *Norbert Elias and Human Interdependencies.* Montreal and Kingston: McGill-Queen's University, 2001.

89. Don Juan Manuel. *Count Lucanor; or The Fifty Pleasant Stories of Patronio.* Trans. James York. London: Gibbings, 1896.

90. Oscar Wilde. *A House of Pomegranates, The Happy Prince and Other Tales.* London: Methuen and Co. , 1908.

91. Bruce Chatwin. *The Songlines.* New York: Penguin, 1987.

92. Katherine Paterson. *Bridge to Terabithia*. New York: HarperCollins, 1977.

93. Arthur C. Clarke. *Childhood's End*. New York: Del Rey, 1987.

94. Pierre Bourdieu. "The Forms of Capital", Stephen J. Ball (ed.). *The RoutledgeFalmer Reader in Sociology of Education*. London: Routledge-Falmer, 2004.

95. Henry A. Giroux. "Animating Youth: the Disnification of Children's Culture", *Socialist Review* 24 (3), 1995.

96. Sharon Cornelissen. "The Representations of Childhood and the Self-Image of Adults in Modernity: The Image of the Child as "Other" or as Part of the Narrative of Life", *Social Cosmos*, Vol. 1, 2010.

97. György Lukács. "Aesthetic Culture", trans. Rita Keresztesi-Treat, *The Yale Journal of Criticism*, 11 (2), 1998.

98. Peter Kraftl. "Utopia, Childhood and Intention", *Journal for Cultural Research*, 13 (1), 2009.

99. Richard T. Vann. "The Youth of Centuries of Childhood", *History and Theory*, Vol. 21, No. 2, 1982.

100. Roger Neustadter. "Back to the Future: Childhood as Utopia", *Extrapolation*. Vol. 35, Issue 2, 1994.

101. AdrianWilson. "The Infancy of the History of Childhood: An Appraisal of Philippe Ariés", *History and Theory*, Vol. 19, No. 2, 1980.

102. Adriana S. Benzaquén. "Childhood, Identity and Human Science in the Enlightenment", *History Workshop Journal*, No. 57, Spring, 2004.

103. Patricia Crain. "Childhood as Spectacle", *American Literary History*, Vol. 11, No. 3, 1999.

104. Cindi Katz. "Childhood as Spectacle: Relays of Anxiety and the Reconfiguration of the Child", *Cultural Geographies*, 15 (1), 2008.

105. Joe Moran. "Childhood and Nostalgia in Contemporary Culture", *European Journal of Cultural Studies*, 5 (2), 2002.

106. Mark Spilka. "Childhood Enigmas", *NOVEL: A Forum on Fiction*, Vol. 16, No. 3, 1983.

107. Sheila Barker. "Poussin, Plague, and Early Modern Medicine", *The Art Bulletin*, Vol. 86, No. 4, 2004.

108. Gernot Böhme. "Kritik der ästhetischen Ökonomie", *Zeitschrift für critische Theorie*, 12, 2001.

109. Andrew Nappi. "Children as Consumers", *The Elementary School Journal*, Vol. 73, No. 5, 1973.

110. Mizuko Ito. "Mobilizing Fun in the Production and Consumption of Children's Software", *Annals of the American Academy of Political and Social Science*, Vol. 597, Jan., 2005.

111. Joel Best. "Too Much Fun: Toys as Social Problems and the Interpretation of Culture", *Symbolic Interaction*, Vol. 21, No. 2, 1998.

112. David Hamlin. "The Structures of Toy Consumption: Bourgeois Domesticity and Demand for Toys in Nineteenth-Century Germany", *Journal of Social History*, Vol. 36, No. 4, 2003.

113. Shirley Wang. "The Power of Magical Thinking: Research Shows the Importance of Imagination in Children's Cognitive Development", *Wall Street Journal*, Dec. 22, 2009.

114. Daniel Thomas Cook. "The Other 'Child Study': Figuring Children as Consumers in Market Research, 1910s—1990s", *The Sociological Quarterly*, Vol. 41, No. 3, 2000.

115. Zhao Xia. "The Alienated Childhood: A Comparison between Childhood Represented in English and Chinese Children's Literature of the Late 20th Century", *History of Education and Children's Literature*, Vol. 1, 2010.

116. Jacque Célis. "The Evolution of the Status of the Child in Western Europe: From the Collective Body to the Private Body", trans. Franklin Philip, *Social Research*, Vol. 53, No. 4, 1986.

117. Jennifer Green-Lewis. "Dreaming in Pictures: The Photography of Lewis Carroll, and Lewis Carroll, Photographer: The Princeton University Library Albums (review)", *Victorian Studies*, Vol. 45, No. 4, 2003.

118. Andrew O'Hagan. "Celebrity is the Death of Childhood", *The Telegraph*, 19 Jun 2007.

119. Mary Jane Kehily. "Childhood in Crisis? Tracing the Contours of 'Crisis' and Its Impact Upon Contemporary Parenting Practices", *Media, Culture & Society*, 32 (2), 2010.

后　记

本书是在我的博士学位论文基础上修改而成。

2010年秋天，我在工作数年后，重新成为一名学生，从浙江师范大学儿童文化研究院脱产赴浙江大学文艺学专业攻读博士学位。那是久违了的单纯而充实的读书生活，我还来不及消化角色转换间略有些忐忑的心情，便全力投入到了繁忙紧迫的学术阅读和写作中。每天上午，我从西溪校区北园的研究生宿舍出发，穿过文三路车流鼎沸的单行道，前往校区南园的图书馆阅览室学习。图书馆紧邻教学主楼，后者是我们听课的主要场所。有时课排在玉泉校区，我们一行同门便相约骑上自行车，从北园出门，沿街穿行，奔赴课堂。那份学生时代的蓬勃意气，回想起来，真是令我又振奋又怅惘。

我硕士生阶段的专业是儿童文学，毕业后也从事儿童文学理论批评工作。虽然一直钟情文艺理论的阅读，但博士生阶段进入文艺学专业学习，对我来说仍是一次知识结构拓展与重构的考验。我的导师徐岱先生给我们的学术志趣以最大的包容和鼓励，同时也教我们从尽可能广博的人文阅读中领受思想的养分。入学伊始，先生开给的长长的学术阅读参考书单，涵盖了哲学、科学、文学、美学、艺术、政治、历史等领域的开阔知识基础与视野。在完成课程修习的任务之外，我的专业阅读也是由此而始。第一学期，我给自己设定了两个基本的理论学习方向，一是重读卢梭的童年理论；二是深研现代性理论。前一个方向与我长期以来的研究兴趣有关；后一个方向则是我想要深入探究的文艺理论话题。我后来发现，这两个方向其实有着意味深长的交叉与重合，但那也是阅读探索后的重要收获。第一学期可见的学习成果，是用心写成了两篇学术练笔文章。寒假里，我将完善修改后的《阿多诺的"审美理性"与审美批判的智性之维》一文投往《文艺理论研究》杂志社。2011年5月初，我收到了编辑部朱国华老师的回复。此文后来在该刊2012年第4期发表，这对我是不小的鼓励。另一篇论文《卢梭：作为一种乌托邦的童年》作为中央高校基本科研业务费自主科研项目的成果，后来在《山东社会科学》2014 年第 2 期刊发。

最初考虑学位论文的论题时，我也曾在这两个方向上有所犹豫。最后，我试图在童年的话题中将这两个方向融合在一起。我的论题设想得到了徐岱先生的充分鼓励和支持，但他同时也一再提醒和告诫我，要越出儿童文化的一般视野限制，从整个人类文化的开阔视角来处理童年的话题与问题，进而发现、探寻这一话题领域有真意义、真价值的人文命题。先生对于为学中的此一"真"字格外看重。讨论论题的设想时，他便要我们一再琢磨，自己的论题试图解决的核心问题是什么？它是一个真命题吗？我理解先生所说"真"的意思，是指在专业知识、思维逻辑和学术智力的充分施展中，是否还有着指向切实人文价值与关怀的思想和精神的内核。

思考的过程中，我越来越意识到，在童年的概念与现代性的抱负之间有着多么丰富而深刻的联系，这联系不是已逝的历史，而是生动地存在于我们当下和此刻的生活中。2012 年 4 月，我应安徽少年儿童出版社张克文社长之邀，赴意大利参加博洛尼亚国际童书展，陪伴我们的当地华裔向导提到两个与童年有关的文化细节，令我印象深刻。记得我们先是谈着手机充电之类的实用问题，不经意间，这位向导提到，当地的插座孔做得特别细，为的是避免小孩在玩耍间将手指探进去。他顿了顿，又补充道，我们国内的打火机用起来很方便吧，但在这里，打火机的开关摆弄起来特别费劲，要大人的力气才摁得开。那也是为了孩子的安全考虑。这真是小而又小的生活细节，但这细节让我感慨，继而沉默。如果说现代文明的核心乃是一种与顾看、关怀紧密相连的社会与人性的精神，那么从一个文明怎样对待孩子和童年的事情上，或许就可以见出这文明真正的现代程度。某种意义上，童年正是现代文明与文化的试金石。

我想起 2011 年寒假里的一天，我埋坐在家里的沙发上，偶然搜到一期知名的央视娱乐节目，正好播放着专为年末档期准备的儿童专场。在节目的才艺展示环节，几个孩子戴着精致的成人式妆容——登场劲歌曼舞，更有一个清秀的小男孩被装扮作小姑娘的模样大跳热舞。这些亮闪闪的孩子站在镜头前，真是无比吸引观者的眼球。透过镜头与屏幕的视角，从表演者、参与者、主持者到观看者，共同构成了一幅其乐融融的画面。但我却难以平复内心的惊愕：我们在用什么样的可怕方式消费着我们的孩子和他们的童年！那个假期，我写成了《作为一种景观的童年：当代视像媒介中的童年影像消费现象批判》一文。此文后来发表在 2011 年第 5 期《浙江社会科学》。回想起来，当时的思考尚不完全成熟，但我最终选择当代童年文化消费现象的批判性研究作为论题，这件事情确是一个重要的触点。这些年间，从屏幕上见到越来越多以童年形象为媒介的娱乐游戏或表演。在相应的媒介产品及其消费活动中，这些出现在摄影镜头和聚光灯下的小小身影，大大地点缀和丰富了娱乐的趣味。这些孩子的形象大多是快乐的，相应场景的呈现也是富于观赏性的，但我仍然感到难以言说的不适。那是一种对于童年的天真形象被毫无顾忌地挪作娱乐消费之用的本能抗拒。类似的娱乐化倾向也出现在了面向孩子的各类文化产品中，在这里，欢娱的快感越来越成为了童年文化生产的第一要素，那一度压抑着它的许多文化戒律则被推到了隐约的背景上。今天的人们或许越来越体会到欢乐经验之于童年时代的重要性，然而，一种以童年为对象或面向童年的娱乐主义，是否就是我们用来张扬这一经验的合理方式？这里的经验本身又是否值得再审视和再反思？

在反复的清理、推翻、讨论和修正之后，我确定以当代童年文化消费现象的审美批判研究作为最后的论题方向。随着论题设计的深入推进，我感到自己此前所有的阅读和思考都在向这个论题交汇而去。在童年这个看似简单的现代语词中，包含了太过丰厚、重要的文化深意，尤其是与人的审美本质有关的深意。尝试寻索、阐明这深意的内涵，并论证在现代生活中坚持它的价值与意义，是我为自己设定的写作目标。从正式动笔到完成初稿，大约用了近一年时间。持续和高强度的写作过程充满了自我反诘、对博以及不得不将原本珍爱的想法和文字推倒重来的痛苦。为了应对身体的疲倦，我每个晚上到宿舍区的小球场跑步半小时。有时写作实在进行不下去了，就倚着宿舍的墙壁倒立解乏。我的丈夫分担了我的写作焦虑。每天晚上，他从金华家里打电话过来，先辗转闲言几句，再小心翼翼询问我的写作情况，他既替我着急，又怕增加我的压力。但他的陪伴给了我最大的支持。而在写作中最终被握住的思想的灵光以及与此相伴随的深深愉悦，则补偿了此前所有的付出。

或许，以童年为题本身即是一种写作的幸福，因为它对我来说不只是一个重要的概念，也是那样生动的一个词语。每当阅读和书写仿佛陷入理论的迷失时，我便在记忆里一次次地回到自己的童年，回到那段给予我温暖和光亮的清朗时光，在最诚实的生命经验中体味、琢磨童年一词的应有之义。我相信，那深植于灵魂感觉里的童年时光的烙印，就是童年之于我们的价值的最切实证明。

感谢导师徐岱先生。三年读书时光转瞬而过，从先生处领受的教益却受用终身。常想起那些天晴或落雨的日子，我们弟子几人围坐一圈，聆听先生讲学，或与先生一道辩书。讲到酣畅处，他会指着书或稿子的某一部分，不吝时间地字句剖析，于我而言，那往往是灵思最为激活的时刻。有时下午讲课结束，他便带我们到玉泉校区的大操场上跑步锻炼。先生教我们为学的方法和智慧，也教我们为人的赤诚与正气。他视弟子如孩子，最期望我们经由人文修习的道路，最终也能够实现自己生活的幸福。

也感谢一路相伴的同门与同学，感谢论文开题与答辩委员会的老师们。答辩前夕，我获悉了学位论文匿名评审全优的结果，虽然不知道评审专家们的名字，但这份鼓励铭感于心。

本书的部分章节，曾以论文形式陆续发表于《浙江社会科学》《文艺争鸣》《南方文坛》《探索与争鸣》《学术月刊》《文化与诗学》等期刊，其中有的文章分别被《中国社会科学文摘》《人大复印报刊资料》《高等学校文科学术文摘》《中国儿童文化研究年度报告》等书刊摘编或全文收入。谨向这些书刊的编辑和师友们衷心致谢。

本书是 2014 年浙江省哲学社会科学规划课题（14NDJC230YB）的成果，同时获得 2016 年度浙江省省级社会科学学术著作出版资金全额重点资助。特此衷心致谢。

2015 年 12 月 28 日于浙江师大丽泽花园